全国高等教育自学考试指定教材
教育类专业公共课

心 理 学
Xinlixue

（含：心理学自学考试大纲）

（2015年版）

全国高等教育自学考试指导委员会 组编

主　编　张厚粲

副主编　许　燕　寇　彧

高等教育出版社·北京

图书在版编目（CIP）数据

心理学/张厚粲主编；全国高等教育自学考试指导委员会组编． --北京：高等教育出版社，2015.4（2024.9重印）
ISBN 978-7-04-042394-5

Ⅰ.①心… Ⅱ.①张… ②全… Ⅲ.①心理学-高等教育-自学考试-教材 Ⅳ.①B84

中国版本图书馆 CIP 数据核字（2015）第 067523 号

策划编辑	雷旭波	责任编辑	朱丽娜	版式设计	范晓红	插图绘制	尹文军
责任校对	陈 杨	责任印制	刁 毅				

出　版	高等教育出版社	网　　址	http://www.hep.edu.cn
社　址	北京市西城区德外大街4号		http://www.hep.com.cn
邮政编码	100120	网上订购	http://www.hepmall.com.cn
印　刷	北京市大天乐投资管理有限公司		http://www.hepmall.com
开　本	787mm×1092mm 1/16		http://www.hepmall.cn
印　张	17.25		
字　数	410千字	版　次	2015年4月第1版
购书热线	010-58581118	印　次	2024年9月第8次印刷
咨询电话	400-810-0598	定　价	32.00元

本书如有缺页、倒页、脱页等质量问题，请到所购图书销售部门联系调换
版权所有　侵权必究
物　料　号　42394-00

组编前言

21世纪是一个变幻莫测的世纪,是一个催人奋进的时代。科学技术飞速发展,知识更替日新月异。希望、困惑、机遇、挑战,随时都有可能出现在每一个社会成员的生活之中。抓住机遇,寻求发展,迎接挑战,适应变化的制胜法宝就是学习——依靠自己学习、终身学习。

作为我国高等教育组成部分的自学考试,其职责就是在高等教育这个水平上倡导自学、鼓励自学、帮助自学、推动自学,为每一个自学者铺就成才之路。组织编写供读者学习的教材就是履行这个职责的重要环节。毫无疑问,这种教材应当适合自学,应当有利于学习者了解、掌握新知识和新信息,有利于学习者增强创新意识、培养实践能力、形成自学能力,也有利于学习者学以致用、解决实际工作中所遇到的问题。具有如此特点的书,我们虽然沿用了"教材"这个概念,但它与那种仅供教师讲、学生听,教师不讲、学生不懂,以"教"为中心的教科书相比,在内容安排、编写体例、行文风格等方面已经大不相同了。希望读者对此有所了解,以便从一开始就树立起依靠自己学习的坚定信念,不断探索适合自己的学习方法,充分利用已有的知识基础和实际工作经验,最大限度地发挥自己的潜能,达到学习的目标。

欢迎读者提出意见和建议。

祝每一位读者自学成功。

全国高等教育自学考试指导委员会
2014年3月

目 录

心理学自学考试大纲

出版前言 ………………………………… 2
Ⅰ 课程性质与设置目的 ………………… 3
Ⅱ 考核目标 ……………………………… 4
Ⅲ 课程内容与考核目标 ………………… 5
 第一章 概论 ………………………… 5
 第二章 心理的生理基础 …………… 6
 第三章 意识与注意 ………………… 8
 第四章 感觉和知觉 ………………… 9
 第五章 记忆与学习 ………………… 11
 第六章 思维与创造性 ……………… 13
 第七章 智力 ………………………… 14
 第八章 动机与情绪情感 …………… 16
 第九章 人格 ………………………… 18
 第十章 人际交往与社会影响 ……… 19
 第十一章 心理健康 ………………… 21
 第十二章 毕生发展 ………………… 23
Ⅳ 关于大纲的说明与考核实施
 要求 …………………………………… 25
附录 题型举例 ………………………… 27
后记 ……………………………………… 28

心 理 学

编者的话 ………………………………… 30
第一章 概论 …………………………… 32
 第一节 心理学的概念 ……………… 32
 第二节 心理学的历史发展与流派 … 34
 第三节 心理学的主要分支 ………… 38
 第四节 心理学的研究方法 ………… 41
 第五节 学习心理学的意义和作用 … 43
第二章 心理的生理基础 ……………… 45
 第一节 神经系统与神经元 ………… 45
 第二节 大脑半球的构造与功能 …… 50
 第三节 大脑两半球的一侧优势 …… 54
 第四节 探讨人脑奥秘的方法 ……… 56
 第五节 内分泌系统 ………………… 58
第三章 意识与注意 …………………… 60
 第一节 意识的性质 ………………… 60
 第二节 注意 ………………………… 62
 第三节 生物节律、睡眠与梦 ……… 65
 第四节 意识的特殊现象 …………… 70
第四章 感觉和知觉 …………………… 74
 第一节 感觉概述 …………………… 74
 第二节 视觉 ………………………… 78
 第三节 听觉 ………………………… 82
 第四节 知觉——感觉的整合 ……… 85
 第五节 社会知觉与社会认知 ……… 92
第五章 记忆与学习 …………………… 97
 第一节 记忆概述 …………………… 97
 第二节 记忆系统 …………………… 100
 第三节 遗忘 ………………………… 105
 第四节 学习 ………………………… 109
第六章 思维与创造性 ………………… 115
 第一节 思维及其基本特征 ………… 115
 第二节 概念及其形成 ……………… 118
 第三节 推理和问题解决 …………… 120
 第四节 想象和创造性培养 ………… 126

第七章　智力 …………………………… 131
第一节　智力的概述 ………………… 131
第二节　智力的理论 ………………… 137
第三节　智力的测量 ………………… 140
第四节　智力的影响因素：遗传与环境 ……………………………… 148

第八章　动机与情绪 …………………… 153
第一节　动机与行为 ………………… 153
第二节　社会性动机 ………………… 158
第三节　动机理论 …………………… 161
第四节　情绪情感及其种类 ………… 163
第五节　情绪情感的功能 …………… 167

第九章　人格 …………………………… 171
第一节　人格概述 …………………… 172
第二节　人格差异 …………………… 175
第三节　人格描述 …………………… 181
第四节　人格成因 …………………… 183
第五节　人格测量 …………………… 189

第十章　人际交往与社会影响 ………… 195
第一节　人际交往概述 ……………… 195
第二节　人际沟通与人际吸引 ……… 200
第三节　群体及其对个人行为的影响 … 209

第十一章　心理健康 …………………… 220
第一节　心理健康的标准 …………… 220
第二节　心理健康与压力 …………… 223
第三节　焦虑 ………………………… 235
第四节　挫折 ………………………… 238

第十二章　毕生发展 …………………… 244
第一节　个体发展的基本理论 ……… 244
第二节　儿童期的身心发展 ………… 249
第三节　青少年心理的发展 ………… 259
第四节　成年期的心理发展 ………… 263

参考文献 ………………………………… 268
后记 ……………………………………… 270

全国高等教育自学考试
教育类专业公共课

心理学自学考试大纲

全国高等教育自学考试指导委员会　制定

出版前言

为了适应社会主义现代化建设事业的需要,鼓励自学成才,我国在20世纪80年代初建立了高等教育自学考试制度。高等教育自学考试是个人自学、社会助学和国家考试相结合的一种高等教育形式。应考者通过规定的专业考试课程并经思想品德鉴定达到毕业要求的,可获得毕业证书;国家承认学历并按照规定享有与普通高等学校毕业生同等的有关待遇。经过30多年的发展,高等教育自学考试为国家培养造就了大批专门人才。

课程自学考试大纲是国家规范自学者学习范围,要求和考试标准的文件。它是按照专业考试计划的要求,具体指导个人自学、社会助学、国家考试、编写教材、编写自学辅导书的依据。

随着经济社会的快速发展,新的法律法规不断出台,科技成果不断涌现,原大纲中有些内容过时、知识陈旧。为更新教育观念,深化教学内容方式、考试制度、质量评价制度改革,使自学考试更好地提高人才培养的质量,各专业委员会按照专业考试计划的要求,对原课程自学考试大纲组织了修订或重编。

修订后的大纲,在层次上,专科参照一般普通高校专科或高职院校的水平,本科参照一般普通高校本科水平;在内容上,力图反映学科的发展变化,增补了自然科学和社会科学近年来研究的成果,对明显陈旧的内容进行了删减。

全国考委教育类专业委员会组织编写了《心理学自学考试大纲》,经教育部批准,现颁发施行。各地教育部门、考试机构应认真贯彻执行。

全国高等教育自学考试指导委员会
2015年2月

Ⅰ 课程性质与设置目的

　　《心理学》课程是高等教育自学考试教育类各专业的必修课。设置该课程是为了提高学生的心理学基本理论知识，培养其在教育学中应用心理学知识和研究心理活动的能力。

　　《心理学》课程主要涉及心理学的基本知识，为后续课程提供基础。本课程主要使学生理解心理学的基本知识与理论，系统掌握心理现象的一般规律，了解心理学知识在教育实践中的应用，为考生今后的学习、工作提供有效的知识背景与实践指导，使学生能够学以致用。

Ⅱ 考核目标

本大纲在考核目标中,按识记、领会和应用三个层次规定其达到的能力层次要求。三个能力层次是递进关系,各能力层次的含义如下。

识记:能够识别和记忆本课程中规定的有关知识点的主要内容,并能够根据考核的不同要求,做出正确的表述、选择和判断。识记是认知能力的基础,要求准确掌握基本概念和知识。

领会:能够理解本课程中规定的有关知识点的内涵与外延,熟悉其内容要点和它们之间的联系,并能够根据考核的不同要求,做出正确的解释、说明和论述。

应用:理论结合实际的原则是学习的一条基本原则。能用原理分析实例,或用具体例子说明一般原理、原则;在变换了的情境下,仍能使用已把握的概念和原则去解决问题。

Ⅲ 课程内容与考核目标

第一章 概 论

一、学习目的与要求

通过本章学习,要求初步理解心理学的概念及学科性质,了解心理学的发展历程及其各学术流派,了解心理学的理论研究与应用分支,掌握心理学的研究方法,明确学习心理学的意义与作用。

本章重点:
1. 心理学的概念及性质
2. 心理学的历史发展与流派
3. 心理学的主要研究领域
4. 心理学研究方法
5. 学习心理学的意义

本章难点:
1. 心理学的概念
2. 心理学流派

二、课程内容

第一节 心理学的概念
一、什么是心理学
二、心理学的科学性质
第二节 心理科学的历史发展与流派
一、科学心理学的诞生及构造主义心理学
二、机能主义心理学
三、行为主义
四、格式塔心理学
五、精神分析学派
六、人本主义心理学
七、认知心理学
第三节 心理学的主要分支

一、心理学的理论领域
二、心理学的应用领域
第四节　心理学的研究方法
一、观察法
二、测验法
三、实验法
四、调查法
第五节　学习心理学的意义和作用
一、认识客观世界
二、调整和控制行为
三、直接应用在实际工作上

三、考核知识点

（一）心理学的概念
（二）心理诞生的标志
（三）心理学的分支
（四）心理学的研究方法
（五）学习心理学的意义

四、考核要求

（一）心理学的概念
1．识记：心理学的概念
2．领会：心理学的基本性质
（二）心理学的分支
识记：科学心理学产生的标志和创始人
（三）心理学的研究方法
领会：心理学各种研究方法的主要特点
（四）学习心理学的意义
应用：心理学在生活、学习、工作中的意义

第二章　心理的生理基础

一、学习目的与要求

通过本章学习,要求理解心理学的生理基础,脑是心理的器官。了解神经系统的构造与功能。了解中枢神经系统的主要作用及大脑各部分的分工。了解神经元的结构与突触的工作方式。初步理解现代科技对研究大脑活动的重要作用。了解内分泌系统。

本章重点：
1．神经系统的构造与功能

2. 中枢神经系统各部分及大脑各部位的分工
3. 了解神经元的结构与突触的工作方式
4. 现代科技手段在心理学研究中的应用

本章难点：
1. 中枢神经系统与大脑各部分的功能
2. 脑成像研究的意义

二、课程内容

第一节　神经系统与神经元
一、中枢神经系统的构造与功能
二、外周神经系统的构造与功能
三、神经元的构造与功能

第二节　大脑半球的构造与功能
一、大脑半球的主要构造
二、大脑皮质的分区及运作机能

第三节　大脑两半球的一侧优势
一、脑的不对称性
二、手的一侧化研究

第四节　探讨人脑奥秘的方法
一、脑电图
二、脑成像技术

第五节　内分泌系统
一、内分泌腺的概念
二、内分泌腺的分类及机能

三、考核知识点

（一）神经系统的构造与功能
（二）神经元与突触的构造与功能
（三）中枢神经系统
（四）大脑皮质的分区与运作
（五）脑的不对称性
（六）脑成像技术
（七）内分泌系统

四、考核要求

（一）神经系统的构造与功能
1. 识记：中枢神经系统
2. 领会：中枢神经系统的主要功能，及其与外周的联系

（二）大脑皮质
1．识记：大脑的分区
2．领会：大脑皮质各分区的主要功能
（三）脑的不对称性
1．识记：大脑两半球的差异及语言中枢的位置
2．领会：大脑两半球的分工及协同活动
（四）探讨人脑奥秘的方法
领会：脑成像技术对心理学研究的作用和意义
（五）内分泌系统
识记：主要的内分泌腺及其作用

第三章　意识与注意

一、学习目的与要求

通过本章学习，要求理解意识的概念与不同状态，了解注意的概念及其与意识的关系，了解睡眠的几个阶段与失眠的种类，了解梦的心理学原理与研究，了解催眠的特征与理论。

本章重点：
1．意识的概念
2．意识的不同状态（层次）
3．注意及其种类
4．生物节律
5．睡眠与梦
6．催眠现象

本章难点：
1．意识的状态
2．睡眠与催眠的区别

二、课程内容

第一节　意识的性质
一、什么是意识
二、意识的状态
第二节　注意
一、什么是注意
二、注意与意识的关系
三、注意的种类
第三节　生物节律、睡眠与梦
一、生物节律
二、睡眠与失眠

三、梦
第四节　意识的特殊现象
一、催眠
二、心理促动药物的影响

三、考核知识点

（一）意识的概念
（二）意识状态与注意的参与
（三）生物节律的特点
（四）睡眠的阶段
（五）失眠的种类
（六）梦的特征与研究
（七）催眠的概念、催眠状态下的心理特征、催眠理论

四、考核要求

（一）意识的性质
1．识记：意识、无意识
2．领会：意识的四种不同状态，注意与意识状态的关系
（二）生物节律
1．识记：生物节律、日节律
2．领会：生物节律与睡眠
（三）睡眠与失眠
领会：脑电波与睡眠的阶段，失眠的种类
（四）催眠现象
领会：催眠的原理，催眠与睡眠的区别

第四章　感觉和知觉

一、学习目的与要求

通过学习本章，要求理解感觉和知觉的基本概念，感觉和知觉的关系。了解视觉系统和听觉系统的基本构造，以及视觉和听觉产生的机制。理解社会知觉与一般知觉的异同，了解社会知觉的特殊性和基本规律。

本章重点：
1．感觉和知觉的概念
2．社会认知的基本过程
3．视听觉的机制

本章难点：
1．感知觉的过程

2．社会知觉的过程

二、课程内容

第一节　感觉概述

一、感觉的一般概念

二、感觉的生理机制

三、感受性与感觉阈限

第二节　视觉

一、视觉刺激

二、基本视觉现象

三、视觉的机制

第三节　听觉

一、听觉刺激

二、基本听觉现象

三、听觉的机制

第四节　知觉——感觉的整合

一、知觉的一般概念

二、知觉的特性

三、几种复杂的知觉及其机制

第五节　社会知觉与社会认知

一、社会知觉的一般概念

二、社会认知的过程

三、考核知识点

（一）感觉的基本概念

（二）感受性与感觉阈限

（三）基本的视觉现象和机制

（四）基本的听觉现象和机制

（五）知觉的一般概念

（六）知觉的特性和机制

（七）社会知觉的一般概念

（八）社会认知的过程

四、考核要求

（一）感觉概述

1．识记：感觉的基本概念

2．领会：感受性和感觉阈限

（二）视觉系统

1．识记：视觉适应，颜色的特性

2. 领会：视觉产生的机制，色觉理论

（三）听觉系统

领会：听觉产生的机制，基本的听觉现象

（四）知觉——感觉的整合

1. 识记：知觉的概念，知觉的特性
2. 领会：知觉的机制
3. 简单应用：感觉的整合——知觉的形成

（五）社会知觉

1. 识记：社会知觉的一般概念，社会知觉的特性
2. 领会：社会认知的基本过程

第五章　记忆与学习

一、学习目的与要求

通过本章学习，要求理解记忆的基本过程、记忆的类别、记忆系统中各成分的特点及关系，了解遗忘的规律及主动遗忘的作用、记忆与学习的关系，掌握提高记忆能力的方法及学习策略。

本章重点：

1．记忆的过程
2．记忆系统
3．遗忘的规律及克服遗忘的方法
4．学习策略

本章难点：

1．记忆系统中各成分的特征及其相互间的关系
2．学习与记忆的关系
3．提高记忆能力的方法

二、课程内容

第一节　记忆概述

一、记忆的概念

二、记忆的基本过程

三、记忆的类型

第二节　记忆系统

一、感觉记忆

二、短时记忆

三、长时记忆

第三节　遗忘

一、遗忘的进程与遗忘曲线

二、遗忘的原因及其影响因素

三、有意遗忘

四、提高记忆能力的方法

第四节　学习

一、学习的定义

二、对学习理论的不同理解

三、学习过程的一般模式

四、学习的分类

五、学习的策略与方法

三、考核知识点

（一）记忆的概念与基本过程

（二）记忆的类型

（三）记忆系统

（四）遗忘及遗忘曲线

（五）遗忘的原因及其影响因素

（六）克服遗忘的方法

（七）学习的概念与分类

（八）学习的策略与方法

四、考核要求

（一）记忆的概述

1．识记：记忆

2．领会：记忆的过程、记忆的种类

（二）记忆系统

1．识记：感觉记忆、短时记忆、长时记忆

2．领会：感觉记忆、短时记忆、长时记忆的特征与区别，记忆系统间各成分的关系

3．应用：说明短时记忆向长时记忆转化的条件，长时记忆储存与建构的特征

（三）遗忘

1．识记：遗忘

2．领会：遗忘曲线，遗忘的原因，主动遗忘的作用

3．应用：如何提高记忆能力

（四）记忆与学习

1．识记：学习

2．领会：学习的过程，学习的种类，学习与记忆的关系

3．应用：学习的策略

第六章　思维与创造性

一、学习目的与要求

通过本章的学习,要求掌握思维的基本概念和过程,思维的基本特性,概念形成的过程和问题解决的实质和步骤,形成问题解决的有关理论模式,了解问题解决的影响因素,掌握想象和创造性的概念、测量、影响因素等,掌握问题解决能力的培养和创造性训练的基本方法。

本章重点:
1. 思维的基本概念、过程和机制
2. 概念形成的过程和有关条件
3. 问题解决的过程、理论模式和方法步骤
4. 问题解决的影响因素
5. 创造性的概念、影响创造性的因素

本章难点:
1. 问题解决能力的培养
2. 创造性的测量
3. 创造性的培养

二、课程内容

第一节　思维及其基本特征
一、思维的概念和特征
二、思维的过程和种类

第二节　概念的形成过程
一、概念的心理学定义
二、概念形成过程的研究

第三节　推理和问题解决
一、推理
二、问题解决
三、影响问题解决的因素

第四节　想象和创造性培养
一、想象和创造性思维
二、创造性的测量和鉴别
三、创造性的影响因素和创造性思维训练

三、考核知识点

(一)思维的概念和过程
(二)思维的机制

（三）概念的形成过程和条件

（四）推理的过程和影响因素

（五）问题解决的概念、理论模式和方法步骤

（六）问题解决能力的培养及其影响因素

（七）创造性的概念

（八）创造性的测量和鉴别

（九）创造性的影响因素和创造力培养

四、考核要求

（一）思维及其基本特征

1. 识记：思维的概念，思维的特征
2. 领会：思维的机制

（二）概念的形成过程

1. 识记：概念的性质和分类，概念的功能
2. 领会：概念形成的过程和条件

（三）推理和问题解决

1. 识记：推理的概念，问题解决的概念
2. 领会：推理的一般过程，问题解决的一般过程，问题解决的理论模式和方法步骤

（四）想象和创造力的培养

1. 识记：想象的概念，创造性的概念
2. 领会：创造性的测量和鉴别

第七章 智 力

一、学习目的与要求

通过本章学习，要求理解智力的基本概念及各种不同的智力理论，理解智商的含义与计算方法，了解智力的个体差异与发展特征，了解智力测验的发展及其科学性的指标，掌握遗传、环境、教育在智力发展中的作用。

本章重点：

1. 智力的性质及类别
2. 智商与智力差异
3. 几种主要的智力的理论
4. 智力测验
5. 智力的影响因素

本章难点：

1. 智力的性质
2. 智力的理论
3. 对智力测验的正确理解

4. 智力发展的特征

二、课程内容

第一节　智力的概述
一、智力的性质
二、智商与智力差异
三、智力发展的特征

第二节　智力的理论
一、智力的因素论
二、流体智力和晶体智力说
三、多元智能理论
四、智力的认知理论

第三节　智力的测量
一、智力测验概述
二、心理测验的技术指标
三、经典的智力测验
四、智力测验与性向测验、成就测验的关系

第四节　智力的影响因素：遗传与环境
一、遗传因素对智力的影响
二、家庭环境对智力的影响
三、学校教育对智力的影响
四、社会实践对智力的影响

三、考核知识点

（一）智力的基本概念：与能力、性向测验、成就测验的关系
（二）智商的计算包括计算公式及智力差异
（三）智力发展的特征
（四）重要的智力理论
（五）智力测验的技术指标
（六）智力的影响因素

四、考核要求

（一）智力的性质
1. 识记：智商、比率智商、离差智商、常模
2. 领会：智力的类型，智力的发展特征，智力与能力的关系
3. 应用：如何看待智力差异与发展

（二）智力理论
1. 识记：智力的一般因素与特殊因素，流体智力与晶体智力
2. 领会：各理论的主要观点与差异

（三）智力测验
1. 识记：常模、信度、效度、离差智商的计算
2. 领会：智力测验的性质与类型，智力测验与性向测验、成就测验的区别

（四）智力的影响因素
1. 识记：遗传因素，一般因素与特殊因素
2. 领会：智力的影响因素
3. 应用：如何分析智力测验的结果，发挥智力测验在教育中的作用

第八章 动机与情绪情感

一、学习目的与要求

通过本章学习，要求理解动机与情绪情感的概念，掌握动机理论，了解动机与情绪情感的种类，把握动机和情绪情感的作用。

本章重点：
1. 动机的概念、功能与产生
2. 动机的种类
3. 社会性动机
4. 动机理论
5. 情绪情感的界定与种类
6. 情绪情感的表达
7. 情绪情感的功能

本章难点：
1. 动机与行为的关系
2. 动机强度与工作效率的关系
3. 动机理论
4. 情绪情感与动机的关系

二、课程内容

第一节 动机与行为
一、动机的定义
二、动机的产生
三、动机的种类
四、动机强度与工作效率

第二节 社会性动机
一、交往动机
二、成就动机
三、权力动机
四、工作动机

第三节　动机理论

一、需要层次理论

二、认知与期待理论

第四节　情绪情感及其种类

一、情绪情感的定义

二、情绪情感的种类

三、情绪情感的表达

第五节　情绪情感的功能

一、情绪情感的动机作用

二、情绪情感的调控功能

三、情绪情感的健康功能

四、情绪情感的信号功能

三、考核知识点

（一）动机的概念与特征

（二）动机的产生与作用

（三）动机的种类

（四）社会性动机

（五）动机的理论

（六）情绪情感的概念及二者的区别

（七）情绪情感的种类

（八）情绪情感的表达

（九）情绪情感的作用

四、考核要求

（一）动机与行为

1．识记：动机、需要、诱因

2．领会：动机的基本特征，动机的功能，需要、诱因与动机产生的关系，动机的种类

3．应用：说明动机强度与工作效率的关系

（二）社会性动机

1．识记：成就动机、工作动机、交往动机

2．领会：成就动机的成分，工作动机理论

3．应用：影响成就动机高低的因素，社会性动机在人们生活、学习、工作中的意义

（三）动机理论

1．识记：成长动机、认知与期待理论

2．领会：马斯洛的需要层次理论

3．应用：用认知期待理论解释人们在追求目标过程中的现象

（四）情绪情感的概念

1．识记：情绪情感、心境、应激

2. 领会:情绪与情感的区别与表达方式
3. 应用:如何保持良好的心境

(五)情绪情感的功能

应用:说明情绪情感在生活、学习和工作中的作用

第九章 人 格

一、学习目的与要求

通过本章学习,要求理解人格基本概念与特性,了解人格的不同结构成分,掌握人格的两个主要理论,了解各种人格差异,了解人格的测评方法,理解影响人格的重要因素。

本章重点:

1. 人格的概念与特性
2. 人格的结构
3. 人格理论
4. 人格的影响因素

本章难点:

1. 气质与性格的关系
2. 人格理论
3. 认知方式

二、课程内容

第一节 人格概述

一、人格的界定与特性

二、人格的结构

第二节 人格差异

一、认知方式差异

二、气质差异

三、性格差异

第三节 人格描述

一、人格特质

二、人格类型

第四节 人格成因

一、生物学因素

二、社会文化因素

三、家庭环境因素

四、早期童年经验

五、学校教育因素

六、自然物理因素

第五节　人格测量

一、测验法

二、投射法

三、情境测验

四、远距离人格测量

三、考核知识点

（一）人格的概念特性

（二）人格的结构

（三）人格特质论与类型论

（四）认知方式

（五）人格测评方法

（六）人格形成的影响因素

四、考核要求

（一）**人格的概述**

1. 识记：人格、气质、性格、自我意识

2. 领会：人格的特性，气质类型，气质与性格的区别，自我调控的三个系统

3. 应用：如何看待人的气质差异

（二）**人格理论**

1. 识记：特质、个别特质、共同特质

2. 领会：特质的种类，现代特质理论，类型的三种模式，特质论与类型论的关系

3. 应用：描述各种人格差异的特征

（三）**认知方式**

1. 识记：认知方式

2. 领会：各种认知方式差异的特点

3. 应用：在教育中如何发挥不同学生其认知方式的优势

（四）**人格测评**

领会：人格测评的主要方法

（五）**人格形成的影响因素**

1. 领会：影响人格形成的因素

2. 应用：在教育中，如何塑造学生良好的人格特征

第十章　人际交往与社会影响

一、学习目的与要求

通过本章学习，要求掌握人际交往的基本过程和特点，人际喜欢和吸引的条件，人际关系的测量方法，群体的特征和结构，群体和社会对个体行为的影响。

本章重点：
1．三维人际关系理论
2．人际吸引的条件
3．沟通的基本过程
4．群体对个体行为的影响
5．人际关系的测量

本章难点：
1．社会影响
2．社会测量结果的处理

二、课程内容

第一节　人际交往概述
一、人际交往的心理需要
二、人际交往的理论
第二节　人际沟通与人际吸引
一、人际沟通
二、人际吸引的条件
三、人际关系的测量
第三节　群体及其对个人行为的影响
一、群体的一般特性
二、社会影响

三、考核知识点

（一）人际关系理论
（二）人际交往的心理需要
（三）人际吸引的条件
（四）群体的概念和特征
（五）群体对个体行为的影响
（六）人际关系的测量

四、考核要求

（一）人际交往的需要和人际行为取向
1．识记：人际交往的心理需要
2．领会：三维人际关系理论
（二）人际沟通、人际吸引的条件
1．识记：沟通的概念和沟通的影响因素
2．领会：人际吸引的条件
（三）群体及其影响
1．识记：群体的概念和特征，社会助长，从众，去个体化，群体极化，群体思维

2. 领会:从众和服从的基本原因
（四）人际关系的测量
1. 识记:社会测量法
2. 领会:社会测量法的原理
3. 综合应用:社会测量法结果的处理

第十一章 心理健康

一、学习目的与要求

通过本章的学习,要求了解心理健康的标准,掌握压力、挫折、焦虑等概念,理解和掌握压力、挫折、焦虑的处理策略,掌握培养健康人格的基本方法和途径。

本章重点:
1. 心理健康的概念和标准
2. 压力的概念、来源和应对策略
3. 焦虑的概念、类型和产生原因
4. 挫折的概念、类型和原因
5. 焦虑和挫折的应对策略
6. 心理防御机制

本章难点:
1. 压力、挫折、焦虑的应对策略
2. 健康人格培养的有效途径

二、课程内容

第一节 心理健康的标准
一、科学的健康观念
二、什么是心理健康
三、心理健康的标准
四、增进心理健康的途径与方法

第二节 心理健康与压力
一、压力及其来源
二、压力的身心反应
三、压力的影响因素
四、压力的应对策略

第三节 焦虑
一、焦虑的概念
二、焦虑的主要类型和产生原因
三、焦虑的处理策略

第四节 挫折

一、挫折的概念
二、挫折的产生原因
三、挫折后的反应
四、挫折的应对策略

三、考核知识点

（一）心理健康的概念和标准
（二）压力的概念、来源
（三）应对压力的策略
（四）焦虑的概念、类型、原因
（五）焦虑的处理策略
（六）挫折的概念与产生原因
（七）挫折后的反应
（八）挫折的应对策略
（九）培养健康人格的途径

四、考核要求

（一）心理健康的标准
1. 识记：心理健康的概念，心理健康的标准
2. 领会：增进心理健康的有效途径
（二）心理健康与压力
1. 识记：压力的概念
2. 领会：压力的来源，压力的影响因素
3. 简单应用：压力的应对策略
（三）心理健康与焦虑
1. 识记：焦虑的概念，焦虑类型
2. 领会：焦虑产生的原因
3. 简单应用：焦虑的应对策略
（四）心理健康与挫折
1. 识记：挫折的概念，挫折的类型
2. 领会：挫折产生的原因，挫折的防卫方式
3. 简单应用：挫折的应对策略
（五）塑造健康人格
1. 领会：健康人格的特征——乐观与抗逆力
2. 综合应用：如何培养健康人格

第十二章 毕生发展

一、学习目的与要求

通过本章的学习,要求掌握个体发展的基本理论,个体各阶段的认知发展过程,情绪情感与社会性发展过程。

本章重点:

1. 个体发展的基本理论
2. 儿童期的心理发展过程
3. 成年期的心理发展特点

本章难点:

1. 个体认知发展的基本问题
2. 个体社会性发展的主要内容
3. 成年期心理发展特点

二、课程内容

第一节 个体发展的基本理论

一、心理发展的实质

二、心理发展年龄阶段的划分

三、影响心理发展的主要因素

四、发展心理学的主要研究方法

第二节 儿童期的身心发展

一、儿童期的生理发展

二、儿童期的认知与语言发展

三、儿童期的人格与社会性发展

第三节 青少年心理的发展

一、青少年的身体发展

二、青少年的心理发展

第四节 成年期的心理发展

一、成年初期的发展

二、成年中期的发展

三、成年晚期的发展

三、考核知识点

(一)个体发展的基本理论

(二)儿童期的心理发展

(三)青少年的心理发展

(四)成年期的发展特点

四、考核要求

（一）个体发展的基本理论

1．识记：心理发展的年龄特征，关键期
2．领会：心理发展年龄阶段的划分，心理发展年龄特征的稳定性和可变性

（二）儿童期的心理发展

1．识记：认知发展和社会性发展的基本概念
2．领会：皮亚杰关于认知发展的理论，个体的认知差异，柯尔伯格关于道德判断发展的观点

（三）青少年的心理发展

1．识记：情绪情感的特点
2．领会：青少年人际交往特点，自我意识的发展

（四）成年期的心理发展

1．识记：成年期各阶段的发展任务
2．领会：成年期各阶段心理发展特点

Ⅳ 关于大纲的说明与考核实施要求

一、自学考试大纲的目的和作用

课程自学考试大纲是根据专业自学考试计划的要求,结合自学考试的特点而确定。其目的是对个人自学、社会助学和课程考试命题进行指导和规定。

课程自学考试大纲明确了课程学习的内容以及深度和广度,规定了课程自学考试的范围和标准。因此,它是编写自学考试教材和辅导书的依据,是社会助学组织进行自学辅导的依据,是自学者学习教材、掌握课程内容知识范围和程度的依据,也是进行自学考试命题的依据。

二、课程自学考试大纲与教材的关系

课程自学考试大纲是进行学习和考核的依据,教材是学习掌握课程知识的基本内容与范围,教材的内容是大纲所规定的课程知识和内容的扩展与发挥。课程内容在教材中可以体现一定的深度或难度,但在大纲中对考核的要求一定要适当。

大纲与教材所体现的课程内容应基本一致;大纲里面的课程内容和考核知识点,教材里一般也要有。反过来教材里有的内容,大纲里就不一定体现。

三、关于自学教材

全国高等教育自学考试指导委员会组编,张厚粲主编,许燕、寇彧副主编,高等教育出版社出版,2015年版。

四、关于自学要求和自学方法的指导

本大纲的课程基本要求是依据专业考试计划和专业培养目标而确定的。课程基本要求还明确了课程的基本内容,以及对基本内容掌握的程度。基本要求中的知识点构成了课程内容的主体部分。因此,课程基本内容掌握程度、课程考核知识点是高等教育自学考试考核的主要内容。

《心理学》有自己的专门概念和由这些概念组成的概念体系。学习和掌握认识心理学的基本知识和基本概念,首先要弄懂这些概念,准确地了解它们的涵义,切忌观点含糊不清、概念掌握不准确,避免死记硬背。学习者应该在全面系统学习各章各节内容的基础上,掌握基本概念和基础知识;分清相近概念和类似概念;学习各章节的重点内容。

本课程共4学分。

五、对社会助学的要求

（一）社会助学者应根据本大纲规定的考试内容和考核目标，认真钻研指定教材，对考生进行切实有效的辅导，引导他们防止自学中的各种偏向，把握社会助学的正确导向。

（二）正确处理学习知识和提高能力的关系。要引导考生将识记、领会与应用联系起来。把基础知识和理论转化为应用能力，在全面辅导的基础上，着重培养、提高考生分析问题和解决问题的能力。

（三）正确处理重点和一般的关系。重点与一般是相互联系的，不可截然分开。应指导考生全面系统地学习教材，要掌握全部考试内容和考核知识点，在此基础上突出重点。不可孤立地抓重点，把考生引向猜题、押题的错误方向。

六、对考核内容的说明

（一）本课程要求考生学习和掌握的知识点都作为考核的内容。课程中各章的内容均由若干知识点组成，在自学考试中成为考核知识点。因此，课程自学考试大纲中所规定的考试内容是以分解为考核知识点的方式给出的。由于各知识点在课程中的地位、作用以及知识自身的特点不同，自学考试将各知识点分别按四个认知层次确定其考核要求。

（二）在考试之日起6个月前，由全国人民代表大会和国务院颁布或修订的法律、法规都将列入相应课程的考试范围。凡大纲、教材内容与现行法律、法规不符的，应以现行法律法规为准。命题时也会对我国经济建设和科技文化教育发展的重大方针政策的变化予以体现。

七、关于命题考试的若干要求

（一）本课程考核为闭卷笔试，考试时间150分钟。

（二）本课程的命题考试，应根据本大纲所规定的考试内容和考试目标来确定考试范围和考试要求。考试命题要覆盖到各章，并适当突出重点章节。

（三）本课程在试题中，不同能力层次要求的分数比例一般为：识记占20％，领会占30％，简单应用占30％，综合应用占20％。

（四）合理安排试题的难易程度，可分为易、较易、较难、难四个等级。每份试卷中不同难度试题的分数比例一般为2∶3∶3∶2。

（五）本课程考试试卷采用的题型一般有：单项选择题、名词解释题、简答题、论述题、案例分析题等。

附录　题型举例

一、单项选择题

在每小题列出的四个备选项中只有一个是符合题目要求的,请将其代码填写在题后的括号内。错选、多选或未选均无分。

1. 在看电影时,总是把相继出现的一组图片看成是平滑连续的画面,这种现象是因为存在【　　】
   A. 程序记忆　　　B. 感觉记忆　　　C. 短时记忆　　　D. 长时记忆

2. 由于人口的急剧增长所带来的住房、乘车以及公共场所的拥挤,对人的身心产生了一定程度的损害,有人称之为"拥挤综合征"。这种压力源属于【　　】
   A. 心理性压力源　　B. 社会性压力源　　C. 文化性压力源　　D. 躯体性压力源

二、名词解释

1. 关键期
2. 成就动机

三、简答题

1. 简述知觉的特性。
2. 简述遗忘的干扰理论。

四、论述题

1. 举例说明影响问题解决的因素。
2. 举例分析青少年时期人际关系发展的新变化及特点。

五、案例分析题

某次重大自然灾害后,很多地方出现了民众大量抢购食盐的现象,不少人看到别人购买也随大流购买食盐,导致这些地区出现了"盐荒"。

请用心理学知识解释这种现象并分析其原因。

后 记

《心理学自学考试大纲》是根据全国高等教育自学考试教育类各专业考试计划的要求编写的。2014年8月教育类专业委员会召开审稿会议,对本大纲进行了评审,修改后经过主编修改定稿。

本大纲由北京师范大学心理学院张厚粲教授主持编写。张厚粲教授、许燕教授、寇彧教授分别执笔撰写。本大纲经由华南师范大学何艳茹教授审稿并提出改进意见。

本大纲编审人员付出了辛勤劳动,特此表示感谢。

全国高等教育自学考试指导委员会
教育类专业委员会
2015年2月

全国高等教育自学考试指定教材
教育类专业公共课

心 理 学

全国高等教育自学考试指导委员会 组编
主　编　张厚粲
副主编　许　燕　寇　彧

编者的话

随着现代社会快速发展,环境在变化,人也在变化。心理变化与适应的速度是否能够跟上时代发展的步伐,已成为现代人所面临的主要心理问题之一。越来越多的人开始关注心理问题,越来越多的人开始阅读心理学书籍寻求答案,越来越多的人开始选择心理学专业探索其中奥秘。此书是专门针对心理学自学者的入门教材,力求通俗易懂,结合生活实际,讲述心理规律,解答心理问题。

许多心理学爱好者是对心理学充满着神秘感、好奇心、解惑心来接近心理学的,但是他们对心理学更多的印象是弗洛伊德与心理咨询。然而,心理学学科有着庞大的科学系统,除了心理咨询外,还有认知心理学、人格心理学、社会心理学、发展心理学、教育心理学、生理心理学、实验心理学、变态心理学等分支领域。所有心理学的分支学科的基础都是普通心理学,它涉及的是心理现象的一般规律。本教材就是以普通心理学为知识框架,向广大初学者介绍心理学的基础知识与应用。学好普通心理学,理解了基础知识与应用特点,才能更好地进一步学习心理咨询等其他分支领域。

心理学是一门涉及人的学科,哪里有人哪里就有心理学。所以心理学不仅有自己的许多分支领域,它还渗透到其他学科领域,如工业与组织心理学、消费心理学、运动心理学、军事心理学、艺术心理学、政治心理学等。所以,心理学因与其他学科的渗透关系,也被视为跨学科与边缘学科。正是由于心理学学科的这一特性,使得心理学成为应用性极强的学科。例如,运动员赛前的心理调适,军事心理学中的心理战,政治预测中的领袖人格,艺术作品中的人物性格分析,广告心理学中的阈下刺激,商业心理中的品牌个性,人才选拔中的心理测评技术,等等。

心理学的应用性还表现在对人生的指导意义上。心理学也被视为生活的哲学,它告诉人们如何认识自我、完善自我。了解认知心理学知识,可以有效地运用感知、记忆、思维等心理功能,提高学习能力;了解智力与人格知识,可以明了个体差异的表现特征,教师可以因材施教。学习心理学知识,还可以自我分析,取长补短,扬长避短,成就自我。

心理学不仅有助于个人成长,促进身心健康,心理学在国家发展建设中也具有重要作用。古人在《大学》中就阐明了心理的基础性作用:正心,修身,齐家,治国,平天下。孙中山在建国方略中提出:心理建设具有与国家建设同样的地位。清末有影响的思想家、翻译家和教育家严复(1854—1921)曾说:在政治改革之前,必须有心理建设。2006年党的十六届六中全会通过的《中共中央关于构建社会主义和谐社会若干重大问题的决定》中明确提出:要"注重促进人的心理和谐,加强人文关怀和心理疏导,引导人们正确对待自己、他人和社会,正确对待困难、挫折和荣誉。"在和谐社会建设中突出心理和谐的作用,是在中国历史上第一次以执政党文件的形式将心理和谐问题提到如此高度。

在当今社会中，国家建设、社会建设、个体发展等都对心理学提出了要求，强大的需求表明心理学已经成为人们的热选知识。本教材就是在这样的形势下修改补充完善的，我们本次修订，(1) 依据学科发展特征，进一步完善了教材体系。新增加了第二章"心理的生理基础"；在第七章"智力"中，为了体现学科发展前沿并精简内容，去掉了吉尔福特的三维结构模型，充实了多元智能理论；在第十二章"毕生发展"中，儿童期与青少年期按照生理、认知、社会性三个方面的发展展开论述，青少年期之后统称为成年期，又将成年期分为成年初期、成年中期、成年晚期，由于整个成年期三个方面的发展变化相对稳定，因此对于成年期个体的发展特点，是依据其各年龄阶段的突出特征展开论述的。(2) 依据心理学与社会的紧密关系，补充了社会文化内容。在第四章"感觉和知觉"中，补充了社会认知的基本过程与特点，在减少刻板印象方法上新添了多元文化的视角；在第十章"人际交往与社会影响"中，增加了社会助长与社会干扰机制的研究，以及社会助长的性别效应及文化效应。(3) 依据读者群的特点，突出了知识的应用性。针对在职人员的工作特点，在第十一章"心理健康"中，对压力与压力源进行了重新分类，加入了工作压力所导致的心理枯竭现象分析，并从积极与消极两方面来解读压力，提出压力应对模型，特别强调了健康人格的作用。(4) 依据自考生的学习特点，我们减少了理论，增加了应用。如在智力理论、动机理论上都进行了压缩。在语言文字上力求通俗、简洁、流畅，便于读者自学。

本教材上一版由南开大学出版社 2002 年出版，本次修订由北京师范大学心理学院的三位教授完成，张厚粲教授修订了第一至七章，许燕教授修订了第八、九、十一章，寇彧教授修订了第十、十二章。全书由张厚粲先生统稿。

心理学学科为我们人类的思考与行为提供了科学指导。我们希望读者们通过此教材的学习，理解心理学的基础知识，掌握心理学的应用技能，促进自我健康发展，成为心理学知识的受益者和传播者，为国家建设、社会建设和个体发展服务。

编　者

于北京师范大学后主楼

2015 年 2 月

第一章 概论

随着社会的发展与科技的进步,人们的物质生活日益丰富多彩,在大家都更关心自己的身体健康的同时,也越来越注意自己的精神生活了。在当代人们的生活中,"心理"这个词频繁地出现在日常交往中,出现在各种媒体上,各式各样的标有某某心理学字样的书籍也通过多种途径闯入读者的视野,探讨心理活动规律的"心理学"正在逐步贴近我们的生活。那么,究竟什么是心理学呢?在本书的开篇的第一章,我们首先围绕这个基本问题,对心理学的概念、性质、研究领域、研究方法,以及学习心理学的意义和作用等问题进行概述。

第一节 心理学的概念

一、什么是心理学

心理学一词,英文写法为"psychology",是由古希腊文的"psyche"和"logos"二词合成的。"psyche"原本的含义是"生命""灵魂"或者"精神",后来被解释为"心灵";"logos"的含义是"讲述""研究"或"解说"。"psyche"和"logos"合起来就是"对心灵或灵魂的解说和研究"。这可以说是心理学的最早定义。然而,究竟什么是心灵,在几千年的历史发展中,不同时期、不同学者的看法始终未得到统一,心理学本身的含义也一直在变化。即使到了19世纪末期,心理学成为一门独立学科之后,其研究内容和重点仍然在演变,直到20世纪中期以后心理学才有了一个相对统一的定义,即我们现在普遍承认的:"心理学是研究人的心理和行为活动的规律的科学。"

心理学这个定义明确地指出了它的研究内容:首先,心理学研究以人的心理和行为为对象。心理学顾名思义当然要研究人的心理,但为什么还要以人的行为作为研究对象,研究行为活动的规律呢?这个问题很普遍,也很重要。这是在深入学习心理学开始时必须弄明白的问题。它是心理学在脱离了哲学思考,成为一门独立的科学以后,经过百余年的发展和不同思想认识的争论,才逐渐明确起来的。虽然人的心理活动是按照一定规律进行活动的,但是它发生在头脑内部,我们无法直接观察或度量,很多认识都只能依靠推论,说服力不强。不过我们都知道,心理活动总是由外部刺激引起并且有外部行为表现的。内心的思想认识和喜怒哀乐等情感都会在外部有所表现,人们的外显行为活动是受内隐的心理活动支配和调节的。通过对行为的观察,我们才可以实现对内部心理活动的了解。比如说,郊游时看到一只不知名的大毛虫,有的人转身躲避,有的人停步观察。在这里,"躲避"的外显行为是由"害怕"或"厌恶"引起,这类消极的内心情绪支配着人的转身或躲避行为。另一些停步观察者,则可能是好奇、求知欲强等内心活动的表现。我们无法直接看到人的"害怕"或"好奇",

但是可以观察到他们"躲避"或"停步"等这些外显行为,并且通过他们的这些行为,就了解了他们的内部心理活动。

其次,心理学要研究心理和行为的活动规律。心理活动在行为中产生,又在行为中得到表现和发展。二者之间的联系具有一定的活动规律。例如某人去观看一场足球比赛。看球的行为由感兴趣的心理引发,而看球活动又反过来进一步提高了兴趣,心理和行为相互依存、相互影响、相互转换,而且这种转换关系是遵循一定规律的。只有把握人的心理与行为活动的规律,人们才能够对行为加以解释、预测和调控。但是我们要看到,这种规律相当复杂,并非一一对应、一成不变的。同一刺激对不同的人,或者对同一个人在不同时间不同条件下,都会产生不同的反应,即引起不同的行为。当然,这并不说明人们的心理不受客观规律制约,反之正是人们的心理存在差异,却受共同规律制约的表现,学习心理学才有重要意义。心理学就是要学习掌握行为与心理活动的各种规律,以便对自己、对他人的心理和行为有所了解,从而能够加以控制和调节。

总之,心理活动是内隐的,行为是外显的,但外显的行为受内隐的心理活动所支配。反过来,内隐的心理活动也只有通过行为才能起作用和得到表现。要掌握人的心理规律,必须从研究人的行为入手;人与人之间存在着个体差异,要了解、预测、调节和控制人的行为,就更需要探讨人们复杂的心理活动规律。因此,我们可以这样总结:心理学是一门以解释、预测、调节和控制人的行为为目的,通过研究分析人的行为,揭示人的心理活动规律的科学。

二、心理学的科学性质

心理学作为一门科学,是自1879年德国学者冯特(W. Wundt,1832—1920)受到自然科学的影响,在莱比锡建立第一个心理学实验室,使之脱离思辨性哲学开始的。从此心理学成为一门独立的科学。

什么是科学,首先我们要对科学这个概念有正确的理解。科学指的是获取知识的一种普遍的途径,衡量某一学科是否属于科学范畴,主要看其是否运用了科学的方法,是否达到了几个重要标准。科学的方法主要包括系统观察和直接实验,重要的标准包括以下三方面:① 客观性——对信息的选取是取决于信息本身而非研究者的个人偏好;② 准确性——尽可能准确地和精确地搜集信息;③ 可检验性——任何结论都是经过多次的检验,在排除了所有不一致性之后得出的。一个研究领域如果运用的是科学的方法并且满足了上述几个主要的标准,就可以把它视为一门科学。在心理学研究行为和心理活动规律的过程中,心理学家主要依赖科学的方法并且严格地遵循科学的标准,所以说,心理学是一门科学。从心理学的研究对象出发,心理学研究需要了解产生心理活动的器官——神经系统和脑的活动规律,要做科学实验,进行数据的整理分析。显然心理学具有自然科学性质;然而,我们也要看到,从科学的分类上讲,心理学有它的独特性。因为心理活动在人的头脑中产生,人是物种发展中最高等的生物,人与其他动物不同,其特点就是人的社会性。任何人都不能脱离社会而生活。人的一切活动都受他所处社会和文化背景的影响。因此,心理学的研究必然具有社会科学性质。这就使得心理学的研究工作更为困难和复杂。所以我们说,心理学是一门交叉科学。

第二节 心理学的历史发展与流派

心理学家经常引用的一句名言是:"心理学有一个长远的过去,但仅有一个短暂的历史(桑代克,1908)。"为什么这么讲?这是因为早在两千多年以前,无论是在西方的古希腊,还是东方的中国,一些大思想家尽管认识不同,却都已经有了关于心理的思想和讨论,但是心理学被确立为一门独立的科学,还只是1879年以后,至今只有一百多年的历史。

远在古希腊时期的大思想家如亚里士多德、苏格拉底、柏拉图等人都在思考人的问题。当时人们普遍认为,人的"灵魂"是天生的,而"知识"是上帝给予的。但是亚里士多德却强调人的某些知识来源于经验,这是一种朴素的唯物主义思想。这一思想被继承下来,对后来心理学发展有很重要的影响。古代中国在差不多同一时期,大哲学家、思想家如孔子、孟子等也都关心"人"的问题。他们进行了有关人性的讨论,如"性本善"与"性本恶"的争论,身与心的关系等问题。同时对于人性方面的差异以及如何教育培养人等问题也有相当深入的探讨。例如孔子不仅认为人的智力有上智和下愚之分,也注意到他的众多弟子在心理方面各有特点,他曾对其中一些人作了重点描述。例如在《论语》先进篇中有"柴也愚,参也鲁,师也辟,由也喭"的分析(意思是高柴愚笨,曾参迟钝,子张偏激和子路鲁莽)。并且他还依据人各不同的认识,在教育指导方面体现了因材施教。例如,当学生问他,对于"闻斯行诸"(即听到问题后应该怎么办)这个问题,为什么他给不同的人不同回答时,他回答道,"求也退,故进之;由也兼人,故退之。"(《论语》先进篇)这充分体现了"因材施教"的心理学思想。总之,古今中外许多哲学家都曾经述及心理学的问题。因此,从心理学思想的产生历史来看,心理学有一个长远的过去。但是古代的心理学思想都包含于哲学思想体系之中,也就是说,对人的心理或称意识的研究,长期以来属于哲学的范畴。

纵观心理学的历史,可以看到,由于心理现象本身的复杂性,在独立后的一百多年中不断地发展变化,曾经出现了各种心理学流派的纷争与交替,直到20世纪中期认知心理学产生,心理学才比较稳定地向前发展直至现在。下面,我们分别介绍这些流派,以期通过它们使我们对当代心理学有更深刻的了解。

一、科学心理学的诞生及构造主义心理学

19世纪后期,生理学、物理学、化学等自然科学都已经相当发达,当时活跃的学术气氛对新学科的产生发生了重要影响。这个时候,德国的心理学家冯特在心理学的历史舞台上出现,写下了举足轻重的一笔。冯特原是哲学家、生理学家,他认为心理学的对象是心理、意识,即人对于直接经验的觉知(awareness)。他考虑到化学把物质分解成各种元素,如"水"可以分解成"氢"和"氧",那么心理学应该也可以同样地通过实验方法分解出心理的基本元素。根据这一思路,冯特于1879在德国莱比锡大学建立了世界上第一个心理学实验室,用自然科学的方法研究各种最基本的心理现象:感觉。例如,我们如何分辨颜色;为什么初入电影院时什么都看不见,但过一会儿就什么都能看清楚了;再如,先吃糖再吃橘子,会觉得橘子更酸。这些研究行动使心理学开始从哲学中脱离出来,不再靠思辨解决问题,成为一门独立的实验性的学科,从而标志着科学心理学的诞生,冯特因此被称为心理学的始祖。

冯特用实验的方法来分析人的心理结构,对构成心理的基本元素——感觉,进行研究。

因此冯特的心理学被称为"构造主义心理学（structuralism）"，或称是元素主义的心理学。冯特认为构造主义心理学的主要任务是研究意识的结构。意识的内容可以分解为一些基本的要素，把心理分解成这样一些基本元素后，再逐一找出它们之间的关系和规律，就可以达到理解心理实质的目的。构造主义心理学的另一个代表人物是冯特的学生铁钦纳（E. B. Titchener, 1867—1927）。这一学派虽然做实验，但方法上强调的是内省法。即：认为实验结果给人们提供了一定的直接经验，然后要靠自己对经验的观察和描述才能得出心理规律。所谓内省，就是自我观察。到20世纪20年代，构造主义心理学的影响逐渐衰落。

二、机能主义心理学

机能主义心理学（functionalism）的创始人是美国著名心理学家詹姆斯（William James, 1842—1910），其代表人物还有杜威（John Deway, 1859—1952）等人。机能主义心理学主要活跃在1890年到20世纪30年代，与上面提到的构造主义心理学展开了激烈的学派之争，他们都主张研究意识，争论的焦点是：心理学是应该研究意识的结构还是意识的功能。机能主义心理学强调研究意识的功能，其创始人詹姆斯明确提出：心理学应该研究意识的功能和目的，而不是它的结构。也正因为如此，他的心理学思想称为机能主义心理学。

詹姆斯批评构造主义心理学忽视了意识的最主要特征，即只静态地研究意识的元素，而忽略了意识的动态特征。意识活动有连续性，是像水流一样的，他称之为"意识流"。詹姆斯认为心理学的研究工作不应局限在实验室内，还要考虑人是如何调整行为以适应环境不断提出的要求的。为此，后来他的一些追随者们走向了心理测量、儿童发展、教育实践的有效性等各种应用心理学方面的研究。1890年詹姆斯发表了他的经典著作《心理学原理》，书中详细地阐述了他的有关意识流的思想，在心理学史上留下了深远影响。

上述两个学派之争在于探讨心理学作为一门新兴科学的定义及其研究方向，然而它们都具有唯心主义的思想基础，都未能很好地解决方法学问题。为此，在相持了几十年之后，当另一个新的学派——行为主义出现后，这两个学派都日渐衰落下去。

三、行为主义心理学

20世纪初期，构造主义学派与机能主义学派争论不休，但都未能把心理的实质讲清楚。在这个时候就出现了另一个崭新的"第三者"——行为主义心理学（behaviorism），这一学派出现后传播很广，曾经盛极一时，从根本上改变了心理学的发展进程。

行为主义心理学的代表人物是美国心理学家华生（John B. Watson, 1878—1958），1913年，华生发表了《从一个行为主义者眼光中所看的心理学》，这标志着行为主义的诞生。华生宣称心理学作为一门科学，只能研究可观察的行为。这是因为科学的研究成果必须是能够重复的，而心理带有主观的性质，不能直接观察，也不能重复，这样就不如把心理看作是一个黑箱，我们不必管里面装了什么和如何活动，只需要知道输入和输出之间的联系就可以了。在刺激影响有机体的情况下，只有作为反应活动的外部行为是可观察的，因此，心理学应该以行为作为研究对象。于是，华生的研究路线可以用"刺激—反应"的公式（S—R）来表示，他坚持心理学只能以行为作对象，是研究行为的科学。

华生行为主义心理学思想的形成在很大程度上受俄国生理学家巴甫洛夫（Ivan Pavlov）的条件反射学说的影响，这一学说在后面的章节我们还要加以详细阐述。华生认为狗可以通过训练建立条件反射,人也有类似的情况。如果我们经常给人的某种行为施以正强化(奖励),那么这种行为就会巩固下来;如果不给强化或给以负强化(如惩罚),那么该行为就减弱或不再出现。因此,强化很重要。华生认为,我们只要找到不同事物之间的联系和关系,再根据条件反射原理给予适当的强化,使刺激和反应之间建立起牢固的联系,那么就可以预测、控制或改变人的行为。

总之,华生否认心理、意识,强调行为,认为人的一切行为都是在后天环境影响下形成的。华生有一句颇为偏激的名言,他说:"你给我一打儿童,在一个良好的、由我做主的环境中,不管他们的天资、能力、父母的职业和种族如何,我可以任意地把他们培养成医生、律师、艺术家、大商人,甚至是乞丐或小偷。"

行为主义后期的另一著名代表人物是美国心理学家斯金纳(B. F. Skinner)。由于斯金纳的理论对华生的行为主义有所发展,通常他的理论被称为新行为主义,而华生的行为主义被称为古典行为主义。斯金纳坚持行为主义的基本原理,他明确指出:任何有机体都倾向于重复那些指向积极后果的行为,而不去重复指向消极后果的行为。斯金纳早期也是在实验室中训练各种动物,他曾训练大鼠、鸽子等做一些对它们来说是非自然的行为,如打球等,这些训练都取得了成功,后来他又发现这个原理同样适用于人类,甚至可以推广到人的社会行为。斯金纳与华生思想的区别在于他并不否认人的内部心理活动的存在,但是他坚信人的一切行为都是由外部环境决定的。从此,行为主义开始广泛地应用于工厂、学校和医院等。行为主义理论能够解决一些实际的问题,因此,在实用主义思想指导下,行为主义心理学在美国很快就盛行起来。

行为主义从20世纪初兴起,一直流行到20世纪50年代才逐渐衰落,但是它的影响深远,不仅其客观研究方法得到了肯定,而且在当前的行为改造、心理治疗中,行为主义的方法仍占有重要地位。

四、格式塔心理学

在美国出现行为主义心理学的同时,德国也出现了另外一个心理学派别,那就是"格式塔心理学"(gestalt psychology),也称"完形心理学"。格式塔心理学的创始人有魏太默(Max Wertheimer,1880—1943)、考夫卡(Kurt Koffka,1886—1941)、苛勒(Wolfgang Kohler,1887—1967)。这一学派主要活跃于1912年到1940年。其名称"格式塔"是德文字 gestalt 的音译,含义是整体,或称"完形"。格式塔心理学明确指出:构造主义把心理活动分割成一个个独立的元素进行研究并不合理,因为人对事物的认识具有整体性,心理、意识不等于感觉元素的机械总和。例如,天空上有七个星星,由于它们彼此间的位置关系被人们看成北斗;而另外的一些小星星处于另一种位置关系,就被看成银河。产生什么知觉决不单纯是由对星星的感觉组成的,"知觉大于感觉的总和"。格式塔心理学着重在知觉的层次上研究人如何认识事物,作为一种重视心理学实验的学派,它强调认识的整体性,在知觉研究中取得很好的成绩。其著名论点是:"整体大于部分之和"。它的研究成果在当时很有影响,尤其是有关知觉的一些实验结果,被称为格式塔知觉规律,至今在心理学中占有重要地位。

五、精神分析学派

精神分析学派(psychoanalysis)于19世纪后期产生于欧洲,其创始人是奥地利精神病医生弗洛伊德（Sigmund Freud，1856—1939）。这一理论主要源于弗洛伊德治疗精神病的实践，重视对人类异常行为的分析，强调心理学应该研究无意识现象。

弗洛伊德认为，如果不管病人是怎么想的，不去研究病人心理障碍的原因，而只是从外部行为上去进行改造，是不可能达到治病目标的。因此，弗洛伊德提出要用精神分析的方法寻找病人疾病的根源，通过病人的自由联想，对其谈话做出分析，找出其疾病的根源。他还认为人除了有意识的活动——即人所表现出来的行为活动，还有无意识活动。它们常常是一些由于环境的要求和社会的限制，而不能表现出来的思想意识，包括思想、记忆和愿望，因为种种原因长时期被压抑着，它们处在被觉知的意识下层，形成了人的下意识，但它们对于意识仍然发生影响。这些处于下意识中的个人心理冲突，正是发生心理障碍的原因。精神分析主要就是试图用各种方法发现和揭示病人在下意识中存在的问题。由于弗洛伊德过分强调人的性本能在下意识中的作用，认为人在性方面的压抑是多种心理障碍产生的原因，因此在理论上曾引起争论，在我国更受到过长期的批判。

精神分析的方法至今仍然在精神病患者的治疗中继续使用，而且其理论对人格、动机等的研究也起了一定积极作用。近年来，精神分析学说在我国也恢复了名声，受到重视，有些精神分析的概念，如无意识、下意识、自我等都已经包括在心理教学与应用之中。

六、人本主义心理学

20世纪中期，美国一些学者出于对当时影响最大的两个心理学派别——行为主义和精神分析的不满，提出了一种新的理论——人本主义心理学（humanistic psychology），这一理论的代表人物是马斯洛（Abraham Maslow，1908—1970）和罗杰斯（Carl Rogers，1902—1987）。在人本主义心理学看来，精神分析学说认为行为受原始的性冲动所支配；行为主义理论的许多结论来自对简单动物行为的研究；这两种理论都没有把人看作是自己命运的主人，失掉了人的最重要特性。人本主义注重人的独特性，主张人是一种自由的、有理性的生物，具有个人发展的潜能，与动物本质上完全不同。他们认为人的行为主要受自我意识的支配，要想充分了解人的行为，就必须考虑到人们都有一种指向个人成长的基本需要。总之，人本主义心理学强调人的社会性特点，对人的心理本质进行了新的描绘，为心理治疗领域孕育了一条创新的人本主义路线。不过人本主义理论不能用实验来加以证明，它主要是理论上的推测，运用的是一种思辨的方法，风格与自然科学研究不同。

七、认知心理学

和以往的心理学派别的产生不同，认知心理学不是由于某个心理学家反对当时流行的某个学派，而提出独立的观点，形成一套新的理论体系，从而在很多学者研究的基础上产生的新的学派。认知心理学是吸取了已有各学派的合理成分，对之兼容并蓄并加以发展而成的。比如它既吸收了"格式塔"学派的整体观，把人脑的活动视为一个整体来进行研究；同时对行为主义的"刺激—反应"、强化理论也予以承认，并注重客观的实验方法。

认知心理学可追溯到20世纪初期，当时就有一些先驱考虑内部心理发展规律，如瑞士著名心理学家皮亚杰（Jean Piaget，1896—1980），他通过一系列精心设计的实验，揭示了儿童思维发展的规律。但是，认知心理学正式出现是在20世纪60年代，由下列两个原因所促成。首先，20世纪中期以后，计算机科学迅猛发展，迫切需要了解人的心理活动规律。因为只有把人的认识活动规律了解清楚后,计算机才能够模拟运算。为了说明心理活动如何对信息进行加工,需要研究解决"黑箱"中发生的问题,这就构成了推动认知心理学产生的重要外部动力。其次,自从冯特建立心理实验室以来,实验室的心理实验一直没有停止过,并且逐步地取得了一些成果。比如在记忆研究方面,研究发现短时记忆和长时记忆有所不同;同时在儿童研究中,也揭示出在儿童发展的不同阶段思维表现有不同水平等,这些都证明内部心理活动规律是可以研究的。在这种情况下,美国心理学家奈瑟尔(U. Neisser)于1967年把各种心理实验研究的成果加以总结,写成《认知心理学》一书,从而出现了认知心理学(cognitive psychology)这个术语。认知心理学的产生标志着心理学又发展到了一个新的阶段,心理学不只是研究行为,更重要的是要研究作为行为基础的内部心理活动规律。

所谓认知,指在获取知识过程中进行的各种心理活动,主要包括知觉、记忆、言语、思维等,即通常所谓的认识过程。认知心理学家坚信要想充分了解一个人的行为必须研究他的内部心理活动,因为同一个行为可以由不同的动机引起且指向不同的目的。认知心理学家还指出内部认知过程是可以运用科学的方法进行研究的。他们在研究推理、决策、问题解决等复杂认知过程时,采取口语报告的方法获得了很大成功。口语报告法也称"大声想",即经过一定训练后,让被试在解决某个问题的同时,大声说出头脑内进行的活动,事后由心理学家对之进行分析。口语报告法与唯心主义心理学所用的"内省法"截然不同,前者是在想的同时做报告,反映真实过程;后者是事后根据回忆做报告,它既可能不真实,也可能回忆不起来有些细节。有了比较科学的研究方法,人的心理、意识又被带回现代心理学的研究之中。

人的心理活动不只包括认知过程,人还有情感、有意志、有各种个性心理特性,若忽略了人的这些特点,就会把人与机器等同起来。认知心理学在其发展中,从认知过程出发,并未忽略对动机和情感等心理现象的研究。事实上现代认知心理学以信息加工观点研究内部心理活动规律,已变成一种思路,在教育心理学、社会心理学等领域,都依据认知心理学的基本原理去探讨和解释人的心理活动规律,目的是分析、解释、控制与调节人的多种活动,包括社会交往等。

总之,心理学发展到今天,其研究的科学性不断提高,范围不断扩大,对象也已经明确。心理学不仅要研究人的外部行为表现,而且还要研究人的内部心理规律,乃至心理的生理机制。人是最高级的社会性生物,因此,心理学的研究既复杂又重要,它兼有自然科学和社会科学的性质,在21世纪生命科学的发展中应该发挥重要的作用。

第三节 心理学的主要分支

科学心理学建立以来,经过一百多年的发展,逐渐走向繁荣,涉及人类生活的各个方面,产生了很多分支。这些分支按其性质可以划分为两大类,一类属心理学的理论研究,通过各种方法和途径,探讨心理活动的基本规律;另一类为心理学的实际应用,探讨如何使心理学在生活实践的不同领域发挥作用。下面我们将这两大类别的主要分支加以简略介绍。

一、心理学的理论领域

（一）实验与认知心理学

实验心理学是最早发展起来的心理学分支，它借助科学的实验方法，研究科学心理学发展初期的那些传统核心课题，如感觉、知觉、学习、动机和情绪等。实验心理学的实验设计比较复杂，需要设计出一定条件，在此条件下用某种刺激引发出所期望的行为，以便进行观察，然后还要对结果进行统计分析。认知心理学与实验心理学相近，致力于研究人的高级心理过程，如记忆、推理、信息加工、语言、问题解决、决策和创造性活动；用科学实验的方法探讨内部心理活动规律，实验设计要求严格。

（二）人格与社会心理学

社会心理学主要研究人际间的行为和社会力量对行为的控制和影响。典型课题有：态度的形成和变化、偏见、顺从、攻击行为、亲密关系和集体行为等，其研究成果有助于在人际交往中取得成功。人格心理学研究个人独特的心理特征和个体行为的稳定性特征，同时也探讨人格形成的影响因素，对人格特征进行测量、评估和培养。

（三）发展心理学

发展心理学研究心理的发生发展规律，一般以人的整个生活历程作为研究对象，探讨人在不同发展阶段上的不同心理特点，但广义地讲，它也包括动物心理学。发展心理学曾一度集中于研究儿童期，现在对青春期、成人期、尤其是老年期的心理特点也都进行了广泛的研究。

（四）心理测量学

心理测量指对行为、能力和个体差异的测量，通常用心理测验和定量分析的方法进行。对心理特性加以量化的研究是科学进步的表现，但心理不能直接测量，需要间接进行，自然困难很大，因此在测验的设计和使用方法上都有严格要求。心理测量已构成一门单独的学科，称"心理测量学"或"心理度量学"（psychometrics）。多种测量方法在不断发展，对测量结果的分析与处理还需要相当复杂的统计技术。

（五）生理心理学

生理心理学研究遗传因素对行为的影响，以及大脑、神经系统、内分泌系统和生物化学因素等生理功能在其中所起的作用。现代科学技术的发展对脑功能的研究提供了更为有利的条件，如核磁共振、脑成像技术对研究认知心理学提供了条件，并已取得了引人注目的进展，使我们对心理活动的生理机制有了进一步的认识，也有助于提高治疗有关心理障碍方面疾病的效能。

二、心理学的应用领域

（一）临床与咨询心理学

临床心理学涉及对心理障碍者的评估、诊断和治疗，同时涉及轻度行为和情绪问题的处理，主要工作方式包括面谈、实施心理测验和提供集体或个人的心理咨询。咨询心理学与临床心理学近似，主要区别在于它面对的心理障碍者症状较轻，不仅是诊断，而且相对的更具有辅导和指导的意义，如一些家庭咨询、婚姻咨询和职业指导。近年来，心理咨询日益受到重视，在建立和谐社会方面发挥了很好的作用，但如何加强科学性，进一步提高质量还是值得关注的问题。

(二) 教育与学校心理学

教育心理学是心理学的一个重要领域。作为教育科学的基础,其工作在于研究教与学过程中的心理规律,以提高教育、教学水平,改进师资培训和学业考核,并推动因材施教,培养学生健全人格和创造力等。学校心理学家通常在中小学工作,对在学校中有学习困难、适应困难,或某种问题行为的一些特殊学生进行诊断和辅导,并协助家长和教师解决与学校有关的问题。

(三) 工业与组织心理学

工业与组织心理学主要在工业、企业和组织机构里发挥作用:包括在厂房设备安装,产品质量设计方面考虑到人的因素,促进生产、提高效率;在人力资源部门中知人善任,做到人职匹配是人才选拔、人员安置、合理利用等一切工作的基础;在企业中调动员工的积极性,协调关系,提高生产力、提高职工的满意度,创造良好的企业形象等,都离不开心理学规律的应用。近年来,一些企业中"员工帮助项目(EAP)"的推广,已初步取得良好效果,还在进一步推广运行中。

知识扩展

霍桑研究(1924)

霍桑(Hawthorne)是一个美国工厂名。该厂曾经对其3000多名员工进行过一次调查,目的是了解在工作中各种因素对满意度的影响。结果发现:员工关心的首要因素是心理因素而不是物质条件(见下表)。

影响满意度调查	影响的等级评定(1–10,1最大)			
因素名称	男员工的评定		女员工的评定	
工作安全	3.3		4.6	
晋升机会	3.6		4.8	
工作方式	3.7		2.8	
公司地位	5.0		5.4	
工作报酬	6.0	第5	6.4	第9
人事关系	6.0		5.4	
监督管理	6.1		5.4	
工作时间	6.9		6.1	
工作环境	7.1		5.8	
额外福利	7.4	第10	8.2	第10

表中所示结果颇使一般工业家们感到意外。他们原以为,员工们会把工作报酬列为首要因素。但事实表明,无论男女工作报酬均列在了工作安全、晋升机会、工作方式、公司地位之后。这表明心理因素是影响员工士气的主要因素。在这项研究之后,工业管理的方式开始兼顾心理因素。霍桑研究使心理学进入了工业和组织管理学领域。

资料来源:C. E. Jurgensen, 1949. What do job applicant want? Personnel, 25: 352–355.

(四) 广告与消费心理学

广告心理学研究如何把产品信息传达给群众,以更好地影响消费者的购买行为;消费心理学则以社会大众的消费行为为研究对象,考察消费动机、购买行为以及影响和促进消费行为的各种因素。心理学揭示人们认知事物、情绪情感产生与发展的规律,将它们用于商业和管理领域,自然会大大提高工作效率,这些在各种广告设计与针对不同消费群体的销售计划中已经获得了充分的证明。

(五) 法律与犯罪心理学

法律心理学和犯罪心理学在内容上基本是重叠的,主要研究司法程序中的犯罪动机、犯罪行为,以及犯罪证据的可靠性等,如近年来在国内兴起的测谎就在该分支的研究范围内。当前的法律与犯罪心理学还涉及对犯罪者的个别了解,以提高办案的公正性和行为矫正的功效。心理学在行为改造的理论和方法上都将做出更大的贡献。

第四节 心理学的研究方法

心理学研究的基本方法有观察法、测验法、实验法和调查法等,这些方法都属于科学性方法,具有一致的基本过程。即:根据所要解决的问题提出假设,进行研究设计;采用恰当的方法技术搜集资料;按照一定程序进行结果的统计处理,最终再进行理论分析,得出结论。下面我们对这些方法分别加以介绍。

一、观察法

观察法是指在自然情境中对人的行为进行有目的、有计划的系统观察并记录,然后对所作记录进行分析,以期发现心理活动变化和发展的规律的方法。所谓自然情境指的是被观察者不知道自己的行为正在受到观察。如观察学生在课堂上的表现,以了解学生的注意稳定性、情绪状态和个性特征等;观察员工在领导不在的情况下的工作表现以了解其自主性等。观察法一般适用于下面的条件:对所研究的对象出于多种原因无法进行控制的情况,以及研究对象是在控制条件下会发生质的改变,或由于道德伦理等因素,不应该对之进行控制的那些行为。

观察法是对被观察者的行为进行直接的了解,因而能收集到第一手资料。因为被观察者不知道自己正受到观察,其行为和心理活动很少受到干扰,保持了资料的客观性和真实性,这是观察法的优点。它的不足之处是观察者处于被动的地位,实验者只能消极地等待预期的行为出现,而且自然条件下的行为很难按照人的主观意愿发展,因此观察的结果难以重复。此外,观察结果的记录与分析还容易受到观察者的预期和偏见的影响。

二、测验法

测验法是指使用特定的量表为工具,对个体的心理特征进行间接了解,并得出量化结论的研究方法。使用测验法,通过被试在测试工具上的行为表现,可以进行以下多方面的研究:第一,了解个体或团体的心理特征,如用智力量表测量儿童的智力水平,用人格量表了解人不同的心理特征;第二,用来探讨心理特征与外界因素的关系,如考察智力与学习成绩是否相关,性格内向是否影响社会交往;第三,通过对不同的人进行相同的测验,可以比较不同个体或团体之间的心理差异。

需要注意的是,测验法中所用的心理量表,或者称心理测验,其测验的内容必须具备适用性和科学性,编制程序有严格的科学规定和参数指标。除编制过程外,在测验的实施、计分和解释过程中,也都有统一的标准必须遵循。

目前,心理测验的种类繁多,如智力测验、人格测验、兴趣测验、各种能力或各种职业倾向测验等。任何测验都只具有特定的功能,适用于特定的群体,不是放之四海皆准的。因此,使用测验的时候,必须注意测验的目的,及其适用的目标群体,遵照规定的方法实施,才能收到应有的效果。

三、实验法

在控制条件下对某种行为或者心理现象进行观察的方法称为实验法。在实验法中,研究者可以积极地利用仪器设备干预被试者的心理活动,人为地创设出一些条件使得被试者做出某些行为,并且这些行为是可以重复出现的。

研究者在进行实验研究时,必须考虑到三类变量。第一,自变量,即实验者控制的刺激条件或实验条件。第二,因变量,即反应变量,它是实验者所要测定和研究的行为和心理活动,是实验者要研究的真正对象。第三,控制变量,即实验中除自变量外其他可能影响实验结果的变量。为了避免这些变量对实验结果产生影响,需要设法予以控制。总之,采用实验法研究个体行为时,主要目的是在控制的情境下考察自变量和因变量之间的内在关系。

实验法有两种,自然实验和实验室实验。自然实验也叫现场实验,指在实际生活情境中,由实验者创设或改变某些条件,以引起被试某些心理活动的研究方法。在这种实验条件下,由于被试始终处于自然状态中,不会产生很强的紧张心理,因此,得到的资料比较切合实际。但是,自然实验中由于实验情境不易控制,在许多情况下还需要由实验室实验来加以验证和补充。实验室实验法是指在实验条件严格控制下,借助专门的实验设备,引起和记录被试的心理现象。心理学的许多课题都可以在实验室进行研究,通过实验室严格的人为条件的控制,可能获得较精确的研究结果。另外,由于实验条件控制严格,运用这种方法有助于发现事件的因果关系,并可以对实验结果进行反复验证。但是,由于实验者严格控制实验条件,使实验情境带有很大的人为性质,被试处在这种情境中,意识到正自己在接受实验,就有可能干扰实验结果的客观性,并影响到将实验结果应用于日常生活,因而有一定的局限性。

四、调查法

调查法是指就某一问题要求被调查者回答自己的想法或做法,以此来分析、推测群体的态度和心理特征的研究方法。

调查法分为问卷法和谈话法两种方式。问卷法是指采用预先拟定好的问题表由被试自行填写来收集资料、进行研究的方法。问卷法可以同时收集许多人的同类问题的资料,比较节省人力物力。问卷的发放可以通过邮寄、网上填写等方式进行。这种方法的潜在问题是:问卷回收率可能会影响结果的准确性;被调查者有时可能不认真合作,而使问卷的真实性受到影响。谈话法是指研究者将预先拟定好的问题向被调查者提出,在面对面的一问一答中收集资料,然后对群体的心理特点及心理状态进行分析和推测。谈话法一般不需要特殊的条件和设备,比较容易掌握和可行。但是由于访谈对象有限,加上被试可能受主观和客观因素的影响,有可能会影响到资料的真实性。

心理学研究的方法远不止上述四种。同时,上述四种类研究方法都有各自的优点,但也都有局限性。由于人的心理活动非常复杂,因此,研究人的心理现象不能只采用某一种方法,而应该根据研究课题的需要,灵活地选用几种方法,使之共同发挥作用,以便相互补充,收到更准确的效果。

第五节 学习心理学的意义和作用

心理学是一门研究人的心理和行为活动规律的科学,可以说,我们自身和周围所有的人都可以是心理学的研究对象。学习心理学,目的就是了解人类的心理活动规律,把心理学知识直接用于实际工作,提高工作效率。它既有助于对自己有比较清晰的了解和认识,能够调节控制自己的行为,同时有助于知己知彼,搞好人际关系,对社会发展、人类进步起一定的促进作用。

一、认识客观世界

学习心理学,可以加深人们对自身的了解。通过学习心理学,可以知道自己为什么会做出某些行为,这些行为背后究竟隐藏着什么样的心理活动;以及自己现在的个性、脾气等特征又是如何形成的等。例如,学习了遗忘规律,就可以知道自己以往的背单词方法存在哪些不足;了解了感觉的适应性,就可以解释为什么"入芝兰之室,久而不闻其香"了。

同样,也可以把学到的心理活动规律运用到人际交往中,通过他人的行为推断其内在的心理活动,从而实现对外部世界的更准确的认知。例如,作为教师,如果了解了学生的知识基础和认知水平,以及吸引学生注意力的条件,就可以更好地组织教学,收到良好的教学效果。

二、调整和控制行为

心理学除有助于对心理现象和行为做出描述性解释外,还指出了心理活动产生和发展变化的规律。人的心理特征具有相当的稳定性,但同时也具有一定的可塑性。因此,我们可以在一定范围内对自身和他人的行为进行预测和调整。也可以通过改变内外在的因素实现对行为的调控。也就是说,可以尽量消除不利因素,创设有利情境,引发自己和他人的积极行为。例如,当我们发现自己存在一些不良的心理品质和习惯时,就可以运用心理活动规律,找到诱发这些行为的内外因素,积极地创造条件改变这些因素的影响,实现自身行为的改造。再如,奖励和惩罚就是利用条件反射的原理,在培养儿童的良好习惯、改造不良行为与习惯方面发挥着重要的作用。

三、直接应用在实际工作上

我们上面已经提到,心理学分为理论研究与应用研究两大部分,理论心理学的知识大部分是以间接方式指导我们的各项工作的,而应用研究的各个分支在实际工作中则可以直接起作用。如教师可以利用教育心理学的规律来改进自己的教学实践,或者利用心理测量学的知识设计更合理的考试方法等;商场的工作人员利用消费和广告心理学的知识重新设计橱窗、陈设商品,以吸引更多的顾客,如现在街上流行的"打折风"就是一个应用实例;再如经理利用组织与管理心理学的知识激励员工、鼓舞士气等。这方面的应用还很多,心理学的研究领域宽广,在生活实践的各个领域都有其用武之地,希望各位读者在自己的工作中,发挥创新精神,有意地加以体会和利用。

思 考 题

1. 什么是心理学?
2. 科学心理学何时诞生?它以什么事件为标志?
3. 简述心理学各流派的主要观点与特征。
4. 简述心理学的主要研究领域。
5. 简述心理学各种方法的主要特点。
6. 心理学在生活、学习和工作上有什么意义?
7. 试结合自己的情况,简述心理学的意义和作用,以及你对它发展的期望。

第二章 心理的生理基础

从生物学的角度研究心理学,一般有两个取向:一方面是探求遗传与环境的关系从而了解在种族发展过程中,二者对个体身心造成的重要影响。另一方面是研究人体神经系统与腺体组织及其功能,从而了解个体在环境中如何生存、适应,各种复杂的心理活动如何产生和发展。我们在本章只简要地讨论在个体生存期间作为心理活动基础的神经生理机制,尤其是与大脑有关的问题。

第一节 神经系统与神经元

图 2-1 是人体神经系统的概略说明。在整个神经系统中,中枢神经系统中属于前脑的大脑皮质部分,在有关心身问题的研究上,具有特殊的重要性。因此,本节内容只限于对中枢神经系统中大脑皮质之外其他神经系统的说明。大脑皮质的构造与功能,在第三节内再详加解释。

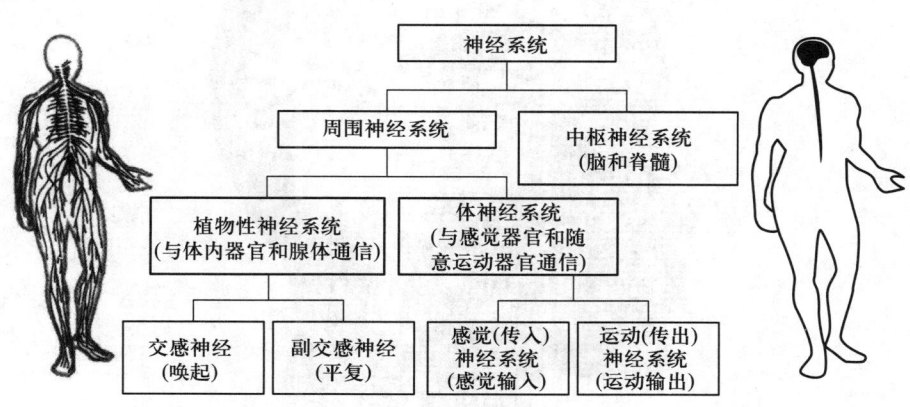

图 2-1 神经系统的构成

一、中枢神经系统的构造与功能

中枢神经系统(central nervous system),简称 CNS,是人体的司令部,包括脑和脊髓,是神经系统的最主体部分;脑与脊髓的分工与合作,发挥着支配与控制全身活动的功能,以下先对脑的构造与功能略加说明。

(一)脑的构造与功能

人类的脑是由无数个神经细胞构成的重约三磅的海绵状神经组织。脑(brain)是中枢神经系统的主要部分,在构造上,按部位的不同分为三大部分,分别具有不同的功能。

1. 后脑(hindbrain)

按图 2-2 所示,后脑位于脑的后下部,其中包括三部分:(1)延脑(medulla),也称延髓,位于脊髓的上端与脊髓相连,呈细管状,大如手指。延脑的主要功能是控制呼吸、心跳、吞咽及消化;稍受伤害即危及生命。(2)脑桥(pons),位于延脑之上,是由神经纤维构成的较延脑肥大的管状体。脑桥连接延脑与中脑,如受到伤害可能造成睡眠失常。(3)小脑(cerebellum),位于脑桥之后,形成两个相连的皱纹半球,其功能主要是控制身体的姿势与平衡;如小脑受到伤害,即丧失身体自由活动的能力。

2. 中脑(midbrain)

中脑位于脑桥之上,恰好在整个脑的中间,故名中脑。中脑是视觉与听觉的反射中枢,举凡瞳孔、眼球、虹彩等的反射活动,都受中脑的控制。在中脑的中心有一个网状的神经组织,称为网状结构(reticular formation)。网状结构的主要功能为控制觉醒、注意、睡眠等意识状态。网状结构的作用扩及脑桥、中脑与前脑。中脑与后脑的脑桥、延脑合在一起,称为脑干(brainstem)。脑干是生命中心,医师判断是否脑死,即以脑干功能是否丧失为根据。

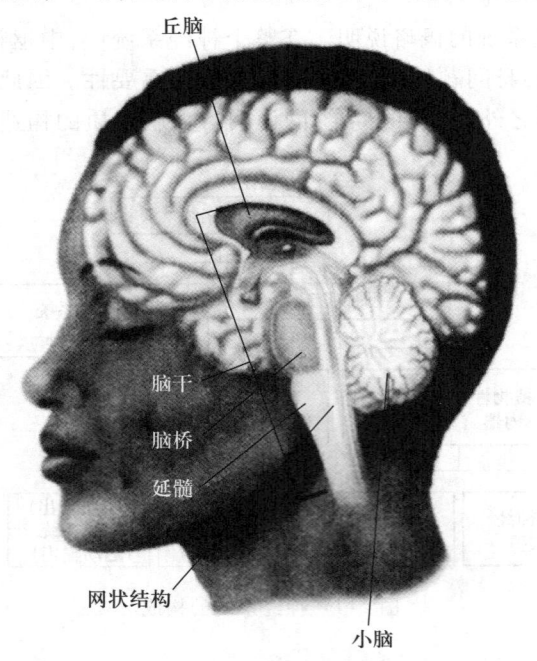

图 2-2 大脑的结构内侧面图

3. 前脑(forebrain)

前脑是脑最复杂的部分,也是最重要的部分。前脑主要包括五部分。

(1)大脑皮质(cerebral cortex),大脑皮质是中枢神经系统中最重要的部分,其结构与功能留待下一节详细说明。

(2)边缘系统(limbic system),边缘系统是大脑皮质下面包括多种神经组织的一个复杂的神经系统。边缘系统的构造与功能尚不能十分确定,在范围上除包括部分丘脑与下丘脑之外,还包括海马与杏仁核等;海马(hippocampus)的功能与学习记忆有关,杏仁核(amygdala)的功能与动机、情绪有关。

(3) 丘脑(或视丘)(thalamus),丘脑是卵形的神经组织,具有转运站的功能;从脊髓传来的神经运动,都先终止于丘脑,然后再由丘脑分别传送至大脑皮质的相关区域。如丘脑受到伤害,将使感觉扭曲,无法正确了解周围的世界。

(4) 下丘脑(或下视丘)(hypothalamus),下丘脑位于丘脑之下,其体积虽较丘脑更小,而功能却较丘脑复杂。下丘脑是自主神经系统的主要控制中心,他直接与大脑皮质的各区相连,又与主控内分泌系统的垂体腺连接。下丘脑的主要功能是控制内分泌系统、维持新陈代谢、调节体温,并与饥、渴、性等生理性动机以及情绪有关。

(5) 垂体腺,垂体腺位于下丘脑之下,其大小如豌豆,在部位上虽属于前脑,但在功能上则属于内分泌系统,是主要的分泌腺之一。此外,大脑皮质下面的一大片白色纤维神经组织是胼胝体。胼胝体(corpus callosum)连接大脑两半球,使两半球的神经网络得以彼此沟通。

(二) 脊髓的构造与功能

脊髓(spinal cord)(见图2-3)是由无数神经细胞聚集而成的柱状组织,其位置在脊椎骨连成的脊柱管内。在神经传导上,脊髓有两种功能:其一是提供躯体与脑部之间神经双向传导的通路,其二是作为脊髓反射的反射中枢。就第一种功能而言,感受器接受外界刺激产生神经冲动后,先传至脊髓,而后经脊髓传至大脑,最后再由大脑传回经由效应器表示出反应。这时,脊髓在发挥着神经传导双向通路的功能。脊髓的第二种功能是,有时神经运动传至脊髓后可能不继续上传至大脑,直接就返回传至效应器表现出反应。这种不经过大脑的神经传导方式,称为反射(reflex)。检查身体时医师用钝器轻击膝盖下腱部,小腿会出现自己不能控制的动作,就是反射。这种反射称为膝反射(knee-jerk reflex)。医师检查膝反射的目的是借此简单检查了解病人神经系统的健康情况。在日常生活中常常会出现反射现象,例如当我们在不经心的情况下,手指触及电热器时,不需要经过大脑的支配,手指就会立刻缩回以免灼伤。由此可见,脊髓的反射功能对人体具有应急的保护作用。

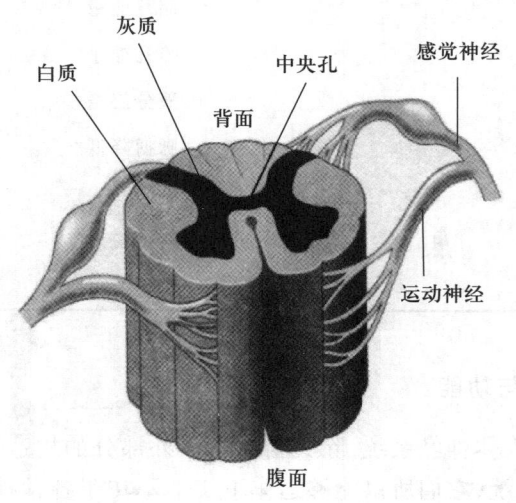

图2-3 脊髓的横断面

二、外周神经系统的构造与功能

中枢神经系统所指的是脑与脊髓这两部分的神经组织，除此之外，遍布于全身的神经系统，则称为外周神经系统（peripheral nervous system），简称（PNS）。所谓"外周"只是与"中枢"相对而言。事实上身体内部五脏六腑的一切活动，也都是由外周神经系统所控制的。外周神经系统包括躯体神经系统与自主神经系统两部分。下面对外周神经系统各部分的构造与功能简单说明。

（一）躯体神经系统的构造与功能

躯体神经系统（somatic nervous system）是主管躯体活动的神经系统，它遍布于头、面、躯干及四肢的肌肉之内。由躯体神经系统控制的肌肉，均属骨骼肌。骨骼肌都附着在骨骼之上，其最大特征是随个体意志而活动，因此一般称之为随意肌。随意肌之所以能随个体的意志而活动，就是因它们受躯体神经系统所支配。

（二）自主神经系统的构造与功能

自主神经系统（autonomic nervous system）分布于身体内的心肌、平滑肌、内脏各器官以及内分泌腺等各个部位。由于自主神经系统所控制的活动不受个体意志支配，因而称之为"自主"活动。自主神经系统的功能相当复杂，最主要的是控制心跳、呼吸、腺体分泌，管制平滑肌器官的收缩与扩张等，从而维持身体内一切生理运作的均衡。

自主神经系统虽然在本身运作上是自主的，不受个体意志的支配，但在整个神经系统上却仍然受中枢神经系统的控制，而控制自主神经系统的部位就是下丘脑。自主神经系统是由两个功能互译的神经系统所构成；一为交感神经系统（sympathetic nervous system），另一为副交感神经系统（parasympathetic nervous system）。这两种神经系统的功能之间存在着拮抗作用；交感神经系统通常是在个体警觉时发生作用，副交感神经系统则多在个体松弛时发生作用。表2-1显示交感与副交感两种神经系统对体内外器官所发生的自主与拮抗作用。

表2-1 交感神经系统与副交感神经系统的功能

交感神经系统兴奋	副交感神经系统兴奋
消耗大量的能量	储存能量
瞳孔扩大	瞳孔缩小
唾液分泌减少	唾液分泌增多
脉搏加快	脉搏降低
增加排汗量	
减少胃部活动	胃部蠕动
肾上腺素分泌	

三、神经元的构造与功能

以上概略地说明了人体神经系统，除大脑皮质以外部分的构造与功能。无论是中枢神经系统，还是外周神经系统，它们所以能够运作事实上不在于各种神经系统本身，而在于构成神经系统基本单位的神经细胞所发生的神经传导作用。人体所有器官，其构成的基本单位都是细胞,各种器官的细胞,均各有其独特的功能。构成神经系统的神经细胞与身体其他组织器官的细胞不同;它不但具有特殊的构造,而且在功能上更具有极度的敏感性。神经细胞的敏感性乃是它之所以能迅速传导信息的主要原因。神经细胞既然在神经系统中如此重要,因此在说明神经系统之后,有必要进一步说明神经细胞的构造与功能。

神经细胞是构成神经系统的基本单位。为了表示神经细胞的独特性,一般称神经细胞为神经元(neuton)。神经元的主要构造包括细胞体(cellbody),树状突与轴突三部分(图2-4)。细胞体包含细胞核。树状突(dendrite)是从细胞体周围发出来的许多分支,多而短,呈树枝状,其作用是接受从其他神经元来的信息。轴突(axon)是从细胞体延伸出来的一根比较细长的顶端有分支的直线型纤维,其周围被有绝缘功能的髓鞘(myelin sheath)包围,以防止神经运动在传导时向周围扩散消失。细胞体与轴突两者的功能是与其他临近神经元合作,发挥着接受并传导神经运动的生理作用。

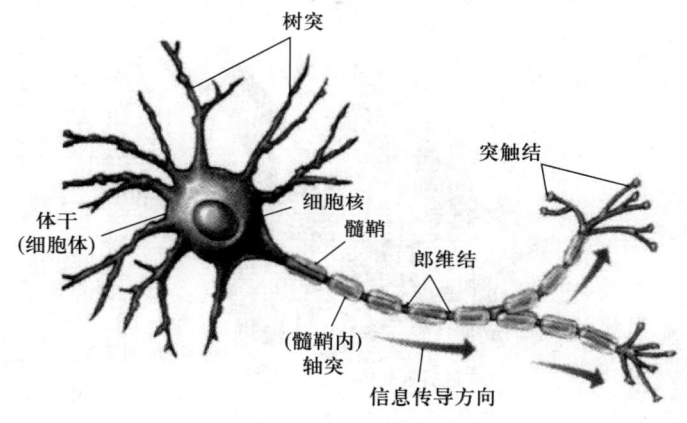

图 2-4 神经元

神经冲动(nerve impulse)是指由外界刺激引起而沿神经系统传导的电位活动。一切信息的传导,均靠神经运动的电位活动得以达成。轴突的末端分支状的小突起被称为终钮(terminal button)。终钮的功能是与临近的其他神经元相接触,将神经运动迅速传至另一神经元。神经元的神经纤维长短不一,其长短视与临近其他神经元的距离而定。脑中的神经元密集,故其神经纤维很短(短至几千分之一寸);下肢部位的神经元稀疏,其纤维之长度可能超过一尺以上。

神经元按性质不同而分为三类:(1)感觉神经元(sensory neuron),其功能是将感受到刺激后所引起的神经冲动,传入中枢神经系统。感受器(receptor)是各种感觉器官(包括视觉、听觉、温觉、体觉等)接受刺激的神经细胞。(2)运动神经元(motor neuron),其功能是将中枢神经系统发出的神经运动传出至效应器,效应器(effector)是运动神经细胞,其功能是引起反应活动,这种反应活动通过肌肉收缩与腺体分泌而表现。(3)中间神经元(interneuron),是介于感觉神经元与运动神经元之间的神经细胞,其功能是传导神经运功。中间神经元存在于脑与脊髓中,又称联结神经元(connect neuron)。

神经元具有两个最主要的特性,即兴奋性与传导性。前一特征是,由感受器或另一种神经元传来神经运动之后,立即会引起神经元的兴奋;后一特性是,将神经运动迅速传至相邻的另一神经元,以完成其神经传导功能。神经元之间的传导功能,在性质上有点像电流的传导,但其间所发生的作用,却与电流不同。电流靠接触传导,而相邻两神经元之间,事实上并不连接,这里突触的功能是尤为重要的。

神经元的细胞体与轴突,在传导神经运动时,只能将之传送至终钮,而终钮与另一神经元的传导,则是靠突触部分所发生的极为复杂的生理化学作用。对突触的特殊功能最简单的解释是:突触是介于终钮与另一神经元细胞的树状突之间的一个小空隙(图2-5为突触的放大)。终钮内的细胞质中含有极复杂的化学物质。当神经运动传到终钮时,细胞质中的化学物质即产生变化,导致终钮的外膜移动,最后使其表面的小泡破裂,而将神经传导的化学物质注入突触空隙中,引起一种放电作用,从而刺激另一神经元的兴奋,立即将神经冲动传入另一个神经元。

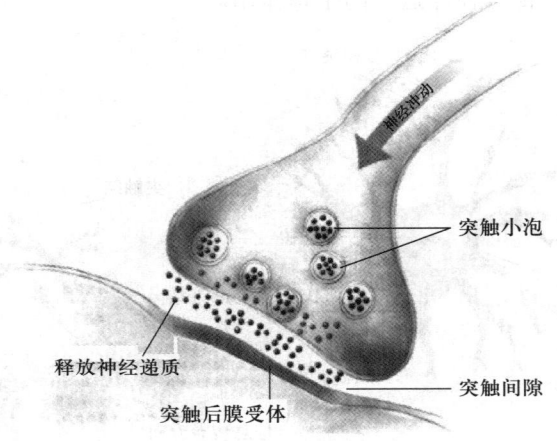

图 2-5　突触的传导功能

神经元的兴奋性具有一种很特殊的现象,即当刺激强度没达到某一程度时,不会有神经冲动发生。但当刺激强度达到某一种程度而能引起冲动时,该神经运动立即达到最大强度;此后刺激的强度纵使再继续加强或减弱,对于引起的运动强度不再发生影响。这种现象被称为全有全无律(all-or-none law)。

第二节　大脑半球的构造与功能

一、大脑半球的主要构造

大脑(cerebrum)是脑的最大与最主要部分。人的大脑分左右两半球,体积占中枢神经系统总体积的一半以上,重量约为脑的总重量的60%。从进化的观点看,大脑比脑干出现得晚,是各种心理活动的中枢。

大脑半球的表面布满了深浅不同的沟或裂。沟裂间隆起的部分称为脑回(gyrus)。大脑由中间称为纵裂(longitudinal fissure)的一条裂沟,从前到后分为左右两个半球形状,称为大脑两半球(cerebral hemisphere)。两个半球之间由胼胝体相连,使两半球之间的神经传导得以互相连通。两半球的外侧面,各有一条斜向的沟,称为侧裂(lateral fissure)。侧裂上方约在半球中部有一纵向的沟,称为中央沟(central fissure)(见图2-6)。总体来讲,大脑两半球是由三条大的沟裂,即中央沟、外侧裂和顶枕裂,分成额叶、顶叶、枕叶和颞叶几个区域。在每一个脑叶内,一些较细小的沟裂又将大脑表面再细分成许多个脑回。如额叶的额上回、额中回、额下回、中央前回;颞叶的颞上回、颞中回和颞下回;顶叶的中央后回等。

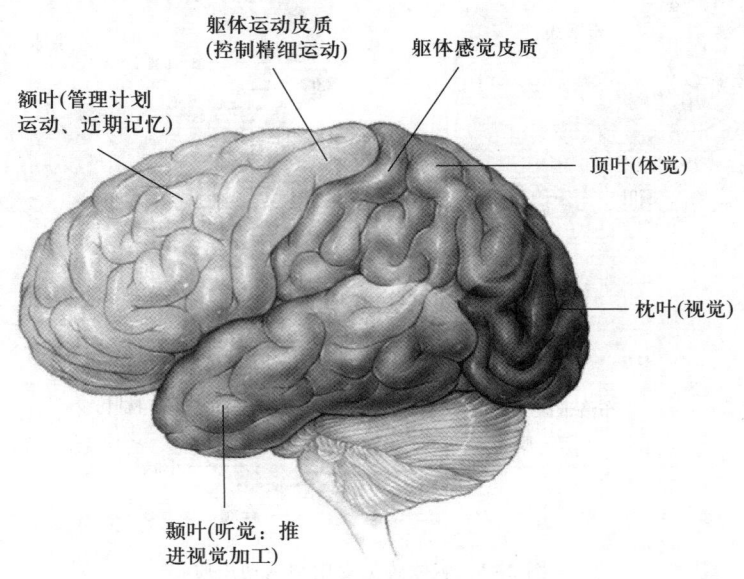

图2-6 大脑皮质的分区

大脑半球的表面由大量神经细胞和无髓鞘神经纤维覆盖着,呈灰色,叫灰质(gray matter),也就是大脑皮质(cerebral cortex)。它的总面积约为2200平方厘米。皮质的厚薄不一,中央前回最厚,约4.5毫米;大脑后端最薄,约1.5毫米。皮质从外到内分为六层:分子层、外颗粒层、锥体细胞层、内颗粒层、节细胞层、多行细胞层。它们由不同类型的神经细胞组成,其中颗粒细胞接收感觉信号,锥体细胞传递运动信息。

大脑半球内面由大量神经纤维的髓质组成,叫白质。它负责大脑回间、叶间、两半球间及皮质与皮下组织间的联系。其中特别重要的横行联络纤维称胼胝体,它位于大脑半球底部,对两半球的协同活动有重要作用。

二、大脑皮质的分区及运作机能

大脑皮质机能分区的思想,最早由19世纪欧洲的一批颅相学家提出。他们根据头部的隆起部位来确定一个人的人格和智力,相信脑的不同部位负责不同的心理官能。以后,生理学家和医生们对此进行了广泛的研究,提出了不同的设想。其中以布鲁德曼(Brodmann,1909)的皮质分区图为大家所公认。根据前人的研究成果,我们可以把大脑皮质分成几个机能区域(图2-7)。

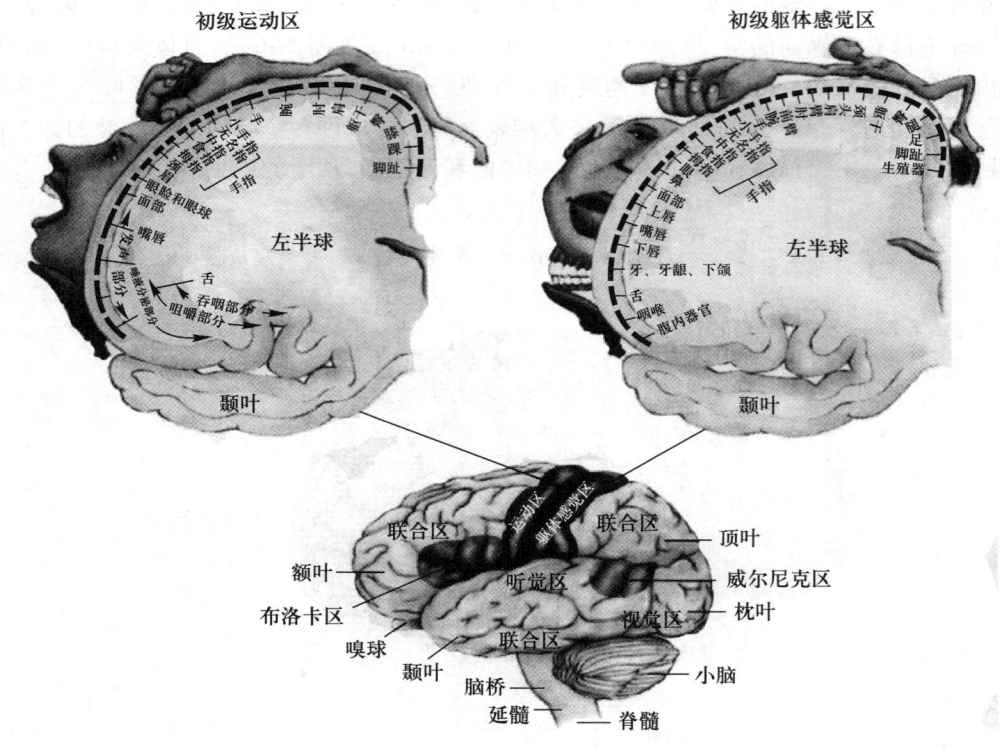

图 2-7 躯体感觉皮质和运动皮质

(一) 初级感觉区

初级感觉区包括视觉区、听觉区和机体感觉区。它们分别接受来自眼睛的光刺激,来自耳朵的声音刺激,以及来自皮肤表面和内脏的各种刺激等。它们是接收和加工外界信息的区域。

1. 视觉区(visual area)

视觉区位于顶枕裂后面的枕叶区,它接收在光刺激的作用下由眼睛输入的神经冲动,产生初级形式的视觉,如对光的觉察等。若大脑两半球的视觉区受到破坏,即使眼睛的功能正常,人也将完全丧失视觉而成为全盲。

2. 听觉区(auditory area)

听觉区在颞叶的颞横回处,它接收在声音的作用下由耳朵传入的神经冲动,产生初级形式的听觉,如对声音的觉察等。若破坏了大脑两半球的听觉区,即使双耳的功能正常,人也将完全丧失听觉而成为全聋。

3. 机体感觉区(somatic sensory area)

机体感觉区简称为体觉区(body-sense area),它在中央沟后顶叶的一条狭长区域内,属布鲁德曼的第1、2、3区,是管制身体各个部分各种感觉的神经中枢。举凡冷觉、热觉、触觉、痛觉和内脏感觉等,均受此中枢管制。躯干、四肢在体觉区的投射关系是左右交叉、上下倒置的,如左半球的体觉区某一部分受到伤害或病变,该区所管制的右半身的相关部位即丧失体觉的能力。中央后回的最上端的细胞,主宰下肢和躯干部位的感觉;由上往下的另一些区域主宰上肢的感觉。头部在感觉区的投射是正直的,即鼻、脸部位投射在上方,唇、舌部位投射在下方等。身体各部位投射面积的大小取决于它们在技能方面的重要程度。例如,手、舌、唇在人类生活中的作用重要,因而在机体感觉区的投射面积就较大。

(二) 躯体运动区

躯体运动区简称运动区(motor area),是管制身体活动的神经中枢,位于额叶后部的中央沟之前,中央前回和旁中央小叶的前部。其主要功能是发出动作指令,支配和调节身体在空间的位置、姿势及身体各部分的运动。运动区与躯干、四肢运动的关系也是左右交叉、上下倒置的。中央前回最上部的细胞与下肢肌肉的运动有关,其余的细胞与上肢肌肉的运动有关。运动区和头部运动的关系是正且直的,即上部的细胞与额、眼睑和眼球的运动有关;下部的细胞与舌和吞咽运动有关。同样,身体各部位在运动区的投射面积不取决于各部位的实际大小,而取决于它们在技能方面的重要程度。功能重要的部位在运动区所占的面积也较大。身体上所有随意肌的运动,均受此神经中枢的管制。由运动区发出的神经冲动,呈左右交叉上下倒置的方式进行,即上层管制下肢,中层管制躯干,下层管制头部。如左半球运动区某一部分受到伤害或病变,个体右半身的相关部位即丧失随意运动的能力。

(三) 言语区

对大多数人来说,言语区(speech area)主要定位在大脑左半球,它由较广大的脑区组成。若损坏了这些区域将引起各种形式的失语症。在左半球额叶的后下方,靠近外侧裂处,有一个言语运动区,亦称布洛卡区(Broca's area)。它通过邻近的运动区控制说话时的舌头和颚的运动。这个区域受损会引发运动性的失语症。这种病人说话不流利,话语中常常遗漏功能词,因而形成"电报式"语言。在颞叶上方、靠近枕叶处,有一个言语听觉中枢,它与理解口头言语有关,称为威尔尼克区(Wernick's area)。损伤这个区域将引起听觉性失语症,即病人不理解口语单词,不能重复他刚刚听过的句子,也不能完成听写活动。在顶枕叶交界处,还有言语视觉中枢,损坏这个区域将出现理解书面言语的障碍,病人看不懂文字材料,产生视觉失语症或失读症。

近年来用脑成像技术进行的研究也证实,单词的被动视觉引起大脑左半球枕叶的激活,生成动词(verb-generation)引起左半球额下回和颞中回的激活,听单词引起威尔尼克区的激活,而说单词引起前额叶的激活。

(四) 联合区

人类的大脑皮质除上述有明显不同功能的区域外,还有范围很广、具有整合或联合功能的一些脑区,称联合区(association area)。联合区不接受任何感受系统的直接输入,从这个脑区发出的纤维,也很少直接投射到脊髓支配的身体各部分的运动。

从系统发生上来看,联合区是大脑皮质上进化较晚的一些脑区。它和各种高级心理功能有密切的关系。动物的进化水平越高,联合区在皮质上所占有的面积就越大。低等哺乳动物(如老鼠)的联合区在皮质总面积中占的比例很小,而人类大脑皮质的联合区却占 4/5 左右,比感觉区和运动区要大得多。依据联合区在皮质上的分布和功能,又可分成感觉联合区、运动联合区和前额联合区。

感觉联合区是指与感觉区邻近的广大脑区。它们从感觉接收大部分输入信息,并提供更高水平知觉组织。感觉联合区受损将引起各种形式的"不识症"。例如,若视觉联合区受损,会出现视觉不识症,即病人能看见光线,视敏度正常,但丧失认识和区别不同形状的能力,或者他们能看见物体,但不能称呼它,也不知道它有什么用处。颞叶除颞横回以外的脑区都是颞叶的联合区,这个区域与人的记忆、特别是长时记忆有密切的关系。

运动联合区位于运动区的前方,又称前运动区,它负责精细的运动和活动的协调。运动联合区损伤了的提琴家,能够正确地移动他的每个手指,正确完成演奏时的各种基本动作,但不能完成一段乐曲、演奏一个音阶,甚至不能有韵律地弹动自己的手指。

前额联合区位于运动区和运动联合区的前方。通过额叶切除手术发现,本区可能与动机的产生、行为程序的制订及维持稳定的注意有密切关系。切除前额皮质的病人,智力很少受到损害,智力测验分数很少下降,但不能适时地停止某种不适当的行为。前额联合区既与注意、记忆、问题解决等高级认知功能有密切的关系,也与行为控制和人格发展有密切的关系。

视窗

生活中的心理学:脑损伤和行为

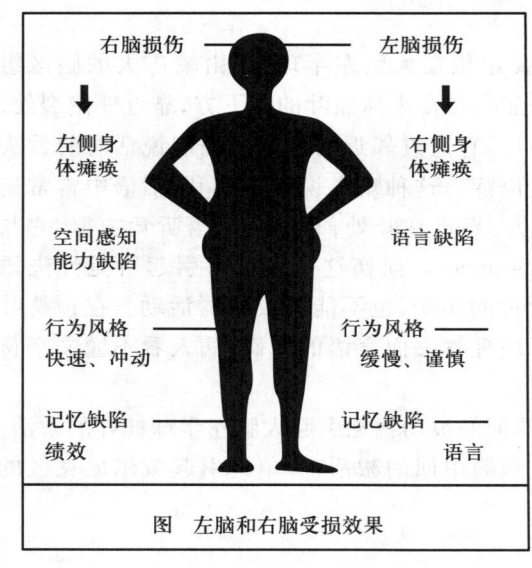

图 左脑和右脑受损效果

几乎每个人都能从自己的亲友、同事中找到遭受脑损伤的人,脑部受损的原因可能是意外事故、中风或肿瘤。在本章学到的有关脑的新知识能够帮助我们了解他们所面临的问题。如果知道他们身体的什么机能因为脑损伤而受损或失效,通常可以猜出他们脑的哪一部分受损,特别是当我们记住以下两个原则的时候:

(1)脑的一侧是与身体的另一侧进行沟通的,所以,当症状出现在身体某一侧的时候,那么可能是脑的另一侧受到了损伤。(2)对于大多数人而言,语言主要是左脑的功能。

现在,运用所学知识,我们将可以了解周围的部分患者是哪一部分的脑组织受到了损伤。举例如下:(1)埃德那因为中风(大脑某些部分的供血被切断)而丧失了说话的能力,但是她依然可以理解别人说的话的意思。中风很可能影响了她脑的哪一部分?(2)希欧因为车祸而造成身体运动不协调。脑扫描显示他的大脑皮质并没有受损。那么这个事故影响了他的脑的哪一部分?(答案见本章末尾)。

第三节 大脑两半球的一侧优势

前面已经讲到,人类大脑可分为左右两半球。在每一半球上又各自区分为数个神经中枢,每一中枢各有其固定的区域,分别发挥不同的功能。在功能的运作上,大致是左半球管制右半身,右半球管制左半身。每一半球的纵面在功能上则是上层管制下肢,中层管制躯干,下层管制头部。但是在区域的分布上,两半球并不完全相同。两个语言中枢都在左半球,其他分区功能则是两个半球完全相同。据此推论,人类大脑的左半球似乎比右半球更重要。具体说明如下。

一、脑的不对称性

初看起来,脑的两半球非常相似,但实际上,两半球在结构和功能上都有明显的差异。从结构上说,人的大脑右半球略大和重于左半球,但左半球的灰质多于右半球;左右半球的颞叶具有明显的不对称性;颞叶的不对称性是和丘脑的不对称性相关的;各种神经递质的分布,左右半球也是不平衡的(Kolb & Whishaw)。

从功能上说,在正常情况下,大脑两半球是协同活动的。进入大脑任何一侧的信息会迅速地经过胼胝体传达到另一侧,做出统一的反应。1861年,法国医生布洛卡(Paul Broca)发现一个语言能力丧失的人,其额叶侧沟正上方受过伤,这个区域现在就被称为布洛卡区,它与语言产生有关。若右半球这部位受损,并不引起语言障碍。凡涉及语言、书写和理解文字等能力的区域,通常位于左半球。因此,脑中风伤及左半球比只伤及右半球更有可能显现出语言障碍。不过研究发现并不是所有人的左半球有语言中枢,少数习惯用左手的人,在右半球有语言中枢。近30年来,为了防止癫痫病的恶化,医生会切断胼胝体使病变不会由脑的一侧蔓延到另一侧。结合这种治疗方法开展研究,我们更有了明确的发现。即在割裂脑(split brain)的研究中,人们获得了更多的机会在切断胼胝体的情况下,分别对大脑两半球的功能进行观察,从而获得更多的重要资料。由于胼胝体被切断,两半球的功能也被人为地分开了,每个半球只能对来自身体对侧的刺激做出反应,并调节对侧身体的运动。这样,人们就有可能单独研究两个半球的不同功能(Sperry,1974)。斯佩里(Roger Sperry)正是因此于1981年获得诺贝尔奖。

二、手的一侧化研究

与大脑两半球的组织有关的另一个问题是左利手和右利手的问题。我们都看到一般情况下,大多数人都习惯于使用右手做工作,这事看起来很简单,实际上却相当复杂。并且一个人偏好使用哪一只手,并非是绝对的,也不是固定不变的。实践证明,当因伤病造成常用的手不能再起作用时,另一只手是很快能发挥代偿作用的。通过大量调查发现,我们要想依据使用哪一只手的偏好将不同的人加以归类,是很困难的,因为有些人是吃饭、写字用右手,而扔球与使用剪刀就用左手了。研究发现父母都是左利手时,他们的孩子也是左利手的比例只接近35%,这可以证明遗传对哪只手起主要作用关系不大。美国有研究发现,美国大约90%的人为右利手,7%~8%的人为左利手,其余的人是两手混用的。中国还未见这类研究结果。偏好使用哪只手也受环境的影响。由于中国人使用筷子吃饭,为了避免邻座之间的干扰,中国父母大多尽力地限制儿童吃饭使用左手,为此中国的右利手比例理应更大,但事实上仍然有一些人保留了终身左利手的习惯。总之,不同文化背景下,右利手的人一般占多数,但左利手的比例不同,不过最多的也达不到半数。由于遗传和环境二者都不足以解释其产生的原因,那么这个问题是否与脑的结构与功能有关,是否就是大脑功能一侧化的表现,就成了一个有待研究的问题。

第四节　探讨人脑奥秘的方法

脑的结构和功能异常复杂,虽然我们早就相信,心理活动在脑内产生,但是不能直接观察,更不能度量,只能靠理解推断。要想真实地探讨大脑活动与行为的关系,首先需要解决研究方法问题。但由于受科学技术水平的限制,探讨脑奥秘的方法问题似乎比理论问题更难解决。过去的研究主要是通过对病人的临床观察并结合尸体解剖进行的。然而对人脑的研究需要以健康人为对象,这就要求技术手段具有无创伤性。

到20世纪末期,随着生理科学,尤其是电生理研究的进一步发展和现代科学技术水平的提高,使人们对心理的生理基础即脑内活动规律的研究超出了依据行为进行推断的水平。一心理活动实时脑内电位变化可视,即能间接地看到,促进了脑科学的飞跃,带来了脑科学研究的进一步发展。尤其是目前,在已有方法的基础上,随着科学技术的不断发展,已产生了一些更为精确的方法。这里只介绍几种当前研究中常用的方法。

一、脑电图

1929年,德国精神病学家伯尔格(Hans Berger)发明了一种仪器,利用置于头皮表面的电极来记录脑电活动的快速变化,从而获得脑内电活动的大致模型,这种技术称为脑电图(electroencephalograph,EEG)。脑电图是用一系列曲线所表现的脑电波(brain wave)来显示脑电活动,不同情况下脑电波之间的差异反映的就是某些心理活动的变化。EEG常用于脑损伤和神经失常的诊断。因为EEG能够提供以毫秒计的数据,因此能测量出大脑对光、声等刺激的反应。研究方面,EEG常用来鉴定被试是否在做白日梦,也能记录解决数学问题这类特殊行为时的脑电活动模型。

二、脑成像技术

脑成像技术(brain-imaging procedure)指通过显影成像技术对脑的结构与功能状态进行研究的一类方法,随着现代科学技术的发展不断改进,它为人类对活脑结构与功能的研究提供了新的手段。

(一)计算机断层扫描(CT 或 CAT,computerized axial tomography)

这是将X光照相和计算机处理方法结合起来观察活脑的组织病变的技术。1961年,美国科学家科马克(Allan M. Cormack)首先提出用X光探测活脑内部的想法。不久之后,英国的一位工程师豪斯菲尔德(Geoffrey N. Hounfield)制作了这种仪器的雏形。为此,他们二人共同获得1979年的诺贝尔奖。

使用时,病人需仰卧在一个大的圆圈形扫描机中。该仪器中装有X射线管,头的另一侧正对着X射线管,有一个光检测器,能够测定出通过病人脑的X射线量。X射线管和检测器可在圆圈内移动,它们连续旋转,不断改变X射线的方向。用这种方法绕着病人的脑射出180道X光束,每一道光束被吸收的量被记录下来输入计算机。利用这些信息,计算机可以算出每一条光径上的每一点总共吸收了多少X光,然后画出图像。

因为正常的组织和病变的组织对X光的吸收量是不同的,因此可以在相片上看到如脑瘤、血栓、脑积水等的影子。虽然CT已成为一种重要的医疗手段,但是作为研究方法它有一个重大局限,即它只能显示脑结构,而不能显示脑的神经活动。

(二) 事件相关电位(ERP)研究

事件相关电位(ERP,event-related brain potential)是一种基于脑电图技术的特殊的脑诱发电位(evoked potentials,EPs)。方法是给神经系统施以特定的刺激,或者使大脑对刺激信息进行加工,在这种情况下记录脑内出现的电位变化,它反映的是认知过程中大脑的神经电生理的变化。如果脑组织发生病理或功能改变时,记录下来的曲线就会发生相应的改变,从而给临床诊断或治疗提供依据。ERP 的时间分辨率为 1 毫秒,而空间分辨率为数毫米。ERP 由于技术成熟、造价低廉而得到广泛的应用,被誉为"观察脑的高级功能的窗口"。

(三) 功能性磁共振成像(fMRI,functional magnetic resonance imaging)

这是目前最先进的有关脑神经活动的成像技术。脑成像的理论在 20 世纪 50 年代初就已出现,但直到 1973 年才出现第一张脑成像的照片。与 EEG 不同,fMRI 并不直接测量神经活动,它主要测量的是与神经活动相关的新陈代谢变化。fMRI 方法的依据是大脑细胞中血红蛋白的数量增减会影响它对磁场的反应,而大脑最活跃的区域必然消耗更多的氧,使该区域血液中的氧合血红蛋白含量相对地减少。因此,人们就可以利用置于大脑外部的磁性探测器检测和比较大脑不同区域的氧合血红蛋白与脱氧血红蛋白之间的比率,通过计算机得出脑内不同区域的工作情况。对大脑所产生的微小磁场变化进行摄影,然后制成脑内活动的系列图像(见图 2-8)。

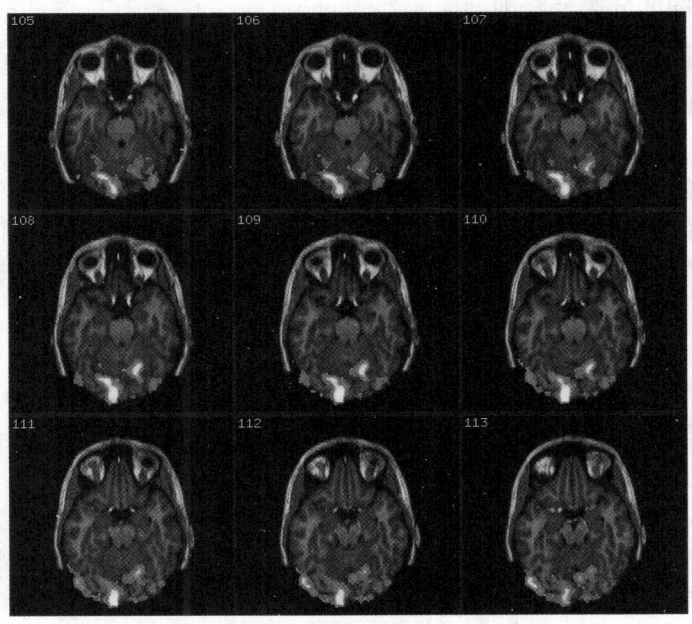

图 2-8 fMRI 脑成像图示例

fMRI 是当前医学诊断和科学研究工作中最强有力、应用广泛的工具。它除空间信息外,对时间信息也有一定的分辨率。在使用过程中它不会使病人暴露在任何有害的放射线下,是它更优于其他脑成像技术的重要特点。

第五节 内分泌系统

一、内分泌腺的概念

神经系统是有机体的一个重要的整合机制,它不仅保证了有机体的完整性,而且保证了有机体和环境的统一。除神经系统外,人体还有一个整合性的调节机制,即内分泌系统,它是通过内分泌腺分泌的化学物质——激素来实现其功能的。激素又称荷尔蒙(hormone),是内分泌系统中传递信息的物质,它从内分泌腺生成后被送入血管,借助血液循环流到全身的肌肉、腺体或器官。人身上的腺体有两类:一类是有管腺或外分泌腺。它的分泌物通过导管流入某种管道或皮肤表面。例如,汗腺将汗液排出体外;胃腺将胃液排至胃腔等;另一类是无管腺或内分泌腺(endocrine gland)。它的分泌物由腺体细胞直接渗入血液或淋巴,并影响有机体内其他细胞的功能。激素是由内分泌腺生成并分泌的生理活性物质,对人类行为的很多方面有很大影响,包括身体的发育、一般的新陈代谢、心理发展、第二性征的发展和情绪行为等。不过激素与神经系统中传递信息的神经递质在起作用的方式上有很大不同,神经递质是迅速地对相邻细胞起作用,而激素只是缓慢地对远方的细胞发生影响。

二、内分泌腺的分类及机能

内分泌腺总数很多,到目前为止,科学家们已发现27种内分泌腺。与人们心理现象直接有关的主要有以下几种。

(1) 甲状腺(thyroid gland),位于气管下端两侧,左右各一个。它所分泌的激素为甲状腺素。这种激素能促进机体代谢机能,增进机体发育。甲状腺功能亢进,可使人胃口大增,病人狂吃、狂喝,但不增加体重,他们变得过分敏感,过分紧张。相反,甲状腺分泌不足,则使儿童患甲状腺素分泌不足症,会使发育停滞,骨骼和神经系统发育不全,表现为呆小症(cretinism)。患者身材矮小,智力落后,记忆和思维的发展不及正常的儿童。症状严重的将成为白痴。

(2) 副甲状腺(parathyroid gland),是甲状腺包囊内四个卵圆形的小体。它所分泌的激素为副甲状腺,对保持血液和细胞内钙的浓度有重要作用。副甲状腺分泌不足,会使人反应迟钝,肢体的运动不协调。

(3) 肾上腺(adrenal gland),位于肾脏上端,左右各一个。每个肾上腺又分皮质和髓质两部分。肾上腺皮质分泌肾上腺皮质激素,它的作用是维持体内钠离子及水分的正常含量。人体缺少肾上腺皮质激素,会出现精神萎靡、肌肉无力等症状。肾上腺髓质分泌肾上腺素和少量去甲肾上腺素。它的主要作用是兴奋交感神经,促使血压升高、心率加快、胃肠肌肉松弛、瞳孔放大等,因而对有机体应付突然的事变有重要的作用。

(4) 脑垂体(pituitary gland),位于大脑底部,它有一个漏斗形短柄与脑相连。成年人的脑垂体约重0.6克,只有一粒豌豆大小。

脑垂体由前叶、中叶、后叶三部分组成。前叶分泌生长激素、促性腺激素、促甲状腺激素、促肾上腺皮质激素、生乳素等。中叶分泌黑素细胞刺激素,作用于皮肤的色素细胞。后叶分泌血管加压素、子宫收缩素、抗利尿素。摘除脑垂体将使幼小动物的生长停顿,甲状腺及肾上腺萎缩,性腺萎缩,性机能衰退,机体极度消瘦,排尿量明显增加等。由于脑垂体分泌的激素较多,并能控制多种不同的内分泌腺,因而有"主腺"的称呼。

(5)男性的性腺(sex gland)叫睾丸,女性的性腺叫卵巢。它们分泌不同的性激素(性荷尔蒙)。卵巢分泌雌性激素和孕激素,分别控制排卵、怀孕和月经周期。睾丸分泌睾丸激素,它刺激精子的产生。性腺还促进第二性征的发育,如乳房的发育、音调的变化等。

思 考 题

1. 简述神经系统的主要结构和功能。
2. 简述大脑皮质的区域划分和各自的主要功能。
3. 简述神经元的主要结构和作用。
4. 何谓突触?它在神经系统通讯中有什么特点?起什么作用?
5. 什么是自主神经系统的主要功能,它与中枢神经系统有什么关系?
6. 如何理解脑的功能一侧化,应该如何看待左利手现象?
7. 什么是内分泌系统?如何理解它的作用及其与神经系统的关系。
8. 简述脑成像技术在心理学研究中的重要意义。

(第二节 脑损伤问题的答案:第一位患者埃德那是左额叶的布洛卡区受损,但是如果她身体较好,脑的其他部分也会执行部分受损的功能。神经学科学家将这称作脑的可塑性。对于她的长期治疗将着重于语言治疗。第二位患者希欧有可能部分、甚至完全恢复,特别是如果他受损的小脑的神经细胞只是在事故中被擦伤,而不是被完全损坏的话,有可能完全恢复。对他的长期治疗主要与理疗有关。总之,从两个案例中可以看到脑伤患者通常可以得到有效的帮助。帮助既可以是生理上的,也可以是心理上的,也许最重要的长期治疗是社会支持。资料来源参考:菲利普·津巴多,等:《津巴多普通心理学》,中国人民大学出版社,2008年,第71页。)

第三章 意识与注意

心理学和哲学都把意识作为自己的研究对象,但二者所讲的意识的内涵却不尽相同。哲学上所讲的意识指的是与物质世界相对立的精神世界,所强调的是意识的内容。

心理学上的意识则有两层含义。一种是把它当作心理的同义词使用。我们在前面阐述心理学的历史发展时,已经多次提到意识,这个时候指的多是其第一层含义。例如,构造主义心理学的创始人冯特就把心理学当作研究意识的科学,以分析意识构成的基本要素为研究目的;机能主义心理学家詹姆斯,则强调心理活动的连续性,提出意识流的概念;之后的华生等行为主义心理学家否认意识的作用,认为心理学的研究对象只能是可以直接观察的外显行为,行为主义的盛极一时,使得对意识的科学研究中断了几十年。20世纪50年代以后,认知心理学和人本主义心理学兴起,由于认知心理学强调内在心理过程,人本主义心理学家重视主观经验,对意识的研究才又重新成为心理学的重要课题,这个时候意识被看作是心理的高级层次,这是意识的第二个含义。现代心理学认为意识为人类所独有,是一种高级心理过程。例如,我们承认动物也有心理,它们能看、能听,甚至也有一定的情绪表现,高等动物如猿猴还有简单的思维活动,但是它们没有意识。因为它们没有语言,不能进行抽象思维,不能进行有目的、有计划的复杂活动。本章所要讲的意识,就是指意识的第二种含义,主要内容包括意识的基本概念、基本状态、特殊表现形式,以及与之密切相关的注意现象。

第一节 意识的性质

一、什么是意识

意识(consciousness)是人类所独有的一种高水平的心理活动,指个人运用感觉、知觉、思维、记忆等心理活动,对自己内在的身心状态和环境中外在的人、事、物变化的觉知(awareness)。具体说来,意识活动的内容包括:

(1) 对外部事物的觉知。某人觉察到外部发生的事情,如老师正在向自己提出一个很难的技术问题。

(2) 对内部刺激的觉知。某人感觉到自身内部发生的事,由于不知道问题的答案,他会心跳加快、面部发烧。

(3) 对自身的觉知。某人觉知到自己是各种体验的主体。有时与他人相比,自愧不如,这是自我意识的表现。这时他是把自己当成一个客体来认识,是对由这些体验所引起的思维活动的觉知。于是他下定决心认真复习,争取下一次取得良好成绩。

现代认知心理学强调在探讨对客观外界的反映过程时,有必要研究头脑内部的心理活动过程。于是,意识在被行为主义彻底否定几十年以后,又被提出成为一个重要的研究课题。同时,现代科学技术的发展也给我们提供了很多现代化的方法和手段,使我们对心理的生理基础了解得更加清楚,对意识的研究也日益深入。

二、意识的状态

现代科学研究发现,在正常条件下,意识本身具有几种不同的状态。

(一)可控制的意识状态

在这个状态里,人的意识最清晰,最能集中注意有目的有意识地去完成一件事情。它在生活中占据最重要的地位。也就是说在正常的行为过程中,我们能够觉知到自己正在做这件事情,并且可以对自己的行为进行调控。比如说,上级向某人交代了一个任务,他知道这个任务很重要,必须认真对待,于是就暂时停止了其他工作,把全部的注意集中起来去完成任务,这时我们说他是在有意识地加强工作。对工作的每一步都认真构思,做的过程中还不时地检验是否接近了目标,计划要不要修改,等等。这些都属于意识的第一种状态。

(二)自动化的意识状态

有时人对自己的行为似乎有所意识,但又不太清晰。例如,某人现在一边听课一边做笔记,他能意识到自己在写字,但每个字怎么写,则又不是很清楚了,他不需要费很大的努力,即不用有意识地注意怎样一笔一画地写字。这和小学生完成听写任务有本质区别,听写的时候要考虑每个字怎样写。又如骑自行车,刚开始学骑车时,手忙脚乱,既要注意保持平衡,又怕撞到他人,结果不仅容易跌倒,还易感到心理紧张,容易疲劳;而学会骑车以后,一边骑车一边谈话也完全没有问题。只是到了拐弯处就少说几句,因为这时注意又转到骑车上面去了。拐过弯以后,又可以继续谈话。至于手脚如何配合,如何躲避行人,已经成了自动化的过程,根本不需要意识参与了。对于这种情况,是否能说骑车活动完全没有意识呢?当然不能。因为它还是按照一定目的去完成任务,只不过意识的参与成分相对较少,变成自动化了。应该说自动化的意识状态是意识的第二种状态,它本身要求很少的注意,并且不妨碍其他同时进行的活动。

(三)白日梦状态

我们都有过这样的经验:上课的时候,听着听着就走神了,"脑子"不知道飞到哪里去了,可能想着昨天晚上看的一部电视剧,或者想着一会儿放学回家妈妈要做什么好吃的,正在想入非非的时候,忽然听到老师叫自己的名字,一激灵马上站了起来,至于老师刚才提的什么问题,可一个字也没有听到,只听见老师说,"各位同学,这就叫白日梦,是意识的第三种状态。"白日梦是只包含很低水平意识努力的意识状态。它介于主动的意识状态与睡眠时做梦之间,似乎是一方面清醒着一方面做着梦,通常在不需要集中注意的情况下自发产生。不能认为白日梦是无意识的,因为这时还是有一定的意识活动,尽管教师在讲什么我们完全没听清楚,但是我们还知道老师正在讲话。一旦老师叫自己的名字,我们也可以听到。白日梦的内容总是与自己有一定关系的。实际上白日梦与未来的活动有关,带有计划性或排练的性质,而且只有自己懂得。白日梦不是真正的做梦,而是意识处于一种迷糊状态。白日梦的产生是很自动化的,不需要费劲。比如我们这时在教室里听课,听得很没意思,不自觉地就去想其他事情了,有时自己也很难控制,但如果教师的课讲得非常有趣,那我们就不会做白日梦了。白日梦谁都会做,只是多少不同;白日梦的内容也无所谓好坏,它就是大脑在改变状态。一个人的意识状态实际是在不断地变化着,精力集中的是一种,自动化的是一种,迷迷糊糊的又是一种,人在临入睡而没有真正睡着的时候,意识也是处于一种迷糊状态的。

(四)睡眠状态

意识的第四个状态就是睡眠状态。过去一般认为睡眠的时候意识是停止活动的,而现在大量研究结果表明,人在睡眠时意识并没有完全停止活动。关于睡眠的研究主要是通过脑电研究来进行的,由于脑内的神经细胞有电位差,用特定的仪器就可以测定到这些电位的变化。当人进入睡眠状态时,脑内神经细胞的电位仍在变化着,只是出现了不同的波型。在做梦的时候,脑电波的变化更为明显,证明人在睡眠的时候还是有意识活动的。当然,对此我们自身并没有意识到。

以上所述是正常情况下所出现的意识的四种状态。此外,有时候还可以通过药物来使人产生一种特殊的意识状态,如打麻醉针或吃特定的药物,都会使人进入一种迷迷糊糊的状态;再如,吸毒以后,人开始精神恍惚,最初还似乎有一些快感,觉得比较舒服,但到后来就会产生对毒品的依赖,并且日益加重直到最后完全不能摆脱。这实际上是一种意识的扭曲状态。心理学上有时也使用催眠。催眠实际上是一种受暗示的状态。这些内容我们都将在后面的章节里讲到。

第二节 注 意

一、什么是注意

注意(attention)是和意识紧密相关的一个概念,但既不同于意识,也不同于反映某一事物的感知、思维等认知过程。简单地说,注意是心理活动或意识在反映活动的某一时刻所处的状态,表现为对一定反映对象的指向与集中。当一个人在学习或工作的时候,他的心理活动或意识总会指向和集中在他的反映对象上,同时离开了其他。例如,看足球比赛的时候,人眼睛紧盯着屏幕,耳朵听着解说,尽管这时周围的人叫我们去吃饭,我们可能也觉察不到。这是因为我们的心理活动集中在比赛上了,无暇顾及其他事情。在大多数情况下,人们都可以有意识地控制自己的注意方向。

(一)注意的两个特点

1. 指向性

注意的指向性是指人在每一瞬间,他的心理活动或意识选择了某一个对象,而忽略了其他很多对象。在大千世界中,每时每刻都有大量的信息作用于我们,但是,我们无法对所有的信息都做出反应,只能把我们的意识指向其中一些事物。例如,一个人去商店里买东西,他的心理活动或意识只指向他所想购买的商品,而忽略了商场里的其他商品。对前者他看得清、记得牢,而对后者只会留下非常模糊的印象,甚至回到家里,完全不记得那个商场里还有什么别的东西。因此,注意的指向性是指心理活动或意识在哪个方向上进行活动。指向性不同,人们从外界接收的信息也不相同。

2. 集中性

当心理活动或意识指向某个对象的时候,人就在这个对象上集中注意,这时他的精神集中,兴奋性提高,心理活动离开了周围事物。这就是注意的集中性。例如,医生在做复杂的外科手术时,他的注意高度集中在病人的病患部位和自己的手术动作上,与手术无关的其他人和物,便排除在他的意识中心之外。注意的指向性是指心理活动或意识朝向哪个对象,集中性就是指心理活动或意识在一定方向上活动的强度或紧张程度。人在高度集中自己的注意时,注意指向的范围就缩小;指向的范围广泛而不集中时,则整个强度降低,使反映收不到最佳效果。注意高度集中时,除了目标物,人对自己周围的其他事物会视而不见、听而不闻。

(二) 注意的功能

1. 选择功能

我们周围的环境随时提供大量的刺激,但这些信息对我们来说具有的意义不同。有的信息是重要的、有益的,有的信息与我们所从事的任务无关,甚至是一些有害的干扰信息。注意的第一个功能,就是从大量的信息中选择重要的信息反映,同时忽略掉无意义信息的干扰。

2. 维持功能

注意使人的心理活动或意识能够在一段时间内保持比较紧张的状态,注意的维持功能是反映成功的保证。人只有在持续的紧张状态下,才能对被选择的信息进行深入的加工与处理。注意的维持功能体现在时间的延续上,对于复杂活动的顺利进行有重要意义。例如,在听重要报告的过程中,听众需要主动地排除外界干扰,有意识地把注意一直维持在演讲内容上,才能保证对所讲内容的深刻领会与掌握。幼儿园上课只能持续15或20分钟,而一般学校是45分钟,就是考虑到儿童不同发展阶段的注意维持功能。

3. 调节功能

注意不仅表现在稳定而持续的活动中,而且也表现在活动的变化中。当所处的环境复杂多变时,就需要人能够从一种活动迅速地转向另一种活动,这时就体现了注意的调节功能的重要性。人们只有在注意能够转变的状态下,才能实现活动的转变,只有注意能迅速转变的人才能很好地适应瞬息万变的环境。

二、注意与意识的关系

注意和意识既有联系又有区别。

首先,注意不等同于意识。一般说来,注意是一种心理活动或"心理动作",而意识主要指一种心理内容或体验。假如把人脑比喻为一台电视机的话,意识是它所包含的对全部节目内容的了解,而注意就是对电视节目进行选择的过程,它决定着反映在电视屏幕上的内容。注意提供了这样一种机制,决定什么东西可以成为意识的内容,什么东西不需要成为意识的内容。只有被注意到的内外刺激,才能被个体所觉察,进而充实个体的意识。

其次,注意又和意识密不可分。注意的分配和紧张程度的不同,显示了个体处在什么样的意识状态。在可控制的意识状态下,人的注意集中指向对当前有意义的内容,得到的认识比较清晰、深刻。自动化的意识状态本身要求很少的注意,相应的意识的参与成分也相对较少,这时我们对反映的对象没有清晰的了解,是部分注意被分配到其他方向的结果。在白日梦状态,人的意识内容不断变化,不会停留在一个问题上。实际上在这些内容每一项上所分配到的注意极少,心理紧张性也很低。至于睡眠状态,这时人们处于一种无意识状态,可以讲,这个时候注意已经停止了活动,只有受到很强的刺激,如有人大喊一声自己的名字时,才会引起我们的注意,而这个时候,人也就是醒来了,转入了觉醒状态,或说有意识的状态。

三、注意的种类

我们对事物的注意,即在周围繁复的环境中选择哪一些内容作为当前心理活动的对象,有时是被动的,由客观事物决定,表现为自然而然发生,不需要任何意志的努力;有时是有目的地进行选择,需要付出一定的意志努力。这样,按照注意选择方向上的目的是否明确以及意志努力的参与程度,我们可以将注意分成不随意注意、随意注意和随意后注意三种。

(一) 不随意注意

不随意注意,也称无意注意,是指事先没有目的、也不需要意志努力的注意。例如,我们正在教室内聚精会神地听讲,突然从教室外闯进来一个人,这时大家不约而同地会把视线指向他,即不由自主地引起了对他的注意。在这种情况下,注意的引起不是依靠意志的努力,而是由刺激物本身的特点决定的。在这种不随意注意活动中,人的积极性水平较低,意识基本上处于一种消极被动的状态。

引起不随意注意的原因包括刺激物本身的特点以及人自身的状态。一般说来,刺激物的强度越大、新异性越强、与周围环境形成鲜明的对比、具有运动变化性都容易引起我们的注意。例如,鹤立鸡群就是与周围环境形成鲜明对比容易引起注意,而熟视无睹则是由于刺激物缺乏新异性而无法引起我们的注意。关于如何制造和改变外界环境刺激,以引起人们的注意是广告心理学的重要课题。同时需要指出,不随意注意在由外界刺激物被动地引起的过程中,人自身的状态、需要、情感、兴趣、过去经验等也起一定的作用。在相同的外界刺激的影响下,由于人自身的状态不同,引起注意的情况也不同,有些没有指向,有些有了指向,但强度大小和维持时间长短也不一样。凡是符合人的需要的事物,或者受到人们期待的事物,都容易吸引人们的注意。以上这些因素,也可以称为刺激物的意义性,即刺激物的客观特性对主体生活的意义。当有人悄悄议论自己的名字时,会使我们不由自主地注意到议论的人,这是由刺激物的意义性引起的。正是由于意义性的作用,某些在物理强度上异常微弱的刺激,也能引起人们的不随意注意。

不随意注意既可帮助人们对新异事物进行定向,使人们获得对事物的清晰认识,也能使人们从当前进行的活动中被动地离开,干扰他们正在进行的活动,因而不随意注意具有积极和消极两方面的作用。对教师来说,正确掌握不随意注意的规律,对做好教育、教学工作是有帮助的。

(二) 随意注意

随意注意也称有意注意,是指有预定目的、需要一定意志努力的注意。当我们上课的时候,由于要实现掌握文化知识的目的,我们便自觉、自动地将心理过程集中指向老师所讲的内容,当学习中遇到困难或环境中出现种种干扰学习的因素时,我们通过意志的努力,使注意力坚持在要学习的对象上。这种注意便是随意注意。它是注意的一种积极、主动的形式。是在不随意注意的基础上发展起来的,是人类所特有的心理现象。如果说动物也有注意的话,那么只有人才有意识,所以也只有人才有随意注意。

随意注意也受到多种因素的影响,如活动的目的与任务、对活动的兴趣与认识、个体的知识经验、活动的组织、个体的人格特征及意志品质等特点。一般说来,活动的目的越明确、越具体,越容易引起随意注意;有趣的事物也容易引起随意注意;正确地组织活动,也关系到随意注意的引起和维持;对和自己的知识经验有一定的联系同时又保持一定的新异性的事物,人们更容易维持注意;一个具有顽强、坚毅性格特点的人,能保证自己的注意服从于既定的目的与任务;相反,意志薄弱、害怕困难的人,不可能有良好的随意注意。

(三) 随意后注意

随意后注意是注意指向一个对象后期出现的一种特殊形式。它同时具有不随意注意和随意注意的某些特征。它和自觉的目的、任务联系在一起。它类似于随意注意,但它不需要意志的努力,但它又类似于不随意注意。比如说,小孩子在家长的强迫下学习钢琴,刚开始不感兴趣,但迫于压力,不得不付出很大的努力,这个时候他的注意是随意注意;渐渐地随着水平的提高,他体会到了音乐的美感与演奏的成就感,不需要付出很大的意志努力就可以自然而然地维持钢琴练习,这时候的注意就是随意后注意。

随意后注意既服从当前的任务要求,又可以节省意志的努力,因此有利于完成长期的、持续性的任务。日常生活中,我们应该注意对随意后注意的利用,比如在面对学习活动和工作任务的时候,多增加对这些任务的了解,试着让自己真心喜爱上这些活动,从中发掘出成就感,这样就能保持我们对建设性任务的长期而稳定的注意。

第三节 生物节律、睡眠与梦

一、生物节律

周期性变化,也就是节律是大千世界的一种普遍现象。昼夜的变化、月亮的圆缺以及春夏秋冬四季的轮回,都反映着反复循环的节律性。人和动物也不例外,动物的一些行为会发生周期性变化,比如一些鸟类的季节性迁徙、一些动物的冬眠,还有一些鱼类的季节性巡游,这反映的是以年为单位的循环。人的心理活动也体现着周期性变化,如白天工作,夜晚睡觉,这是活动与休息的一日循环。这些节律称为生物节律(biological rhythm),是有机体生理功能周期性变化的结果,它们的存在表明有机体内部存在一个"生物钟"(biological clock),随时监视着时间的进程。

人的行为与4种时间循环相联系,即4种人的生物节律。这4种时间循环大致相当于1年、28天、24小时和90分钟4种时间长短。在这4种时间长短里,人都表现出心理活动和行为的周期性波动,如,年度、季节性循环与性活动的模式、心境障碍的发作相联系;28天的周期对应着女性的月经周期,同时也伴随着情绪的变化;28天的周期对男性的内分泌产生影响;90分钟的周期与人的警觉性、白日梦和饥饿等有关,也称为人的心理活跃周期。在生物节律中,年、月、90分钟3种循环对人的心理状态影响不算太大,而每日周期则有重大影响。人的日周期实际是25小时,一天24小时的划分是人为的,用以适应每月30~31天。

日节律(circadian rhythm)在人和动物身上都存在,它的主要表现为睡与醒的周期性循环,此外,也还有一些生理方面的节律变化,如血压、排尿、荷尔蒙分泌等。例如,一天中体温在下午达到顶峰,到夜里熟睡时达到最低点。研究指出,人们一般在体温开始下降时犯困欲睡,当体温开始上升时醒来。正是人体内部的生物钟使人从生理上倾向于在一日的某个特定时间最易入睡。这个时间依各人的时间表和其他一些因素而彼此不同,但是对指定个体来讲,却都有一个最"理想"的进入睡眠的时间。

研究发现,在完全与外部时间线索隔离的条件下,人依然能够显示出日节律。然而,有趣的是在这种隔离的情况下,周期改为 25 小时。但是当再次看到光线时,生物钟又调整恢复到 24 小时的日周期。这说明睡与醒是受内部节律调节的,如果不顾生物钟,而是在非正常时间睡眠,最常出现的情况是睡眠质量受损。当自身的生物钟与外界的时钟不同步时,就会出现一些问题,如所谓的飞行时差(jet lag)就是最明显的实例,它通常表现为旅途结束后,人长时间地感到发困、懒散和食欲不振。研究表明,飞行时差的困扰程度,因飞行方向不同而不同,当由东向西、顺着太阳运行方向飞行时,如从北京去纽约,时差表现为时间拉长,在这种情况下,一般对其困扰还比较容易适应;假若是由西向东逆着太阳飞行,如从纽约回北京,时差表现为时间缩短,则困扰更大,适应也更为困难。这种困扰可能持续几天,当新的生物钟建立起来后便自行消失。飞行时差造成的身心困扰绝非产生于旅途疲劳,而是人自身生物节律被干扰的结果,因为如果用同样长的时间进行南北方向旅行,由于是处在同一个时区(time zone)之内,就不会出现这种睡眠质量下降的现象。

二、睡眠与失眠

(一) 睡眠

睡眠是日常生活中最为常见的一个活动,人的一生平均有 1/3 的时间要花在这项活动上。但对睡眠展开科学的研究,还只是近几十年的事情。过去很长的一个时期,人们一直认为,在睡眠中,人完全没有意识活动。上世纪 50 年代以后,随着科学的进步,特别是脑电研究的发展,人们逐渐揭开了睡眠的神秘面纱。通过分析人在睡眠状态下的脑电波,科学家发现,人在睡眠中,意识既不是完全停止,也不是以同一方式在持续活动,其本身也会经历一个小小的周期性变化。

人在正常情况下的脑电波为 β 波:13~20 cps,频率很快,但振幅不大。在醒与睡之间脑电波没有明显的转折点,过渡时期的长短受很多因素影响:如距上次睡眠的时间(即在本身日周期中所处的位置)、声光环境、主观愿望、近期咖啡因和药物的摄入、紧张程度等。

人的整个睡眠过程可以分为五个阶段,在不同的阶段脑电波有不同的形态变化(见图 3-1、表 3-1)。第一阶段为过渡期,个体感到困倦、意识进入朦胧状态,通常持续 1~7 分钟。在这一阶段,呼吸和心跳变慢,肌肉变松弛,体温下降。这个阶段脑电波为 α(alpha)波(12cps),频率较慢,但振幅较大。第二阶段为轻睡期,持续 10~25 分钟,这时出现频率更慢(4~7cps)的 θ(theta)波。第三、四阶段是沉睡期,以 δ(delta)波为主,它的频率慢到 4cps 以下,而振幅极大。人们通常要用半小时达到这一阶段,梦游、梦呓和尿床等现象多在此时出现。再停留约半个小时,进入睡眠的最后一个阶段,称为"快速眼动(简称 REM,为 rapid eye movement 的缩写)睡眠"阶段,这个阶段之所以得名,是因为存在一个特殊的现象,即快速眼动,这时通过仪器可以观测到睡者的眼球有快速移动现象,呼吸和心跳变得不规则,肌肉完全瘫痪,并且很难唤醒。

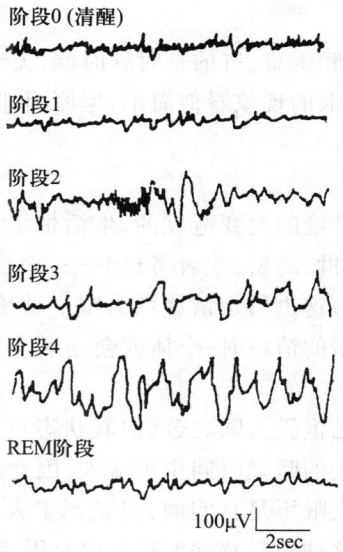

图 3-1　睡眠中各阶段的脑电波形态图

表 3-1　意识不同状态下的脑电波形态

脑电波形态	频率(cps)	典型的意识状态
Beta(β)	13~24	正常清醒状态,思考,灵敏地解决问题
Alpha(α)	8~12	深度放松,脑内空白,冥想状态
Theta(θ)	4~7	轻度睡眠
Delta(δ)	2~4	深度睡眠

快速眼动睡眠结束后,再循环到θ波的轻睡期。如此循环往复,一般一个晚上要经过4~6次这样的循环。在第一次循环中,REM大约持续10分钟左右,而在往后的循环中,REM持续的时间逐渐延长,在最后的循环中,REM可持续一个小时。研究发现REM出现的时候,就是人在做梦的时候,若这时将被试唤醒,78%的人都说他正在做梦,并且能记得梦中内容,而那些在非快速眼动睡眠阶段被唤醒的被试,则只有10%反映正在做梦。

随着年龄的不同,REM在睡眠中所占的比例也有所不同,年龄越小,REM所占的比例越高:即幼儿的REM占50%;小学生占30%;成人占20%;老人占10%;并且老人的δ波所占的时间越来越少,甚至没有,所以说老人睡觉不沉。

(二)失眠

关于睡眠的作用,有两种不同的解释,一种认为人经过白天的活动,消耗了精力和体力,需要通过晚间的睡眠来恢复;另一种则从生态学的角度出发,认为在生物的进化过程中,睡眠起着一种保护作用,保护个体也保护种族的发展。因为黑夜危险因素太多,为了避免遭受危险,必须减少活动,在家里睡觉便可以起保护作用。这两种解释都有一定的道理,也就是说,黑夜睡觉一方面为了恢复机能,另一方面也为了保护自己。所以,如果睡眠出现了一定的问题,就会影响我们的正常的生理机能和心理活动。睡眠失常有许多种,其中最常见的就是失眠。

失眠有许多表现,有的是入睡困难,有的是时睡时醒,无法进行沉睡阶段;还有的是容易惊醒,惊醒后再也难以入睡。失眠的现象看似简单,但原因却很复杂,按照失眠的原因,可以把失眠划分为四类。

1. 情境性失眠

情境性失眠主要是由生活情境的改变造成的,生活情境的改变主要涉及一些造成个体产生心理压力的事件,如亲人去世、离婚,或者考试到来、面临重大人生抉择等。有的时候,如改变睡眠环境,也会造成失眠,这也属于情境性失眠。情境性失眠是一种暂时性失眠,当危机和压力消失或者逐渐适应新的情境时,个体就会逐渐恢复正常睡眠。

2. 假性失眠

有一些人经常对外宣称自己饱受失眠之苦,但其状态良好,神采奕奕,半点失眠的意思也没有,细问之下,原来他们每天的睡眠时间少于常人,因此认为自己在"失眠"。这种失眠称之为假性失眠,或者说,这种失眠不是真实的,只是当事人在心理上有失眠感而已。是什么原因导致假性失眠的人产生这种失眠感呢?这主要是因为假性失眠的人没有认识到睡眠存在着个体差异,有人每天只睡六小时即可,有人则非九小时不行。这些人按照睡眠的通常时间标准衡量自己的睡眠时间,由于自己的睡眠时间少于常人而产生了失眠感。同时,睡眠所需时间也随年龄改变,中年人不需要像青年人一样多的睡眠,于是有些人因身体衰弱或因年老睡眠减少而产生睡眠不足的感觉,这也会导致假性失眠的出现。

3. 失律性失眠

我们已经知道了人的生物节律,特别是日节律与睡眠的关系。如果改变生活程序,而习惯性的生物钟又无法在短时间做出调适,自然影响睡眠。这种因生活程序突然改变而形成的暂时性失眠,称为失律性失眠。前面所讲的飞行时差所造成的睡眠困难,就属于失律性失眠。工厂里三班倒的工人,经常改变自己的日常活动习惯,也会出现这种暂时性的失律性失眠。

4. 药物性失眠

我们都有这样的经验,睡觉前喝了咖啡、茶,或者可乐之类的饮料,常常导致精神兴奋,结果久久无法入睡。这是咖啡因在发挥作用,这种失眠称为药物性失眠。药物性失眠还有一种情况,就是有的失眠者习惯借助安眠药物来使自己入睡。结果长时间服用安眠药物,在心理和生理上都形成了对药物的依赖,导致要逐渐加大药量才可以入睡,如果不吃或者减少药量,就无法入睡。这也是药物性失眠的一种。

三、梦

梦是睡眠中的一种奇异现象,做梦的经验,是人所共有的。人们从古代就开始了对梦的研究。但那时对梦的解释主要是唯心主义的,认为做梦是神灵来传达意旨,汉语里所谓的"托梦"就是这个意思。尤其在我国,梦更带有一种神秘的色彩,如"庄周梦蝶""南柯一梦""黄粱美梦"等。然而,现代心理学的研究抹掉了梦的神秘主义色彩,现在我们认识到,梦是人在睡眠中,尤其是在快速眼动睡眠阶段,神经系统活动的结果,梦也是一种心理活动,是意识的某一层面活动的结果。

弗洛伊德首先提出,人的心理可以划分为意识、无意识和前意识三个层面。意识的含义我们在前面已经提到；无意识指的是个体不能觉察到的心理活动和过程，前意识则指意识和无意识之间的过渡层面。按照弗洛伊德的说法，无意识中包含了大量的观念、想法、欲望、冲动等，这些观念和想法因为与社会伦理道理相冲突而被个体压抑在无意识中，个体无法觉察到。弗洛伊德把人的心理比作一座冰山，人的意识是冰山露出水面的一角，无意识则是水面之下的部分。人的无意识中的内容虽然无法意识到，但可以通过这样、那样的途径泄露出来，按照弗洛伊德的观点，其中一个重要途径就是梦。弗洛伊德认为梦是欲望的满足，根据多年的研究，他出版了《梦的解析》一书，他对梦的分析是建立在对精神病人研究的基础上，失之偏颇，但现在普遍同意无意识的存在，也同意梦是一种无意识活动。

实践已经证明这种无意识活动的存在。在某次医学手术时，病人已经被麻醉了，医生随便地说了一句："哟，这可能是癌症，不是囊肿吧"。尽管手术后化验结果是良性的，医生告诉病人已经没有问题了，但病人却总觉得不对劲，总是很忧郁。到底怎么了，他也说不出。原来，病人听到了医生讲的话，但没有意识到。尽管没有意识到，但仍在起作用。有这样一个实验：当实验组的病人在手术台上的时候，医生说了一句，他的嘴唇怎么这么紫，赶快加氧气；而对控制组的病人就没有加这一句。结果控制组的病人手术后就痊愈了，而实验组的病人中有半数就是不见好。再仔细询问，有些人就说自己好像嘴唇不太好，需要加氧气。这可以证明人在麻醉状态下仍可以建立神经联系，只是没达到意识的水平，这就是无意识问题。

关于梦的内容，大量调查结果指出，它并不像宣传的那样离奇古怪，只不过是由于人们容易记住也愿意叙述的是那些较为离奇的梦，才增加了梦的奇特性。在梦的内容方面，霍尔（Calvin Hall,1966）的研究最具代表性。经过对一万多个梦境的分析，霍尔发现，大多数的梦具一般世俗性质，可能是将家庭、朋友和同事等的某些特征加以联系组成，因此有一些梦相当普遍。人们的梦具有以下特征。

第一，梦境主要与自己有关，人们很少梦到公共事务。可以认为自我中心是梦境的第一个重要特征。霍尔认为梦境倾向于来自个体的内部冲突，例如，很多人都有过有关攻击、性和不幸事件的梦。

第二，梦境受生活环境影响，与当前的生活事件有关是梦的第二个重要特征。如果某人正经受着严重的经济困扰，或担心即将到来的考试，它们都会在梦中出现。同时，梦的内容具有一定性别差异，这也是生活环境差异对梦境影响的具体表现，例如，陌生人常出现在男人的梦里，而女人的梦里常有儿童；男人对梦境的报告常涉及汽车、武器和攻击性行为，而女人的报告里则会涉及服装、珠宝，并不时有被攻击的事件。

第三，睡眠中的外在或内在刺激可以影响梦的内容。例如，当一个人正处在快速眼动睡眠阶段时，轻轻地给他的手臂上洒一些水，过少许时间将他唤醒并问他做了什么梦，有42%的人的梦中有水，或下雨，或洗澡，或游泳，或洪水泛滥等。有人发现在家里当闹钟未能把他唤醒时，常会出现同样的梦，这可以解释为闹钟的响声被下意识地当作机器声或警报声被结合在无规则可循的梦境中了。

无论如何，梦总是由某种刺激引起一些神经细胞活动的结果，只不过它不被清醒地觉察，也不能控制而已。至于有一种所谓带预见性的梦，例如梦见腿被狗咬了，过几天腿真的长了瘤。这又如何解释？缺乏科学知识的人可能认为这是神灵在托梦预示腿要坏了，其实这是由身体内部刺激引起的。腿上长瘤，它不是一天就表现出来的，刚开始时刺激相当微弱，没有达到感觉阈限因此很难觉察，而且在清醒状态下，人们多关心外界事物，对微弱的内部刺激就更难觉察得到。但进入睡眠状态后,大部分神经细胞都处于抑制状态,这些刺激就相对地强烈起来,使人有一些觉察而又不能控制,因此就可能将它与其他有关事物不自觉地联系起来构成了梦,例如梦见腿被狗咬了,或骑车把腿摔了等。这就是为什么做梦可能有一定预见性的原因。

第四节 意识的特殊现象

一、催眠

(一) 什么是催眠

催眠(hypnosis)是一种类似睡眠又实非睡眠的意识恍惚状态。这种恍惚的意识状态,是在一种特殊情境下,由催眠师诱导形成的。

早在18世纪,在巴黎有一位喜欢浮夸的奥地利医生名叫麦斯麦尔(Franz Anton Mesmer),他宣称他能够通过一套复杂的方法应用"动物磁力"治疗病人,其中包括能使病人躺在手臂上面。按现代理解那就是一种暗示力量。后来,一位苏格兰医生布雷德(James Braid)对该现象产生了兴趣,并提出"催眠"一词,并且宣称它能够麻醉手术病人从而使它得到传播。可是不久更为有效和可靠的麻醉剂出现了,催眠术的发展受到影响。从此以后,催眠一方面被一些人利用作为行骗手段,另一方面也有一些人对之进行科学研究。

(二) 受暗示性与催眠诱导

一个人能否进入催眠状态,取决于其受暗示性(suggestibility)的高低。人的受暗示性高低存在着很大的个体差异,它受两个因素的影响。首先是个体对催眠的态度以及对催眠者的信任感。如果个体相信催眠可行,又信赖催眠者,他就会主动与催眠者合作,容易接受暗示,反之就很难接受暗示,古语的"心诚则灵"讲的就是这个道理。其次,个体的身心条件与个性特点也影响着其受暗示性的高低。有三种人最容易接受暗示:平常喜欢沉思幻想的人;容易集中精神而不容易分心的人;对催眠好奇,想获得新鲜经验的人。

催眠者运用暗示性的语言,对受暗示性较高的个体进行诱导,使之进入催眠状态的过程就称为催眠诱导(hypnotic induction)。催眠诱导是一个系统程序,它会使人们被动地放松,反应性降低,注意范围变得狭窄,幻觉增强。诱导催眠的技术有多种,大体都按下面的顺序进行:(1) 暗示个体他感到疲倦、发困、蒙眬欲睡;(2) 暗示个体感官逐渐迟钝,将不会感到疼痛;(3) 暗示个体忘却一切,只记得催眠者所说的话和让他做的事;(4) 暗示个体将体验到幻觉现象,如他的太太突然在面前出现;(5) 暗示个体在醒来之后,将忘却催眠中的一切经验;(6) 暗示个体醒来之后做某些活动,如打开窗子。这一系列的暗示都通过催眠者的一些语调平缓、语音单调、不断重复的话来实现,如:……你觉得舒适轻松……眼睛闭起来……你的两臂在下坠……脚在发热……眼皮变得沉重,抬不起来了……你开始想睡了……开始想睡了……非常想睡了……你已入睡……你已入睡……

(三) 催眠状态下的心理特征

催眠状态是一种特殊的意识状态,与睡眠状态不同。在进入催眠状态后,人的意识活动并未停止,只是变得恍惚不能自主,其心理活动一般有以下几个主要特征。

1. 感觉麻痹

有些被试在催眠状态下,甚至可以接受手术治疗而感觉不到疼痛。以至有些医生曾用它代替麻醉药物,但其效果显然不如止痛药品。

2. 感觉扭曲和幻觉

在催眠状态下的人可能出现幻听和幻视现象。他不仅是在没有刺激的情况下听到声音或看到形象,有时还可以依照指导语将电视机看成方纸盒,或将臭味闻成香味。

3. 解除抑制

一般情况下,那些依据社会准则不能做的事情是受到抑制的,人们不可能让被试去做。但是在催眠状态下,抑制被解除,被试就可能根据催眠者的指示去做,例如,当众脱衣,对别人施暴等。

4. 对催眠经验的记忆消失

催眠者的暗示不仅指导着被试当时的心理活动,还可以影响到事后的行为。最常见的是告诉被试他将不记得当时发生的一切,从而造成清醒后对催眠状态的记忆完全缺失。

(四) 催眠的现实用途

由于催眠可以对人的心理和生理机能产生强大影响,所以,催眠除有时被用作表演项目外,它也是一种有用的研究工具。通过使用进入被催眠状态的志愿者,研究人员可以诱发暂时的心理状态,如焦虑、抑郁和幻觉,而无需寻找真正拥有这些心理问题的被试。比如,在一个探讨听觉丧失对心理活动有什么影响的实验研究中,那些被催眠暗示丧失了听力的大学生报告说,他们觉得自己多疑,而且会遭到他人排斥,因为他们听不到其他被试正在说什么,并认为其他人故意背着他们说悄悄话,为的是有意地把他们排除在社交圈之外。催眠在心理治疗上也能有一些积极作用,例如它可以让患有恐怖症、恐高症和对某种小动物非常惧怕的患者降低对其恐惧源的敏感。它也可以成为放松培训项目的一部分,用以应对压力。此外,治疗专家还发现,催眠可以帮助消除某些不良行为,如吸烟。一种经常使用的技巧是,在人的头脑中植入可以削弱患者对于烟草渴望的催眠暗示。此外,对于那些非常容易受暗示的人来说,在控制疼痛方面,催眠有时的确比常规的麻醉方法更有效。

(五) 催眠理论

催眠的使用现今已经有两百多年的历史,它也从江湖魔术发展到科学研究的对象,现在心理学也已经接受催眠的存在,把它看作一种特殊的意识现象。但这种现象至今没有得到很好的解释,人们提出了各种各样的理论,下面我们介绍其中影响最大的两种理论。

1. 催眠是角色扮演(role playing)

对催眠的一种非常流行的看法是将它与睡眠相联系,然而脑电波研究发现催眠状态下的脑电波形态与清醒状态下完全相同,对此不予支持。于是巴伯尔(Theodore Barber,1979)和斯潘诺斯(Nicholas Spannos,1986)等人提出了角色扮演理论,认为催眠产生于被试在催眠者的诱导下过度合作地扮演了另外一个角色。并且指出,是被试对角色的期望和情境因素,引导他们以高度合作的态度做出了某些动作。

2. 催眠是意识的分离(dissociation in consciousness)

很多学者坚持催眠是意识的另一种状态,而不是角色扮演,因为即使最合作的被试也不同意在不给麻醉药的条件下进行手术。根据实验结果,斯坦福大学教授希尔加德(Ernest Hilgard,1992)提出催眠的意识分离理论,认为催眠将心理过程分离为两个同时进行活动的层面。第一个层面为接受暗示以后所经历的意识活动,性质可能是扭曲的;第二个层面是被掩蔽的、当时难于觉察的意识经验,但其性质是比较真实的,希尔加德称之为"隐蔽观察者"。意识分离是生活中一种经常出现的正常体验,例如,长途驾驶的人对交通信号和其他车辆做出了一系列反应但多不能回忆,就是由于当时意识明显地分离为驾驶汽车与个人思考两部分了。正是由于隐蔽观察者的存在,人在催眠状态下也不会完全接受暗示而失去自我。

二、心理促动药物的影响

有些药物在使用后能对中枢神经系统产生影响而使个体的感知觉、情绪和行为等心理活动发生变化,这类药物称为心理促动药物(psychoactive drugs)。心理促动药物首先是使人的心理在感知觉层面上发生改变,加大剂量后严重的则会引起思维、情绪以及行为活动方面的改变。这里我们不讲它们的医疗效用,只谈在医用以外对意识产生的副作用。按照其作用的性质不同,心理促动药物可以分为三类。

(一)镇静剂

镇静剂指一些中枢神经抑制剂,主要包括鸦片、海洛因、吗啡之类。镇静剂这类药物的特点在于少量服用没有妨碍。它会产生一种轻微的欣快感,可以消除情绪上的紧张。由于它降低了神经系统和行为的活动性,最后会导致睡眠。

(二)兴奋剂

兴奋剂指可以提高神经细胞的兴奋性和行为活动性的一类药物。它的范围很广,效用从轻到重差别也很大,包括咖啡因、尼古丁、可卡因(cocaine)和安非他明(amphetamine)等。少量使用兴奋剂可以提神,并且减轻疲劳,但大量使用则会使人焦躁不安。例如,当人比较困倦但又需要继续工作时,喝一杯咖啡或茶来提精神,是有帮助的;但如果临睡前喝两杯浓咖啡,神经过于兴奋就很难入睡了。对兴奋剂的反应存在着很大的个别差异。但是用重度兴奋剂制成的毒品,如"冰片"(ice)等,则肯定会引起人的过度兴奋,活动不能停歇,不能入睡和妄想狂等。

无论是镇静剂还是兴奋剂适量服用都有积极作用,但问题在于长期服用会造成对它的依赖,即使人上瘾(addiction)。对药物上瘾会出现两种情况,一方面是生理上的,表现为先是增强对药物的耐受性,即必须加大剂量才能产生同样的效果,然后转变为身体上因缺药而出现剧烈难忍的病痛,急切地渴望得到药物使病痛减轻;另一方面是心理上的依赖,表现为没有药物就各方面都极端地不能适应,思维不能集中并且心情烦躁,完全不能进行正常的心理活动。由此可见,这些药物虽然最初没有害处,但过度服用以后就有害身心,在文化、道德、社会、法律等多方面造成严重的恶劣影响。

(三)迷幻剂

迷幻剂是指能使人产生幻觉的物质,主要特点是能够使意识,尤其是感知觉发生扭曲。最常见的是 LSD(麦角酸二乙基酰胺)和墨斯卡灵(mescaline)。迷幻剂使人产生欣快感,增强感觉的敏感性,并且使时间知觉错乱。有些人更能产生深度做梦般无法描述的神秘感,觉得自己整个身体成为外界环境的一部分,飘飘然。正因为如此,在有些文化中它被用于宗教仪式。但是迷幻剂也可能产生梦魇般的焦虑恐怖和妄想。此外,它还能够造成思维和判断的混乱。如果被坏人利用,将给社会带来极大危害。

总之,各种心理促动药物都可以使人的意识发生变化,如知觉歪曲、意志消沉,同时又使人上瘾,不只危害个人身体健康,还很容易引出严重的社会问题,必须控制使用。不过心理促动药物的效能,受个人心理,如主观期待的影响很大,因此,在严格限制心理促动药物的同时,加强思想教育和重视心理卫生,不断提高人们的心理健康水平具有重要意义。

思 考 题

1. 请解释下述概念:意识、注意、生物节律、日节律。
2. 意识有哪些不同的状态?这些状态与注意有什么关系?
3. 什么是注意?注意有哪几种?各自的功能特点是什么?
4. 睡眠可以划分为哪些不同阶段?各阶段脑电波的特点如何?
5. 失眠有哪些种类?
6. 催眠的原理是什么?它与睡眠有什么区别?

第四章 感觉和知觉

感觉是人类认识世界的第一步,通过感觉,我们从内外环境中获取信息,通过知觉,我们根据自己的知识经验对于从环境中输入的信息加以整合和识别,这样,看似杂乱无章的刺激开始有了意义。传统心理学中将感觉和知觉加以区分,认为感觉只是从感官得到信息,强调它的简单反射性和被动性的特点;而知觉则是以感觉为基础在大脑高级中枢实现的信息加工,是一种整合和解释的过程。而近代的研究指出事实上在感觉和知觉之间很难划分严格界限。信息一般从感官接受刺激开始,初步加工并传向大脑,到大脑特定区域后继续进行加工,感觉和知觉属于统一的加工系统,都受大脑高级中枢指挥。例如经验可以对感觉加以组织,使个体对某些事物,如卧室的钟表滴答声,不去注意;但是在夜晚走黑路时,它又使个体对某些声音非常敏感。因此,在本章里我们将感觉和知觉联系起来展开阐述。

第一节 感觉概述

一、感觉的一般概念

人们认识客观世界常常是从认识事物的一些简单属性开始的,例如,我们面前放着一个苹果,那么,这个苹果是怎样的呢?看上去,苹果是红红的、圆圆的;拿在手上,它有一定的重量;咬上一口,甜甜的、酸酸的。红色、圆形、有重量、甜味、酸味,都是对苹果的个别属性的反映,是我们的头脑接收和加工了这些事物的属性后产生的感觉。感觉(sensation)是人们从外部世界,同时也可以从身体内部,获取信息的第一步。感觉是人们的感官对各种不同刺激能量的觉察,并将它们转换成神经冲动,传往大脑而产生的,例如眼睛将光刺激转换成神经冲动,耳朵将声音刺激转换成神经冲动,传入大脑的不同部位就引起不同的感觉。实际上,感觉这个词是多种感觉的总称,感觉有几种,说法不一,通常人们讲五感,即视觉、听觉、味觉、嗅觉、和皮肤觉五种感觉。但是也有人提出五感以外的"第六感觉",或称超感知觉(extrasensory perception,简称 ESP)。超感知觉指通过不同于正常人类感官而获得有关外部世界、其他人或未来的信息的现象。例如,有人说他能"读"出他人头脑内的思想,或"看"到他人的未来。为了证明这些所谓的特异功能,重要的是排除其他感觉起作用的可能,于是出现了"隔纸认字""意念移物"等表演。这类表演有时成功,但多数不能重复;而且有些表演者使用一些技巧去加强效果,结果弄巧成拙。总的来说,情况比较复杂。第六感觉是否真的存在,还有待于进一步的科学证明,不属于当代科学心理学的研究范围。

人类感觉根据它获取信息的来源不同,可以分为三类:远距离感觉、近距离感觉和内部感觉。远距离感觉包括视觉和听觉,它们提供位于身体以外具有一定距离的事物的信息,对于人类的生存有重要意义,在各种感觉中得到最好的发展。近距离的感觉提供位于身体表面或接近身体的有关信息,包括味觉、嗅觉和皮肤觉。皮肤觉又可细分为触觉、温度觉和痛觉。内部感觉的信息来自身体内部,机体觉告诉我们内部各器官所处状态,如饥、渴、胃痛等;机体觉感受身体运动与肌肉、关节的位置;平衡觉由位于内耳的感受器传达关于身体平衡和旋转的信息。在本章中,我们重点阐述与视觉和听觉有关的内容。

二、感觉的生理机制

感觉是通过觉察声、光、热、气味等各种不同形式的能量去收集外界的信息,眼睛看光线、耳朵听声音等,任何感觉的作用在于收集信息并提供给大脑去进行进一步的加工。不同感觉虽然收集的信息不同,产生的机构不同,但属于同一个加工系统,这一加工系统的活动基本上包括以下三个环节。图4-1表示感觉产生的基本过程。

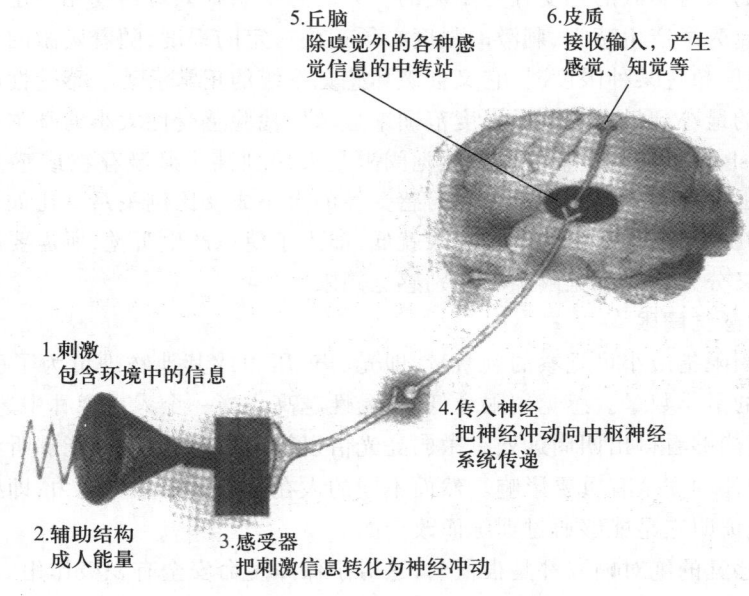

图4-1 感觉系统的要素

产生感觉的第一步是收集信息,在有些感觉系统中包括一个个辅助组织,如外耳的耳廓和眼睛的水晶体,它们的作用是改变刺激使之更有利于获取。如日常所说竖起耳朵来听是为拢住声音,以便听得更清楚;眼睛则靠变化水晶体的曲度使光线更好地在视网膜上聚焦。感觉活动的第二步是转换,即把进入的能量转换为神经冲动,这是产生感觉的关键环节,其机构称感受器(receptor)。不同感受器上的神经细胞是专门化的,它们只对某一种特定形式的能量发生反应。如耳朵只听声音,眼睛只看到光线。实验甚至可以证明,重重的一拳打在眼球上,眼睛会冒金星,即视觉神经细胞只会产生光的反应;同样使用电击,也会看到光亮。感觉活动的第三步是将感受器传出的神经冲动经过传入神经的传导,将信息传到大脑皮质,并在复杂的神经网络的传递过程中,对传入的信息进行有选择的加工。最后,在大脑皮质的感觉中枢区域,信息被加工为人们所体验到的具有各种不同性质和强度的感觉。

三、感受性与感受阈限

（一）感受性

感觉总是由外界物理量引起的，物理量的存在以及它的变化是感觉产生和发生变化的重要条件。总的来说，人类对周围世界的感知范围很广，从最小的简单刺激，如一个微弱的声音、一束微弱的光线，到很响的霹雳声、一部大型交响乐，或一幅色彩绚丽的图画，都是通过感觉传到大脑才被认识的。然而我们对世界的认识还是有一定限度的，太强或太弱的刺激能量或刺激量的变化，并不能被人觉察。研究物理量和心理量之间的关系的科学称为心理物理学（psychophysics），是早期心理学研究的一个重要领域。它所提出的一些规律，至今仍在实践领域中起很大作用。

心理量与物理量之间的关系是用感受性的大小来说明的。感受性是指人对刺激物的感觉能力。不同的人对刺激的感受性是不同的。人的感受系统只对强度在一定范围内的刺激作用发生反映。为了产生感觉，刺激的强度必须达到一定的程度，随着刺激的强度增大感觉也加强，但在强度超过某种限度时，它又会破坏感觉系统的正常活动。感受性的范围可以由能够引起感觉的最小到最大的刺激强度范围来显示。检验感受性大小的基本指标称感觉阈限（sensory threshold），它是个临界值。感觉阈限是人感到某个刺激存在或感觉到刺激发生变化所需刺激强度的临界值。感觉阈限与感受性的大小成反比例关系。比如说甲比乙的听觉感受性强，即听力好，那么甲的听觉阈限就低，即为了使他产生听觉，所需要的刺激量比较少。感觉阈限又分为绝对感觉阈限和差别感觉阈限。

（二）绝对感觉阈限

绝对感觉阈限指最小可觉察的刺激量，即光、声、压力或其他物理量为了引起刚能觉察的感觉所需要的最小数量。感觉阈限越低，感受性越高。当一个人在森林中迷路时，他是否感觉灵敏，是否能够看得出四周远处有微弱亮光借以辨别方向；或是否能够听到搜寻人员的轻微呼唤，对于他的安全有重要影响。然而不同的人在这方面的感觉能力，即感受性有很大差异，不过实践证明它是能够通过训练而改变的。

人类各种感觉的绝对阈限都是很低的，这对于保障生命安全有积极作用。一般说来，正常人的视觉可以觉察 30 英里以外一烛光的亮度；听觉可以发现安静时 20 英尺以外的手表滴答声。但绝对阈限不是一个非常鲜明的界限，它是一个可变的模糊界限，接近阈限的声音有时听得到有时听不到，由于这个原因，绝对阈限的值需要靠多次重复测定去取平均值，或者更确切地说，绝对阈限是有 50% 的机会被觉察的最小刺激量。表 4-1 显示了根据多数早期心理物理学家的研究成果，总结得出的一般人的各种感觉的绝对感觉阈限。

表 4-1　人类各种感觉的绝对感觉阈限

视觉	30 英里以外的 1 烛光
听觉	安静环境中 20 英尺以外的手表滴答声
味觉	两加仑水中的一匙白糖
嗅觉	弥散于 6 个房间中的一滴香水
触觉	从一公分距离落到脸上的一个苍蝇的翅膀

资料来源：Galanter,1962,转引自 Bernstein,1991

(三) 差别感觉阈限

差别感觉阈限表示人们对两个刺激间最小差异的觉察能力。人们生活中需要确定一个刺激的情况并不多,更经常遇到的情况是要去确定两个刺激相同还是不同。例如,音乐家需要确定发自两个声源的声音在音高上是否相同;喷漆工在粉刷墙壁时需要仔细观察两次调出的颜色是否有差异;调味师要能够分辨出多种不同菜肴味道的细微差别;医生从 X 照片上看得出微弱的阴影将会有助于肿瘤疾患的早期诊断与治疗。这种觉察刺激之间微弱差别的能力称为差别感受性,它在生活实践中有重要意义,可以通过实践锻炼而提高。差别感受性越高的人,引起差别感觉所需要的刺激差别越小,即差别感觉阈限越低。那种刚能引起差别感觉的两个刺激之间的最小差异量称为差别感觉阈限。

研究发现,为了辨别一个刺激出现了差异,所需差异大小与该刺激本身的大小有关。例如,在 500 克重量的物品上增加 50 克,我们会感觉到差异,但在 5 000 克的重量上增加 50 克,甚至 60 克,我们也觉察不到。描述觉察刺激的微弱变化所需变化量与原有刺激之间的关系的规律,由 19 世纪德国生理学家韦伯所发现,称韦伯定律(Weber's law)。韦伯定律指出在一个刺激能量上发现一个最小可觉察的感觉差异所需要的刺激变化量与原有刺激量的大小有固定的比例关系。这个固定比例对不同感觉是不同的,用 K 表示,通常称为韦伯常数或韦伯比率(见表 4-2)。

表 4-2 不同感觉的差别感觉阈限

感觉	K(韦伯比率)
音高	0.003
亮度	0.017
重量	0.020
响度	0.100
皮肤压觉	0.140
咸味	0.200

表 4-2 显示不同感觉的韦伯常数,K 值越小表示该种感觉对差异越敏感。例如,重量感觉的 K 值是 0.02,表明在一件 3 公斤重的行李上,只要增加或减少 60 克就可以被觉察。人类视觉和听觉的韦伯比率远小于味觉和肤觉,这是种族进化过程中根据生存需要适应自然的结果。不同职业的人由于工作需要经过训练也可以使某种特定感觉的差别感受性有很大提高,例如,纺织工人能分辨 30 种不同的黑色,面粉工人能触摸分辨各种不同的面粉等。

总之,从刺激方面讲,为引起最小感觉差异需要出现的刺激量变化称差别阈限,而从感觉方面讲,反映最小刺激差异的能力是差别感受性,两者是同一事物的两个方面。在刺激变化时所产生的最小感觉差异称最小可觉差(just noticeable difference),简称 JND。每个人的最小可觉差不等,它可以因训练或其他条件而改变。

1860 年德国心理学家费希纳(Gustav Fechner)对韦伯定律作了进一步的发展,提出它也可用于了解人们对刺激量的心理经验,即知觉大小。费希纳指出由于 JND 是对刺激量的一个最小变化的觉察量,那么就可以用它作为测量知觉经验变化的单位。当刺激量越大时产生一个 JND 所需要的变化量越大,也可以解释为在物理量不断增加时,心理量的变化逐渐减慢。说明在物理量增大时,为了感知到同样的差异需要更大的刺激变化,这一规律称为费希纳定律(Fechner's law)。例如,看起来75W和100W两个灯泡的亮度差别,比100W和125W两个之间的差别更大。由于各种感觉系统的K值不同,严格地讲费希纳定律是:由刺激引起知觉大小是该感觉系统的K值与刺激强度的对数之积。见图4-2。该图的X轴代表刺激强度,Y轴代表知觉强度。

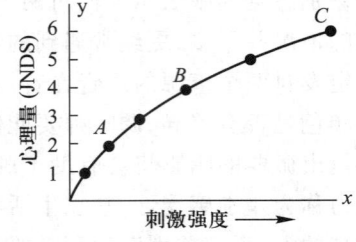

图4-2 费希纳定律在视觉上的应用

图中A与B的差异在刺激差异量上与B、C之间不等,但引起的心理经验相等,都是两个最小可察觉差异。用数学的说法是:当知觉经验以算术级数增长(1—2—3)时,刺激能量以几何级数(1—4—9)增长,知觉经验与刺激强度之间在数量上是一种对数关系。

第二节 视 觉

一、视觉刺激

光是一种称作电磁辐射的能量,但作为人类视觉刺激的只是电磁辐射的一部分,称可见光(visible light),其波长在将近400至750毫微米(nanometer 1毫微米=10^{-9}米)之间。X光射线和紫外线等波长更低的与红外线、雷达射线等波长更高的电磁辐射都是人的眼睛看不见的光。自然界中不同的动物各有适合其生存条件的不同视觉系统,例如鹰能够在高空飞翔时看到草丛里的小鼠,猫能够在极弱的微光条件下分辨物体。人的视觉虽然在某些方面似乎不如动物敏锐,但是人眼是一个非常完善的视觉机构,它能够看近处和远处,在亮光下和昏暗处看东西,适应各种环境,并且更重要的是,人的眼睛有完美的色觉,使人能够欣赏到色彩缤纷的美好世界。图4-3显示可见光谱与电磁波的关系。

二、基本视觉现象

(一)视觉适应

适应指的是在刺激物持续作用下感受性发生的变化,适应既可以是提高感受性,也可以是降低感受性。"入芝兰之室,久而不闻其香"描述的就是适应现象,视觉的适应现象最常见的有明适应和暗适应两种。关于这部分的内容我们在讲视网膜上的感光细胞时将具体阐述。

(二)色觉

在一定强度下,一种波长的光引起一种特定的颜色感觉。然而,眼睛接收到的很少是单一波长的纯光。例如,日光由各种波长的光波混合而成,当日光穿过一滴水珠时,不同波长的光折射率不同,结果它们就分散显现为一条含有可见光谱上各种颜色的美丽的彩虹。

颜色感觉具有三种属性:色调、饱和度和亮度。色调(hue)是颜色的基本特征或表现,如红色、绿色,它由混合光中起主导作用的波长所决定。在产生白、灰、黑系列的混合光中,由于没有起主导作用的波长,一般认为它们不具色调,称它们为无彩色或中和色。

各种彩色依据它在心理上的相似程度排列,可构成一个环形,称色环(color-circle),见

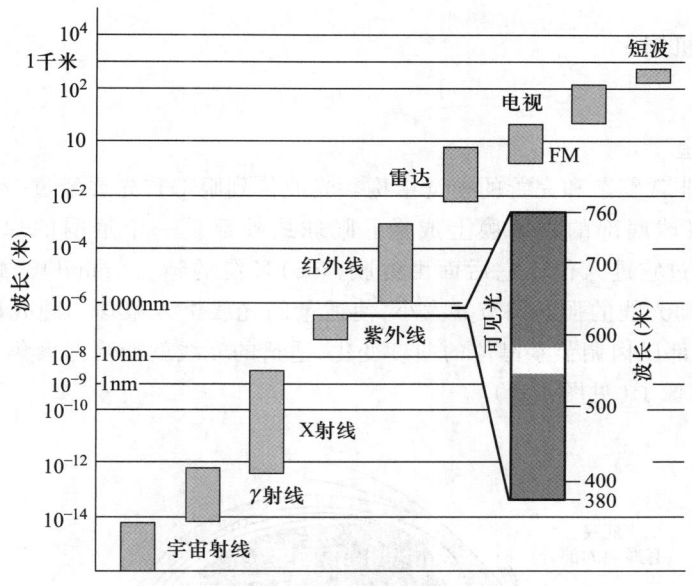

图 4-3 光谱与电磁波

图4-4。在色环上,凡相邻两种不同波长的色光相混合,都会产生位于两者中间的另外一种颜色。例如红与黄相混合会出现橙色。饱和度(saturation)与光的强度有关。在一个颜色中,起主导作用的波长越强,表现出色调越纯,也就是该颜色的饱和度越大。亮度(brightness)指构成该颜色的全部光波的总强度。白色亮度最大,当其亮度减弱时,表现出一系列灰色,最终达到全部黑暗时,视觉消失。

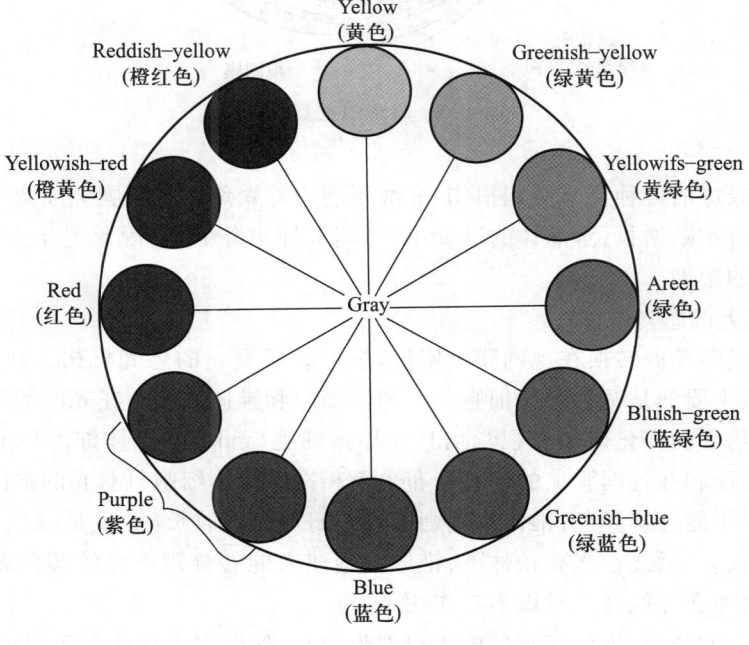

图 4-4 色环

三、视觉的机制

(一) 眼睛

1. 眼睛的构造

眼睛是一个非常复杂和完善的视觉结构。光波传到眼部首先要经过一些辅助组织的调节,才能投射到眼球底部的视网膜上成像。眼球最外部是一个透明的保护层,叫做角膜(cornea),光线通过它进入位于它后面由虹膜(iris)环绕的瞳孔(pupil)。虹膜中央有一个孔,称为瞳孔,它随光线的强弱调节其大小,使适量的光线进入眼球。瞳孔的后方是水晶体(lens),再经过眼部肌肉调节水晶体的曲度变化,适量的光线就能恰好聚焦在眼球后部的视网膜(retina)上成像了(见图4-5)。

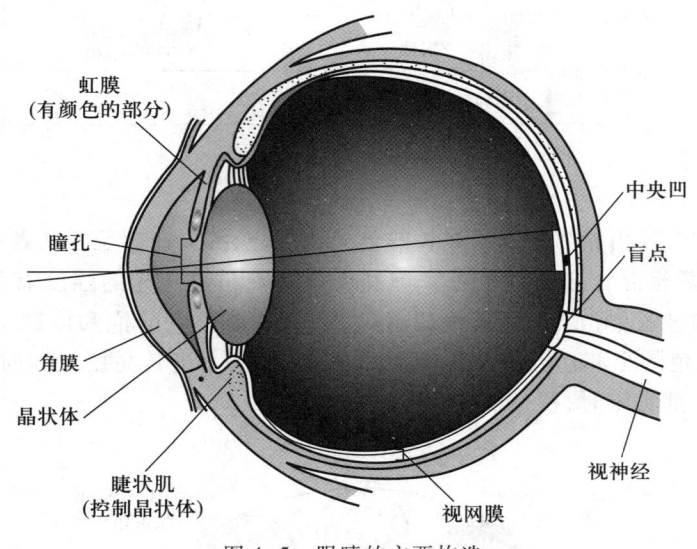

图4-5 眼睛的主要构造

如果上述眼球的各种调节受到损伤,光线不能恰好聚焦在视网膜上成像,就会出现各种视觉障碍。随着年龄增长,水晶体曲度变小,可调节性也降低了,因此老年人在阅读或看近物时需要眼镜的帮助。

2. 视网膜上的感光细胞

光能向神经活动的转换在视网膜上实现,视网膜是真正的感光机构。视网膜由多层神经细胞组成,最主要的是两种感光细胞——棒体细胞和锥体细胞。在光的刺激作用下,它们通过所含化学物质的变化传递着视觉信息。棒体细胞(rods)和锥体细胞(cones)不仅形状不同,它们在功能和在视网膜上的位置分布也不相同。棒体细胞只对光的强度起反应,对微弱光线敏感,但不能分辨颜色;锥体细胞则可以专门对光的波长(也就是颜色)起反应,但对光的强度反应很差,因此在光亮条件下,锥体细胞使人能够分辨细微的颜色差异,在人类视觉中最为活跃,而在光线微弱时就不起作用了。

在视网膜上的分布,锥体细胞集中于视网膜中心,称作中央窝或黄斑(fovea)的一点上。离开黄斑向视网膜边缘扩展,锥体细胞逐渐减少,棒体细胞逐渐增加。这就造成了在昏暗条件下要想看一个细小的物体,用余光比正视效果更好。同时,在正目注视下,小小星光有时反而看不见了。

前面我们已经提到,视觉适应包括明适应和暗适应两种。明适应又称光适应。由暗处到光亮处,特别是在强光下,最初一瞬间会感到光线刺眼炫目,几乎看不清外界物体,几秒钟之后逐渐看清物体。这种对光的感受性下降的变化现象称为明适应。从亮处到暗处,人眼开始看不见周围东西,经过一段时间后才逐渐区分出物体,人眼这种感受性逐渐增高的过程叫暗适应。视觉适应的产生正是不同感光细胞起作用的结果。

暗适应包含两种基本过程:瞳孔大小的变化及视网膜感光化学物质的变化。从光亮到黑暗的过程中,瞳孔直径可由 2 毫米扩大到 8 毫米,使进入眼球的光线增加 10~20 倍,但暗适应的主要机制并不是瞳孔的变化,而是视网膜的感光物质——视紫红质的恢复。视紫红质由视黄醛和视蛋白结合而成。视觉的暗适应程度是与视紫红质的合成程度相应的。人眼接受光线后,锥体细胞和棒体细胞内的一种光化学物质——视黄醛完全脱离视蛋白,发生漂白过程;当光线停止作用后,视黄醛与视蛋白重新结合,产生还原进程。人眼由于漂白过程而产生明适应,由于还原过程使感受性升高而产生暗适应。暗适应主要是棒体细胞的功能,在暗适应的最初 5~7 分钟里,感受性提高很快,这一阶段是锥体细胞与棒体细胞共同参与的结果;之后,感受性仍上升,不过上升的速度降低了,这一阶段只有棒体细胞继续起作用。

明适应的过程与暗适应相反,一方面瞳孔缩小以减少视网膜上的光量,另一方面暗适应时的棒体细胞的作用转到锥体细胞发生作用,其机制也可以用视觉色素的漂白过程来解释。

(二)色觉理论

1. 三原色说

三原色说(trichromatic theory)是由杨和黑尔姆兹二人提出的,也称杨-黑理论(Young-Helmholtz theory)。他们提出任何颜色都能由三种波长的纯光混合而产生。人具有三种不同形态的锥体细胞,它们分别对红、绿、蓝三种原色最敏感。以不同比例混合这三种原色,可以产生各种不同颜色。事实上,生理学家用显微镜观察已发现了三种锥体细胞,并且通过记录锥体细胞的电活动,也证明是有三种类型。然而三原色说对于有些视觉现象还不能做出很好的解释,例如视觉后像。当光刺激终止对感受器的作用后,它所引起的视觉并不立即消失,它会出现一个短暂的驻留,称正后像。电影就是利用了正后像原理,使快速呈现的一组断续的图像被看成连续的动景。如图4-6,注视其左图中心的黑色圆点一分钟,然后把注视点转移到右图中心的 X 处,就会看到白色背景上的一个黑色十字架。这种视觉现象叫作负后像。根据负后像原理,人们可以发现在注视任何一种颜色后,都会在白色背景上看到一个与它相反的颜色出现,这是颜色对比现象。

2. 拮抗理论

为了解释上面的颜色对比现象,赫林(Ewald Hering)提出另一种颜色理论,称拮抗理论(opponent-process theory),也简称四色说。他提出人眼对光反应的视觉基本单元是成对组织的,有红、绿、黄、蓝 4 种原色,加上黑与白共成三对,在光波影响下起作用。每一对的两个要素如红与绿,黄与蓝,其作用相反,具有拮抗作用,表现是当其中一个停止作用后,另一个就激活。所以先看红色,后像就是绿色。

拮抗原理也能解释颜色互补现象。如果产生两种颜色的光波相混合,结果出现灰色,即

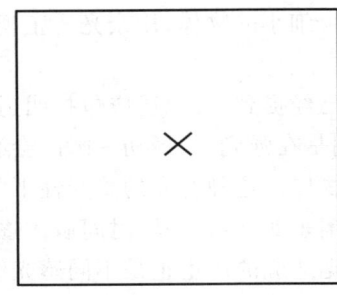

图 4-6　负后像

这两种颜色互补,或称为互补色。互补色在色环上的位置基本相对,红与绿、黄与蓝是互补色。根据拮抗原理,互补现象是由于两个互补色以相反方向刺激同一视觉单元,结果相素抵消而造成的。这三对相互拮抗的活动已得到研究证明。它们不是视网膜上,而是在视神经通路中途的神经节细胞(ganglia)上发生的。

总之,三原色说可以解释视觉感受器的活动,拮抗说可以解释视觉信息自感受器输出后在神经节细胞上的活动过程,两种理论互相补充,在解释人类色觉的复杂现象中都起重要作用。

第三节　听　觉

听觉和视觉一样,是我们感知整个客观世界的重要渠道;听觉不仅让我们听到外界的各种声音,使我们获取信息,同时,我们也可以通过听觉欣赏音乐,实现对美的体验。因此,听觉对我们的生活和工作都有非常重要的意义。

一、听觉刺激

声波是听觉的适宜刺激。它是由物体振动产生的,如:人的语音是由声带振动产生的;提琴的声音是由琴弦振动产生的。物体振动使周围的介质(如空气、水或其他媒介)产生周期性的压缩、膨胀的波动,这就是声波。声波通过介质(多数是空气)传递给人耳,并在人耳中产生听觉。用一个音叉和一个示波器,我们就可以从示波器上看到声波的形状。

声波的物理性质包括频率、振幅和波形。频率指发声物体每秒振动的次数,单位是赫兹。不同声音,其频率也不相同。人耳所能接受的振动频率为 20～20 000 赫兹。低于 20 赫兹的振动是次声波,高于 20 000 赫兹的振动是超声波,是无法引起人的听觉的。

振幅是指振动物体偏离起始位置的大小。发声体振幅大小不一样,它们对介质形成的压力大小也不一样。振幅决定声音的强度,振幅大,压力大,我们听到的声音就强;振幅小,压力小,我们听到的声音就弱。

声波最简单的形状是正弦波。由正弦波得到的声音叫纯音,如用音频信号发生器和音叉发出的声音就属纯音。在日常生活中,人们听到的大部分声音不是纯音,而是复合音,这是由不同频率和振幅的正弦波叠加而成的。例如,我们把一个频率为 10 赫兹的正弦波与一个频率为 20 赫兹的正弦波叠加在一起,就可以得到一个波形不同的复合音。

二、基本听觉现象

(一) 声音的属性

空气振动传导的声波作用于人的耳朵产生了听觉。由于声波的振幅和频率等物理特性，即波形特点不同，使人们所听到的声音具有三个属性，称为感觉特性：即音强、音高和音色。音强(loudness)指声音的大小，由声波的物理特性——振幅，即振动的大小所决定。音强的单位称分贝，缩写为 db。0 分贝指正常听觉下可觉察的最小的声音大小。音高(pitch)指声音的高低，由声波的频率，即每秒振动次数决定，常人听觉的音高范围很广，可以由最低 20 赫兹听到 20 000 赫兹(赫兹＝周波/秒)。钢琴上的最高音符为 4 000 赫兹，最低音符为 50 赫兹，中间 C 音为 256 赫兹，即此时的声波每秒钟振动 256 次。由于声波在一种媒介上的传导速度是恒定的，因此频率和波长成反比。日常所说的长波指频率低的声音，短波指频率高的声音。由单一频率的正弦波引起的声音是纯音，但大多数声音是许多频率与振幅的混合物。混合音的复合程序与组成形式构成声音的质量特征，称音色(timbre)。音色是人能够区分发自不同声源的同一个音高的主要依据，如男声、女声、钢琴声、提琴声表演同一个曲调，听起来各不相同。

(二) 听觉的适应与疲劳

听觉适应所需时间很短，恢复也很快。听觉适应有选择性，即仅对作用于耳的那一频率的声音发生适应，对其他未作用的声音并不产生适应现象。

如果声音较长时间(如数小时)连续作用，引起听觉感受性的显著降低，便称作听觉疲劳。听觉疲劳和听觉适应不同，它在声音停止作用后还需很长一段时间才能恢复。如果这一疲劳经常性地发生，会造成听力减退甚至耳聋。如果只是对小部分频率的声音丧失听觉，称音隙。若对较大一部分声音丧失听觉称音岛。再严重就会完全失聪。

(三) 声音的混合与掩蔽

两个声音同时到达耳朵相混合时，由于两个声音的频率、振幅不同，混合的结果也不同。如果两个声音强度大致相同，频率相差较大，就产生混合音。但若两个声音强度相差不大，频率也很接近，则会听到以两个声音频率的差数为频率的声音起伏现象，叫做拍音。比如，两个声音频率分别为 222 和 223，它们混合将产生每秒一次的声音起伏感觉。如果两个声音强度相差较大，则只能感受到其中的一个较强的声音，这种现象叫做声音的掩蔽。声音的掩蔽受频率和强度的影响。如果掩蔽音和被掩蔽音都是纯音，那么两个声音频率越接近，掩蔽作用越大；低频音对高频音的掩蔽作用比高频音对低频音的掩蔽作用大。掩蔽音强度提高，掩蔽作用增加，覆盖的频率范围也增加；掩蔽音强度减小，掩蔽作用覆盖的频率范围也减小。

三、听觉的机制

(一) 听觉与耳

人耳是听觉器官，包括外耳、中耳、内耳三个组成部分(见图 4-7)。外耳是可以看到的外在辅助结构，叫耳廓，它的作用是收集声音，集中起来传达到中耳的敏感部位。很多动物如猫、狗的外部耳廓可以活动，从而能更有效地收集声音。耳鼓也称鼓膜，将外耳与中耳分开，并且通过鼓膜的振动将声音传递给中耳的三块小骨。该三块小骨形状各异，名叫锤骨

(hammer)、砧骨(anvil)和镫骨(stirrup),通过它们将振动集中起来最后送到另一个叫卵圆窗(oval window)的小薄膜而进入内耳,内耳的形状类似蜗牛,内部充满液体,名叫蜗牛壳(cochlea),它是听觉的主要器官。当声波通过液体作用于蜗牛壳内基底膜(basilar membrane)时,它上面的一些长短不同的毛细胞就与听神经联系起来,将声音传向大脑。由于在和听神经联系时,基底膜上各个毛细胞的物理形态变化不同,改变了一些神经细胞的电活动,因此传向大脑的就是带有对声波的频率和振幅编码的信号,从而形成具有音高和音强的声音听觉。

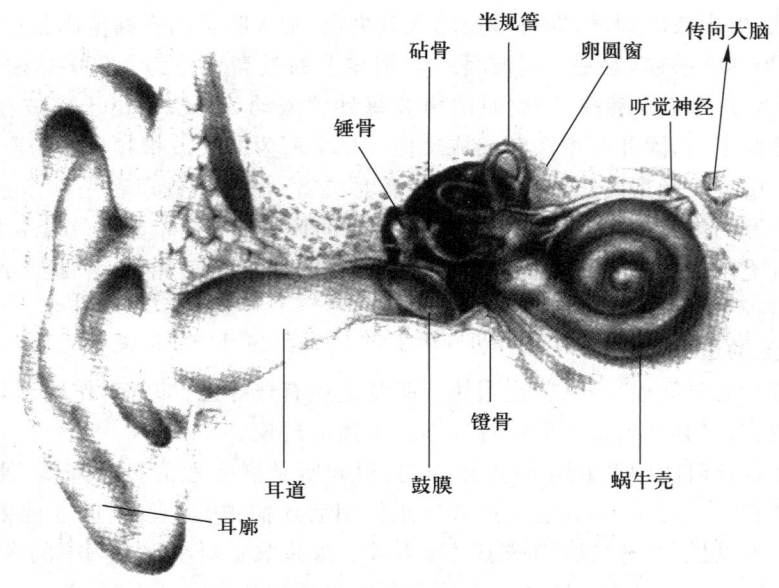

图 4-7 耳的结构

(二)听觉的理论

听觉系统如何对声波的作用产生出具有音强与音高的声音听觉呢?对于音强来说情况比较简单:在最弱和最强之间,听觉系统对声音强度的编码是按线性方式进行的,声音的强度越大,相应的神经细胞激起也越快。音高是由声波的频率决定的。人们又是如何区分不同音符之间的音高差别呢?这个问题经过长期研究,现在基本公认音高编码通过两种方式进行,已有的两个理论——位置学说和频率匹配学说共同起作用。

1. 位置学说(Place Theory)

位置学说也称行波学说,是由生理学家贝凯希(Georg von Békésy)提出的。贝凯希曾经打开头盖骨并在内耳蜗牛壳上打个洞,观察在不同频率的声音刺激作用下基底膜的变化。他发现是位于基底膜上的不同部位的毛细胞对不同的特定频率发生最大反应,基底膜上接近卵圆窗部位的毛细胞对高频声音发生反应,越是远端部分的毛细胞越对频率低的声音发生反应,并且把该频率的信号传给听神经。听神经中每个神经细胞都对一个特定的频率最敏感,因此通过听神经中不同神经细胞的激活,人就听到了不同音高的声音。位置学说能够解释大多数声音的听觉现象,但对于低频声音,即对于人能够听到的最低频率,如 20 赫兹的声音,是找不到与之相对的毛细胞的。因此它对于声音如何编码还不能做出圆满的解释。

2. 频率匹配学说(Frequency-matching Theory)

研究发现在极低频的声音作用下,整个基底膜被激活,而不只是它的特定部位。因此频率理论提出,不同频率的声音刺激基底膜,引起不同频率的神经细胞冲动并传至大脑。更有实验证明每秒 500 周波的声音引起的神经冲动也是每秒 500 次,来自人耳的神经冲动的速率与刺激它的声音的每秒振动次数基本相同。然而这种简单地用神经活动频率作解释的说法受到一个限制,因为没有任何神经细胞的激起达到每秒 1 000 次以上,所以简单的频率理论只适用于 1 000 赫兹以下的低音。频率匹配学说在此基础上作了一定的发展。它认为对于 1 000 赫兹以上的中度音高的声音,不只是由单独一个神经细胞,而是由一组神经细胞组合起来构成与之相匹配的频率,也就是说,神经细胞分成数组,各自以轮班的方式发射神经冲动,不同的组分别对声波压力产生神经冲动,各组同步发放,产生对高频声波的识别功能。这就是频率匹配学说,也称排发说(volley theory)。

总之,神经系统似乎不是只用一种方式对各种频率的声音进行编码的。人们可以听见的音高范围极大,对于频率最低的声音是以激起频率与之相应的神经细胞来编码,对于从低到中等频率的声音由频率匹配和基底膜上相应部位的毛细胞两个方面共同决定编码,而对高频声音的编码则只由激起基底膜上特定部位的毛细胞进行。

第四节 知觉——感觉的整合

我们走在商店林立的闹市区,周围充斥着各种不同的声音,有大街上的人声、车声,有店铺里的讨价还价声以及各个商店用扩音器播放的各种吸引顾客的音乐和叫卖声。这些声音混合在一起,实际上形成了噪声,正在考虑是否回到最初的那家店里买下某件衣服的人,对这些声音是充耳不闻的,这些声音没有给他留下什么印象。然而,突然间一段熟悉的旋律在其耳畔出现了,虽然周围的噪声使这段旋律忽隐忽现,虽然岁月的流逝使人的耳朵不再那么敏锐,虽然流行歌星的演绎使这段旋律失去了原汁原味,但他仍然很快地辨认这是其学生时代最喜欢的歌曲。这就是知觉,它包括从复杂的环境中将一些感觉分离出来加以组织,并根据过去经验做出解释等一系列心理活动。知觉在感觉的基础上产生,是一个比较复杂的心理过程。

一、知觉的一般概念

人们通过感官得到了内部和外部环境的信息,这些信息经过头脑的加工(整合和解释),产生了对事物的整体认识,这就是知觉(perception)过程。具体说来,知觉就是人脑对直接作用于感觉器官的客观事物的各个部分和属性的整体的反映;知觉是在感觉的基础上产生的,是对感觉信息的整合和解释。

知觉与感觉一样,是事物直接作用于感觉器官产生的,离开了事物对感官的直接作用,既没有感觉,也没有知觉;同时,知觉以感觉为基础,但它不是个别感觉信息的简单总和。我们生活在一个丰富多彩的世界,几乎每时每刻都有许多刺激作用于人的感官,人的感官也在不断地了解客观事物的各个属性,比如客体的声音、颜色、空间属性、气味等。然而在现实中,我们总是要把通过感觉所得到的有关事物的各个属性整合起来并加以理解。例如,我们听到的是一首歌曲、一段朗诵,看到的是一张图画,或一件花衬衫,而决不是一串零散的声音或散乱的颜色。我们所反映的任何属性,都与一定的客体相联系,从而具有了一定的意义。

知觉的产生不仅取决于具体的客观对象,还要借助于过去经验或知识的补充和帮助。如果要把某一对象知觉为一个确定的客体,就需有关于这一确定客体的知识、经验。从未见过老虎,也没有关于老虎知识的人,即使真的见了老虎,也不知其为何物。过去的经验、知识甚至还可以补偿部分感觉信息的缺欠。

知觉是在人的实践活动中逐渐发展起来的。刚出生的婴儿既不能把握物体的远近和大小,也没有关于时间的概念。这些知觉是随着他们后天不断的生活实践发展完善起来的。

从不同角度出发可对知觉进行不同方式的分类。根据在知觉中起主导作用的感觉器官的特性,可把知觉分成视知觉、听知觉、触知觉、嗅知觉等,如对物体形状、大小、远近的知觉属于视知觉;对声音的方向、节奏、旋律的知觉属于听知觉。根据知觉所反映的事物的主观特性,又可分成空间知觉、时间知觉、运动知觉和社会知觉。空间知觉处理物体的大小、形状、方位和距离的信息;时间知觉解决事物的延续性和顺序性;运动知觉处理物体在空间的位移;社会知觉是个体对客观事物的社会性特征的知觉。

二、知觉的特性

(一)知觉的整体性

知觉的整体性指人在过去经验的基础上把由多种属性构成的事物知觉为一个统一的整体的特性。知觉的整体性是知觉的积极性和主动性的一个重要方面,它首先依赖于刺激物的结构,即刺激物的空间分布与时间分布,如对于下图4-8a,人们习惯上不是把这个图形知觉为零散的7个点子,而是知觉为两行点子;如果把7个点子加以变化,如图4-8b,同样是7个点子,由于位置不同,就很容易被看成三角形了。

图4-8a　点子图　　　　　图4-8b　点子图

知觉的整体性的组织反映出一定的规则,对此格式塔学派的心理学家进行了深入的研究。他们指出人所知觉到的是整个的事物。对整体的知觉不等于、并且大于个别感觉的总和。人能够自动化地把刺激组成整体是由刺激本身的一些内在特性所决定的。格式塔学派提出的知觉组织原则被普遍接受,也称格式塔原则,主要包括以下几条规律。

(1)接近性(proximity):距离上相近的物体容易被知觉组织在一起。在听觉上,时间上接近的声音也容易被组织在一起。

(2)相似性(similarity):凡物理属性(强度、大小、形状、颜色等)相近的物体容易被组织在一起。例如一个身材高大的人站在一群比较矮小的人中间,显得特别突出,是因为他难于被归为这一群体,从而表现出"鹤立鸡群"的现象。

(3)连续性(continuity):凡具有连续性或共同运动方向的刺激容易被看成一个整体。

(4)封闭性(closure):人们倾向于将缺损的轮廓加以补充使知觉成为一个完整的封闭

图形。

(5) 良好图形(goodness)：客体本身的组合符合良好图形的原则，即具有简明性、对称性的客体更容易被知觉。

由于知觉的整体性特征，有意地将对象本身各种特性加以组织，人们可以产生出与自己知识经验相符合的知觉结果。例如，在图 4-9 中，人们在图形的中心位置似乎都会看到一个白色的几何图形，这种在客观上并不存在而是由主观认识产生的轮廓称为主观轮廓。

（二）知觉的选择性

人在知觉事物时，首先要从复杂的刺激环境中将一些有关内容抽出来组织成知觉对象，而其他部分则留为背景。人这种根据当前需要，对外来刺激物有选择地作为知觉对象进行组织加工的特征就是知觉的选择性。

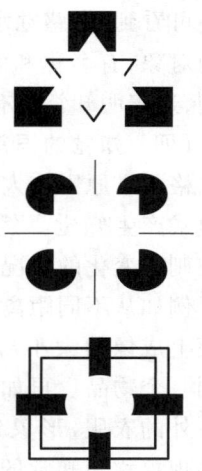

图 4-9　主观轮廓

知觉对象具有一定意义，并且轮廓清晰，似乎突出在背景之上，而作为背景的部分则轮廓模糊，不具意义，也不会给人留下深刻的印象。图形与背景的组织原则不仅在视觉中明显，在听觉中也存在。例如听交响乐时，主旋律是图形，合音就是背景。知觉中的对象与背景的关系通常很明显，但有时也并不清楚。双关图形是最好的示例。如图 4-10，我们可以把它看成两个人的面孔或一个花瓶，并且两者可以反复变动，但不可能同时把两者都当作知觉对象、看到两种图像同时存在。

知觉对象的选择与很多因素有关，一般说来，强度较大，色彩鲜明，具有活动性的客体容易成为被选择的对象，客体本身组合规律，如简明、对称和有规律也使它们容易被选择为知觉对象。实际上，知觉对象从背景中分离，与注意的选择性有关。当注意指向某个客体的时候，该客体就成为知觉的对象，其他客体成了背景；当注意从一个对

图 4-10　双关图形

象转向另一个对象的时候，原来的知觉对象就成为背景，原来的背景成为知觉对象，因此，注意选择性的规律，也就是知觉的对象从背景中分离出来的规律。

（三）知觉的理解性

在对现实事物的知觉中，需有以过去经验、知识为基础的理解，以便对知觉的对象做出最佳解释、说明。知觉的这一特性叫理解性。

不同知识经验的人在知觉一个对象时，他们的理解不同，知觉的结果也不同。最简单的事实是，成人与儿童对一幅图画的知觉有很大差别，年龄较小的儿童只能说出图画中主要的构成成分，而成人则既能掌握画面上的每一个细节，又能把握整个图画的意义。显然，不同的知识背景和理解力影响了对同一对象的知觉。图 4-11 是一个斑点图，乍看似乎并无意义，但仔细琢磨一下，可把它知觉为一匹跑着的马。正是以知识经验为基础的理解作用，使我们填补了画面信息的不足，把对象知觉为一个有意义的整体。如果一个人从未见过马，也没有听说过马，他就无法把这个图画知觉为马。在理解的过程中，言语可以起很重要的指导作用。如果一开始就问"这个图是不是一匹马？"那么知觉起来将容易很多。从这一例子我

们还可看到,在感觉水平上,图 4-11 的内容不过是一些斑点,但在知觉水平上,它是一个完整的对象,有名称和意义,并可归入某一已知的范畴或类别,这表明知觉已有了初步的概括性。

(四)知觉的恒常性

格式塔原则使人们将各种感觉加以组织构成一定的模式产生知觉。然而感觉是不断变化的,人们如何能在刺激变化的情况下把事物知觉成稳定不变的整体呢?例如从不同距离、不同角度看同一件物品,它在视网膜上成像的大小与形状是不同的,但我们还把它看成同一个物品。再如,某人今天穿这样的衣服,明天换了另外的衣服,形象每天不同,但我们总能认得是他。这种现象称为知觉的恒常性。知觉恒常性包括大小恒常性、形状恒常性与颜色恒常性。

图 4-11 斑点图

1. 大小恒常性(size constancy)

一个人离我们越远,他在视网膜上呈像越小,可是为什么我们还认为他的身高没有改变呢?一种解释是当物体向远处或近处移动时,大脑得到的信息一方面来自网像(物体投射到视网膜上的像)大小的变化,另一方面也来自眼球自动调节而产生的距离知觉。大小知觉是由网像大小与知觉距离二者共同决定的,对于网像大距离近与网像小但距离远两种组合,人们可以根据经验做出物体大小相等的知觉解释。网像大小、知觉大小与距离知觉三者的关系,有时也带来不良影响。在实际距离相等时,人们可能会把网像小的物体看得比网像大的物体更远些。因此当大量汽车需要拉开距离按序列行驶时,小型汽车比大型汽车更容易引起追尾事故。

2. 形状恒常性(shape constancy)

对物体形状的知觉不因它在视网膜上投影的变化而变化,称为形状恒常性。如图 4-12,当门打开时,它的网像由矩形变为梯形,但过去经验会自动地告诉我们这个门本身没有变形。再如,当我们漫步在画廊里欣赏作品时,先从侧面看到某一画面,然后才转到它的正前方,但画面看上去保持不变,而它在视网膜上的成像显然已发生了很大变化。形状恒常性也与距离知觉有关,不过在这里距离信息更包含了同一物体远端和近端的距离之差。

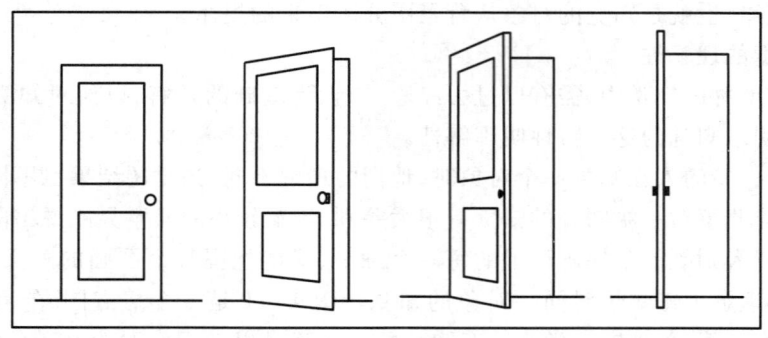

图 4-12 形状恒常性

3. 颜色恒常性(color constancy)

在不同照明条件下,同一件物品反射到眼中的光有很大变化,但它们的颜色看起来好像没有变,这是颜色的恒常性,它与经验有很大关系。例如把煤放在日光下,把白纸放在阴影里,尽管前者反射的光比后者更多,但看起来依然是煤较黑、纸较亮。再如,在绿光照射下问桌子上的桔子和香蕉各是什么颜色,我们肯定会把桔子看成橙色,把香蕉看成黄色。但是倘若在这种条件下,让我们说出各种纸片的颜色时,知觉结果就可能会受到光照的影响了。颜色恒常性现象又一次地显示了经验在知觉中的作用。此外,任何事物都非孤立存在的,对它的知觉判断与其背景有关。在日光照射下,煤与周围背景相比仍然最暗,白纸与阴影中的背景相比仍然最亮。这也是颜色恒常性产生的一个原因。

三、几种复杂的知觉及其机制

(一)深度知觉(depth perception)

在知觉的大小恒常性和形状恒常性的特点中,我们都提到对距离的知觉。距离知觉也称深度知觉,它使人们能够把二维的视网像解释为三维的世界,认识事物的真面貌。深度知觉如何产生?它是由一定线索引起的。深度知觉线索来自两个方面。一方面是以刺激物的特性作为线索,另一方面则产生于视觉系统本身的特性。

1. 来自刺激方面的深度线索

画家在平面的画纸上作画,却使我们看出三维的立体画,这是由于画家很好地利用了人们在深度知觉中普遍应用的刺激线索。视觉刺激中最常使用的深度线索有以下几种:

(1)大小——如果认为两个物品大小接近时,产生网像较大的就被知觉解释为较近。

(2)视野中的高度——在视野中远处物品通常位置较高。

(3)遮挡——视野中远物是被近物遮挡的,部分被遮挡就成为一个很好的深度线索。

(4)线性透视——平行的铁轨向远处伸延时,会趋向于相交,因此两条直线越趋向接近,就表示距离越远。

(5)纹理变化——近处物体纹理清晰,细节分明,移向远处时逐渐模糊难以分开。因此纹理变化也是距离线索。例如画面中物体的清晰度逐渐减低,其组织纹理逐渐模糊都会引起距离变远的知觉效果。

(6)光照与阴影——日常生活中光线多自高处向下照射,因此阴影与光照的位置也成了深度知觉线索。

2. 来自视觉线索本身的深度线索

由于人眼的生理构造和位置,在看位于不同距离的物体时,引起不同的神经细胞活动,它们所提供的信息也为知觉提供着深度线索。最重要的是来自眼肌的调节与辐合活动。眼睛在注视物体时为了使进入眼内的光线聚焦在视网膜上,调整水晶体曲度的活动称为调节(accommodation)。在双眼注视一个物体时,为了使网像同时落在两个视网膜的中央,两条视线必须向注视点集中,这时操纵眼球的肌肉活动称为辐合(convergence)。调节与辐合活动(见图4-13)是自动进行的,但是它们引起的各种神经活动却是深度知觉的重要线索。

由于两个眼睛位置不同,同一物体投射到两眼的网像是有差异的,距离越远,差异越小,是大脑把两个不同的信息结合起来使人知觉到一个具有深度的立体。立体图像和立体电影的作者们就是利用双眼视差(binocular disparity),将两种稍有差异的图片分别同时呈现给两个眼睛,便形成了立体的视觉效果(见图4-14)。类似于双眼视差作为深度线索的情况在

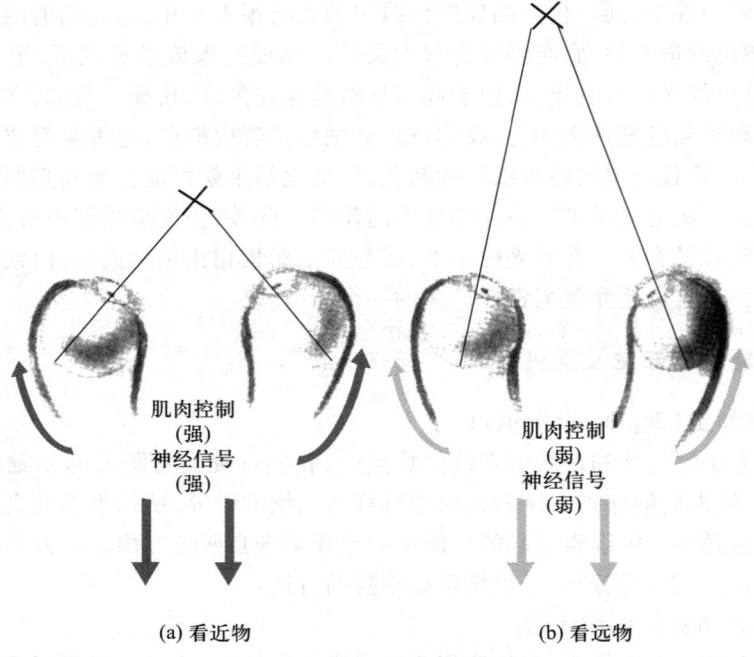

图 4-13 双眼辐合

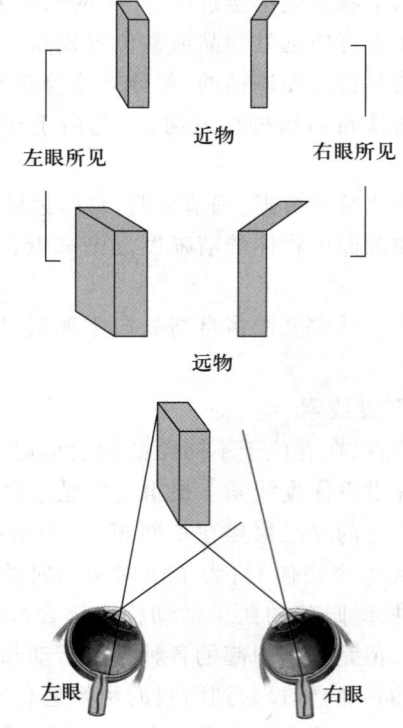

图 4-14 双眼视差

听觉中也存在。由于声音进入两耳的时间差异,可使人能够辨别声音的方向。实验证明,如果一个声音来自头部正前方到正后方所构成的平面上,要辨别其方向,比来自侧面的声音要困难许多。当一个人因伤病失去一只眼睛时,由于失去了双眼视差这个深度线索,虽然用单眼也能够看清事物,但在判断距离上会遇到很大困难,常表现为走路时不知深浅容易跌跤。然而经过一段时间的训练,其他线索可对此加以补偿。

(二)运动知觉

在有些知觉中,一个物体的特性不是它的大小、颜色和形状,而是它的运动。例如,运动员跑得有多快?汽车在向哪个方向行驶?即人们对运动着的物体与对静物的知觉有很大不同。实验发现,在暗室中,只给一个人的双手、双肘、双肩、双腿、双膝和两个脚腕处放上亮光,只根据这 12 个光点一般不能辨认出是人,但只要他一走动,就能被确认是人,甚至有时还能说出他的性别。这说明人在知觉事物时可以从运动中获得更多的信息。

眼前物体运动会引起它的视像在视网膜上位置的移动,但是单独靠网像的位置移动不足以解释运动知觉。因为当人头部活动或眼睛转动时,网像也在变化,但人却不会把周围的桌椅墙壁都看成是活动的。

运动知觉和深度知觉同样有一个将二维的图像向三维经验做解释的过程。这种转换是自动进行的,但需要有一些运动线索。以逼近现象为例,当一个物体的网像突然向视网膜四周迅速膨胀,并且在各个方向上速度相等时,我们不会把它看成是在固定位置上物体大小和形状的急剧扩展,而是体验到物体在向我们面前逼近(见图 4-15)。

图 4-15 运动知觉(飞行中的运动知觉图)

正常情况下,一个人在环境中活动时,不仅视网膜上的视觉流水般不断地移动位置,同时还伴随着平衡觉与触觉发生。例如,人在加速行驶的车上有时会感觉到有一定来自背后的压觉,同时头部向后微倾。若只有视觉中网像不断地流动而不伴有身体上其他部分的感觉,如在模拟飞行、模拟驾驶中,甚至在有些电子游戏中,人反而会感到不正常,有时产生眩晕的体验。

(三)时间知觉

时间是物质现象延续性和顺序性的表现,时间知觉正是对这一延续性和顺序性的反映。时间知觉有四种类形式:(1)对时间的分辨,指按时间顺序把不同的活动区分开,如早晨起床后洗脸刷牙,然后吃早点;(2)对时间的确认:如知道今天是 2014 年 7 月 25 日,现在是早晨 7 点;(3)对持续时间的估量:如知道这个约会已经进行了一小时,雨已经下了半个月;(4)对时间的预测:如知道三天后要参加高考,三个月后要进大学学习。

时间知觉对人类的生活和工作都有重要的意义,因为我们的每项活动,都是在时间上展开的,正确标定时间、估量时间才能为我们规划自身的活动提供正确的依据。

1. 时间知觉的各种线索

(1)自然界的周期性现象。太阳的升落、昼夜的交替、四季的变化、月亮的圆缺等周期出现的自然现象,为我们估计时间提供了客观的依据。在计时工具没有出现以前,人们主要是根据这些现象来估计时间的,日出日落为一昼夜、月圆月缺为一个月等。

(2)有机体各种节律性的活动。人体的生理活动,许多是周期性的、有节律的活动。例如,心跳和脉搏,每分钟 60~100 次;从进食到饥饿,每个周期 4~6 小时;觉醒与睡眠,每个周期 24 小时等。人们依据身体组织的这些节律性活动,也能估计事件持续的时间。例如,我们可以根据自己的饥饿感觉,大体估计现在应该是吃晚饭的时间了;根据身体困倦的程度,判断深夜的时刻。生物钟给我们提供了时间的信息。

(3)借助计时工具。如日历、时钟、手表等。借助于先进的计时工具,我们不仅可以准确地估计世纪、年、月这样较长的时间,而且可以准确地记录极其短暂的时间。

2. 影响时间知觉的各种因素

(1)感觉通道的性质。在判断时间的精确性方面,听觉最好,触觉其次,视觉较差。例如,当两个声音相隔 1/100 秒时,人耳就能分辨出来;而触觉分辨两个刺激物间的最小时距为 1/40 秒,视觉为 1/10~1/20 秒。

(2)一定时间内事件发生的数量和性质。在一定时间内,事件发生的数量越多,性质越复杂,人们倾向于把时间估计得较短;而事件的数量少,性质简单,人们倾向于把时间估计得较长。例如,一节课,一场报告,如果内容丰富,颇有兴味,听课人会觉得时间过得很快;相反,报告的内容贫乏、枯燥,听众就会把时间估计得较长。在回忆往事时,情况相反。同样一段时间,经历越丰富,就觉得时间长;经历越简单,就觉得时间短。

(3)个体的兴趣和情绪。人们面对自己感兴趣的东西,会觉得时间过得快,出现对时间的低估。相反,面对厌恶的、无所谓的事情,会觉得时间过得慢,出现时间的高估。在期待某种事物的时候会觉得时间过得很慢。相反,对不希望出现的事物,会觉得时间过得快等。

第五节 社会知觉与社会认知

一、社会知觉的一般概念

知觉是人对外界事物的整体反映,是人将感觉获得的信息进行选择、组合,从而形成完整映像的过程。作用于人的信息有两大类:一类是自然界中的机械、物理、化学和生物方面种种现象的信息;另一类是由人的实践所构成的社会现象的信息,包括担任社会角色并具有人性的人、人际关系和群体以及各种社会结构和社会事件等。如果说后者是社会性信息,则前者为非社会性信息。对非社会性信息所形成的知觉,通常被称作物知觉(object perception),而对社会性信息所形成的知觉就叫社会知觉。所以,社会知觉就是指个人在社会环境中对他人(某个个体或某个群体)的心理状态、行为动机和意向(社会特征和社会现象)做出推测与判断的过程。社会知觉包括三个方面的内容:① 对人的知觉(包括对他人和自我的知觉);② 对社会事件因果关系的知觉;③ 对人际关系的知觉。

与对物的知觉相比,社会知觉有一些独特性。由于社会知觉的对象常常是有意识的人,有复杂的社会环境和人际关系,而人们对这些对象的知觉又是通过他人的言行、表情、态度等这些特殊介质来认识、判断的,因而,社会知觉对象的特殊性使得社会知觉有了下述特点。

(一) 对他人行为的期望会影响社会知觉过程

社会知觉的主客体能够理解彼此间的行为对对方的利害关系,于是知觉者和被知觉者都可以有意识地操纵和利用彼此。当个体能够预测他人可能做出的行动时,他自己便可以预先计划自己的行动。因此相互间的期望会影响彼此的知觉。

(二) 社会知觉加工过程的特殊性

社会知觉过程也需要对知觉对象的各种信息加以组织和分类,但社会知觉往往根据他人的外表和行为进行概括和判断,而且在加工过程中,对信息的处理也更容易采用以点代面的策略,所以,知觉者的经验会严重影响社会知觉的过程与结果。

社会认知(social cognition)是现代认知心理学介入社会心理学后而产生的一个概念和研究领域,其含义与社会知觉相当,但侧重于从认知结构或图式(scheme)的角度来探讨社会知觉的过程,来解释不同的人何以对同一人物会产生悬殊的知觉等问题。下面,我们就介绍社会认知的过程。

二、社会认知的过程

社会认知实质上就是研究人们如何根据周围环境中的社会信息进行推理。这一过程可以划分为两个子过程:搜集、选择信息过程和整合信息过程。

(一) 信息的搜集和选择

社会信息的搜集和选择,也像非社会信息的选择一样,会受到主客观因素的制约。比如刺激的物理强度、刺激与刺激背景之间的差异、刺激的重复出现和运动特征,认知者的需要、兴趣、动机、认知风格,以及刺激的情境等。除此之外,社会信息的选择途径也有独特之处。

人们要做出社会判断必须要获取足够的信息。在社会情境中获取信息的常见途径非常多,诸如他人的言谈举止、表情、声调,个体扮演的社会角色、所处群体中成员相互之间的关系、群体的气氛等都是信息的来源。例如,当我们第一天到一个单位上班时,会仔细观察周围同事言谈举止是否得体,他们都在干些什么,工作是否积极,人们是否爱交头接耳,同事之间是否有适当的竞争,大家完成工作的时候是否互相推诿,对领导布置的工作大家是否积极等,抓住这些线索,就可以大致对这个单位做出一些判断。

人们的先前经验会影响他对信息的搜集和选择。例如某人新到一个工作单位,同事们对他很冷淡,他便有了这里的人很冷漠的印象。于是,某人会去寻找一些与先前经验一致的信息,如不知道去哪里打开水而没人告诉他,请别人帮忙找点东西被拒绝等。其实,水房就在办公室的隔壁,而且门口有醒目的标牌,别人以为他已经知道了才没告诉他;那位同事拒绝帮忙是因为他确实正在忙,但先前的经验却容易使他忽略这些信息。先前经验容易使人得出错误的判断,因为先前经验本身可能是错误的,而且,知觉者可能意识不到自己的先前经验在信息搜集时就产生了误差,例如,没有意识到单凭与同事的一次接触就下结论是不合适的。

认知者在搜集到许多信息后,就要对其进行选择了。这一过程往往也受到先前经验的影响。第一,个体根据先前经验决定哪些信息是与当前有关的。而先前经验很可能是错误的或者有误差。第二,个体没注意到信息中的偏差。他所搜集的信息往往是从少数人身上得到的,一个人在短时间内的行为表现,并不能代表一个群体或一类人的总体特征。第三,个体往往抓住那些最显著的个案信息,忽略基于多数人的统计信息。例如很多人都认为到沿海地区可以发大财,他们总拿某某人去南方搞房地产一年就赚了1 000万,或者某某人在深圳工作不到三年便当上了某大集团的部门经理作为论据,却忽视了大多数人在那里辛苦打工拼搏的事实。

(二) 信息的整合过程

知觉者将搜集到的信息放在一起,对被知觉者进行判断和推测,以形成关于人和事的完整印象就是信息的整合过程。人在认知过程中所具有的一些基本规律在社会生活,尤其是社会认知中都有表现。

1. 首因效应和近因效应

首因效应(primacy effect)指的是人们在对他人总体印象的形成过程中,最初获得的信息比后来获得的信息影响更大的现象。美国心理学家卢钦斯(A. Luchins,1957)用编撰的两段文字作为实验材料研究了首因效应。他编撰的文字材料主要是描写一个名叫吉姆的男孩的生活片段,第一段文字将吉姆描写成热情并外向的人,另一段文字则把他描写成冷淡而内向的人。例如,第一段中说吉姆与朋友一起去上学,走在洒满阳光的马路上,与店铺里的熟人说话,与新结识的女孩子打招呼等;第二段中说吉姆放学后一个人步行回家,他走在马路的背阴一侧,他没有与新近结识的女孩子打招呼等。在实验中,卢钦斯把两段文字加以组合之后分成四组:

第一组,描写吉姆热情外向的文字先出现,冷淡内向的文字后出现。

第二组,描写吉姆冷淡内向的文字先出现,热情外向的文字后出现。

第三组,只显示描写吉姆热情外向的文字。

第四组,只显示描写吉姆冷淡内向的文字。

卢钦斯让四组被试分别阅读其中一组文字材料,然后回答一个问题:"吉姆是一个什么样的人?"结果发现,第一组被试中有78%的人认为吉姆是友好的;第二组中只有18%的被试认为吉姆是友好的;第三组中认为吉姆是友好的被试有95%;第四组只有3%的被试认为吉姆是友好的。

这项研究结果证明信息呈现的顺序会影响社会认知,先呈现的信息比后呈现的信息有更大的影响作用。但是,卢钦斯进一步的研究发现,如果在两段文字之间插入某些其他活动,如做数学题、听故事等,则大部分被试会根据活动以后得到的信息对吉姆进行判断,也就是说,最近获得的信息对他们的社会知觉也起到了很大的影响作用,这个现象叫作近因效应。

近因效应(recency effect)指在总体印象形成过程中,新近获得的信息比原来获得的信息影响更大的现象。研究发现,近因效应一般不如首因效应明显和普遍。在印象形成过程中,当不断有足够引人注意的新信息加入,或者知觉者原来的印象已经淡忘时,新近获得的信息的作用就会较大。

个性特点也影响近因效应或首因效应的发生,一般来说,心理上开放、灵活的人容易受近因效应的影响;而心理上保持高度一致,具有稳定倾向的人,容易受首因效应的影响。

2. 晕轮效应

晕轮效应(halo effect)指人们对他人的认知判断首先是根据个人的好恶得出的,然后再从这个判断推论出认知对象的其他品质的现象。如果认知对象被标明是"好"的,他就会被"好"的光圈笼罩着,并被知觉者赋予一切好的品质;如果认知对象被标明是"坏"的,他就会被"坏"的光圈笼罩着,他所有的品质都会被知觉者认为是坏的。心理学家戴恩等人(K. Dion, et al,1972)曾用实验证实了晕轮效应的存在。研究者让被试看一些人的照片,这些照片看上去分别是无魅力的、中等的和有魅力的。然后,研究者让被试评定这些人的特点,而这些特点原本可能与有无魅力无关。但是,评定结果却显示,有魅力的人得到了最高的评价,无魅力的人得到了最低的评价。具体的评价结果见表4-3。

表4-3 关于晕轮作用的研究结果

	无魅力者	中等者	有魅力者
受欢迎性	56.31	62.42	65.39
婚姻的美满	0.37	0.41	1.70
职业地位	1.70	2.02	2.25
做父母的能力	3.91	4.55	3.54
社会和职业幸福	5.28	6.34	6.37
一般幸福	8.83	11.60	11.60
结婚的可能性	1.52	1.82	2.17

戴恩的研究说明,当人们由于认知对象的外表魅力而对其产生了好感或坏感以后,就会据此对认知对象的其他品质或特点进行信息整合,这些其他的信息也就被笼罩上了"好的"或"坏的"晕轮。

在学校教育过程中,如果教师对学生的品行评价不是根据学生的实际情况,而是受学生的外貌、衣着、家庭背景等方面的影响,就不能公正地对待学生,可能给教育带来负面影响。

3. 社会刻板印象

社会刻板印象指人们对社会上某一类事物或某一群体产生的比较固定的看法,也是一种概括而笼统的看法。人们由于地理、经济、政治、文化等条件聚集在一起,所以,在进行社会认知的时候,人们也往往将聚集在一起的人们赋予相同的一些特征,对不同职业、地区、性别、年龄、民族等群体的人们形成较为固定的看法。当人们采用这些较为固定的看法去识别一个具体的人,去对他进行判断、推测和概括的时候,就有可能出现偏差,这就是社会刻板印象。例如,人们通常觉得英国人有绅士风度、聪明、因循守旧、传统、保守;美国人民主、天真、乐观、友善、热情;日本人善于模仿、进取、尚武、有野心;法国人爱好艺术、轻率、热情、开朗等。

社会刻板印象是对社会群体最简单、最经济的认识,它有利于对某一群人做概括的了解,但也容易使人形成"先入为主"的偏见,造成社会认知的偏差,阻碍人与人之间的正常交往。社会刻板印象之所以会形成,主要的原因有:① 认知者总是希望根据较少的信息做出全面的推论;② 每一个群体都会有自己独特的目标,因而人们普遍认为同一群体中的个体就会有许多相似之处;③ 人们有时受到接触机会的限制,只能通过间接方式得到信息,而信息一旦获得,又由于缺乏直接接触的机会,所形成的印象就难以改变;④ 社会刻板印象可以满足人们的需要,刻板常常与人们的利益或价值发生关系,而且还可以快速补充社会认知过程中的缺失信息;⑤ 自然环境和文化背景的影响等。

社会刻板印象在社会认知过程中既有积极的作用,又有消极的作用,它能够帮助人们提取信息,加快信息加工的速度,提高解决问题的效率,填补社会认知者所需要的信息。但它又往往造成社会知觉中的以偏概全和固着反应模式,使社会知觉出现偏差,甚至造成不同群体之间的情感偏见和行为歧视。当然,社会刻板印象也不是一成不变的。一个人所接触的不同群体越多,越具有多元文化的视角,他就越容易具有包容的胸怀,就不容易形成刻板印象;一个人的文化水平越高,他所持的社会刻板印象就越容易改变;一个人对社会刻板印象的性质越了解,他也越容易改变自己所持的社会刻板印象。

思 考 题

1. 请解释下述概念:感觉、感受性、感觉阈限、明适应、暗适应、知觉、社会知觉。
2. 视觉是如何产生的?
3. 简述主要的色觉理论。
4. 基本听觉现象有哪些?听觉又是如何产生的?
5. 知觉有哪些特性?
6. 简述知觉的恒常性特征及其形成。
7. 深度知觉、运动知觉、时间知觉的产生各受到哪些因素的影响?
8. 简述社会认知过程中信息整合的特点。
9. 讨论晕轮效应在教育过程中的不良影响。

第五章 记忆与学习

记忆在我们的工作和生活中起着非常重要的作用。我们从事任何一种活动,无论是写文章、做作业,还是下象棋、看电视,都离不开记忆的参与。记忆是我们学习、行动和生存的基础,没有了记忆,我们每天都必须面对一个崭新的世界,这将是不可想象的,也是很可怕的。和记忆一样,学习也在我们的工作和学习中发挥着举足轻重的作用,常言说,活到老,学到老,学习这种非常普遍的活动,可能会伴随我们终生。无论是穿衣、走路、说话还是摆弄电器、设计软件等,无一不包含着学习,同时也离不开记忆。尤其是在现代社会中,一个人要最大限度地发挥自己的潜能,最关键的就是学习。

学习和记忆对我们来说如此重要,但对于它们我们却知之甚少。人的记忆系统是如何工作的?我们的记忆容量究竟有多大?为什么会产生遗忘?什么样的材料容易被记住?如何能将学会的东西保持得更长久些?怎样才能进行有效的学习呢?这些问题都是我们想了解的,也正是本章将要回答的问题。

第一节 记忆概述

一、记忆的概念

记忆(memory)是在头脑中积累、保存和提取个体经验的心理过程。运用信息加工的术语,就是人脑对外界输入的信息进行编码、存储和提取的过程。人们感知过的事物,思考过的问题,体验过的情感和从事过的活动,都会在人头脑中留下不同程度的痕迹或称印象,这就是记的过程;在一定的条件下根据需要,这些储存在头脑中的印象又可以被唤起,参与当前的活动,得到再次应用,这就是忆的过程。从接收信息到脑内加工后储存,到再次提取出来与又进入脑内的其他信息共同被加工,以备应用,这个完整的过程总称为记忆。

二、记忆的基本过程

一个完整的记忆包括三个基本过程:信息进入记忆系统——编码,信息在记忆中储存——保持,信息从记忆中提取出来——提取。记忆的三个基本过程的作用恰好可以与计算机的信息加工过程相类比,如图5-1所示。下面对这三个过程分别加以说明。

(一)编码

编码(encoding)是记忆的第一个基本过程,它把来自感官的信息变成记忆系统能够接收和使用的形式。一般说来,我们通过各种感觉器官获取的外界信息,首先要转换成各种不同的记忆代码,即形成客观物理刺激的心理表征。编码过程需要注意的参与,我们都有这样

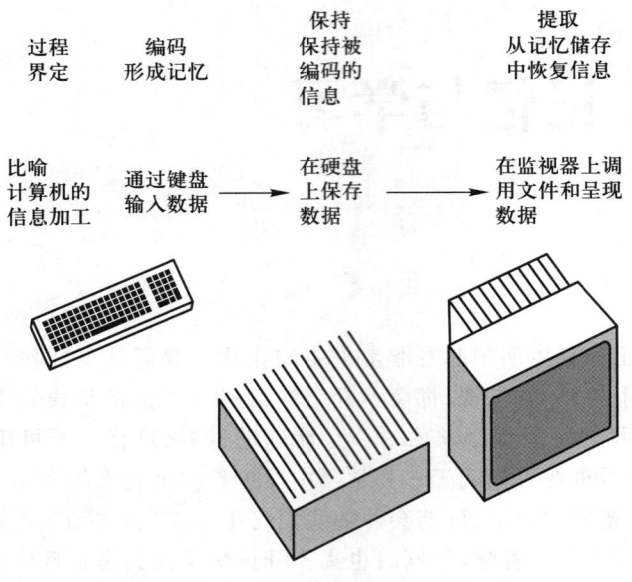

图 5-1　记忆的三个基本过程

的经验,刚刚介绍给自己的人,一转眼就忘了他的姓名,这是因为我们忙着和他寒暄,没有注意去记,也就是没有来得及将他的姓名加以编码。再如,心理学实验发现,当在小组里指定每个人都要按顺序发言时,发言者时常听不到前一个人发言的最后几句,这是因为他这时已转向注意自己将如何开始发言了。因此,我们说注意对记忆有重要影响。注意使编码有不同的加工水平,或采取不同的表现形式。例如对于一个汉字,可以注意它的字形结构,字的发音或字的含义,形成视觉代码、声音代码或语义代码。编码的强弱直接影响着记忆时间的长短。当然,也有另外一种情况,例如有人无意间目睹了一场车祸的发生,尽管他没有注意,那幅可怕的画面在记忆中也会长期保存而不能忘掉,即强烈的情绪体验会加强记忆效果。总之,如何对信息编码直接影响到记忆的储存和以后的提取,一般情况下,对信息采用多种方式编码会收到更好的记忆效果。

(二) 保持

保持(retention),也称储存,已经编码的信息必须在头脑中得到保存,在一定时间后才可能被提取出来再次活动,参与深度加工或付诸应用。但信息的保存并不都是自动的,除强度高、印象深刻的以外,大多数情况下,为了日后的应用,我们必须主动地想办法,努力将信息保存下来。即便如此,已经储存的信息还可能受到破坏,出现遗忘。心理学家研究记忆主要关心的就是影响记忆储存的因素,以便与遗忘作斗争。在下一节记忆的模型中,我们将对几个不同的储存系统做较详细的分析。

(三) 提取

保存在记忆中的信息,只有被提取出来加以应用,才是有意义的。提取(retrieval)实际上包括两种情况。也就是说,提取有两种不同的表现方式:回忆(recall)和再认(recognition)。例如,在实验中,主试呈现几个电话号码,让被试者根据自己的记忆进行复述,这就是回忆或重现。日常所说"记得"指的就是能够回忆或重现。如果给被试呈现的是一页包含着很多号码的电话簿,要求被试选出已经看过的电话号码,那就是再认。再认比回忆容易很多。日常测验中使用的题目类型不同,所考查的能力也不同。例如单词填空题就属于回忆性题目;提供几个备选答案的填空题考察的就是再认和理解,而且以理解为主,不能算记忆性题目。回忆由于线索较少,因此在各种记忆中是最困难的。再认容易,原因是原刺激又呈现在眼前,材料已经重现,有各种线索可以利用,需要的只是确定它的意义或和其他事物的关系等。当然,我们也有另外一种经验,即一些学习过的材料就是无法回忆甚至也不能再认出来。那么,这些东西是否已经在头脑里完全消失了呢?曾经记过的东西是否根本就不存在了呢?不是的。实际上,记忆痕迹并不会完全消失,用再学习(relearning)方法可以很好地证明这一点。再学习的方法很容易证明:让被试先后两次学习同一个材料,每次达到同样的熟练水平,再次学习所需要的练习次数或时间必定要少于初次学习,两次所用时间或次数之差就显示了保存的数量。例如,原来背诵用30遍完成,再学习时只用20遍就达到同样效果,那么节省的数量为(30-20)/30等于1/3。生活中我们也有类似的经验,例如,小时候曾经学过的某种外语,以后长期不用,好像忘得一干二净了;但如果重新学习,过去有过学习经验的人肯定比从未接触过该外语的人所需的时间少,也就是说旧的学习痕迹对新学习起到了一定的补充作用。

三、记忆的类型

依据记忆的内容,可以对记忆进行如下分类。

(一)陈述性记忆和程序性记忆

陈述性记忆(declarative memory)处理陈述性知识,即事实类信息,包括字词、定义、人名、时间、事件、概念和观念。陈述性记忆的内容可以用言语表达。程序性记忆(procedural memory)又称技能记忆。程序性知识,如怎样做事情或如何掌握技能,它通常包含一系列复杂的动作过程,既有多个动作间的序列联系,也包括在同一瞬间同时进行的动作间的横向联系,这两方面共同构成的复合体是无法用语言清楚表述的。例如骑车、画图、游泳和打网球等,都涉及一系列连续的动作,而这些过程中各个动作之间的协调配合我们往往是只能意会,不能言传。一个游泳高手,也不可能精确地描述出在某个时刻某个动作是怎样的。以同一件事情作分析,例如打篮球,我们所知道的规则和方法是储存在陈述性记忆中的,但某人所擅长的拦网和远投,这些运动技巧则储存在程序性记忆中。

(二)情景记忆和语义记忆

随着记忆研究的日益深入,到了20世纪80年代后期,托尔文又将陈述性记忆进一步区分为情景记忆和语义记忆。

情景记忆(episodic memory)是指对个人亲身经历过的,在一定时间和地点发生的事件或情景的记忆。例如世界杯期间看足球比赛的记忆就是情景记忆。我们每天都经历各种事件,有些具体场景我们能够清晰地回忆起来,而大多数的事件都如过眼烟云,没有什么印象了。

语义记忆(semantic memory)是对字词、概念、规律和公式等各种概括化知识的记忆,它与一般的特定事件没有什么联系。如"空气污染对生态环境有影响吗?"对这个问题的回答不需要以前任何关于空气污染和生态环境相联系的具体场景,它涉及的是意义。对信息的这种意义特征的记忆不依赖于接收信息时的具体时间和地点,而是以语义为参照。一般说来,人们在表达情景记忆时会说:"我记得在什么时候……"而在表达语义记忆时则会说:

"我知道某事……"情景记忆和语义记忆之间并没有严格的界限。我们日常所从事的大多数活动中上述记忆都要参加。在一场篮球比赛中,知道篮球比赛的规则或在什么情况下罚球两次涉及的是语义记忆;记得如何像迈克尔·乔丹那样在比赛的最后三秒钟投中两分需要的是情境记忆;而知道如何组织进攻、传球、上篮等则是程序性记忆。

第二节 记忆系统

为了解释记忆储存在持久性上的差别,心理学家们提出过各种模型。当前得到公认的是记忆的三存储模型(three-store model),该模型认为记忆加工有三个不同的阶段,它们分别是感觉记忆、短时记忆和长时记忆。三者的关系可以由图5-2表示。来自环境的信息首先到达感觉记忆(每种感官的感觉寄存器),如果这些信息被注意,它们则进入短时记忆。正是在短时记忆中,个体把这些信息加以改组和利用并作出反应。为了分析存入短时记忆的信息,个体会调出储存在长时记忆中的知识。同时,短时记忆中的信息如果需要保存,也可以经过复述存入长时记忆。在图5-2中,箭头表明信息流在三存储模型中的运行方向。

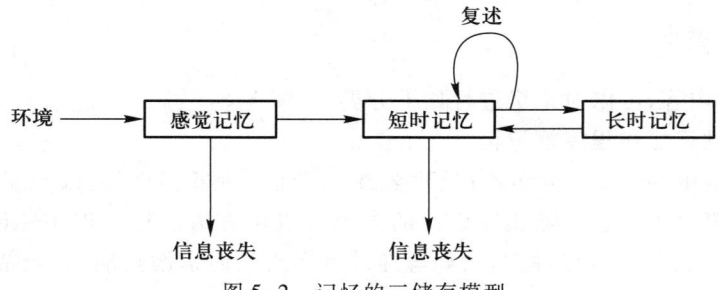

图5-2 记忆的三储存模型

一、感觉记忆

感觉记忆又称感觉寄存器(sensory register)或瞬时记忆,是感觉信息到达感官的第一次直接印象。感觉寄存器只能将来自各个感官的信息(如光、声、味等)保持几十到几百毫秒。在感觉寄存器中,信息可能受到注意,经过编码获得意义,继续进入下一阶段的加工活动。感觉寄存器中的信息一般保存时间很短,如果不被注意或编码,它们就会自动消退。感觉记忆在生活中的意义并不明显,最初未被注意,它的存在是在改进实验程序后,由客观实验结果来证明的。

各种感觉信息在感觉寄存器中以其特有的形式继续保存一段时间并起作用,这些存储形式就是视觉表象和声音表象,称视象(icon)和声象(echo)。它们虽然保存的时间极短,但在生活中也有自己的作用。例如,我们在看电影时,是视象帮助我们把相继出现的一组图片看成是一个平滑连续的画面;当观看体操表演时,虽然我们总不自主地眨眼,但视觉记忆使我们不会把完美的动作看成断断续续的画面。大多数视象持续的时间不会超过一秒钟,但在有些情况下,一些视象可以持续更长的时间。这取决于刺激的强度(如亮度)。视觉刺激的强度越大,视象消失得越慢。

声象记忆和视象记忆基本上具有相同的性质,只是声象在感觉寄存器中的持续时间较长,可达几秒钟。这使得我们能够有更多的时间加工语音信息,有助于我们达到对词义的加工。对视象和声象的研究结果都表明,视象和声象是物理刺激的忠实复制品,是感觉器官提供的信息的有效拷贝。如果不做进一步的加工,视象记忆、声象记忆以及其他的感觉记忆都将很快消失。选择性注意控制着什么信息将得到进一步的加工,将心理资源集中于刺激域中的一部分,并传递到短时记忆。

二、短时记忆

短时记忆(short-term memory,STM)也称工作记忆(working memory),是信息加工系统的核心。在感觉记忆中经过编码的信息,进入短时记忆后经过进一步的加工,再从这里进入可以长久保存的长时记忆。信息在短时记忆中一般只保持20~30秒,但如果加以复述,便可以继续保存。例如,告诉某人一个电话号码,他可以直接去拨号,但打过以后,再问他该号码,他又不记得了;不过如果在听过以后,如果他自己默念两遍便可以记忆较长的时间。这说明整个号码在他的记忆中曾短暂地保存,复述(rehearsal)保证了短时记忆的延缓消失。短时记忆中储存的是正在使用的信息,在心理活动中具有十分重要的作用。首先,短时记忆的特点——短暂停留,使前后进入的多个来自感觉的信息能够整合构成完整的信息。例如我们听到的不是一个个的单音,而是一句话;阅读的也不是许许多多的点和线,而是整个的字词和句子。其次,短时记忆扮演着意识中心的角色,它是当时心理活动的核心部位,意识的工作在这里实现。新进入的信息与提取出来的原有知识经验在这里一起被加工,使我们获得新知识,掌握新经验。这正是短时记忆又获得工作记忆名称的主要原因,它使人知道自己正在接收着什么和正在做什么。再次,短时记忆在思考和解决问题时起着暂时寄存器的作用。例如我们可以毫不费力地算出:$(8\times3)-(5\times4)=?$ 这道题包含着好几步运算,如果没有短时记忆在每做下一步之前能暂时寄存着上一步的运算结果,就无法得出 $24-20=4$ 的答案。最后,短时记忆保存着我们活动的策略和意愿。这一切使得我们能够采取各种复杂的行为直至达到最终的目标。一旦缺乏这种短时的储存系统,人的心理能力将受到极大的破坏。正因为发现了短时记忆的这些重要功能,当前大多数的记忆研究中,在三存储模型中,工作记忆受到了特别的关注。

(一) 编码的形式

短时记忆中的信息主要以语音代码的形式储存。康拉德(R. Conrad,1964)的经典性实验研究是最好的证明。他选用 B、C、P、T、V、F、M、N、S、X 10个字母为材料,从中随机取出6个组成字母序列,用视觉方式一个个地呈现给被试,要求他们记住。然后让被试严格地按字母呈现的顺序进行回忆,并对回忆中出现的差错进行分析。结果表明,回忆时出现的错误主要表现为声音混淆。即发音近似的字母混淆程度较高,如将 B 误为 P,将 V 误为 B,而发音不相似的字母之间则较少发生混淆。这一结果表明,即使刺激以无声的视觉形式呈现,短时记忆的信息代码仍然具有听觉的性质。人们看到的视觉形象必须转换成声音代码,才能在记忆中更好地保存下来。在日常生活中,当我们打字时,常把一些字错打成与之发音相近的字,这种错误与短时记忆的语音代码特点密切相关。

除了语音代码以外,人们在短时记忆中也有视觉代码和语义代码。但一般说来,在短时记忆中,听觉编码占主导地位,尤其是对言语信息来说更是如此。

(二) 存储的容量

短时记忆的一个重要性质是它的容量有限。在任何时候,我们只能在头脑中保持并使用少量的信息。乔治·米勒(G. Miller,1956)在《神秘的七加减二:我们加工信息能力的某些限制》的著名报告中,总结了用实物、无意义音节、数字、单词、字母等一系列实验材料所做的大量实验,实验结果相当一致地表明:短时记忆的容量有一定的限度,其平均数量为7。

如果短时记忆的容量为7,那么它的单位是什么呢?很显然,7个数字和7个文字所包含的内容是不同的,后者要比前者大得多。的确,在短时记忆中,信息的单位不是物理单位,如字母、音节、单词的数目等,而是具有某种意义的刺激组合,在心理学上称为组块(chunk)。组块是指人们最熟悉的认知单元,是人们通过对刺激的不断编码所形成的稳定的心理组合。对一个人来讲,不同长度的材料,组块数可能相同;而相同材料对不同的人,所构成的组块数也可能差异很大,这取决于人们对材料的熟悉度。例如,对我们来说,"Psychology"和"心理学"各是一个组块,而对于不识英文或不识中文的人而言,它们就成为10个或3个组块了。组块的概念使我们认识到,尽管短时记忆的容量有限,只是7加减2个组块,但是组块的大小是可变的,学会将更多的项目组成一个有意义的组块,可以大幅度地提高记忆广度。

(三) 存储的持久性

在短时记忆中,信息的保持时间是有限的。如果它们得不到复述,就会很快消失掉。彼得森和彼得森(L. R. Peterson & M. J. Peterson,1959)的精巧实验可以说明这一点。

在彼得森等人的实验中,被试的任务是记住三个辅音字母组成的无意义音节,18秒钟后再进行回忆。在正常情况下,被试正确完成这个任务是轻而易举的事。然而,在刺激呈现以后,立即呈现一个三位数的数字,要求被试以这个数字为起点,进行连续减3的倒数数,持续18秒。这时再让被试回忆字母,成绩不足20%,即回忆的平均数还达不到一个字母。是倒数数的任务阻止了被试对识记材料的复述。图5-3是一个类似实验的结果,它显示了0至18秒各种保持间距的回忆成绩。我们看到随着间隔时间的延长,回忆成绩迅速地下降。这说明,如果得不到复述,那么,信息即使进入了短时记忆也会迅速地消退。

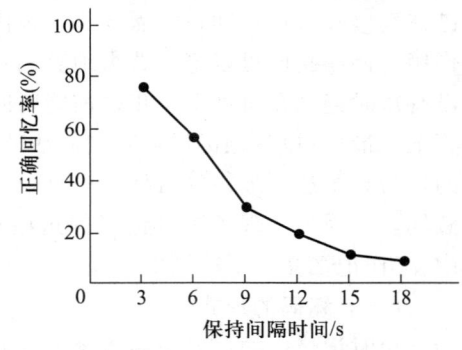

图5-3 短时记忆的迅速消退

复述(rehearsal)是使信息保存的必要条件,对信息的短时保持乃至长时储存都具有十分重要的作用。复述分两种:保持性复述(maintenance rehearsal)和精细复述(elaborative rehearsal)。保持性复述是指一遍遍地重复识记材料,例如,在打电话时,查到一个电话号码以后先默念几遍,就可以将信息在短时记忆中保持一段时间,使之处于活动状态。但这不一定意味着能够将信息编入长时记忆永久保存。精细复述是指将识记的材料与长时记忆中储存的信息建立起联系。假若要记某个电话号码时,稍加思考,将它与已有的某些知识,如重大历史事件的时间、亲人的生日、或某项运动记录等数字建立起联系,便可以长期保存,到需要时比较容易地回忆起来。如要记住的电话号码为"67011997",只要记住香港回归,就可以记住这个电话号码。再如,很多人设定密码时总用自己的重要纪念日或纪念日的某种变式。

三、长时记忆

长时记忆(long-term memory,LTM)是信息经过充分的加工以后,在头脑中保持很长时间的记忆。长时记忆就像是一个巨大的图书馆,它保存着我们将来可以运用的各种事实、表象和知识。例如,我们历年来积累的抽象知识和生活中的各种遭遇、经验都储存在长时记忆中。长时记忆的容量是个天文数字,几乎是无限的。在长时记忆中,信息可能保存至永远。在一般人的心目中,通常所谓的记忆不是指短时记忆,而是长时记忆,即将信息保持几个小时或几十年的记忆。短时记忆问题只是在 20 世纪 60 年代以后人们才广泛研究。自德国心理学家艾宾浩斯(Ebbinghaus,1885)首先系统地研究记忆以来,长时记忆一直是心理学家关注的焦点。

(一) 编码形式

我们知道,一切信息都是通过短时记忆转换到长时记忆中去的。为了将信息转入长时记忆,一条重要而有效的途径是进行精细的复述,也就是将当前的信息和已有的知识联系起来,赋予它一定的意义,并对信息进行组织。事实上,有的信息似乎不需要意识努力,自动编码进入了长时记忆。

1. 语义代码

将信息成功地编码进入长时记忆是相对深度水平加工的结果。为了做到深度加工,人们往往忽略了刺激的物理特征或其他细节,集中在信息的意义方面。因此,在短时记忆中主要涉及的是听觉代码,而在长时记忆中主要涉及的是语义代码。或者说,在长时记忆中,人们更多地对一般意义或一般的观念编码,而不是去记事物的特定细节。

在长时记忆中,语义代码占主导地位可由下述的经典研究加以说明。在研究中,将 24 对联系紧密的单词(如桌子—椅子,粉笔—黑板等)打乱次序后组成一个 48 个单词的词表。呈现后让被试自由地回忆这些单词。虽然再呈现时这些单词是杂乱无章的,但是回忆时,人们还是把联系紧密的词汇放在一起回忆。即使在呈现时把"桌子"和"椅子"用 17 个其他单词分割开,回忆时还是将它们放在了一起。而且,词表中各对单词之间的联系越紧密,准确再现的比例越高。因此可以证明,被试在刺激呈现时就已经根据刺激之间的语义联系将它们组织在一起了。

2. 视觉代码

尽管长时记忆一般涉及语义代码,但人们也将视觉表象(image)编入长时记忆。例如,人们能够较容易地记住图画,一个原因是由于图画具有许多明显的特征,容易吸引人们的注意,进而被接收和编码。另一个原因是,人们对这些刺激同时使用了视觉和语义两种代码进行编码,利用两种代码表征比仅仅使用一种代码在提取时,可利用的线索多,所以记忆效果更好。事实上,在日常活动中,我们通常是同时使用两种或多种方式对事件进行编码的。例如,我们回忆偶然看到的一场车祸时,出现在我们脑海中的不仅有事实的经过,而且还伴随着那一幕悲惨的画面。有些人具有很强的遗觉象(eidetic imagery),或称照片式记忆(photographic memory)。他们对所看到的一切几乎都能形成自动的、长时的、详细而鲜明的表象。大约 5% 的学龄儿童具有遗觉象,而在成人中几乎没有人具有这种记忆。这种储存详细图像的能力为什么随着年龄的增长而消失,至今还是个谜。

(二) 长时记忆的存储模型

长时记忆的容量大,保持的时间长,一般被认为是无限的。每个人都能够清楚地记得自己童年时生活的地方,不论在外地工作多少年,回到家乡都能清晰地回忆起当年的情景,指出什么地方发生了变化。有的人甚至在几十年不用外语的情况下,仍然保持着丰富的外语词汇。然而,记忆并不是对信息的被动接收与保存,从某种程度上说,它的储存是一个对信息的建构过程。

试设想如果学校的图书馆里不将各种书籍编目整理和上架,为了写论文需要找一本写作指导的书做参考时,将会遇到什么样的困难。组织工作对长时记忆非常重要,如果毫无组织,大量信息是无用的。然而,长时记忆中的大量信息又不像一个非常规范、整齐的图书馆,它的特点是有一个各种关系混合的大杂烩式的框架。以下几个举例可能有助于我们对它的理解。

表 5-1 记忆实验用词表

斑马	菊花	土豆	野猪	狐狸	玫瑰	书架	骆驼	铅笔	白菜
冬瓜	老虎	香菜	墨水	日历	山羊	丁香	茶花	海豚	牡丹
橡皮	书包	洋葱	大象	腊梅	番茄	水牛	老鼠	茉莉	豌豆

首先,请试着记一下表 5-1 中的 30 个单词,过一段时间回忆时,就会发现长时记忆中的组织工作,即这些单词已被归入四个类别之中:动物、蔬菜、文具和花。归类表现为对于相关或相似的项目,无论在有序还是无序的条件下呈现,都是按一定的类别组织起来记忆的。其次,当各种信息在概念上有一定层次的逻辑关系时,在记忆中它们会被按照其共同特性构成一个多层次的概念体系,如图 5-4 所示。研究证明,这种有层次的组织结构可以有力地提高记忆效果。但是,并非所有的信息都能很好地组织在一个层次化的系统框架里,有些知识被组织在体系不大清晰的框架中,称为语义网络(semantic network),它包含了表征各种概念的节点和彼此相联系的连线,连线的长短代表着联系的密切程度(如图 5-5)。依据语义网络,当人想到一个单词的时候,很容易地会想起来与之有联系的其他各词,这个过程在理论上叫做扩散激活(spreading activation)。

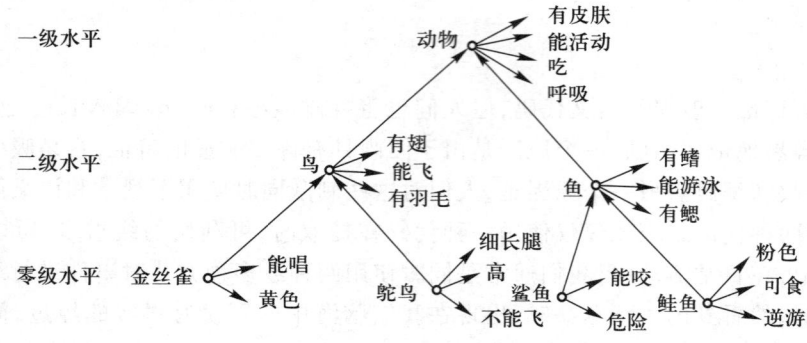

图 5-4 长时记忆中概念的层次化组织

通过上述几种组织方式,人的各种知识经验就在长时记忆中,构成了一个比较稳定的网络,在心理学中称为图式(schema)。图式是一种心理网络结构,它表示的不是许许多多的

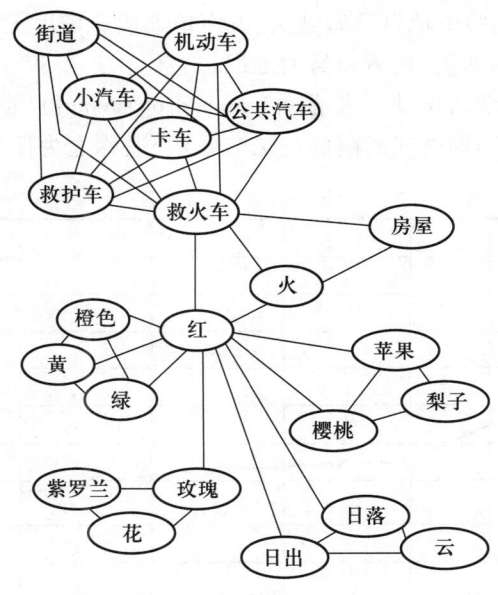

图 5-5 语义网络示例

具体事物,而是各种知识要素的相互联系和相互作用。由于每个人的知识经验不同,头脑中所具有的图式也各不相同。图式对记忆有重要影响,一方面,图式中的一般性知识为编码新信息提供了基础,有助于接受新事物并使之具有个人特点;另一方面,图式中的一般性知识极大地影响着信息的回忆效果。它使长时记忆中的信息得到激活后,往往不是直接地、简单地被向外提取出来,而是依据当前的需要,经过推理组合进行建构,使最终提取出来的是经过自己已有的图式改造过的信息。例如,人们根据自己的经验、知识、兴趣、观点重新组织学习的材料,对自认为无关紧要的细节进行删除,夸大感兴趣的内容,将自己不熟悉的事物代之以熟悉的事物,等等。总而言之,人们都是利用自己现有的知识组织新的信息,并将新的信息和原有的图式结合起来,不断地建构和发展着头脑中庞大而有序的记忆系统。

第三节　遗　忘

尽管长时记忆具有极大的容量,并且保存着接近天文数字的信息,但人们仍然不断地为遗忘而苦恼。如果让我们回想一下中学的学习历程,能回忆起什么呢? 在中学期间,我们学了许许多多的知识,也经历了各种各样的事情。有些事情能终生不忘,然而大多数的事情却已记不清了,这就是遗忘。下面我们讨论一下遗忘的性质及其原因。

一、遗忘的进程与遗忘曲线

德国心理学家艾宾浩斯(Ebbinghaus,1885)首先系统地对长时记忆和遗忘进行了研究。他的目标是研究"纯"记忆,既不受个人情绪反应的污染,也不受其他一切以前学过的保存在长时记忆中的知识干扰的记忆。为了消除新学习的材料与记忆中的知识的可能联系,他创造了无意义音节(nonsense syllable),即一种由两个辅音和一个元音组成的字母串,如

POF,XEM 和 QAZ 等。实验中他自己做被试,大声地朗读一串串无意义音节,并且用节拍器有规律的节奏控制朗读的速度,然后再努力地回忆它们。

为了测量遗忘,艾宾浩斯设计了节省法(method of savings),也就是再学习法。根据这种方法,艾宾浩斯绘制了不同时间间隔的记忆节省图,通称之为保持曲线或遗忘曲线(见图5-6)。

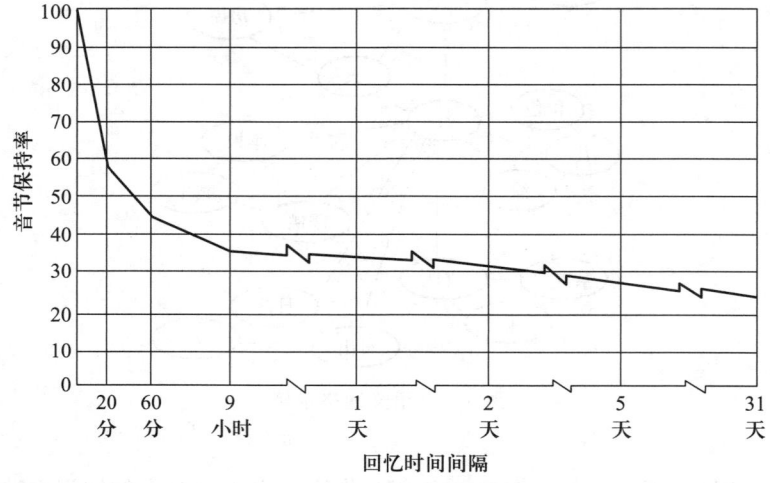

图 5-6　艾宾浩斯遗忘曲线图

从艾宾浩斯的遗忘曲线中可以看到,节省量随着初学与再学时间间隔的加长而减少,即遗忘的数量逐渐增多。一个明显的结果是,遗忘的过程是不均衡的:在第一个小时内,保存在长时记忆中的信息迅速减少,然后,遗忘的速度逐渐变慢。在艾宾浩斯的研究中,甚至在距初学 31 天以后,仍然存在着某种程度的节省,对所记的信息仍然有所保存。尽管目前来看,艾宾浩斯的开创性研究存在着一些缺陷,但它引发了两个重要的发现。一个是描述遗忘进程的遗忘曲线。心理学家后来用单词、句子、甚至故事等各种材料代替无意义音节进行了研究,结果发现,尽管人们更容易记住有意义的字词,但不管要记的材料是什么内容,遗忘曲线的发展趋势都与艾宾浩斯的研究结果相同。艾宾浩斯的第二个重要发现是,他揭示了在长时记忆中的信息能够持续保存多长时间。通过研究发现在长时记忆中,信息可以保留数十年。因此,儿童时期学过的东西,即使多年没有使用,一旦有机会重新学习,都会较快地恢复到原有水平。如果不再使用,可能被认为是完全忘记,但事实上遗忘绝不是完全彻底的。

二、遗忘的原因及其影响因素

对遗忘的原因一般有两种解释:消退(decay)和干扰(interference)。消退理论认为,遗忘是记忆痕迹得不到强化而逐渐减弱以致最后消退的结果。干扰理论认为,长时记忆中信息的遗忘主要是因为在学习和回忆时受到了其他刺激的干扰。一旦干扰被解除,记忆就可以恢复。干扰又可分前摄干扰与倒摄干扰两种。前摄干扰指已学过的旧信息对学习新信息的抑制作用,倒摄干扰指学习新信息对已有旧信息回忆的抑制作用。一系列研究表明,在长时记忆里,信息的遗忘尽管有自然消退的因素,但主要是由信息间的相互干扰造成的。一般说来,先后学习的两种材料越相近,干扰作用越大。对于不同内容的学习如何进行合理安排,以减少彼此干扰,在巩固学习效果方面是值得考虑的。

长时记忆中的信息遗忘主要是由干扰造成的。那么,干扰又是如何导致遗忘产生的呢?许多研究已经证明,几乎所有长时记忆的遗忘都可归因于某种形式的提取失败。信息间在记忆中的联系依然存在,被干扰所破坏的仅仅是提取信息的能力。

在平常进行阅读时,信息的提取非常迅速,几乎是自动化过程。但有些时候,信息的提取需要借助于特殊的提取线索(retrieval cues)。提取线索使我们能够回忆起已经忘记的事情,或再认出储存在记忆中的东西。我们都知道,当回忆不起来一件事情时,应该从多方面去寻找线索。哪一种线索最有利于提取呢?一个线索对提取的有效性主要依赖于以下条件。

(一) 与编码信息联系的紧密程度

在长时记忆中,信息经常是以语义方式组织的,因此与信息意义紧密联系的线索,往往更有利于信息的提取。例如,我们都有这种经历,当故地重游时会想起许多往事,甚至触景生情。我们之所以浮想联翩,往日情形依稀可辨,是因为故地的一草一木都紧密地与往事联系在一起,它们激发了昔日的回忆。然而在另一个时间和地点,即使看到同样的草木,也会视而不见,没有什么联想出现。又如,当突然遇到一位老同学而想不起他的名字时,我们常常会有意识地去想他曾与谁最要好,或与谁坐同桌等,即努力地寻找有关线索。

(二) 情境和状态的依存性

一般来说,当努力回忆在某一环境下学习的内容时,人们往往能够回忆出更多的东西。因为事实上,我们在学习时不仅将要记的东西予以编码,也会将许多发生在同时的环境特征编入长时记忆。这些环境特征在以后的回忆中就成为有效的提取线索。环境上的相似性有助于或有碍于记忆的现象叫情境依存性记忆。一项研究表明,让学生在一个房间里学习,并在同一个房间测试,其记忆效果比在别的房间接受测试要好。尽管情境依存性效应并不总是很强,但对某些学生来说,在考试的教室里复习多少会对成绩有所帮助。

同外部环境一样,学习时的内在心理状态也会被编入长时记忆,作为一种提取线索,叫状态依存性记忆。例如,如果一个人在饮酒的情况下学习新的材料,而且测试也在饮酒的条件下进行,回忆结果一般会更好些。在心情好的情况下,人们往往回忆出更多美好的往事;而当人们心绪不佳时,往往更多地记起倒霉事。这种由心境引起的记忆差别在人们试图回忆对自己有意义的情节时往往非常明显。因为人们总是将往事赋予一定的个人情绪色彩。人们对初恋时的第一次约会往往记忆犹新,恍如发生在昨日。对在什么地点、什么时间,甚至说了哪些话都没齿不忘。

(三) 情绪的作用

个人情绪状态和学习内容的匹配程度也影响记忆。例如,在一项研究中,让一组被试阅读一篇包含各种令人高兴和令人悲伤事件的故事,然后在不同条件下让他们回忆。结果显示当人感到高兴时,回忆出来的更多的是故事中的快乐情境,而在悲哀时则反之。已有研究表明,心境一致性效应既存在于对信息的编码中,也包含在对信息的提取里。一般来说,人们常会因故事中主人翁的悲哀而悲哀,因主人翁的死里逃生而激动不已,情绪上的共鸣促进了与情绪有关的信息的加工。

情绪对记忆的影响强度取决于情绪类型、强度和要记的信息内容。一般来说,积极情绪比消极情绪更有利于记忆;强烈的情绪体验能导致异常生动详细、栩栩如生的持久性记忆;

此外,当要记的材料与长时记忆中保持的信息没有多少联系时,情绪对记忆的作用最大。这可能是由于在这种情况下,情绪是唯一可资利用的提取线索。

三、有意遗忘

人们大多愿意沉浸在美好的回忆中是为了使自己感觉更好。同时,人们也能为了减轻不安,有意识地逼迫自己不去回忆那些引起痛苦体验的事件,或者以某种方式有意地歪曲它们,使之不再出现,这种有意识地不使某些信息再现的记忆效应,称为有意遗忘(motivated forgetting)。有意遗忘的作用与人们通常有意识地将注意力从令人不快的情境中转开,对不愿看到的场景不予编码一样,属于人们保护自己不受伤害的心理防卫机制。例如人们在看恐怖电影时,常常在血腥场面出现前闭上眼睛,甚至捂上耳朵。这是因为我们都知道,印象深刻的事件,不论是高兴或美好的,还是悲惨或恐怖的,都会留下很深的记忆痕迹,日后很容易通过联想,不由自主地再次出现。为了避免以后再次忆起,不如干脆不记。这也是人对外界的认知,不是完全被动、受环境刺激决定的,人的心理反应具有主动性的一种表现。

四、提高记忆能力的方法

记忆与遗忘都有一定的规律可循,如果掌握了记忆的规律,学会组织信息的策略和方法,通过不断练习和实践,每个人都能使记忆能力有所提高。记忆术(mnemonics)是有效提高记忆中编码和提取能力的特殊技术,下面介绍几种比较通用的记忆术。

(一)地点法

地点法(method of loci)又称位置法,是一种传统的记忆术。地点法的原理是将一组熟悉的地点与要记的东西之间建立起联系,主要利用视觉表象,以地点位置作为以后的提取线索。采用什么地点是任意确定的,因人而异。但所选定的位置必须是个人熟悉的场所。例如,在校园中,有一条由书店到图书馆的路线某人非常熟悉,他就可以利用它来识记一系列东西。方法只是在想象中沿着这条路线走,把所要识记的每一件东西和这条路线上的一个确定位置联系起来,建立生动的表象。如要记六种食品的名字:牛奶、鸡蛋、面包、番茄、香蕉和茶叶,首先要将牛奶和书店联想在一起,可以想象书店门前人很多,挤倒了送牛奶的车,撒了满地的牛奶;第二个位置是招待所,可以想象招待所门口有人在卖鸡蛋。然后到了小吃部,可以想象那里摆着各式各样的面包特别诱人。然后,又到了交叉路口,要把番茄和这里联系在一起,就可以想象有一辆运菜的车在这里翻倒了,到处滚着西红柿。然后又到了主楼门前,看见树上挂满香蕉;最后来到图书馆,发现进门处新添了一个茶座,很多同学在那里兴高采烈地招呼某人喝茶。要回忆这个食品单时,我们所需要做的只是在想象中走一遍这条路线,把与路线上各个位置的联想恢复起来就行。一般来说,在将地点与要记的东西联系起来时,想象越夸张,越离奇,形象越鲜明,回忆的效果越好。

(二)韵律法

对一些纯语言的材料,最明显有效的记忆方法是靠韵律(rhythm)去记忆内容,也称口诀法。无论是在民间文艺或在教学工作中,也无论是在语文课还是在数学课上,考虑到内容表述的韵律,有意地使用押韵方法,制成口诀,都能有效地提高记忆效果,因此被广泛应用。例如,很多武侠小说迷都很熟悉下述对联:"飞雪连天射白鹿,笑书神侠倚碧鸳"。它包含着金庸的十四部武侠小说的名称。当然,在不同的课程中,都可以找出很多类似的口诀和韵语。

在教学过程中,有意识地利用口诀和押韵,不仅可以提高教学效果,还能增强学生兴趣、活跃课堂气氛。

(三) 记笔记

记笔记是学生最为常用的记忆术,可是,我们都会记笔记吗? 就记笔记而言,重要的是要认识到并非记得越多越好。不管是重要的还是不重要的,将讲演者所讲的内容都记下来的做法往往是不明智的。因为这样,不仅要求注意力高度集中,而且很少能留出时间对所讲的内容进行思考。事实上,在记笔记时,思考远比书写更为重要。思考为我们提供了安排事实的框架。这也是为什么借看别人的笔记不如看自己的笔记效果好的原因。因此,用相对精练的字句记下主要的观点往往比记录每一个细节对学习更有帮助。总之,记笔记的最好方法是对所听到的内容进行思考,找出各种材料间的关联,清晰准确地总结主要的观点和例证。

第四节 学 习

人与一些弱小的动物不一样,如小鱼从来就没有一定的生存计划,只是按照固定模式维持生存直至死亡。人在出生时并没有带来一个完整的生存计划,一生中所做的大多数事情都是从经验中学来的。虽然人类为了获得生活的方向需要不断地竞争,自古以来就学习如何建草棚、房屋、车辆、船只,如何捕鱼、狩猎以适应环境,然而学习给了人类很大的灵活性。任何人都是自幼从事各种学习活动才能独立生活,成家立业的。自然给予我们的最大礼物可能就是我们的适应性(adaptability)——即我们能够学习新的行为去对付不断变化的环境。

提到学习,人们首先想到的都是学生学习知识或新工人掌握技能,如学习外语、打字、游泳、驾车等。虽然这些活动都包含着学习,但从心理学的角度看来,它们所表示的只是学习活动中的最典型事例。学习是一种极其普遍而又重要的现象。广义地讲,学习是由经验产生,在行为或知识方面得到的一种相对稳定的改变。它既包括知识和技能的获得,也包括各种行为习惯、态度、人格特质的形成;学习所产生的结果既可以是积极、良好的,也可以是消极、不良的,如懒散、害羞、任性等。

一、学习的定义

学习(learning)是一种极其普遍而又重要的现象,一直是研究者们关注的核心。但学习是行为产生较为持久改变的过程。虽然有时暂时的行为改变,也与经验有关,但不能视之为学习。如因工作时间太长而疲劳,或因疲劳而使工作效率降低,都是暂时性改变,引起的原因消失后,行为的改变也就不复存在。总之,学习包含三个重要特点:由经验而产生;学到了知识或行为改变;学习过程是认知或行为改变的过程。

19世纪,心理学成为一门独立的学科后,有关学习的研究日趋系统与丰富,出现了诸多学习理论,这些理论各自从不同的角度论述学习问题。如行为主义心理学的学习理论着重强调学习是一个行为改变的过程,是建立某种刺激与反应之间联结的过程。认知心理学派的学习理论强调学习即个体头脑内部认知结构的形成与改变的过程。近代的社会学习理论则注重观察学习,强调通过观察、模仿他人而间接地进行学习。此外还有人本主义的学习理论认为,学习是个体潜能的自我实现的过程。总之,学习现象是纷繁多样的,因此出现有多种学习定义也不奇怪,我们认为,对学习进行界定时,应注意把握下面两点。

学习首先是一种适应活动。个体要生存,必须适应环境的变化,与环境保持动态平衡。适应有生理与心理两种,生理适应是在环境变化的作用下,个体生理结构与机能改变引起其行为表现的变化。心理适应是在环境变化的影响下,个体心理结构与功能改变,同样也会引起行为的变化。学习属于心理适应范畴,早期的研究强调学习是在刺激物与行为活动之间建立联系,是在动物身上进行实验研究的结果,当考虑人在学习中与环境的相互作用时,就不得不承认认知是学习得以发生的客观基础了。

学习是通过相应的行为变化得以体现的,而且这种变化是相对持久的。个体之所以能适应环境,是因为在与环境相互作用的基础上,获得了有关经验,建立了一定的心理结构,并以此作为行为的调节机制。虽然这种结构是内部的,难以直接观察,但由于它是外在行为的内部调节机制,因而其形成、发展状况可以依据个体的外在行为变化来加以推断。很多因素,如生理成熟、疲劳、药物等均可引起行为的变化,但学习引起的行为变化相对而言比较持久,并且变化速度与生理成熟相比也更快些。

因此,我们可以将学习定义为:通过主客观的相互作用,在主体头脑内部积累经验、构建心理结构以积极适应环境的过程,它可以通过行为或者行为潜能的持久变化而有所表现。

二、对学习理论的不同理解

(一) 联想学习理论

联想学习理论是从哲学中的联想主义演变而来的。然而在联想主义中,所谓的联想是指两个观念间的联想,而现代心理学中所谓的联想,是指环境中影响个体的刺激与个体对该刺激所作反应二者之间的联想。因此,心理学上所说的联想学习认为,学习过程是由于在刺激与反应之间构成联想而产生的,这是行为主义心理学对学习所持有的中心理念。

经典性条件作用与操作性条件作用就是联想学习的主要研究方法。

19世纪末期俄国生理学家巴甫洛夫(Pavlov)在用狗做实验时发现,通过多次喂食以后,狗再次看到食物时,还没有吃它就开始分泌唾液了。说明在它的头脑中,原来与分泌唾液无关的刺激与唾液反应间建立了联系,所以发生反应。这种条件性反应或称条件作用(conditioned reflex),可用以解释行为主义所说的联想学习。

新行为主义的代表人物斯金纳(Skinner)进一步用其他动物如鸽子等做实验,发现动物见到食物后,会发出各种自发性的操作反应,只有其中一种受到强化,于是那种反应就与刺激物建立起联系,多次进行,巩固下来这个联系就保证了所谓的联想学习。这种条件作用是在操作中形成,就称为操作性条件作用。操作性条件作用的解释对于人类的一些行为也是适用的。

(二) 认知学习理论

认知心理学家强调以动物实验为基础建构的联想学习理论,不足以解释人类的复杂学习行为,因为人在对某种外在刺激进行反应时,他本身的内在心理活动起重要作用。人在接受外界刺激之后,是先对该刺激情境产生一定的认知,然后才做出适当的各种不同反应活动的。总之,认知学习理论并不否定刺激与反应间建立联想会产生学习,但是强调指出,刺激与反应之间能否构成联想或构成哪种联想,必须考虑发生在它们之间的脑内所发生的认知作用。

三、学习过程的一般模式

人类、动物以及一些高科技含量的机器(计算机等)都可以进行不同程度、不同形式的学习。学习是一种普遍存在的现象,那么,学习过程和模式是怎样的呢?这个问题随着近代科学的发展得到了系统的回答。研究手段的更新及相关学科的影响使得对学习的内部、微观过程的探讨受到重视,尤其是信息理论、计算机科学等研究的进展,为探讨学习的内在机制提供了有利条件。美国心理学家梅耶(R. E. Mayer,1987)在整合有关理论及学习过程模式的基础上,提出了一种简化的学习过程模式,如图5-7所示。

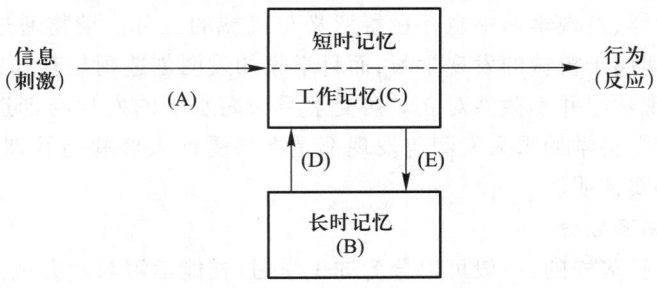

(A:注意 B:原有意识 C:新知识的内部联系
D:新旧知识之间的联系 E:新知识进入长时记忆)

图5-7 学习过程模式图
(资料来源:R. E. Mayer,《教育心理学—认知取向》,林清山译,台北:
远流出版事业公司,1991:134。)

根据梅耶的学习过程模式图,学习者在外界刺激的作用下,首先产生注意(A),通过注意来选择与当前的学习任务有关的信息,忽视其他无关刺激,同时激活长时记忆中的相关的原有知识(B)。新输入的信息进入工作记忆后,学习者找出新信息中所包含的各种内在联系(C),并与激活的原有的信息相联系(D)。最后,被理解了的新知识进入长时记忆中储存起来(E)。在特定的条件下,学习者激活、提取有关信息,通过外在的反应作用于环境。简言之,新信息被学习者注意后,进入短时记忆,同时激活的长时记忆中的相关信息也进入短时记忆。新旧信息相互作用,产生新的意义并储存于长时记忆系统,或者产生外在的反应。

四、学习的分类

学习现象是非常复杂的,又涉及不同的学习对象、内容、形式、水平等,因而有不同类型的学习。了解学习类型,有助于采取相应的措施来促进各种学习。下面仅列举几种较有代表性的学习类型。

(一)依学习方式划分

依据学习方式的不同可以将学习分为接受学习与发现学习,意义学习与机械学习。

(1)接受学习(receptive learning)——将别人的经验变成自己的经验,所学习的内容是以某种定论或确定的形式通过传授者传授的,无需自己去独立发现。学习者将传授者呈现的材料加以内化和组织,以便在必要的时候再现或加以利用。

（2）发现学习(discovery learning)——在缺乏经验传授的条件下,个体自己去独立发现、创造经验的过程。

（3）意义学习(meaningful learning)——学习者利用原有经验进行新的学习,理解新的信息。

（4）机械学习(rote learning)——在缺乏某种先前经验的情况下,靠死记硬背进行学习。

在上述分类中有两点需要明确。首先,接受学习既可以是机械的,也可以是有意义的。在理解的基础上的接受就是有意义的,反之是机械的。因此,不应将接受学习与被动的机械学习等同起来。同样,发现学习中也存在着意义与机械的区分。动物通过盲目的尝试与错误获得某种经验,即属于机械的发现学习,而科学家的发明创造则是有意义的发现学习。其次,接受学习与发现学习并不截然对立。接受学习为高水平的发现与创造提供必要的知识和技能准备。历史上科学的重大发明与发现都是在接受前人经验与教训的基础上产生的,就是一个有力的事实证明。

（二）依学习内容划分

学习内容是多种多样的,一般可以分为知识学习、技能学习与社会规范的学习三大类。

1. 知识学习

知识是客观事物的特征与联系在人脑中的主观表征,可以表现为概念、命题、图式等不同形式,分别标志着对事物反映的不同广度与深度。知识的学习即通过一系列的心智活动,在头脑中建立起相应的认知结构。知识的学习要解决的是认识问题,即知与不知、知之深浅的问题。

2. 技能学习

指通过学习而形成合乎法则的活动方式,有心智技能与操作技能两种。心智技能指内在的心智活动方式,如各种学习策略、解题思路等。操作技能指外在的操作活动方式,如各种体育运动技能。技能的学习比知识的学习更为复杂,它不仅包括认识问题,还包括实际执行问题。不仅要知道做什么、怎么做,同时还要能够实际做出动作。技能学习最终要解决的是会不会做的问题。

3. 社会规范的学习

即把外在的行为要求转化为主体内在的行为需要的内化过程。这种学习既包含对社会规范的认识问题,又包含执行及情感体验等问题,因此比知识、技能的学习更为复杂,是人类所独有,并且在生活实践中不断发展的。

五、学习的策略与方法

"工欲善其事,必先利其器"。学生如果能够掌握必要的学习策略,可以少走弯路,提高学习效率。尤其是在当前信息时代,拥有学习策略就如同拥有一把开启知识大门的金钥匙。本节仅列举几种常用而有效的学习策略。

（一）复习策略

复习策略解决如何对所学内容进行适当的重复学习,主要用于信息的长时记忆与保持。根据遗忘发生的规律,可以采取适当的复习策略来克服遗忘,即在遗忘尚未发生之前,通过复习来避免遗忘。

1. 复习的时间

应该注意及时复习和系统复习。及时复习可以较大限度地控制遗忘,但它也不是一劳永逸的,要想长期保持所学到的内容,还必须进行系统的不断的复习。根据有关研究,要有效复习最好作如下时间安排。

第一次复习:学习结束后的 5～10 分钟,比如下课后将要点加以背诵;或者阅读后尽快用自己的语言来表述所学的内容。

第二次复习:学习当天的晚些时候或学习结束后的第二天。重读有关内容,将要点以自己的语言描述出来。

第三次复习:一星期后。

第四次复习:一个月后。

第五次复习:半年后。

在每次复习时,究竟用多长时间是最有效的呢?是否复习时间越长,记忆效果越好呢?对人类记忆的研究发现,人们对事件的开始和结尾具有较强的记忆,而对中间的记忆较差。比如,若连续复习 3 个小时,那么只有一次开始和结尾,可能产生两头记忆效果好而中间记忆效果差的现象。为解决这一问题,可以将连续的集中复习时间加以分散,分成几个小的单元时间,中间穿插短暂的休息。这样就能够增加开始和结尾的数量,进而提高记忆效果。至于每一单元的复习时间,可根据学习材料的趣味性与难易程度而定。

2. 复习的次数

学习完某一新内容后,复习多少次最有利于记忆?这涉及过度学习的问题。所谓过度学习,即在恰能背诵某一材料后再进行适当次数的重复学习。这种重复学习绝不是无谓的重复,相反,它可以加深记忆痕迹以增强记忆效果。一般而言,过度学习的程度达 50% 时效果较好。比如,当识记某一材料读 6 遍刚好能够记住时,那么最好再多读两三遍。但要注意,这并不意味着重复次数越多越好,超过 50% 的过度学习反而会引起疲劳、注意力分散,甚至产生厌烦情绪等不良效果。

3. 复习的方法

要注意选择有效的复习方法。研究发现,许多人经常反复地、一遍遍地阅读某种材料,以期达到记忆的目的。这种方法虽然也能够使学习者最终记住有关内容,但事实上,它并不是一个非常有效的复习方法。较好的方法是尝试背诵法,即阅读与背诵相结合。一面读,一面试着背诵,这样可以使注意力集中于学习中的薄弱环节,避免平均分配学习时间和精力,进而达到提高学习效率的目的。此外,还应尽量地调动起多种感官来共同地进行记忆,眼到、口到、耳到、手到、心到,多种形式的编码和多通道的联系增加了信息的储存和提取途径,自然就使记忆的效果得到了增强。

复习策略的主要目的在于使信息在头脑中牢固保持。而一系列的研究证明,只有理解的信息才比较容易记忆并长久保持,反之,呆读死记的东西既很难记、也容易遗忘。因此,复习策略应该与其他的学习策略协同作用,共同促进学习效率的提高。

(二)组织策略

组织策略即根据知识经验之间的内在关系,对学习材料进行系统、有序的分类、整理与概括,使之结构合理化。应用组织策略可以对学习材料进行深入的加工,进而促进对所学内容的理解与记忆。该策略侧重于对学习材料的内在联系的建构,更适用于那些需要深入理解与思考才能把握内在深层意义的学习材料。几种常用的组织策略有群集、摘录、划线、列提纲等。

群集(grouping)即我们平时所讲的归类,它是组织策略的一种常见形式。通过对零散、个别的项目、单元进行分类与排列,可以加强知识之间的相互联系,有助于形成简明有序的结构,使学习者易于理解与记忆。

摘录、划线、写标题、列提纲、做笔记等学习策略的基本原理是概括、抽取学习内容的要义,建构所学内容的组织与结构。对学习材料中的重点部分进行摘录和划线有助于集中注意力于重点内容上,并促进理解和记忆。还可以用自己的语言以写小标题的形式概括重点,因为许多研究发现,用自己的话去概括课文中的重点,比单纯地接受现成的概括语更能促进理解与记忆。此外,将所学内容列提纲,使逻辑清晰便于记忆,也是一种非常有效的学习策略。提纲可以将整个内容的核心思想及其有关细节以简明、扼要的形式表现出来,达到纲举目张的效果。

思 考 题

1. 记忆包括哪些基本过程?
2. 如何对记忆进行分类?
3. 请简述记忆的三存储模型。
4. 长时记忆是如何存储和建构的?
5. 短时记忆转化为长时记忆需要哪些条件?
6. 人为什么会遗忘?影响遗忘的因素有哪些?
7. 举例说明你常用的记忆术。
8. 简述学习的过程与分类。
9. 什么是学习的联想学习理论与认知学习理论,二者主要的区别有哪些?
10. 学习与记忆有什么关系?

第六章 思维与创造性

　　思维是人类特有的高级心理活动,是一种高级、复杂的认知过程。它是人和动物的主要区别,在人类认识环境和改造环境中起重要作用。在思维活动中人所反映的对象不是当前事物的表面特性,它通过表面特征反映事物的本质属性和内在联系,它还能通过当前的直接刺激反映出从未见过的事物的过去发展,和尚未出现的事物未来变化。人的思维不受空间和时间的限制,近邻、远方、过去、现在以及将来,任思维驰骋。思维为我们的学习制定目标,为我们的生活绘制美好蓝图。了解思维活动规律,提高思维能力,对人对己都具有非常重要的意义。

　　思维过程在当代心理学研究中起着非常重要的作用,关于思维的研究导致了认知心理学的产生。也可以说,是它导致了一个跨学科的研究领域——认知科学的产生。本章将阐述的问题包括:思维的基本单元——概念及其形成,人如何进行推理,解决问题的策略与影响因素,以及想象与创造性思维等。

第一节　思维及其基本特征

一、思维的概念和特征

(一) 思维的概念

　　思维是在已有知识经验基础上,对客观事物的间接的、概括的反映。它借助语言、表象或动作实现,是认知活动的高级形式。

　　例如,早晨起来,看到天空的云量逐渐增加,这个时候,我们就会想到,可能今天有雨,于是上学时就带上了雨伞。放学时,果真下雨了,我们因带着雨伞就没有淋湿。这就是首先通过直接的感觉,看到云量在增加的现实现象,运用头脑里已经有的知识经验推断出有下雨的可能,于是采取了带伞的行动。这个心理活动过程就是思维。动物不认识规律,做不到这一点;很小的儿童不掌握云和雨的内在联系和关系,也做不出这种有意义的行为。所以说,思维是在已有知识经验基础上,通过现象看到本质和规律的高级认知心理活动。

(二) 思维的特征

　　思维的主要特征有以下几点。

1. 间接性

　　思维和感知觉不同,它是建立在过去的知识经验基础上的对客观事物的反映,因此,具有间接性。例如,看到阴天云层移动,推断最近要下雨;再如,人类的足迹目前还只限于地球和月球,科学家却可以根据已经获得的各种资料推测更远距离处火星上的状况。正是由于思维的间接性,人们才可能超越了感、知觉提供的信息,认识那些没有直接作用于人的感官的事物的内部属性,从而揭示事物的本质和规律,并且还能实现对未来的预测。

2. 概括性

思维是在大量的感性材料基础上,把一类事物的共同特征和规律抽出来加以综合指认的,如我们说"保护儿童""爱护花木"指的并不是哪一个具体的人或物,而是指具有共同特性的一类事物,这就是思维的概括性。概括在人类的思维活动中具有重要的作用。例如,我们把不同品牌和颜色的汽车都叫汽车,再把汽车、轮船、飞机、自行车等一类事物概括为交通工具,就使人的认识活动摆脱了任何一个具体事物的局限和对事物的直接依赖,扩大了人们认识的范围与深度。概括性的水平反映着思维的水平,它也是人们概念形成的前提,是思维活动得以进行的基础。

3. 思维和语言有密切关系

思维和语言是紧密联系在一起的,语言是进行思维的工具,思维的间接性、概括性正是凭借语言才脱离了具体形象的限制得以实现的。人借助语言进行思维是人的思维与动物思维的本质区别。当然,除了语言之外,人的思维还可以借助其他工具,如表象和动作来实现。例如在幼儿一岁前后思维的发展过程中,我们可以清晰地看到他从使用动作或形象到使用语言的变化过程,只有他达到会说话的水平,儿童才能很好地与人交往。人类高级的抽象思维与语言的高度发展是分不开的。此外,思维活动的结果也需要靠语言表达。无论口头的或书面的,离开了语言或文字,人际间的相互交流与各种知识经验的传递都是不可能的。

二、思维的过程和种类

(一) 思维的过程

思维活动是通过一系列复杂的心理操作实现的,这些思维操作主要有以下几种。

1. 分析和综合

分析是在头脑中把事物的整体分解为各个部分或各个属性,例如,把一台计算机分解为主机、显示器、键盘、鼠标;一本书包含前言、目录、后记和几个章节等。综合和分析相反,指在头脑中把分开来的事物的各个部分、各个属性、各个特征结合起来,发现它们之间的联系与关系,组成一个整体去认识和了解的过程。例如,把文章中的各个段落综合起来,了解该文章的中心思想。

分析与综合是思维的基本过程,它们是相反而又紧密联系在一起的、不可分割的两个方面。分析是为了了解事物的特征和属性,综合通过对各部分、各属性的分析才能很好实现,没有分析的综合是不完备的综合。任何思维活动既需要分析,也需要综合。

2. 比较

比较是把各种事物或同一事物的不同部分、个别方面或个别特点加以对比,确定它们的相同点和不同点以及它们之间的关系。比较实质上是一种更复杂的分析和综合。例如,去商店买洗发水,在几个牌子之间选择一个,这是一个比较过程,首先要对几种备选的洗发水所具有的属性,如性能、价格等做全面的了解,这就是分析,然后在这些属性间进行比较时,要确定各个属性之间的关系,这又是一个综合过程。同理,在人事选拔中,有资格审查、笔试和面试,它们分别考查一个人的不同方面,只有每一项都合格,才能通过比较做出择优录取的最终决定。比较是重要的思维过程,在我们的日常生活和工作实践中发挥着重要作用,有比较才有鉴别,只有通过比较才能从众多选择中找出一个,做出恰当的判断。

总之,重要的抉择都是利用已有知识经验,在头脑中经过分析、综合、比较等一系列心理操作而产生的复杂思维的结果。

3. 抽象与概括

再进一步考察思维中的心理操作,又会发现抽象和概括两种心理操作是在头脑中抽出各种事物和现象的共同特征和属性,并舍弃个别特征和属性的过程。例如,钢笔、铅笔、毛笔、羽毛笔、签字笔、圆珠笔各种笔外观不一,但都可以写字,因此,"可以写字"就是笔的本质属性,这一结论是通过抽象得到的。

概括是在头脑中把具有抽象得出的共同属性的事物联合在一起,归为一类给一个总名称,即创造一个概念。组成的概念又可以分为初级概括与高级概括。前者指在感知觉和表象水平上的概括,如桌子、椅子、书架、衬衫、大衣等;后者指根据事物的内在联系和本质属性进行的概括,如前面三种(桌子、椅子、书架)是家具,后面两种(衬衫和大衣)都是衣服。

(二)思维的种类

根据不同的标准,研究者把思维划分为不同的类型,具体有以下几种。

1. 直觉动作思维、具体形象思维和抽象逻辑思维

根据思维过程所凭借的中介的不同,可以把思维划分为直觉动作思维、具体形象思维和抽象逻辑思维。

直觉动作思维指依据实际行动来解决具体的问题的思维过程。这种思维依赖于实际的动作。3岁前的幼儿只能在动作中思考,离开了动作,他们不会想、不会算。例如,幼儿利用掰手指来数数,就是典型的直觉动作思维,动作停止,他们的思维也就停止了。

具体形象思维指人们利用头脑中的具体形象(表象)来解决问题的思维过程。例如,解几何题的时候,需要做辅助线,我们就在头脑中设想出一张图,做了辅助线之后就可以设想图上解决方案的进行,这样的思维就是形象思维。形象思维在问题解决中有重要的意义。这种思维形式主要表现在3~7岁的儿童身上,他们因抽象思维尚不完善,就更多地运用形象思维解决问题。成年以后,根据需要不同,艺术家、作家、导演、设计师等的形象思维仍然非常发达。

抽象逻辑思维是指运用言语符号形成的概念来进行判断、推理,以解决问题的思维过程。例如,科学家进行科学推理,学生学习科学文化知识等都需要运用抽象逻辑思维,它是人类思维的典型形式。

2. 聚合思维和发散思维

根据思维活动探索目标的不同方向,可以划分为聚合思维和发散思维。聚合思维是指人们根据已知的信息,利用熟悉的规则解决问题。也就是从给予的信息中,产生逻辑的结论。它是一种有方向、有范围、有条理的思维方式。发散思维是指人们根据当前问题给定的信息和记忆系统中存储的信息,沿着不同的方向和角度思考,从多方面寻求多样性答案的一种思维活动。

3. 常规思维与创造性思维

常规思维是指人们根据已有的知识经验,按现成的方案和程序直接解决问题,如学生运用已学会的公式解决同一类型的问题。创造性思维是重新组织已有的知识经验,提出新的方案或程序,并创造出新的思维成果的思维活动。创造性思维是多种思维的综合表现。它

既是发散思维与聚合思维的结合,也是直觉思维与分析思维的结合,它包括理论思维,又离不开创造想象等,与丰富的知识经验和探究性的人格特征都有密切联系。创造性思维属高级的认知活动,在本章第四节我们还要具体阐述。

第二节 概念及其形成

一、概念的心理学定义

1. 概念(concept)

概念是反映客观事物共同特点与本质属性的思维形式,是高级认知活动的基本单元。概念以一个符号,就是词的形式来表现。包括在每个概念下的事物一般都具有共同的属性或特性,比如"学校"虽然多种多样,但各级各类的学校都是以传授知识、培养人才为主要任务,有学生、有教师、注重精神文明建设的。这些共有的主要特性就构成了"学校"这个概念。

每个概念都包含内涵和外延两个方面。内涵指的是概念所反映的事物的本质属性,外延指的是概念的范围。例如,上述"学校"这个概念的内涵是有教师、有学生,以传授知识为主要活动的场所,外延则包括各级各类性质不同、大小不等、地点相异的一切学校,清华、北大、职业高中、农村小学等都是学校。一个概念的内涵增加时,也就是包含必要的属性增多时,它的外延自然就缩小了。例如,说"学校"一般包括各级各类学校,如果在其内涵上增加地区限制,用"农村学校"这个概念,它所包含的范围就大大缩小了。

2. 日常概念与科学概念

依据不同的分类标准可以对概念进行不同的分类。心理学通常以人们掌握概念的途径不同将概念分成日常概念和科学概念。日常概念也叫前科学概念,它是在日常交往和个人经验的积累过程中形成的,因此这类概念的内涵有时比较模糊,甚至包含着非本质特性,而概念的本质特性却被忽略了。例如生活中常见的现象是:当儿童在学习人际交往中对相关者的称呼时,常常会说"她是姐姐不是阿姨"或"那个人不是叔叔,是爷爷",这表明他是以年龄特征来进行人的分类,他对姐姐、阿姨等称谓所掌握的只是模糊的日常概念,还不具科学性。甚至到入学以后,有些儿童由于认为鸟的特点是"会飞的动物",因此把蜜蜂、苍蝇都看成鸟,而不同意鸡、鸭也是鸟。科学概念也叫明确概念,是在科学研究过程中经过假设和检验逐渐形成的,对于个人则主要是在学习过程中获得的。因此,科学概念的确切内涵可以用言语进行科学的解释。当然,科学概念的内涵也不是一成不变的,随着社会历史的发展、科学的进步、人类认识的不断深化,一些概念也在不断地丰富和发展。

概念具有不同的等级,如"猫"是一个概念,"哺乳动物""动物""生物"也是概念,但这些概念处于不同的层次上,"动物"在概念层次上比"生物"低,比"哺乳动物"高。

二、概念形成过程的研究

概念是人类社会发展的产物,是以经验中某些事物的共同特性为基础,逐步形成和发展起来的。从个人的角度来看,概念形成是指个体学会概念的过程,也就是把具有共同特征的东西归在一组,而把有不同特征的东西放在不同的组别之中,然后再把这些组别和不同的名称联系起来。这个过程受到很多因素的影响,历时也较长,难以进行实验研究。因此,为了了解人们形成概念的过程和实质,探索形成概念时所使用的策略,心理学家常用"人工概念"的方法研究概念的形成。

(一) 人工概念形成的研究

人工概念是人为的、在程序上模拟的概念,这种方法是赫尔(C. Hull)于1920年首创的。研究发现,概念形成过程是从许多具体事例中归纳和发现共同因素的过程,而且受到反馈的影响。自赫尔之后,许多心理学家利用人工概念探讨了概念形成的一些规律。最著名的为布鲁纳(Bruner,1956)等人的实验研究,他们提出了概念形成的假设检验模型。这一模型认为,概念形成的过程是一个提出假设和检验假设的过程,被试者通过对所给刺激材料的分析与综合,并依据自己的知识经验,首先提出一个与目标相一致的假设,然后再根据主试者的反馈和对新材料的分析,检验和修正所提出的假设,最终形成概念。其基本模式可以概括为:假设——检验——再假设——再检验……直到成功。这一模型日后得到了许多学者研究的证明。

下面以一个人工概念形成的实验为例加以说明。

条件:假定 dax 一词表示一个概念,现给出如下几个条件,请通过推理找出它的含义。

1. dax 可能是一个大而发亮而红的正方形。
2. dax 可能是一个大而不发亮而红的正方形。
3. dax 不可能是一个小而不发亮而红的正方形。
4. dax 不可能是一个小而发亮而红的正方形。
5. dax 可能是一个大而不发亮而蓝的正方形。

问题:dax 指的是什么?

最好的答案应该是:dax 是一个大的正方形。

由于人工概念带有很大的人为性质,因此,有人指出不能把它的研究成果全部应用到人类自然语言概念的形成上,从而又有了概念形成的样例理论(罗施,1973)。样例理论认为,自然概念不像人工概念那么确定,头脑中的自然概念不是一个或几个关键特征,而是对概念样例的记忆。换句话说,自然概念的形成用不着假设检验参与。但是马丁等人(Martin & Caramazza,1980)对成人所做的脸谱分类实验否定了该理论。实验证明,尽管告诉被试,脸谱中没有哪一个或哪几个特征可以总是作为分类的决定性依据,被试还是采用了假设检验策略,即系统地考察脸谱的各个具体特征并进行分类。

20世纪80年代以后出现的一种新观点认为,人们记忆中可能存在两类信息,一类是样例信息,一类是类别信息。当出现一个刺激,并且需要迅速判断这个刺激是否属于某个类别时,就要用到样例信息;而在严格地从逻辑上进行证明时,则需要依靠类别信息概念的定义、关键特征以及特征间的相互关系。总之,自然概念和人工概念之间没有不可逾越的鸿沟,有关概念形成的检验假设理论无论在自然概念、人工概念和其他精确定义概念那里都能得到支持。

(二) 自然语言概念的获得

人工概念实验研究得出的一些结论,如假设检验和信息反馈等,对于自然语言概念的获得也是适用的。儿童是通过类比归纳和理解一类事物的共同属性来获得概念的。儿童开始接触某个概念时还不能理解什么是它的本质属性,而只是把它当作一个样例来理解。例如

"球"的概念,儿童可能由于父母给他球玩而得到了第一个球的正例,这时他只把自己玩的"小皮球"看作球,而并不认为其他的球,如气球、足球等也是球。但当他看到大孩子们踢足球时,成人指出足球也是球,儿童又得到了一个球的正例。随着生活经验的积累,球的正例不断增多,这时他可能还把似球非球的圆东西诸如鸡蛋、西瓜等也看作球,以后经过成人的否定反馈,儿童逐渐从反例中区分出什么是球,得到球的概念是一种圆的用于运动或游戏的物品。在日常生活中,儿童有很长一段时间把概念只当作一个具体事例的代表来使用,由于经常使用而每次又有些不同,于是头脑中便形成了一个抽象的"最优"例证。以后他便在生活经验中依据这个例证来进行类比,提出自己的假设。再经过生活中正反两方面的不断反馈,最终就可以从大量的例证中归纳出来一类事物的共同的关键特征,从而获得了某个概念。

第三节 推理和问题解决

一、推理

(一)推理的一般概念

推理(reasoning)是指从一组具体事物经过分析综合得出一般规律或者从一般原理推演出新的具体结论的思维活动。前者叫归纳推理,后者叫演绎推理。归纳推理过程由假设形成和假设评价两部分组成,概念形成过程实际上研究的是归纳推理。归纳推理的结果受个人的知识经验影响,有很大的不一致性。演绎推理的结论是从前提推出来的,即是从一般的规则推导出来的,其结论应该是一致的,在本质上它属于问题解决的范畴。下面我们主要介绍一下认知心理学对演绎推理的研究。

(二)三段论推理

三段论推理由三个命题构成,其中两个命题为假定真实的前提,另一个命题为结论,该结论可能符合这两个前提,也可能不符合。所有这三个命题都带有直接陈述的性质。例如:

所有的 A 都是 B。

所有的 B 都是 C。

所以,所有的 A 都是 C。

人们的很多认识是用逻辑量词表达的。在三段论推理中,也根据命题中的逻辑量词将命题分为全称肯定命题,即包含"所有……"的命题;全称否定命题,即包含"没有……"的命题;特称肯定命题,即包含"某些……";特称否定命题,即包含"某些……不……"的命题。

人们如何进行三段论推理呢?心理学上主要用气氛假说来解释。这一假说是由伍德沃斯和塞尔斯(Woodworth & Sells,1935)提出的。他们认为人们在进行三段论推理中使用的是气氛探索法。他们在研究中给被试呈现各种三段论推理题目。在这些题目中,三段论的结论除包含一个正确的结论外,还包括许多错误的结论。然后让被试根据前提选择结论。结果发现,被试的推理往往受三段论中所使用的逻辑量词("某些""所有""没有""不")的影响。即三段论中所使用的逻辑量词产生了一种"气氛",促使被试容易接受包含有同一逻辑量词的结论。一般情况下,被试会根据肯定性前提接受肯定性结论;根据否定性前提接受

否定性结论。如果肯定性、否定性前提都有,则被试情愿接受否定性结论,例如:

没有 A 是 B。

所有的 B 都是 C。

——————————

所以,没有 A 是 C。

此外,对特称陈述(带有"某些""某些……不"的句子)和全称陈述(带有"所有""没有"的句子)的反应,气氛假说认为,如果前提为全称,则被试会接受全称结论;如果前提为特称,则被试会接受特称结论;当一个前提为特称,另一个前提为全称时,被试宁愿接受特称结论。使用气氛假说的方法,被试可以在80%以上的三段论问题上获得正确的答案。对于这么粗疏的一种探索方法来说,这种结果是不坏的。

(三)线性推理

线性推理也叫线性三段论,是依据有序事物间的关系进行的推理,它给出的两个前提说明了三个逻辑项之间的可传递性的关系。例如:A比B长,C比B短,A比C长吗?

进行线性推理时,人们是怎样表征前提从而进行认知操作的呢?有人提出是以表象的形式建构起一个垂直的空间序列,再按照建构起来的心理位置进行合乎逻辑的推论;也有人认为转换推理过程是用命题的方式来表征三段论的前提的;20世纪80年代以后,斯腾伯格(Sternberg,1980)将上述两种理论结合,提出了语言——表象整合模型。人们在进行线性推理时,首先对前提中的信息以命题的方式进行表征,继而将表征的命题建构成一种心理表象上的空间序列。依据这种命题的空间序列进行认知加工,从而推论出合乎逻辑的结论。

(四)条件推理

条件推理又称假言推理,它是指人们利用条件性命题所进行的推理。例如:"如果球滚向左边,则绿灯亮","现在球滚向左边了","所以,绿灯亮了"。

在条件推理中,人们发现了一个有趣的现象,就是人们倾向于去证实某种假设或规则,而很少去证伪它们,这种现象称为证实倾向。沃森(P. C. Wason)所做的实验很好地说明了这个问题。在实验中,沃森把写有下列符号的四张卡片摆在被试面前,告知被试,每张卡片的一面印有英文字母,另一面印有数字。他给出的问题是,如果要用这四张卡片证明下述规则是否有效,即"如果卡片的一面印的是一个元音字母,则它的另一面必然是个偶数",被试者最少必须翻看哪几张卡片。

实验结果发现,46%的被试翻看了E和4,这种选择是错误的。E是必须翻看的,而4却不必翻看,因为不论它的另一面出现元音还是辅音,都不能证明这条规则无效。只有4%的被试做出了正确选择,翻看了E和7,因为无论是E的另一面出现奇数,或是7的另一面出现元音都会使这条规则失效。此外有33%的被试只翻看E。其余17%的被试做出了其他的错误选择。

根据这一实验,沃森等人认为,在检验规则或假设的过程中,人们有一种强烈的对规则加以证实的倾向,后来的研究者认为沃森得出这样的结论是因为他使用的实验材料过于抽象所致,如果把卡片中的内容换成被试者熟悉的内容,被试正确选择的比例就会提高,有实验明了这一说法。不过,在接受一个新理论或新事物时,不只求证实,也考虑证伪总是加强科学性的有力保证。

二、问题解决

(一)问题解决的定义

问题是指尚未被人们解决的某种思维任务。解决问题时,所知道的与所需要知道的之间往往存在着差距,这个差距就是问题空间(problem space)。解决一个问题,就是消除这个空间,这需要通过发现和取得必要的信息来完成。一道几何题目就是学习中典型的需要解决的问题。

以信息加工的观点来看,一个问题可分为三个部分:(1)初始状态——接受问题,所拥有的信息不够完整;(2)目标状态——确定所希望达到的状态;(3)认知操作——从初始状态到目标状态的过程中必须采取的步骤。这三个部分共同界定了所谓的问题空间。在证明一道题目的时候,题目中的已知条件即为这一问题的初始状态;目标状态是证明的结果;中间的一系列证明过程就是为了达到目标所采取的一系列认知操作。可以认为,思维过程就是采取有效的策略和方法不断缩小问题空间,以至问题解决的过程。

在认知心理学中可以把问题解决定义为具有一系列目标指向性的认知操作,它应具备以下三个特征。

1. 目标指向性

即问题的解决活动具有明确的目的性。问题解决就是通过一系列认知活动有目的、有意识地把初始状态变为目标状态。

2. 操作系列性

问题解决必须包含一系列的心理操作才能称为问题解决活动。能够自动化完成或只有单一操作的不能构成问题解决过程。比如,回忆一个朋友的电话号码在正常情况下不会被看成是问题解决活动。尽管回忆电话号码活动具有目标指向性,但它非常简单,只需要对记忆进行一次检索就行,而不需要一系列的复杂操作活动。

3. 认知性操作

问题解决这种目标指向性活动是依存于认知性操作的。不具备认知性操作的活动,不被看作是问题解决。例如,学会了骑自行车之后,骑自行车的活动不被认为是问题解决。因为即使它有明确的目标,而且也包含一系列的复杂活动,但它没有包含重要的认知成分,主要是运动性操作构成的活动。

(二)问题解决的策略和方法

解决问题需要运用一系列的认知性操作来从初始状态达到目标状态。这些认知性操作也称为算子,问题解决的过程就是利用算子使初始状态逐步到达目标状态的过程。怎样在问题空间中搜索出必要的算子呢?心理学家研究发现搜索算子(也就是问题解决)可以使用不同的策略与方法。这里介绍几种主要的途径和方法。

1. 算法式

算法式(algorithms)就是依照正规的、机械性的途径去解决问题。具体做法是将各种可能达到目标的方法都算出来,再一一尝试,确定哪一种为正确答案。举例来说,买体育彩票的"四花选四",它的规则是要求选择四个号码,每个号码都是在1—13里面自由选择,如果想中奖的话,有一种方法可以保证中奖,就是所谓的"全买",把每一种可能都买一注,这样就要买 13×13×13×13 = 28561 注。这样的买法,固然中奖,但并不合算。这就是算法式的问题解决,显然这种解决问题的方式是过于费时费力、缺乏效率的。

2. 启发式

在问题空间的搜索过程中,在目标倾向性的指引下,人们总是希望尽快地把问题状态转换成目标状态。能够通过观察发现当前问题状态与目标状态的相似关系,利用经验而采取较少的操作来解决问题的方法称为启发式(heuristics)方法。启发式方法看上去是直观判断,其实它在很大程度上依赖于经验。使用这种方法并不保证能够准确地找到答案,但作为一种大略的粗算,通常都能得到令人满意的结果。人们在处理日常问题时大多都使用启发式。虽然它在准确性上不及算法式方法,但却无需去探讨所有的可能性,因此效率上大为提高。用启发式方法并不见得必定能找到答案,但经验的积累将会逐渐教导我们在何时,以及如何去使用这种方法,使我们成为较好的问题解决者。

下面是几种常用的启发式策略。

(1) 手段—目的分析法

手段—目的分析(means-end analysis)法就是先有一个目标(目的),它与当前的状态之间存在着差异,人们认识到这个差异,就要想出某种办法采取活动(手段)来减小这个差异。举例来说:我们在大学的校园里,目标是要去火车站。我们先想到学校与火车站之间有什么差异。这个差异主要是距离上的差异,大约是 10 公里。然后我们思考用什么操作手段去缩短这一空间距离。我们可以乘公共汽车或者出租汽车去,也可以骑自行车去。如果行李较多又时间紧迫,我们就决定乘出租车。但是下一步还要考虑如何能乘上出租车。这里又产生了一个"距离",要缩短这个"距离",首先要确定是打电话叫出租车到宿舍,还是走到校门口去乘出租车。

"手段—目的"分析法的一个核心是将一个较为复杂的问题分解为几个较简单的子问题。其要点是:① 比较初始状态和目标状态,提出第一个子问题:如何缩小两者差距? ② 找出缩小差距的办法和操作;③ 如果提出的办法实施条件不够成熟,则提出第二个子问题:如何创造条件? ④ 提出创造条件的办法和操作;⑤ 如果④中提出的办法实施条件也不成熟,则提出第三个子问题,如何创造条件? …… 如此螺旋式地循环前进,直至问题解决。

(2) 爬山法

爬山法是指经过评价当前的问题状态后,限于条件,不是去缩小,而是去增加这一状态与目标状态的差异,经过迂回前进,最终达到解决问题的总目标。就如同爬山一样,为了到达山顶,有时不得不先上矮山顶,然后再下来……这样翻越一个个的小山头,直到达到最终山顶。可以说,爬山法是一种"以退为进"的方法,往往具有"退一步进两步"的作用,后退乃是为了更有效地前进。

(3) 逆向工作法

我们前面讲的方法,都是循序渐进,逐级逼近目标。与上述相反的还有一种目标递归策略,也称逆向工作法。这种策略是从目标状态出发,按照子目标组成的逻辑顺序逐级向初始状态递归。例如下面的几何证明题:已知长方形 ABCD,求证两条对角线相等(如图 6-1)。要证明 AD=CB,从目标出发逆向推理,即首先要证明 △ACD 全等于 △BCD。要证明这两个三角形全等,就必须从这个子目标出发,搜索证明三角形全等的定理。在这个题中,可以利用边角边定理解决子目标;然后再进入下一个子目标,把最后一个子目标解决了,整个问题即得到解决。

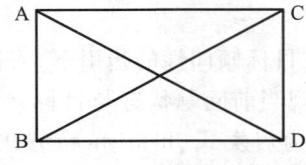

图 6-1　逆向工作法解题示例

总之,无论是从初始状态逐级向目标状态递进,或是从目标状态逐级向初始状态回归,都是适用于相应条件的问题解决策略。

三、影响问题解决的因素

心理学家发现有一些情况经常阻碍人们的问题解决,如:问题表征的方式,对无关信息的注意,功能固着性,心向和不必要限制的设立等。下面我们分析一下这些经常出现的不利因素,可以有助于提高我们的解题能力。

(一) 问题表征的方式

解决问题首先要对问题加以理解。所谓理解问题,用认知心理学的术语来讲,就是要以最佳的方式对问题加以表征(representation)。表征指客观事物在头脑中的呈现方式。同一事物或问题由于表征的方式不同,在理解上会出现很大差异。以下面的问题解决为例,图 6-2 显示的是一个残缺的国际象棋棋盘,它有两个角被切掉了,现只剩下 62 个正方形。假若有 31 张骨牌,每一张恰好可以遮盖棋盘上两个正方形。是否能够用骨牌把这个棋盘上的所有部分盖住呢?请用几分钟时间试试看。

图 6-2　缺角的棋盘

研究证明,绝大多数的人,对于这个国际象棋棋盘问题,会用很长时间在头脑中尝试着去摆,但总找不到答案。可是,如果不是用视觉形象方法去考虑,而改用推理的方法:明确每一张骨牌都必须盖住一个白格子和一个黑格子,而去掉的是两个白格子,那么马上可以发现,既然剩下的是32个黑格子和30个白格子,显然无法用31张骨牌全部盖住图中的棋盘,这个问题原来是无解的。

(二) 无关信息的干扰

请看下面两个问题:

A. 小王家兄弟五个,都未婚,他们每个人都有一个姐妹,如果把王妈妈也算在内,试问他们家有几个女人?

B. 某城市有15%的人不把电话号码放在电话簿上,如果你从该城市的电话簿上随机抽取200个号码,问其中有多少人是不把电话号码放在号码簿上的?

这是两个很简单的问题。但我们是否都能很快地得出答案? 在A题中,答案是两个女人,兄弟的数目是无关信息,但它却使多数人费了许多思考;在B题中,人们倾向于注意15%和200,而实际上这两个数字都是无关信息,因为所有200个人都取自电话簿,答案应该是0。研究发现人们经常错误地假定:问题中的所给出的条件或数字在解题中都有用途。因此,总是想办法去利用这些信息。了解了这个普遍倾向,我们在解题时就应该先注意考虑一下哪些信息有用,哪些没用。

(三) 功能固着性

另一个常见的解题障碍是格式塔学派研究知觉时发现的,即人们在知觉一个物体时,倾向于只从它的一般性功能上认识它,称为功能固着性(functional fixedness)。例如,在图6-3中显示的问题:a题是利用给定的工具将两根悬挂在天花板上的绳子接在一起,对于这个问题,唯一的解决方法是把桌上的钳子拿起来,捆在一根绳子的尾端,像钟摆似的使之晃动,然后再抓住另一根绳子,走到房间中间,等捆着钳子的绳子晃到眼前,再将它抓住,这样就可以将两根绳子接在一起了。曾有人用这个问题进行实验,发现只有39%的被试可以在10分钟内找到答案。问题的症结就在于被试只把钳子视为一种功能固定的技术工具,没有想到也可以用钳子的重量当摆来使用。同样,问题b是利用给定的工具将蜡烛固定在墙壁上,对于这个问题,只有不仅仅把火柴盒看作是装东西的盒子,而换一个角度看成是一个平台,才可能想出解决办法。导致上述两个问题不能顺利解决的关键,都是因为被试在表征物体时总是参照物体的传统功能,不会变通,在问题解决时不能用新的方式来表征问题情境。这种功能固着现象有时会限制人们思维和解决问题的能力。

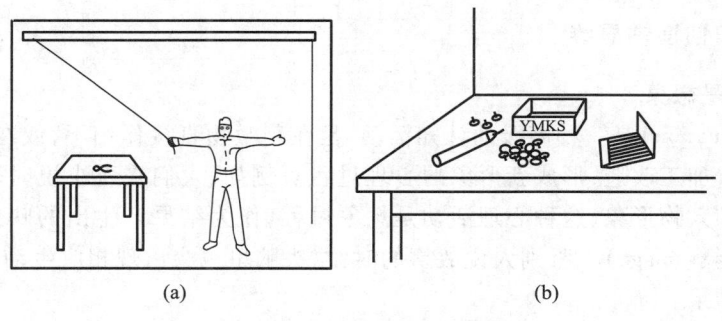

图6-3 功能固着性问题

(四) 心向

首先请试解表 6-1 中的水罐问题:现有容量固定的三个水罐和无限量的水,请用给定的三个水罐为工具,逐一取得每一行中最右方指定的数量。并且试用公式的形式表明所用的方法。

在连续进行工作时,如果一个人屡次成功地以相同的方法解决了某类问题,会使他机械性地或盲目性地以原有的方式方法去解决类似问题,而不去寻求新的、更好的方法。这种坚持使用原有已证明有效的方法去解决新问题的心理倾向,称为心向(mental set)或心理定势。水罐问题就是心向问题的一个典型事例。如果我们已发现前 4 个小题要求相同的解题方法,即:B-A-2C 时,则可能在第 5 个小题上也套用相同的公式,尽管它用更简单的方法(A-C)就可以解决;只有到对第 6 个小题仍套用公式 B-A-2C 却发现行不通时,一部分人才会去思考,去尝试,并发现更为简便的公式(A-C)。但也有些人竟会认为该小题无解。那是因为心向太强烈,在经验中的有效方法不起作用时,仍不会转换注意方向去另寻新方法。

表 6-1 水 罐 问 题

题号	水罐容量			所求水量
	A	B	C	D
1	21	127	3	100
2	14	163	25	99
3	18	43	10	5
4	9	42	6	21
5	20	59	4	31
6	23	49	3	20
7	28	76	3	25

资料来源:彭聃龄、张必隐《认知心理学》,台北:台湾东华书局股份有限公司,2000:379.

第四节 想象和创造性培养

一、想象和创造性思维

(一) 什么是想象

想象(imagination)是一种高级的认知活动,是在刺激物直接作用下,或在头脑中已有表象的基础上进行加工改造,形成新形象的心理过程。例如,人们在看小说时,在头脑中会产生出各种情景和人物形象,这种心理活动是想象过程,作为结果产生出的映像,以形象形式表现,也称为想象(image)。听别人说故事的时候,头脑里也会出现相应生动的情节,这些都是想象活动的结果。

新颖性和形象性是想象的基本特征,想象主要处理表象,即图像性信息,而不是词或者符号,因此具有形象性的特征,想象不是回忆,不是对表象的简单重现,而是对旧有的反映结果进行积极的再加工和再组合,因此说它具有新颖性的特征。想象不仅可以创造人们未曾感知过的事物的形象,还可以创造现实中不存在的或不可能有的形象,如三头六臂的鬼怪、美丽的天使等。尽管这一类形象离奇古怪,有时甚至荒诞无稽,但它们仍与现实有关,产自人脑对各种记忆、表象的加工,如中国的玉皇大帝和阎罗王长的是中国人的面貌,穿的是中国古代服装,而西方的圣母、上帝就都是外国人的模样。大多数文艺作品中,作者想象中的人物形象,在现实生活中都能找到原型,即用文字表述的典型代表。想象同其他心理活动一样,都有其现实的依据。

想象是人类思维活动中最神奇的一部分,它与创造性活动有着千丝万缕的联系,创造活动离不开丰富和活跃的想象,没有想象,就不可能进行创造性活动。

(二)什么是创造性思维

创造性思维是相对常规思维而言的,指重新组织已有的知识经验,提出新的方案或程序,并创造出新的思维成果的思维活动。创造性思维是在常规思维基础上发展起来的,运用创造性思维人们进行发明、想象、设计等创造性活动。新的概念、想法、念头或者实物的创造过程都离不开创造性思维这种高级的心理活动。

创造性思维具有以下的特征:① 敏感性,即容易接受新现象,发现新问题;② 流畅性,即思维敏捷,反应迅速,对于特定的问题情境能够顺利地做出多种反应或找到答案;③ 灵活性,即具有较强的应变能力和适应性,具有灵活改变定向的能力,能发挥自由联想;④ 独创性,即产生新的非凡的思维能力,表现为产生新奇、罕见、首创的观念和成就;⑤ 再定义性,即善于发现特定事物的多种使用方法;⑥ 洞察性,即能够通过事物的表面现象,认清其内在含义、特性或多样性,进行意义交换。

二、创造性的测量和鉴别

在心理学书上,有两个词语与创造有关——创造力与创造性。从字面上我们就可以看出,创造力指的是一种能力,创造性则指的是一种倾向,实际上,要想把倾向还是能力区分开来并不容易,因此,在这里我们并不加以细致区分。心理学上对创造性或者说创造力的评估有许多方法,其中最常用的是检查其发散思维任务的完成。发散思维测验尽管在有关创造性活动的测验中得到的指责与批评很多,但在教育领域还是得到了密集使用。这类任务要求个体对一个具体的事物在短时间内给出多个反应,其核心思想是认为观念流畅性是创造过程的关键成分。

在这一类测验中最著名的是吉尔福特编制的南加利福尼亚大学创造力测验和托兰斯编制的托兰斯创造性思维测验。

南加利福尼亚大学创造力测验发表于1960年。它测量的是吉尔福特智力结构模型理论中与发散思维有关的那部分内容。这套测验最初包括14个分测验,都是发散思维类型的任务,如提供一个字母,要求被试尽量写出包含该字母的单词(词语流畅);给出一类事物的总称(如水果),要求尽量列举出具体事物;要求尽可能多地列举事物的用途(效用测验)等。这套包含14个分测验的测验是为初中水平以上的被试设计的。以后在此基础上又发展出一套相类似的儿童创造力测验。这两套测验都根据被试反应的数量、速度和新颖性等,依照记分手册的标准记分。原测验提供了成人和九年级学生的常模,后发展的测验则提供四至六年级学生的常模。分半信度都达到0.60以上,但没有中国常模。

托兰斯创造性思维测验是目前应用最广泛的发散思维测验。该测验的任务也是要求被试对言语或图形刺激给出多个反应。托兰斯创造思维测验分言语创造思维测验、图画创造思维测验以及声音和词的创造思维测验三套,每套都有两个复本,以满足在实际研究中对创造力进行初测和复测的需要。在声音和词的测验中,全部指导语和刺激都用录音磁带的形式呈现。在这三套测验中,记分分别从不同的方面进行。言语测验从流畅性、变通性和独特性三方面记分;图画测验除以上三方面外,还对精致性进行记分;声音和词的测验只记独特性得分。值得一提的是,托兰斯测验为消除被试的紧张情绪,把测验都称作"活动",并用游戏的形式组织起来,使施测过程轻松愉快,富有乐趣,在同类测验中,最适合儿童的特点。

我国的心理学工作者也曾针对思维的发散性、流畅性、变通性、独创性和精致性特点编制了一些类似测验,然而总体看来,这些测验都没有经过标准化过程,在信度和效度方面尚有待提高。

三、创造性的影响因素和创造性思维训练

(一)创造性活动的影响因素

1. 智力因素

智力和创造力的关系如何一直是心理学家十分关心的一个问题。目前比较一致的看法是:它们是两种不同的能力,各自受着不同因素的影响,因此彼此间没有固定的关系。虽然高创造力者必然智力也高,但高智力却不保证有高创造力;即在一定的智商分数之下,二者有显著的正相关;在此之上,二者的相关不显著。国内有研究证明当智商低于120时,智力水平和创造力水平显著相关,但当智商高于120时,创造力水平和智力就无显著相关了。但需要注意的是,这一结论的得出是建立在传统的智力测验和智力概念的基础上的。现在,对于智力的看法与过去相比已经有了很大的改变,人们开始把智力看作一个复杂的、多维的、受遗传和环境影响的复杂结构,如加德纳提出的多元智能理论,斯腾伯格提出的三元智力理论。如果我们要以不同的角度看待智力,而不局限于智商的狭隘定义,那么智力与创造性的关系自然更加复杂,更需要重新加以考察了。

2. 人格因素

一些心理学家通过比较高创造性个体和低创造性个体发现:高创造性个体经常具有某些典型的人格特征,如独立性、自信、对复杂问题感兴趣、有冒险精神等。

有的研究者对已有的创造性人格研究进行了元分析,提出创造性人格特征包括以下12个项目:(1)智力属于中上等,但并不一定超常;(2)观察力,对周围的事物感受很敏锐,能发现常人所不注意的现象;(3)流畅性,思路畅通,新思路、新观念不断涌现;(4)变通性,能一叶知秋,举一反三;(5)独创性,常常发表超出常人的见解,用特异的方法解决问题;(6)精致性,凡提出设想,为了实现,常深思熟虑;(7)怀疑,对世事抱怀疑态度,超脱世俗;(8)持久性,不怕困难,坚持始终;(9)智力的游戏性,表现出天真的赤子之心;(10)幽默感;(11)独立性;(12)自信心。

3. 环境因素

创造力研究最早开始于个体差异的研究,试图揭示出创造性个体的人格特征,20世纪70年代开始,许多研究者开始把创造力放在社会背景下考虑。在20世纪80年代,又出现了创造力社会心理学。这一领域的学者,运用包括实验室实验、现场观察、内容分析、历史学方法等多种方法对创造性活动进行研究,他们这些研究的主要特点是强调环境对创造性活

动的影响。

虽然大众印象中都有孤独的天才的形象,但大多数创造性活动都是在人际环境中发生的。人际期望很可能会影响到个体的创造性表现。研究发现环境因素的影响有积极的和消极的两个方面,它们主要是通过个人的活动动机起作用。其中尤为重要的是宽松的外部环境和正确的激励促使内部动机发挥作用。不适当的外在奖励、任务、评价和监督等往往会形成压力,导致内在动机下降,只靠高水平的外在动力,反而会使创造力遭到扼杀。

4. 动机因素

人类的任何行为、活动的产生和维持都离不开动机,创造性活动同样需要动机的维持与激发。无论个体的创造性潜能有多大,环境有多好,如果没有激起自己相应的创造活动动机,都不会出现创造性的行为表现。

个人的兴趣爱好与内在动机在个体创造性活动的产生和创造力的发挥与发展上起重要作用。当人们工作的动机被完成工作本身所获得的满足感和挑战性激发,而不是被外在的压力所激发时,才表现得最具创造性。创造性活动不仅需要有动机的激发和维持,它本身也可以产生动机。如果给儿童以表现自己创造性的机会,对任务原来缺乏兴趣的儿童会变得活跃起来。

5. 广博的知识

广博、系统地掌握所在领域的专业知识能够帮助创新。但做到这一点并非易事。因为需要特定的激励才能完成数年高强度的培训和训练。国外研究结果显示:几乎任何领域都需要十年努力才能对所学的知识和技能掌握得游刃有余。大量的诺贝尔奖都被长期从事研究者获得就是有力的证明。

总之,创造性活动取得成就是思维活动高度发展的结果,对它的影响因素很多,非凡的人格特征、丰富的知识、高昂的积极性都起重要作用。在培养时,不仅应关心专业知识技能和持久的激励,还要加强对个人某些特殊能力和人格特征的关注。例如,爱因斯坦非常擅长逻辑和空间关系;毕加索在空间关系和人际视角方面有专长;而弗洛伊德在用语言讲述和理解他人方面是有特殊才华的。近年来,社会心理学家和人类学家更多地把创造活动看作是一种社会文化现象,很明显地看到,政治环境会对相应群体的创造表现产生影响。还有一些政治因素会在个体的发展期产生作用,对创造性潜能的获得或促进或阻碍。还有就是文化多样性会促进创造力发展。当文明本身对外来文化采取开放姿态后,创造力会得到促进。

(二)创造性思维训练

对儿童进行创造性思维训练,提高儿童的创造性水平主要可以通过以下途径:

(1)建立目标与意向。创造性思维训练之初就要使参与者了解训练的目的是使其最终表现出更多的创造性行为。

(2)训练基本的技能。创造性活动中所需要的基本技能是多种多样的,不同的模型倾向于不同的技能,有人指出思维训练中的八种必要的技能:会聚技能、信息收集技能、记忆技能、信息的组织技能、分析技能、从现有知识中得出新信息的技能、整合信息的技能和评价技能等。创造性思维训练中要注意对基本技能技巧的训练。

(3)鼓励个体取得某领域的具体知识。某领域的具体知识并不一定导致创造性行为的出现,但它是创造性活动的必要条件。

(4)刺激和鼓励好奇心。把一切都视为理所当然会扼杀自己创造性活动的可能,对事物的好奇心是创造性行为的种子。

（5）建立动机、特别是内部动机。动机和创造性活动的关系我们在前面已经阐述了。有强烈愿望进行创造性活动的个体也会有更多的创造性表现。缺乏强烈的动机，个体的创造性潜能也就不能得到充分的实现。建立动机主要是要使参与者获得成就感。

（6）建立自信、鼓励冒险精神。在这个环节中要掌握一个度的问题。自信和傲慢之间往往一线之隔。培养儿童的冒险精神更要慎重。

（7）强调掌握和自我竞争。向参与者展示他们前后的进步，会使得个体更愿意参与训练，在遇到困难时也更能坚持。在训练任务中，应更多的进行纵向的而不是横向的对比。

（8）培养有关创造力和创造性思维的信念。要使儿童相信创造性思维水平在很大程度上受动机和努力的影响。还要知道杰出的创造性表现需要多年的艰辛努力。

（9）提供选择和发现的机会。要给儿童多个活动供其选择，在活动过程中给其探索的机会。

（10）促进自我管理技巧。创造性活动需要调动多种认知资源和外部资源，个体要实现其创造性潜能，必须掌握自我管理的技巧，也就是元认知技巧。

（11）传授创造性思维的策略与技术。这些策略和技术包括上面提到的爬山法、启发式问题解决等。在创造性思维训练中，可以使儿童掌握这类方法中的一些，达到提高其创造性思维水平的目的。

（12）运用事例作说明。运用案例更容易向儿童传送创造性的信仰和价值观。

国内有的学者曾指出创造性思维训练应包括三方面的内容：发散思维训练、直觉思维训练和形象思维训练。发散思维的训练可以通过头脑风暴法进行；直觉思维训练可以通过鼓励儿童大胆猜测、大胆假设、大胆想象等进行；形象思维训练可以让儿童到大自然中去，接触大自然中的各种事物、通过发展表象系统来实现。

思 考 题

1. 什么是思维？思维有哪些主要特征和种类？
2. 什么是概念？简述一下心理学家如何用人工概念方法研究概念的形成。
3. 什么是问题解决？问题解决的主要途径和方法有哪些？
4. 影响问题解决的心理因素有哪些？
5. 什么是推理？推理有哪些形式？
6. 什么是想象？想象与思维有什么异同？
7. 什么是创造性思维和它的主要特点？
8. 影响创造性活动的因素有哪些？
9. 谈谈如何培养儿童的创造性思维。

# 第七章 智力

"智力"这个词对我们并不陌生,在通常的意义上,智力是一种心理特征,它表明一个人的聪明程度,这不需心理学的专门知识就能理解。但要真正回答"智力是什么",在科学概念水平上对智力下精确、严谨的定义,却是复杂而困难的。这正是本章要讨论的主要问题。本章将分四节来讨论智力问题。首先,说明智力的实质。谈谈有关智力的性质,智力的差异,智商以及智力的发展特征;然后介绍不同心理学家如何看待智力,讨论智力的测量,以及如何做到精确和客观评估;最后还要谈到"影响一个人智力高低的主要因素"。

第一节 智力的概述

一、智力的性质

（一）智力与能力

在心理学上,能力这个术语经常与智力发生混淆。能力(ability)的涵义实际上很广泛和笼统,它在多个方面都有所表现,它可以表现为肢体或动作方面的能力,表现为人际关系方面的交际能力;表现为处理事物方面的才能等。总的说来,能力指人们成功地完成某种活动所必需的个性心理特征,可以有多种表现形式,而智力则只表现在人的认知学习方面。能力具有两层涵义,首先它指个体现在实际"所能为者";第二它又指个体将来"可能为者"。个体"所能为者"是指一个人的实际能力,是个体在先天遗传基础上加上后天努力学习的结果。例如,一个人现在能讲两门外语,会做很多菜等。一个人"可能为者"是指一个人的潜在能力,它不仅是指已经发展出来的实际能力,而且还包括个体在各种条件适宜时,可能发展出的潜在能力。

人的能力种类很多,可以用不同的标准将能力分成不同类型。如按倾向性可划分为一般能力和特殊能力;按照功能可划分为认知能力、操作能力和社交能力;按照在活动中产生的结果与原有知识经验的关系可划分为模仿能力和创造能力等。

1. 一般能力和特殊能力

一般能力又称普通能力,指大多数活动所共同需要的能力,是人所共有的最基本的能力,适用于广泛的活动范围,符合多种活动的要求,并保证人们比较容易和有效地掌握知识。一般能力和认识活动紧密地联系着。观察力、记忆力、注意力、想象力和思维力都是一般能力。一般能力的综合体就是通常说的智力。特殊能力又称专门能力,指某项专门活动所必需的能力。它只在特殊活动领域内发生作用,是完成有关活动必不可少的能力。一般认为:数学能力、音乐能力、绘画能力、体育能力、写作能力等都是特殊能力,一个人可以具有多种特殊能力,但其中有一两种特殊能力占优势。

一般能力和特殊能力密切地联系着。一般能力是各种特殊能力形成和发展的基础,一般能力的发展,为特殊能力的发展创造了有利的条件;在各种活动中,特殊能力的发展同时也会促进一般能力的发展。要成功地完成一项活动,既需要具有一般能力,又需要具有与某种活动有关的特殊能力。在活动中,一般能力和特殊能力共同起作用。

2. 认知能力、操作能力和社交能力

认知能力指接收、加工、储存和应用信息的能力。它是人们成功地完成活动最重要的心理条件。知觉、记忆、注意、思维和想象的能力都被认为是认知能力。操作能力指操纵、制作和运动的能力。劳动能力、艺术表现能力、体育运动能力、实验操作能力都被认为是操作能力。操作能力是在操作技能的基础上发展起来,又成为顺利地掌握操作技能的重要条件。认知能力和操作能力紧密地联系着。认知能力中必然有操作能力,操作能力中也一定有认知能力。社交能力指人们在社会交往活动中所表现出来的能力。组织管理能力、言语感染能力等都属于社交能力。社交能力包含有认知能力和操作能力。

3. 模仿能力和创造能力

模仿能力指仿效他人的言行举止而引起的与之类似的行为活动的能力。例如,成年人学画、习书法时的临摹,儿童模仿父母的表情、说话等。美国心理学家班杜拉(Bandura)认为,模仿是人们彼此之间相互影响的重要方式,是实现个体行为社会化的基本历程之一。创造能力指产生新思想、发现和创造新事物的能力。创造能力是成功地完成某种创造性活动所必需的条件,在创造能力中创造思维和创造想象起着十分重要的作用。

(二) 智力的概念

智力一词古已有之,并且人们对其相当重视。孔子就曾经讲到上智与下愚,还曾根据智力高低将人分成上中下三等。从19世纪末,心理学成为独立学科,各种认知能力的研究走上了科学实验的道路。最初是由于发展教育的需要,一些心理学家提出了心理测量问题,并进行了智力测验的编制与应用,由于效果良好,逐步扩展到其他实践领域,迄今已经有一百多年的历史。然而,关于智力的定义,理论探讨不多,心理学家众说纷纭,至今都还没有达成完全一致的意见。目前,比较一致的看法是:智力是一个相对的概念,即一个人的智力水平是根据相同能力参照组的成绩来定义的。这个参照组通常由同一年龄水平的人群构成。心理学家同时也一致认为:智力是一个假设性的概念,我们无法对其直接观察,必须通过行为进行推断。在实践中就是通过个人对智力测验的回答来进行分析。但这些测验到底应该评估哪些能力又成了争论的焦点。

为了更好地把握智力的概念,在1921年和1986年,心理学家曾举行两次著名的研讨会,专门探讨智力的属性。两次研讨的主题相同:"你认为智力是什么"。参加第一次研讨会的成员主要是教育心理学家和心理测验专家,第二次研讨会的成员是心理学各个分支学科(如认知心理学、教育心理学、发展心理学、心理测验等)和其他相关学科(如行为遗传学和人工智能)中研究智力的权威学者。表7-1汇总了两次研讨的结果。

表 7-1 智力的属性讨论结果

1986 年	1921 年	智力的属性
50%	59%	高级认知过程(如,推理、问题解决、决策等)
29%	0%	具有文化价值
25%	7%	执行控制过程
21%	21%	低级认知过程(如,感觉、注意、知觉等)
21%	21%	对新情况做出有效的反应
21%	7%	知识
17%	29%	学习能力
17%	14%	一般能力(解决所有领域的问题的能力)
17%	14%	不易定义,不是一个结构
17%	7%	元认知过程(处理信息过程的监控)
17%	7%	特殊能力(如,空间能力、言语能力、听觉能力等)
13%	29%	适应环境需求的能力
13%	14%	心理加工速度
8%	29%	生理机制

参见 Sternberg & Detterman(1986)

从表 7-1 中可以看到,首先,心理学家是从各种不同方面对智力加以定义的。如,智力是抽象思维能力(L. M. Terman,1921);智力是个人为了适应环境而进行学习的能力(S. S. Colvin,1921);智力是从真理和事实的观点出发,靠正确反应所获得的能力(E. L. Thorndike,1921);智力是由于各种复杂刺激的影响所带来的统一结果的生物学机制(J. Peterson,1921);智力是获得知识的能力(H. H. Woodrow,1921)等。其次,这些定义并不相互排斥,也并非互不兼容。实际上,一个定义可能包含或隐含了其他定义所涉及的属性。如,将智力看作是学习能力,既包含了高级认知过程和低级认知过程,又包含了知识等;再次,无论是哪一个时代,在智力的一些基本属性上,人们有共同的见解。例如,智力是高级认知过程(50%和59%),是学习能力(17%和29%),是对新情况或新环境的适应(21%和21%)等定义,在两次研讨中均频繁出现。

总之,智力是一个复杂的概念,具有多种属性。大多数心理学家把它看作是人的一种综合认知能力,包括学习能力、适应能力、抽象推理能力等;这种能力是个体在遗传的基础上,受到外界环境影响而形成的,它在吸收、存储和运用知识经验以适应外界环境的过程中得到表现。

二、智商与智力差异

（一）智商

智力测验是通过一定的测量工具和手段来衡量人的智力水平的一种科学方法。我国自古就有七巧板、九连环等智力测验工具，在民间称益智游戏。但是用科学方法编制智力测验的第一人是法国心理学家比内（A. Binet）。比内智力测验由一系列难度不同的题目组成，依据完成这个难度系列中题目的多少，可以计算出与之相对应的年龄，称之为心理年龄（mental age, MA）。为表示一个儿童的智力水平，比内提出智力商数的概念，简称智商（intelligence quotient, 缩写为 IQ）。例如，一个 5 岁的儿童通过了 6 岁组的全部项目，那么他的心理年龄就是 6 岁，如果他还通过 7 岁组的部分项目，他的智力年龄就大于 7 岁，可以计算出是 7 岁 4 个月或 7 岁 6 个月。

智商是心理年龄与实足年龄的比例，如果二者相等，比值为 1；智力年龄大于实足年龄，其值大于 1；心理年龄小于实足年龄，其值小于 1。为了避免出现小数，将商数乘以 100 就是智商。计算公式为如下：

$$智商(IQ) = \frac{心理年龄(MA)}{实足年龄(CA)} \times 100$$

这种智商是以实足年龄为基础按比率计算出来的，因此也称比率智商。但是比率智商的计算方法只适用于儿童，因为智力并不随年龄而增长，20 岁的学生并不一定比 19 岁的学生更聪明，老年以后还有智力随年龄下降的现象。为此，到了 20 世纪 50 年代，美国心理学家韦克斯勒依据统计学原理提出了新的智商计算方法，称为离差智商。并且编制了分别适用于儿童、成人和幼儿的一个系列三个智力测验，称韦氏智力量表（Wechsler Intelligence Scale，有分别适用于成人的 WAIS、儿童的 WISC 和幼儿的 WPPSI）。离差智商是将个体的成绩和同年龄组被试的平均成绩比较而得出的相对分数。它是确定个体在相同条件的团体（例如同年龄组）中所处的相对位置。韦克斯勒指出，可以假定人们的智商分布呈平均数为 100 和标准差为 15 的正态分布形式，因此离差智商的计算公式为：

$$离差智商(IQ) = 100 + 15Z \quad 其中 \ Z = (X - \bar{X})/S$$

上面公式中 $\bar{X}$ 代表团体平均分数，X 代表个体测验的实得分数，S 代表该团体分数的标准差，数值固定为 15，Z 代表该人在团体中所处位置，即用标准分数显示他在正态分布中的位置。具体计算方法在第三节中再做解释。

（二）智力的差异

1. 智力的个体差异

由于人们在先天的遗传素质、后天的生长环境及所接受教育等方面都不相同，人和人之间在智力上也存在着很大的差异。智力的个别差异可以表现在智力的水平和智力的结构两方面。

首先，在智力发展水平上，不同的人所达到的最高水平极其不同。研究表明，全人口的智力差异从低到高表现为许多不同的层次。人与人之间智力高低的分布基本上呈两头小、中间大的正态分布形式（见表 7-2）。在一个代表性广泛的人群中，有接近一半的人智商在 90 到 110 之间，而智力发展水平非常优秀者和智力落后者在人口中只占很小的比例。

表 7-2　智商在人口中的分布

IQ	名称	百分比
140 以上	极优等(very superior)	1.30
120～139	优异(superior)	11.30
110～119	中上(high average)	18.10
90～109	中才(average)	46.30
80～89	中下(low average)	14.50
70～79	临界(border line)	5.60
70 以下	智力落后(mentally retarded)	2.90

其次,每个人智力的组成结构,即组成方式上也有所不同。由于智力不是一个单一的心理品质,它是由多个基本成分组合而成,只用单一的智商分不足以表明智力的不同特点。例如,智商同样为 120 的人,有的记忆力好,有的数学能力强,也有的人擅长逻辑推理,但缺乏音乐才能;也有人很擅长音乐,却在数字计算方面表现得无能。人们之间的智力差异水平多种多样,不是一个简单的数量上的差异就能够表示充分的。近年来,实践中人们已经注意到对智力测验结果的进一步分析。还有,多元智能理论的提出,更使单一智商的用途受到了怀疑。

此外,人的智力发展过程有不同形态:一是稳定发展,这是大多数人与年龄相符合的一般发展模式;有一些人表现出早熟,在很小的时候就崭露头角,但在成人以后智力平平;也有些人前期发展很慢,但大器晚成,后来居上却得到了高水平的发展。

2. 智力的团体差异

智力的差异不仅表现在个体与个体之间,而且还表现在团体与团体之间。最明显的是性别差异。大量的研究表明,男性和女性在总的智商方面没有显著的差别。尽管近期的一些研究指出男女在智商上存在一定的差异,但差异量不大(Held,Alderton,Foley & Segall,1993;Lynn,1994)。男性和女性在智力上的差异主要表现在一些特殊能力方面。如:男性在空间能力上具有一定优势,这种优势的显示具有一定的年龄特征,其发展趋势表现为随年龄增长而差异加大;女生在小学和初中阶段的数学能力优于男生,但青春期以后,这种优势被男生所占有,并且男生一直把这种优势保持到老年;女性在言语能力上具有较大的优势,与女性相比,男性更容易被诊断为具有阅读障碍。

除了在性别之间存在一定的智力差异之外,不同职业、种族之间在智力上也存在着差别。一般认为智力的差异主要表现在智力测验的平均得分上。大量对不同职业团体进行的研究发现,从事脑力劳动的人群比从事体力劳动的人群具有更高的 IQ,如技术人员、财会人员等具有较高的 IQ。这种团体间在智力测验平均分数上的差异是普遍存在的。人们对不同种族间的智力差异也有过争论,但是如何理解这个问题,重要的是应该对其产生原因做认真分析。我们认为最主要的原因在于后天的环境和教育等人为因素的影响,同时智力测验本身的公平性问题也不容忽视。

在同一群体内部,人们在智力测验分数上的变异可能归因于遗传因素,但不同团体在智力测验平均 IQ 分数上的差异则应更多归因于环境的不同;同时,智力测验本身的文化不公平性也是造成不同团体间智力测验分数存在差异的原因之一。过去大多数智力测验是依据某一团体(如美国白人)的生活经验编制的,测验所使用的语言符合该团体的文化习惯,评价标准也依此团体而定。由于忽略了这一点,在测验结果解释上的不公平性,在20世纪70年代曾一度使心理测验受到了批判。这是测验工作者必须吸取的教训,是需要认真注意的。

三、智力发展的特征

(一)智力发展的一般趋势

在人的一生中,智力水平随个体年龄的增长而变化。一般来说,智力的发展可以划分成三个阶段,即增长阶段,稳定阶段和衰退阶段。依据20世纪70年代的研究,得出了如下的一般结论:从出生到15岁左右,智力的发展与年龄几乎等速增长,之后增长速度逐渐减慢。一般在18岁到25岁之间,智力的发展达到高峰;在成人期,智力表现为一个较长时间的稳定保持期,可持续到60岁左右;进入老年阶段(60岁以后),智力发展表现出迅速下降现象,进入衰退期。然而,随着社会的经济发展和科技进步,人们的生活质量普遍提高,营养丰富、环境清新、医疗条件改善、良好的健康状态,使人的寿命大幅度增长。在这种情况下,智力的发展尽管总的趋势——早期上升发展,中期长时间平稳,最后老年期迅速衰退——不会改变,但各个阶段的转变时间却不相同了。营养丰富、体魄健康,加上多种多样信息的冲击,促使多数儿童更早地成熟发展,也保证了多数老年人推迟衰退,60岁以上精神矍铄、思维活跃、继续工作的老年人数不胜数。因此,智力具体的变化规律则有待总结。

智力是由许多不同的成分组成的,智力的各种成分的发展轨迹各不相同,达到顶峰的年龄以及增长与衰退的过程也各不相同(见图7-1)。

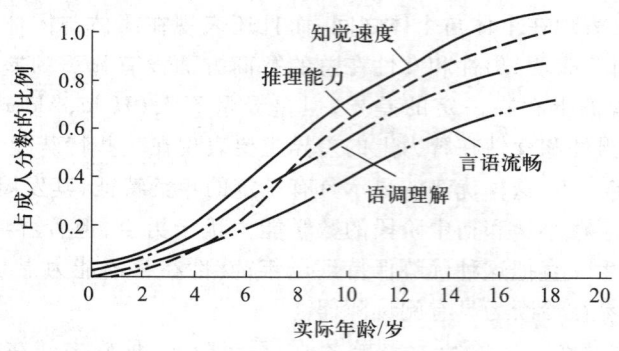

图7-1 智力各成分的发展趋势

(二)智力发展的稳定性和可变性

人的智力是相对稳定的,但不是一成不变的。美国心理测量学家布朗指出:"一个人的智力测验分数是他的遗传特性、测量前的学习和生活经历以及测验时情境的函数"(Brown,1976)。个体的智力既有稳定性,又有可变性。双生子纵向追踪研究的结果,得出了双生子儿童在2到15岁不同年龄间智力测验分数上的相关(见表7-3)。

表 7-3 不同年龄之间智商的相关

年龄	2	3	4	5	6	7	8	9	15
2		0.74	0.68	0.63	0.61	0.54	0.58	0.56	0.47
3			0.76	0.72	0.73	0.68	0.67	0.65	0.58
4				0.80	0.79	0.72	0.72	0.71	0.60
5					0.87	0.81	0.79	0.79	0.67
6						0.86	0.84	0.84	0.69
7							0.87	0.87	0.69
8								0.90	0.78
9									0.80

从表 7-3 中可以看出，不同年龄儿童在智力测验分数间的相关是有规律可循的。不同年龄间智商的相关系数随年龄间距的增加而明显减小。例如，2 岁和 3 岁之间的智商相关为 0.74，但在 2 岁和 7 岁时智商间的相关减少到 0.54，在 2 岁和 15 岁之间智商的相关只有 0.47。也就是说，两次测验时间间隔越长，智商间的预测力越低；同时，儿童第一次测验时年龄越小，预测力越低。测验分数在短期内具有较高的预见性。一个人在八九岁时的智商分数可以较好地预测他们在 15 岁时的智商（相关分别为 0.78 和 0.80）。大量的研究获得了类似的结果。

婴儿早期智力测验的预测性较低。一般认为，这可能是由于婴儿期的某些能力尚未发展起来，智力尚未分化所致。对婴儿的测量主要集中在感知运动能力方面，而对较大儿童的测量偏重于言语能力和计算推理能力等方面。这两方面的能力有所不同，也是造成相关较低的一个原因。

第二节 智力的理论

智力是一个复杂的概念，涉及整个开放性动态心理系统，具有复杂的结构。分析智力的结构，对于深入理解智力的本质，合理地设计度量智力的工具，科学地拟定智力培养计划，都有重要意义。自 20 世纪初起，心理学家从各种不同的角度对人的智力提出假设，进行了广泛的研究，形成了不同的理论。下面介绍几种主要的理论。

一、智力的因素论

（一）智力二因素说

研究智力的一种传统方法是测量法，或者说是走心理测量学途径（psychometric approach）。它指通过编制适宜的测验，对智力行为加以测量，然后依据测验分数的统计分析进行推论。这种研究试图回答的主要问题是智力的水平，即高低程度。然而它涉及一个理论问题，即智力是一种一般能力，还是一组特定能力的集合体？如果智力是一个单一的心理特性，那么，人们可能会认为，低智力的人不能够很好地从事任何心理任务；而如果智力是由许多相互独立的能力构成,那么,空间能力有缺陷的人有可能在理解信息或解决问题上有良好表现。

英国心理学家斯皮尔曼(C. Spearman)在20世纪初最早对智力问题进行了探讨。他发现,几乎所有心理能力测验之间都存在正相关。也就是说,如果一个人在一个测验上得了高分,那么,在其他测验上,他的得分往往也较高。例如,音高的辨别能力与重量辨别能力的相关约为0.31,一般的感觉辨别力与教师评定的智力相关约为0.38等。

斯皮尔曼提出,在各种心理任务上的普遍相关是由一个非常一般性的心理能力因素或称g因素(g-factor)所决定。在一切心理任务中,都包括这个一般因素(g因素)和某个特殊因素(或称s因素)两种因素。g因素是人的一切智力活动的共同基础,s因素只与特定的智力活动有关。一个人在各种测验结果上所表现出来的正相关,是由于它们含有共同的g因素;而它们之间又不完全相同,则是由于每个测验包含着不同的s因素。斯皮尔曼认为,g因素就是智力,它并不能直接由任何一个单一的测验题目度量,但是可以根据许多不同测验题目的平均成绩进行近似的估计。

（二）智力多因素论

美国心理学家瑟斯顿(L. L. Thurstone,1938)对芝加哥大学的学生实施了56个能力测验,他发现,某些能力测验之间具有较高的相关,而与其他测验的相关较低。这些测试可归为7个不同的测验群:字词流畅性、语词理解、空间能力、知觉速度、计数能力、归纳推理能力和记忆能力。瑟斯顿认为,斯皮尔曼的二因素理论不能很好地解释这种结果,而且过分强调g因素也达不到区分个体差异的目的,因此,他提出智力由以上7种基本心理能力(primary mental abilities)构成,并且各基本能力之间彼此独立,这是一种多因素论。根据这种思想,瑟斯顿编制了基本心理能力测验。研究结果发现,7种基本能力之间都有不同程度的正相关,但似乎仍可以抽象出更高级的心理因素,也就是g因素。

二、流体智力和晶体智力说

20世纪中期以后,心理测验事业更加发达,卡特尔(Raymond Cattell,1963)在对各种测验题目进行深入研究的基础上,提出了流体智力和晶体智力理论。他认为,一般智力或g因素可以进一步分成流体智力和晶体智力两种。流体智力(fluid intelligence)指一般的学习和行为能力,由速度、能量、快速适应新环境的测验度量,如逻辑推理测验、记忆广度测验、解决抽象问题和信息加工速度测验等;晶体智力(crystallized intelligence)指已获得的知识和技能,由词汇、社会推理以及问题解决等测验度量。

卡特尔认为,流体智力的主要作用是学习新知识和解决新异问题,它主要受人的生物学因素影响;晶体智力测量的是知识经验,是人们学会的东西,它的主要作用是处理熟悉的、已加工过的问题。晶体智力一部分是由教育和经验决定的,一部分是早期流体智力发展的结果。例如,一个人在成年阶段已不再擅长学习新词,但如果他小时候词汇量很大,依然会对他成年后学习新词起促进作用。有研究表明,服用兴奋剂只影响度量流体智力的测验成绩,而不影响度量晶体智力的测验成绩。

到了20世纪80年代,进一步的研究发现,随着年龄的增长,流体智力和晶体智力经历的是不同的发展历程。和其他生物学方面的能力一样,流体智力随生理成长曲线的变化而变化,在20岁左右达到顶峰,在成年期保持一段时间以后,开始逐渐下降;而晶体智力的发展在成年期不仅不下降,反而在以后的过程中还会有所增长。由于流体智力影响晶体智力,它们彼此相关,因此,我们可以假想,不管人的能力有多少种,也不论要处理的任务性质如何,在一切测验分数或成绩的背后,存在一种类似于 g 因素的一般心理能力。在大多数智力测验中,均包括偏重于测量晶体智力和流体智力的两类题目。

三、多元智能理论

哈佛大学加德纳(H. Gardner,1943—)试图解释不同文化中各种不同方面的成功角色。他相信这些差异不可能单凭基本智力来解释,因而直接挑战了智力是一种思维能力的传统观点,提出多元智能,即存在多种不同的智能,个体的能力就是这些智能的不同组合。加德纳认为,智能是一种在某特定文化中解决问题或创造出有价值产物的能力。依照这种观点,一位擅长观星航海的渔夫,一位成功表演舞狮飞跳的农村艺人,都与数学家或工程师一样充满智慧。并且,每种智力都是一个单独的功能系统,这些系统可以相互作用,产生外显的智力行为。

加德纳从实践中发现并思考,提出七种智能,后来又增加一种,目前为八种。

(1) 语言智能——说话的能力。与音韵、语法、语意以及其使用等机制有关。

(2) 音乐智能——创造、沟通与了解声音的能力。与音调、音频及音质等机制有关。

(3) 逻辑—数学的智能——对行动或对象间有无关系的理解与运用的能力,即进行抽象思维的能力。

(4) 空间智能——知觉、改变空间信息,同时不需参照原刺激就能再造视觉影像的能力。包括建构三维空间影像,且移动或转动这些影像的潜力。

(5) 身体—动觉智能——运用全部或部分身体以解决问题或生产物品的能力,包括控制精细或粗略行动,以操纵外物的能力。

(6) 人际智能——了解他人。人际交往中观察他人的情绪、性格、动机和意向的能力。

(7) 自我认知智力——了解自己,辨明自己的感受、意向与动机的能力。

(8) 自然智能——也译博物学家智能,指能够辨认和区分不同物种的能力。

四、智力的认知理论

20 世纪下半叶认知心理学兴起以后,对智力的研究发生了重要变化,出现了另一条重要的研究途径,即信息加工途径(the information-processing approach)。认知心理学家关心的不是智力活动的结果,而是其信息加工过程。他们所探讨的问题是:为了解决某项智力任务,必须经历哪些心理操作;测验成绩的哪些方面取决于过去的学习,哪些方面取决于注意、短时记忆或信息加工速度等。换句话说,由于智力活动过程与结果联系密切,智力可以通过考察信息加工过程的差异来进行研究。

(一) 智力的三元理论

美国耶鲁大学的心理学家斯腾伯格试图在更为广泛的意义上解释智力行为,于 20 世纪 80 年代提出了智力的三元理论。他认为,大多数的智力理论是不完备的,它们只从某个特定的角度解释智力。一个完备的智力理论必须对智力的三个方面予以说明,即智力的内部构成成分、这些智力成分与经验的关系、智力成分的外部作用。

首先,在斯腾伯格看来,智力的内部构成涉及思维的三种成分,即元成分、操作成分和知识获得成分。元成分指控制行为表现和知识获得的过程,它负责行为的计划、策略与监控,如确定问题的性质,选择解题步骤,分配心理资源,调整解题思路等;操作成分是指接收刺激、将信息保持在短时记忆中,比较刺激,从长时记忆提取信息,以及做出判断反应的过程,负责执行元成分的决策;知识获取成分是指用于获取和保存新信息的过程,负责新信息的编码与存储。在认知性智力活动中,元成分起着最重要的核心作用,它决定人们解决问题时使用的策略。例如,对类比推理过程的研究发现,推理能力强的人完成得比推理能力差的人更快,也更准确,但他们在进行解题时先花费较多的时间去理解问题,而不是急于得出答案。

其次,智力的第二个方面涉及内部成分与外部世界的关系,它指根据经验调整所运用的成分从而获益的能力,或称为经验性智力。经验性智力既包括有效地应付从未见过的新异事物,也包括自动地应付熟悉的事情。对任务非常熟悉时,良好表现依赖于操作成分的自动执行,如阅读、驾车、打字时的自动编码等;而对任务不熟悉时,良好的表现依赖于元成分对推理和问题解决的辅助方式。

最后,在日常生活中,智力是适应环境、塑造环境和选择新环境的能力。智力的这方面特点又称作情境智力。为了达到目标,凡是有一定智力的人都能运用操作成分、知识获得成分和元成分。但是,智力行为是因条件的改变而变化的,在不同的情境中,人的智力行为有不同的表现,比如,一个人在实验室中解决物理问题时所用到的知识和元成分,与他力图摆脱尴尬处境、平息家庭冲突时所用到的知识和元成分完全不同。有些人可能并不具备很高的学历,也可能难以清楚地表达他们是如何处理现实事物的,但他们却非常擅长解决日常事务问题,例如解决人事纠纷和讨价还价。在这种意义上,情境智力又称作实践智力。

(二) PASS 模型

加拿大心理学家达斯(J. P. Das)结合鲁利亚的神经生理学成果提出了研究认知活动的 PASS 模型,他在此基础上编制的测验称为认知评估系统(CAS)。PASS 是指"计划—注意—同时性加工—继时性加工"(Planing-Arousal-Simultaneous-Successive, PASS)。它包含了三层认知系统和四种认知过程。其中注意系统又称注意-唤醒(arousal)系统,它是整个系统的基础;同时性加工和继时性加工统称为信息加工系统,处于中间层次;计划系统处于最高层次。三个系统协调合作,保证了一切智力活动的运行。PASS 模型认为注意、信息编码和计划之间是相互作用并且相互影响的,计划过程需要一个充分的唤醒状态,以使注意能够集中,进而促使计划的产生。编码和计划过程也密不可分,因为在现实生活中任务往往能以不同的方式进行编码,个体如何加工这些信息也是计划的功能,所以同时性加工和继时性加工也要受到计划的影响。

第三节 智力的测量

智力的科学研究从一开始就与智力的测量紧密地联系在一起。早在两千多年以前,中国的先哲们就提出了许多有关测量的理论以及测量各种心理特征的思想和方法。最早的当推孟子的名言:"权,然后知轻重,度,然后知长短,物皆然,心为甚"。三国时期的刘劭更著有《人物志》一书,而现代智力测验在西方出现只是近一百多年的事。

一、智力测验概述

心理测验(psychological test),意指在对心理进行测量时所使用的工具,有时也称心理量表(scale)。通常它是由一组精心设计的测试题目或项目(item)组成,其作用在于先根据目标抽取一组标准化的(standardized)行为样本(behavior sampling),通过对这组行为反应的观察分析,测验者对结果的一般水平就有了标准,将个体测试结果与之比较,就能对引起行为的心理活动做出推论和解释了。心理测验因其所测的内容和分类不同,种类繁多,如人格测验(personality test),教育测验(educational test)和团体测验(group test)等,智力测验是心理测验的一种,它也是较早发展的测验之一。

(一)心理测验的性质

智力测验是心理测验的一种,心理测验本身所具有的性质智力测验都具有,下面简要介绍一下心理测验的基本性质。

1. 心理测量的对象是心理特质

心理测量中作为研究对象的心理属性,虽无确切定义,可统称为心理特质(mental trait),如学习动机、记忆广度、推理能力或情绪稳定性等,智力测验所测量的智力也是一种心理特质。心理特质指的是使一个人对于较广泛的一类情境比较稳定地做出同一反应的心理特点,它是建立在对人类大量相似行为进行观察的基础之上的一种科学构想(construct),它是心理学家用以描述或解释行为的工具,不是客观事物。

2. 对心理特质的测量是间接的

心理特质作为一种科学构想本身是抽象的,不可能直接观察到,因而对它的测量只能是间接的,即从行为样例中推断得出。尽管对于有些心理特质的测量方法在长期使用中已经标准化,使用得相当普遍,但至今还没有哪一种构想的测量方法得到普遍接受。因此时常有下述情况出现:两个具有不同理论观点的测验编制者,为测量同一种心理特质,使用不同的间接测量途径,即选用不同的行为表现进行操作性说明。例如对儿童智力,有人用特定实验中的反应时长(reaction time)去测定,有人用非文字(nonverbal)智力测验的得分去测定,也有人认为只有把智力测验中言语部分和操作部分相结合才是最佳选择。

3. 心理测量有误差

任何测量,无论是物理的还是心理的都会出现误差。任何测量进行多次,其结果不会完全一致,心理测量的误差尤为突出。因为心理测量是从对一个行为样本的观察中获得数据,再去推论得出结果的。从部分推论整体,用以解释一个人的心理特质,如说受测者具有情绪稳定性特质,或说他的智力低下等,自然不会百分之百的准确;同时,这有限的观察数据又是在某一特定时间、地点条件下获得的,引起误差的因素多种多样,即便采取措施也不可能完全避免,从对心理特质的理论说明,到计分、评分和结果解释各个环节都会有误差出现。因此,只凭一次测验结果并不能完全准确地反映所要测量的心理特质。要了解一个人如此行为的原因,或进一步由此预测他的未来行为,需要多方面考虑。

4. 心理测量工具的适用性与社会文化背景有关

任何心理测验的适用性都有其特定的范围,这在测验编制开始时就已确定,依据测验的目的,适合于使用该测验的被试团体称为目标群体(object group)。任何心理测验也只有当它被应用于它所适用的目标群体时,才能显示出它的效能。由于人的心理在不同文化、教育和社会环境中有很大差异,如果把一个测验应用于目标群体之外的个人或团体,那么使用其原有的常模来做评定就很不恰当,会对结果做出既不客观、又不公正的判断。由于社会因素的影响,甚至在同一个社会文化团体中,不同性别或不同年龄的受测者,对同一个测验的反应也不一致。因此,我们在选用测验工具时,除审查测验本身的质量外,还需要考虑它的适用性特征。

(二)智力测验的产生

19世纪中叶,达尔文的进化论激发了人们对智力和心理能力的研究。可以设想,如果生存的重要因素是对环境的适应,那么,在人类进化中,智力必定起着重要作用。高智力的人由于其对环境的优良适应性必定通过自然选择,被保留下来。根据这种思想,达尔文的表兄弟高尔顿(Francis Galton,1822—1911)对智力进行了第一个系统性研究。他认为,智力水平的高低与神经系统的完整性和功能有效性有关,外部世界的信息是通过我们的感觉到达大脑的。我们的感觉越敏锐,获得的信息便越多;信息越多,判断与思维越有用武之地。感觉辨别力"基本上是心智能力中最高的能力"。为此,高尔顿设计了多种测量工具,用于度量人们在各种感觉辨别力上的差异,并以这种差异作为智力水平的指标,例如,他测量了人们对声音的反应时间、命名颜色的速度、手的运动敏捷性和准确性等。尽管这种研究在当时看来是有道理的,但以后的研究发现,在简单的感觉判断和更复杂的认知能力之间几乎不存在任何关系。也就是说,一个人在简单任务上的良好成绩不能预测他一定会获得优异的学业成绩。

世界上第一个正式的智力测验,是由法国心理学家比内和医生西蒙(Binet&Simon)在1905年编制的。它的产生是为了分辨出智力有障碍不适合在一般学校学习的儿童,以便给以特殊教育。比内认为,对于获得学术成功来说,感觉辨别力不过是次级的较低级因素,智力是由多种能力组成的,智力测验必须包含大量不同类型的测验项目。同时,他们也注意到,随着儿童年龄的增长,其智慧能力也随之增长,年龄也是影响测验结果的一个关键因素。即使最聪明的三岁的孩子也不能与一个智力一般的、九岁的孩子相提并论。此外,他们很明确测验结果是当时的表现,不是天生的能力,也不是为了打上聪明或愚笨的标签,而是为了补习以便提高。为此,他们提出了"心理年龄"(mental age)或智力年龄的概念。比内建议,如果一个儿童的心理年龄比他的实际年龄小两岁,那么,就可以认为他的智力落后,表示智力水平的办法是计算智商。

(三)智力测验的种类

心理测验本身依据题目形式、编制目的、施测要求、解释方式等可以划分为各种不同的类型,我们这里介绍几种与智力测验有关的分类。

1. 个别测验和团体测验

任何测验都可以由主试者对一个人单独施测,也可以同时施测于一组人。根据施测对象的数目,测验可以划分为个别测验和团体测验。

个别测验(individual test)指那种在同一时间内主试者只能对一个受测者进行施测的测验。例如比内量表、韦氏儿童智力量表等大多数儿童智力测验都属于个别测验。由于这种测验内容比较复杂,个别施测可以使主试者集中精力充分观察与控制受测者的情绪、行动等,从而更好地激发受测者的正确动机,争取与受测者合作愉快,以保证测验结果的可靠性。个别施测对于某些特殊对象,如幼儿、智力障碍儿童等尤为必要。但是,它耗费的时间和精力较多,测验程序比较复杂,并且主试者必须经过严格的训练后方能胜任。因此显得不够经济,不可能短时间内获得大量资料。

团体测验(group test)与个别测验相反,能够在同一时间内由一位主试者对多名受测者施测,如一般的教育测验、各种人格量表,以及团体智力测验等都是集体进行的。团体施测较个别施测显然可以节省大量人力与时间,并且可以在短时间内收集大量信息,同时主试者也无需接受严格的专业训练,不过它的缺点也正与个别测验的优势相反:主试者无法充分观察和控制每一位受测者的反应,测量误差不易控制。

2. 文字测验和非文字测验

测验题目可以由各种不同的方式呈现,比如数字、文字、图形,或各种实物都可用来组成题目进行测验,测验呈现的方式不同,受测者的作答方式也不一样。根据这一点,心理测验可以划分为文字测验和非文字测验。

文字测验(verbal test)的题目以文字材料组成并呈现,要求受测者用文字或语言的方式作答。文字测验的实施比较简便,而且较易于测量人类高层次的心理功能。但是,这类测验容易受社会文化背景的影响,在跨文化比较研究中应用比较困难;同时,不同的文化程度会影响测验结果,对于那些在语言文字方面有困难的人和幼小儿童则完全不适用。

题目不以文字表述,受试者不以语言或文字方式作答的测验称为非文字测验(nonverbal test)。非文字测验的说明由主试口头叙述,测验题目多为图画、工具、模型等,对仪器、实物等辨认或操作的操作性测验,也属于非文字测验。这类测验一般只适用于个别施测,费时费力,且对测验结果的评分易受主观因素的影响,很难达到严格的标准化水平。但是由于其材料的特殊性,这类测验不易受文化因素的影响,可用于广大文化水平较低者,如学前儿童、文盲等,并且适用于跨文化研究。

由于一个人在认知领域的知识往往并不能代替其在操作领域的技能,因此一般的智力测验同时包含两类题目,并且将两部分测验先分别计分,然后再结合起来进行解释,效果较好,如韦氏儿童智力量表。

3. 速度测验和难度测验

速度测验关注的是回答题目的速度,要求受测者尽快地作答,完成题目越多越好。其目的在于考察受测者在测验任务上的反应速度。速度测验一般由比较容易的题目组成,不需要深入思考,只是题量大而时间限制非常严格,一般情况下几乎没有受测者能够在允许的时间内完成全部题目。这类测验以受测者在规定时间里答对的题目数量来区分优劣,常用于测查需要牢固掌握的基础知识部分。

难度测验关注的是被试答题的正确性,要求受测者认真思考,准确地回答问题。测验的构成比较复杂,题目从易到难排列,最难的题目几乎没有一个受测者能够解决。这类测验可以没有时间限制或限制得非常宽松,通常以95%的受测者都有可能做完全部题目为前提来规定时间。它旨在测量受测者的解题技巧和解决问题的最高能力水平,以完成的数量和准确性为计分标准。各类学科竞赛所用的测验可谓难度测验的典型示例。

二、心理测验的技术指标

我们在选择一个智力测验来度量智力水平时,首先会考虑:用这种工具测得的结果准确吗?测验得分是否能有效地说明或预测他在现实生活中取得的成就或者他的学习成绩?每次所测得的结果都一致吗？测验结果的一致性和准确性，即测验的可靠性和有效性，是任何一个良好的测量工具都必须保证的前提，在测量学上称之为信度(reliability)和效度(validity)。智力测验与其他测量工具一样，必须达到一定的信度和效度指标，才能对人的智力做出客观、准确的度量，并对测量结果做出合理的解释。

（一）信度

信度(reliability)即可靠性，是指多次测验结果的一致性程度。一个好的测量工具，对同一事物反复多次测量，或由不同的人使用，其测量结果应该保持不变。假定用一个体重计在一天内测量某人的体重，第一次测量结果为 60 千克，第二次为 100 千克，第三次为 50 千克，我们知道个体的体重是不会产生这样大的波动的，因此测量的结果不可信，这个体重计也就不是一个可靠的测量工具。

任何测验，都只是对一个行为样本进行测量的，这样以它为基础所做的推论就不可能绝对精确。正如在一门课程上的多次考试，由于题目不同，每次所得分数不会完全相同一样，测量的结果总包含着一定的测量误差。信度依据误差大小有程度上的差异，大小介于 0 与 1 之间。通常信度由两个测量结果的相关系数来表示，称之为信度系数。根据误差源的性质，一个测验的信度可以分为以下几种。

1. 再测信度

再测信度是指测验结果跨时间的一致性。它是用同一个测验对同一组人前后进行两次测验，两次测验分数的相关系数就是再测信度。再测信度反映的是两次测验结果有无变动，因此又称稳定性系数。

2. 评分者信度

评分者信度是指不同评分者之间在测验结果计分上的一致性。测验要求必须有客观标准，才能做到结果评定的公平与公正。例如，考试中对问答题的计分，很难不受评分者个人水平与爱好的影响，结果很难保证客观，而使用选择题时，评分标准一致，测验的信度就高。当测验的结果是由评分者主观评定时，评分者信度尤为重要。例如在体操比赛中，裁判评分的一致性直接影响着运动员的名次，为此一般都要先取消两极各一个分数后再计算平均成绩。在心理测验中，除编制题目时注意答案的客观性外，在评分过程中，通常是随机抽取若干份试卷，由至少两位受过训练的评分者按计分规则分别判分，然后计算它们的相关。几个评分者的评分越一致，评分者信度越高。

3. 内部一致性信度

内部一致性信度又称同质性信度，是指一个测验中各个项目或几个分测验之间所测内容的一致性。智力测验通常包括几个分测验，或者是由许多不同的项目构成。内部一致性信度的计算是通过将测验项目分为两半，比较被试者们在两部分上的得分情况获得。如果两部分项目之间具有很高的相关，表示该测验有很高的内部一致性，或者说同质性信度很高。从测量方法上看，这样求得的信度也称分半信度。

一般说来，智力测验的信度要求较高，应该达到 0.9 左右，且有特定的计算公式。

（二）效度

效度(validity)是指测量的有效性，即一个测验对它所要测量的特性能够准确测量的程度。一个测验总是为一定的测量目的而设计编制的，并具有一定的操作规则和使用范围，判断它的效度高低，首先要看它达到测验目的的程度。如果能正确地测量出所要测的东西,那么它就是高效度的测量。例如,用英文书写的算术题测量儿童算术能力,他的成绩不佳可能出自算术能力低,也可能出自英文水平差,未能理解题意,因此,这些算术题作为能力测验便是无效的。同理,智力测验只能用来度量智力,而不能用它来度量个性,否则也是无效的。

与信度相比,效度是一个更复杂、更重要的概念。心理学家一般将效度进一步分为内容效度、构想效度和预测效度。

1. 内容效度

所谓内容效度是指测验题目对预测的内容或行为范围取样的适宜性程度。例如,教师在讲课告一段落后要进行考试,而考题不可能包含讲过的所有内容,必须从中选出一些有代表性的题目样本,编制成测验,然后根据考试分数推断学生对该范围内知识技能的掌握情况。如果测验题目不是该范围内的有代表性样本,或者过难或者过易,那么由此做出的推论,其效度必然很差。

2. 构想效度

构想是指心理学理论所涉及的抽象且属假设性质的概念或特质,如智力、焦虑、自我、外向、攻击性等。构想效度表示一个测验是否达到了对某一理论概念或特质的测量。如果一个智力测验测得的结果与该测验所依据的智力理论或假设相符合,那么,我们说该测验具有较高的构想效度。

构想效度的确定通常需要综合评价各种不同的资料,一般采取两种途径:一是考察该测验与度量同类构想的测验是否相关,二是考察它是否与不应有关的东西无关。例如,羞怯测验的分数应与一个人出现在聚会上的次数、在团体中的发言多少以及父母和朋友的评价有关,而与度量其他构想的测验分数如空间知觉、推论能力等基本无关。

3. 预测效度

预测效度,又称效标关联效度,测的是依据测验结果对特定情境中个体的行为进行预测是否有效的问题,也就是说该测验对我们所感兴趣的行为能够预测到什么程度。在这里,被预测的行为是检验测验效度的标准,简称效标。一个心理构想的外部行为表现可能很多,因此,用于检验测验的效标也很多,效标关联效度也就不止一个。如果一个人在选拔消防员的测验上得分很低,而他在实际防火、灭火中表现得非常英勇,与真正的消防队员一样好,那么,毫无疑问,这个测验的预测效度太低,不能用于消防员选拔。

注意:如果一个测验是有效的,它必定是可靠的。但反过来,一个测验具有很高的信度,它并不一定是有效的。例如,当小贩使用一个指标偏高的秤测量商品时,尽管每次测量都得到一致的结果,但它并没有准确地测出真实重量。用它得到的测量结果仍然是无效的。

(三)测验的标准化

除非我们知道参加测验的都是什么人,以及所有参加测验的人的得分情况,否则,单从一个测验分数,我们能够获得的信息很少。如某人在心理学课的考试中得了80分,那么,这个成绩能否说明他学得好呢?显然,答案是不一定。如果已知大多数人的成绩都没过70,或大多数人的成绩都在90以上,那么,就可以肯定地知道他究竟考得如何了。在这里,大多数人的得分情况为我们评估成绩的好坏提供了评价的参照系。

在一个测验正式付诸使用以前,测验的编制者都应建立常模,以使测验分数的解释更加清晰、明确。常模(norm)是解释测验结果时的参照指标,由总体测量结果的统计平均值表示。将测验施测于一个标准团体,即总体中的一个有代表性的样本是制定常模的必要条件。参加测验的每一个人所得原始分都要与常模团体相比较才能做出解释,即指出该分数在总体中所处位置。

最常见的两种常模表示法是百分位系统和标准分数。百分位系统,又称百分制,它是将一组测验分数分成100等份。一个百分位数反映在标准团体中高于或低于某个分数的人数比例。例如,不管实际的得分是多少,如果某人在测验中的得分为80百分位数,那就意味着高于这个分数的人只有20%,他处于下面80%的人的最前端。标准分数是统计中一种常用的、较复杂的常模表示方法。几乎所有能力测验的分数分布都呈正态曲线形式(如图7-2所示)。标准分数是根据测验分数的正态性质确定的,每个测验分数为正态曲线上的一个点,其位置以离中点(数值为0)的距离表示。离中点越远,其绝对值越大,获得这一分数的人数越少。而它所处位置以标准分数,也称 Z 分数来表示。$Z=(X-M)/S$,其值介于+3 和 -3之间。

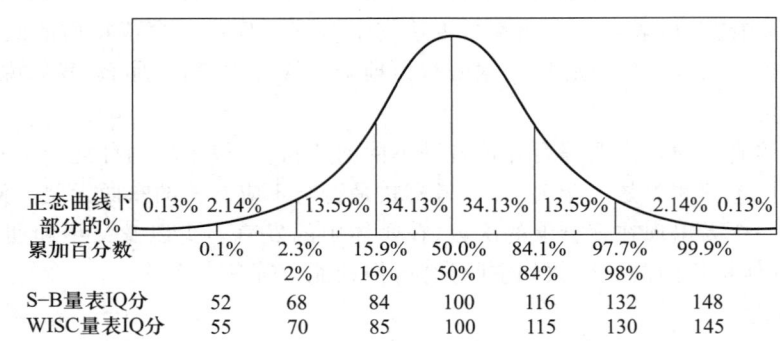

图 7-2 正态分布与智力测验分数大量施测结果测验分数呈正态分布形式。大多数人的分数落在中央部分,而高低两个极端人数很少。该分布的平均数为100,韦氏量表的标准差为15

研究指出:除非当前情况与常模产生时标准样本的情况相同,否则与常模相比得出的智商分数是不准确的。例如,儿童智力测验的成绩由于时代的变迁是在逐步提高的,这个现象由弗林(Flynn)提出,称为"弗林效应",如果用过去的测验给现在的人施测,就会发现大部分人的智商分数(IQ)都有所提高,近年来这一点在我国的研究中也得到了有力的证明。因此需要明确,心理测验,尤其是智力测验的常模,经过长时间的使用需要修订,才能保证测量准确,不被测验结果普遍提高的表面现象所误导。

三、经典的智力测验

目前,大多数的智力测验都是根据比内测验的思想和方法编制的,使用简短明确的多种题目,测验的计分也比较容易。内容方面不包括道德判断等社会性较强的问题,也不涉及学习新的知识以及太费时间的问题。以下介绍几种常用的标准化的智力测验。

(一) 斯坦福-比内测验

比内的智力测验发表后,美、英、德、日、意等国分别将其翻译成本国文字并结合各自的国情予以修订。其中以1916年推孟在美国斯坦福大学修订的版本最负盛名,称为斯坦福-比内测验(Stanford-Binet Test),并从此广泛地流行到世界各国。在我国,最早是陆志韦于1924年翻译并修订了斯坦福-比内测验。

斯坦福-比内测验是一种个别施测的标准化智力测验,自1916年修订完成并广泛使用后,又经过1937和1960年两次修订,内容上有了很多变动,1986年出版最新的第四版,适用于2~18岁的被试。测验题目经过严格的筛选按从易到难的顺序排列在各分测验中,由受过专门训练的测试人员对儿童进行单独测量和计分。目前的版本由15个分测验构成,代表着4个主要的认知领域:言语推理、抽象或视觉推理、数量推理、短时记忆。在测验过程中,每一步骤的实施必须遵照标准程序。测验一般从低于儿童年龄的较容易的题目开始,在儿童不能回答更难的问题时结束。

（二）韦克斯勒智力量表

韦克斯勒智力量表(Wechsler Intelligence Scale)是美国临床心理学家韦克斯勒(D. Wechsler)于20世纪中期编制的三种智力量表的总称,是目前世界上使用最多的智力测量工具。它包括韦氏成人智力量表(简称WAIS),测量16岁以上成人的智力;韦氏儿童智力量表(简称WISC),用于6至16岁学龄儿童的智力测量;韦氏幼儿智力量表(简称WPPSI),测量4至6岁半学龄前儿童的智力。这三种量表项目类别相似,只是内容及难度方面存在差异。

韦克斯勒认为:"智力是个人有目的地行动、理智地思考以及有效地应付环境的整体的或综合的能力。"基于这种认识,他在成人智力量表和儿童智力量表中都设计了11个分测验,以对智力进行全面考察。这些分测验分别度量个体的言语能力和操作能力。言语能力的测量包括常识、词汇、类比、理解、算术和记忆广度;操作能力包括图片排列、填图、积木、译码、拼图等。

韦氏量表的一个重要特点是摈弃了心理年龄的概念,但保留了智商概念。它运用统计方法,以儿童在同一个年龄团体中成绩所处的位置确定智商高低。用这种方法确定的智商又称离差智商。它的另一个显著特点是,不仅给出了一个人的智商总分,而且还给出了言语和操作两方面的各个分量表分,使我们可以更加清晰地了解一个人的智力结构,以及他在智力发展上的优势与弱点,从而对培养和补救提供了科学依据。

韦氏智力量表也需要进行个别施测。个别施测不仅使测量更加准确,干扰更少,而且可以获得许多其他信息,如对待测验结果的态度、情绪表现等,从而有助于做出更准确的诊断。

（三）瑞文标准推理测验

团体智力测验最早出现在第一次世界大战时期。显然,面对150万应征入伍者,个别施测的智力测验是不适用的。为了适应战争的需要,美国陆军先后研制了甲、乙两种纸笔型团体智力测验。由于使用简便,效率很高,被广泛使用。目前,应用最广的团体智力测验是英国心理学家瑞文(J. Raven)编制的一套推理测验。该套测验是非文字型的,其主要部分为瑞文标准推理测验(Raven's Standard Progressive Matrices,SPM),在20世纪80年代就已经修订出中国常模,由60道图形题目组成,图7-3是瑞文标准推理测验的题目示例。

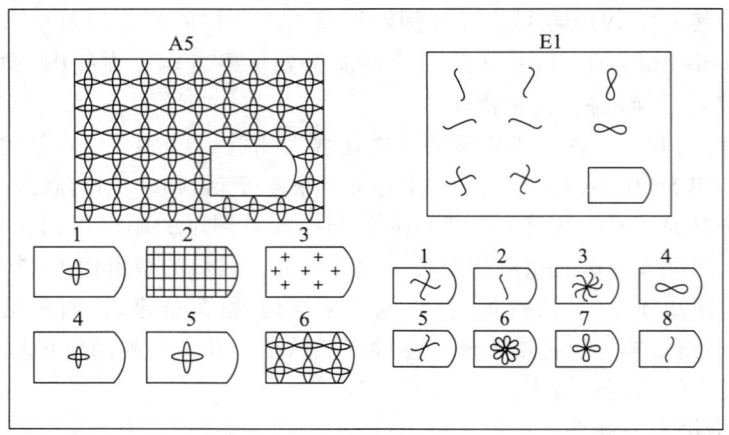

图 7-3　瑞文标准推理测验的题目示例

四、智力测验与性向测验、成就测验的关系

智力测验与性向测验、成就测验同属能力测验范畴,三者既有相似处,又有区别。能力测验是一个概括性名词,这类测验主要以应答的速度和正确性为指标判定结果。一般是分数越高或正确答案越多,表明能力越强,成就越大。由于对能力的认定与实施目的不同,实际使用时,能力测验被分为智力测验(intelligence test)、性向测验(又称能力倾向测验,aptitude test)和成就测验(achievement test)。

心理测验最早是为筛选学习困难儿童而编制的智力测验,但由于在理论上至今仍然未能给智力下一个公认的明确定义,因而智力测验的目标范围始终在争议之中。但就目前通用的智力测验而言,一般注重的是表现在认知活动中的稳定的一般能力,如言语能力、数学能力、记忆能力、空间知觉、推理能力等。通用的智力测验如比内智力量表、韦氏儿童智力量表等,都可视为对个体的基本能力素质的考察。

性向测验泛指用以测量潜在才能的测验。其目的在于发现儿童的潜在才能,深入了解其长处和发展倾向。如,美国大学入学考试用的学能测验(Scholastic Aptitude Tests,SAT),这一测验度量的是到大学后成功学习的可能性。潜在才能是指个体未来发展的可能性,即在给予一定的学习机会时可能达到的水平,而不是个体现在已经具有的能力。

成就测验或称成绩测验,主要考察受测者在学习和训练后所具有的知识和技能水平,由于它被广泛地应用在教育工作中,因此,有时也就被称为教育测验(educational test)。根据不同的标准,还可以对之进行更为细致的分类。影响成就测验上成绩的不仅是能力,还包括习得的知识。

第四节　智力的影响因素:遗传与环境

如果对一组儿童进行智力测验,我们会发现,人们的智力具有明显的高低差别。智力是由什么决定的呢?毫无疑问,影响人的智力的因素很多。一般而言,一方面智力受个人先天的生物因素的影响,如来自父母及家族的遗传;另一方面,智力也受个人的后天因素的影响,这主要包括家庭的环境、结交的伙伴和学校教育等。这些先天和后天的因素往往交织在一起,共同影响智力的发展过程与水平差异。

一、遗传因素对智力的影响

当我们看到一对父子时,我们常常为他们长得酷似而惊叹。人们也常说:"他真像他的父亲(或母亲),他的一言一行简直和他父亲一模一样。"子辈与父辈的相像一般称为遗传现象,由生物学因素或基因决定。智力和身高、相貌一样具有遗传性。人的智力在多大程度上取决于遗传呢?心理学家和行为遗传学家对此进行了多方面的探讨。

(一)家庭谱系研究

在生物学上,一个家庭或家族中的所有成员都具有一定的共同遗传基因。通过考察父辈和子辈在某些领域的成就差异,可以帮助我们理解遗传对智力的影响。英国著名科学家高尔顿最早开始关于能力遗传的研究。由于当时尚没有适当的智力测验作为工具,高尔顿以各方面的杰出成就作为衡量高能力的标准。他比较了杰出者的亲属成为杰出者的可能性和普通人成为杰出者的概率。他发现在 977 个名人(包括法官、政治家、文学家、科学家、诗人、音乐家和画家等)的亲属中,其父亲为名人的有 89 人,儿子 129 人,兄弟 114 人,共为 332 人,占名人样本的三分之一。而在社会背景可比较的普通人组中,只有 1 个亲属是名人。他也发现,随着血缘关系的降低,名人亲属成为名人的概率有规则地下降。这种变化模式与身材、体育成绩的家族变化模式完全相同。

高尔顿使用同样的方法,研究了艺术能力等方面的遗传问题。在双亲都有艺术才能的 30 个家庭中,他们的子女有艺术才能的有 64%,而在父母没有艺术才能的 150 个家庭中,子女有艺术才能的只有 21%。高尔顿断定,在能力的发展中遗传的力量超过环境的力量。

(二)双生子研究

研究智力遗传性的第二种途径是比较双生子研究(twin study)。在生物学意义上,双生子有同卵双生子和异卵双生子两种。同卵双生子(monozygotic twins)是由同一个受精卵分裂而来,他们具有完全相同的遗传基因。异卵双生子(dizygotic twins)是由两个受精卵发育而成,他们的遗传基因只有部分相同,与兄弟姐妹没有什么差别。因此,根据同卵双生子和异卵双生子在共同遗传基因上的不同,通过比较他们智商方面的相关,可以推测出遗传对智力的影响程度。

布查德和麦克高(Bouchard & McGue,1981)总结了世界上已发表的 34 个 4 672 对同卵双生子研究,和 41 个 5 546 对异卵双生子研究,结果发现:一同抚养的同卵双生子智商间的平均相关达到 0.86,而一同抚养的异卵双生子智商间的平均相关只有 0.60(图7-4),这说明异卵双生子在智力上的相似性不如同卵双生子高。新近的研究表明,同卵双生子和异卵双生子在智力上的差异比上述报告的差异更大。

同卵双生子和异卵双生子在智力上的差异,固然与遗传基因有关,但是否父母对待他们的方式不完全相同也有影响呢?针对这个问题,20 世纪 90 年代开始,又出现了一些对分开抚养的双生子的研究。然而,以韦氏成人智力测验、瑞文推理测验以及其他智力测验的主要成分量度,对 40 对被分开抚养的同卵双生子所做研究的结果发现,即使生长在不同的家庭环境中,他们智商间的相关在三种指标上分别达到 0.69、0.78 和 0.78,综合遗传力指标为 0.75,显著地高于在同样环境中成长的异卵双生子智商间的相关(0.34 至0.61)。由于分开

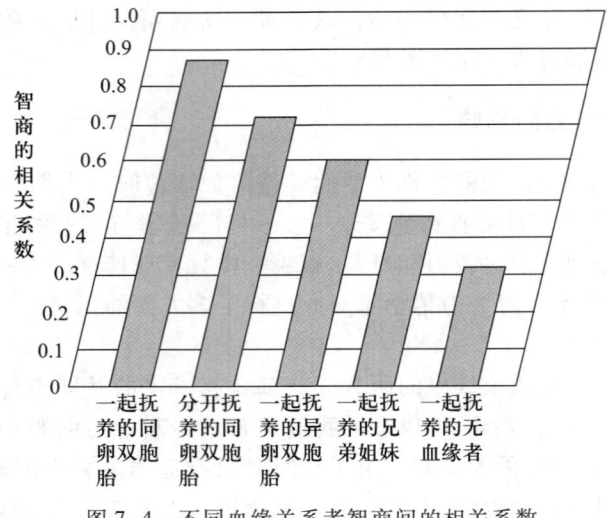

图 7-4　不同血缘关系者智商间的相关系数

抚养的同卵双生子生长在不同的家庭环境中,他们之间在智商上的积极相关更能证明遗传的影响。

由于各种各样的原因,许多家庭把自己的孩子送人抚养,这为研究者探索遗传和环境对智力的影响提供了方便。考察养子女与养父母及养子女与亲生父母在智商上的相关,为了解遗传对智力的影响提供了另一种可能。大量的收养研究的结果表明,被收养儿童与他们的亲生父母在智商上的相关($r=0.20$)显著地高于他们与养父母的相关($r=0.02$),世界著名的德克萨斯收养研究(Texas Adoption Study)报告了儿童与亲生父母和儿童与养父母在智力上的相关。他们对 3 到 14 岁的被收养儿童进行了智力测验,10 年后再进行第二次测验。在第一次测试中,被收养儿童与亲生母亲智商间的相关($r=0.23$)稍高于儿童与养父母在智商上的相关($r=0.13$)。10 年以后,当这些儿童长大成人时,第二次的测试结果表明,被收养儿童与亲生母亲智商间的相关略有增加,为 0.26,而被收养儿童与其养父母智商间的相关几乎为 0。被收养儿童与亲生母亲智商间的相关显著地高于他们与养父母智商间的相关。其他的收养研究也获得了类似的结果,这些研究说明:家庭间环境的影响随年龄的增大而减小,相反,遗传的影响却随年龄的增加而越来越大。

二、家庭环境对智力的影响

家庭收养研究同样为我们了解环境对智力的影响提供了证据。大量的收养研究表明:被收养儿童的智商与养父母的智商也有一定程度的相关,由于他们与养父母在遗传上没有任何相似,所以只能将这种智商的相关归因于环境的影响。同理,对于生活在同一家庭中遗传上没有任何血缘关系的兄弟姐妹,他们的智商间也有一定程度的相关。

收养研究的另一研究是比较收养前后父母社会经济地位的变化对儿童智力发展的影响。如果环境对智力有影响,那么,长期生活在贫困环境中的儿童一旦被收养到社会经济地位较高的家庭中去,其智商也应该有所提高。研究表明,亲生父母社会经济地位低的儿童,一旦被社会经济地位高的养父母收养,与生活在原来家庭环境中相比,IQ 分数会有明显的增加,通常在 10 至 12 分之间。

为考察家庭环境对智力发展的影响,用评价儿童家庭环境特征的量表进行研究(Caldwell & Bradley,1978),结果发现:1岁时儿童的家庭环境分数与1~5岁时儿童的智力测验分数的平均相关约为0.30,年龄更大时为0.38。也就是说,家庭环境在一定程度上影响着儿童的智力发展。

早期干预(preschool intervention)是否能提高儿童的智力水平,是近年来人们颇为关注的问题。大多数人对此会给出肯定的回答。在不同的家庭环境中,父母对待儿童的方式差别很大。有的父母望子成龙,为儿童提供丰富的环境刺激,如有的让幼小的孩子参加各种学习班,而有的父母则让儿童自然发展。丰富的环境刺激有利于儿童能力的发展。孩子出生后,如果睡在有花纹的床单上,床上吊着会转动的音乐玩具,他们仰卧时,就能自由地观察这一切。那么,两星期后,他们就试着用手抓东西。而没有提供刺激的婴儿,这种动作要5个月时才出现。研究还发现,缺乏母亲抚爱的婴儿,可能出现智力发展上的问题。有安全感的孩子喜欢探索环境,而探索环境正是能力发展的重要条件。研究表明,早期干预的确能够提高儿童在智力测验上的分数,不过这种助长作用是有限的。

自20世纪60年代以来,儿童的早期干预研究层出不穷。大多数研究采用横断比较法,即将一组儿童随机地分成实验组和控制组。对实验组的儿童实施特定的教育方案,控制组作为对照不施加任何特殊的教育措施,以实验组和控制组的差异作为衡量干预对智力影响的指标。几乎所有依此方法得出的结果都表明,早期干预对儿童的智力发展有促进作用。然而,当使用另一种研究方法,即追踪比较法,考查早期干预的效果及持久性时,却得到了更为复杂的结果。美国的密尔沃基计划(Milwaukee Project)是一项大型的早期干预研究。在这个研究中,儿童的母亲为IQ分在75以下的黑人妇女,实验组儿童在6个月时接受特别干预,如教母亲如何照顾孩子,每天在婴儿促进中心训练几个小时等,实验干预在儿童6岁时结束。在干预过程中,实验组和控制组每隔6个月接受斯坦福-比内智力测验和韦氏儿童智力测验,并在7、8、9、10、14岁时分别接受其他测验。研究结果表明,在6岁时,实验组儿童的平均智商为119,控制组为87,智商分数相差达32分之多。但这种差异随着时间的增长而减弱。在7岁时,两组的IQ分数差为22分;在14岁时为10分;在14岁时,实验组的平均IQ为101,控制组为91(Garbar,1988)。也就是说,早期干预对儿童智力有明显的积极影响,但这种积极作用随年龄的增长而逐步减弱。

三、学校教育对智力的影响

学校教育对儿童在智力测验上的成绩有显著的影响。是否接受教育,以及接受较好或较差教育会造成儿童的智力差异,这在研究中很容易得到证明。

学校教育可以通过多种途径影响智力的发展,一种最明显的方式就是知识的传授。学生通过系统地接受教育,不仅掌握了知识和技能,而且也发展了能力和其他心理品质。能力不同于知识、技能,但又与知识、技能有密切关系。对儿童和青少年来说,发展能力是与系统学习和掌握知识技能分不开的。在学校中,课堂教学的正确组织有利于学生能力的发展。有些优秀教师要求学生回答问题必须准确、严密、迅速,作业必须一丝不苟。经过长期训练,学生思维和言语能力有明显提高。"强师手下出高徒",也说明了教育、训练对发展能力的意义。吸引学生参加课外科技小组、绘画小组、体操小组等丰富的校内外生活活动,也有利于学生能力的发展。在课外活动小组中,常常会涌现出许多小发明家、小气象家、小农艺家、小画家,这对他们能力的发展和一生的事业都将产生深远的影响。学校教育能促进多种智力技能的发展,并且各种智力技能在不同儿童身上的发展水平是各不相同的。如何实现因材施教,最大限度地发挥学生的潜能,是教育工作者也是心理学工作者最迫切的任务。

四、社会实践对智力的影响

人的各种能力是在社会实践活动中最终形成起来的,智力当然也不例外。离开了实践活动,即使有良好的素质、环境和教育,能力和智力也难以形成和发展起来。关于这一点,我国古代思想家王充早就指出"施用累能",即能力是在使用中积累的。他说,齐的都城世代刺绣,那里的平常女子都能刺绣;襄地有织锦传统,即使不聪明的女子也变成了巧妇。这是因为天天看到,时时学习,手自然就熟练了。

同时,当今社会强调素质教育的重要性,学生素质的提高,不仅要通过在学校里吸收知识,更多的要在社会实践中实现。同时,社会也呼唤多种不同的能力,或者说多元智能,要想使自己的多种能力同时得到发展和提高,也只能在社会实践中实现。

思 考 题

1. 请解释下述概念:智商、比率智商、离差智商、常模、信度和效度。
2. 简述能力可以划分为哪些类型,智力与能力的关系又如何?
3. 如何理解智力的个别差异?
4. 如何解释人与人之间在智力上存在的个别差异?
5. 请简述斯皮尔曼有关智力研究中的 g 因素理论。
6. 何谓流体智力与晶体智力,二者在发展上有什么区别?
7. 什么是斯腾伯格智力理论中的元成分和操作成分?
8. 智力测验可以划分为哪些类型,智力测验、性向测验、成就测验的区别是什么?
9. 试说明影响智力发展的各种因素的作用。

第八章　动机与情绪

马拉松是一项为人所熟知的运动项目,但马拉松长跑的由来并不是广为人知的。在公元前490年,波斯远征军入侵希腊,在马拉松这个地方布阵,雅典就派出一名叫裴里匹底斯的信使前往斯巴达求援。这位信使用35小时走完了150公里的路程。但是斯巴达人却说10天之后才能出兵。信使把消息带回马拉松,失去救援的雅典人背水一战,结果以少胜多打败了波斯人。一位希腊军人为了把希腊人战胜波斯人的胜利消息传到雅典,他从马拉松这个地方又跑到雅典,路途长达42公里。在这漫漫的路途中,这位军人以强烈的动机和超人的毅力,克服了重重困难,而当这位军人把胜利的消息传给雅典人时,他也随即躺倒死去。人们在激动万分的时候,也沉痛地悼念这位坚毅的战士。为了纪念他,人们定期举行马拉松比赛,持续至今。在这个故事里,军人强烈的行为动力和雅典人对战士的情怀,就是我们本章所讲的动机与情绪。

第一节　动机与行为

运动员不畏寒冬酷暑,刻苦训练为什么?其行为动机是获取奥运金牌,体现奥运精神。高中生刻苦学习,争取获得高考成功,为什么?其行为动机是实现上大学的人生理想。教师兢兢业业,传道授业,为了什么?其行为动机是履行职业责任,弘扬职业精神。父母辛苦劳作、无怨无悔地养育孩子,为什么?其行为动机是为了给孩子健康成长、幸福生活的条件……

那么,什么是动机呢?

一、动机的定义

(一)动机的概念

当人们口渴的时候,就会去寻找水,找水的行为背后就是动机。心理学家一般把动机定义为激发、维持、调节人们从事某种活动,并引导活动朝向某一目标的内部心理过程或内在动力。

动机是无法直接观察到的,因为动机是一种内部心理现象,所以我们只能从表面行为的变化来推测背后的动机。动机作为行为过程中的一个中介变量,在行为产生以前就已存在,并以隐蔽内在的方式支配着行为的方向性和强度。我们经常看到的是动机所驱动的行为,如好朋友们经常在一起玩、学习、倾心交谈,但其注重友谊的行为背后是无法直接观察到的交往动机。在灾难来临时,母亲用生命护住了孩子,其行为的背后是无法直接看到的母性动机。科学家为了攻破科学难题,废寝忘食、夜以继日地工作,其行为背后是无法直接显现的自我实现动机。

（二）动机的功能

动机具有以下几种功能。

1. 激活功能

动机具有启动效应,它会推动人们开始进行某种活动,使个体由静止状态转化为活动状态。在动机的驱使下,个体会产生某种行为,并且维持一定的行为强度。例如,饥饿会促使个体做出觅食的活动。口渴会让个体产生寻找水源的动机。生理需求产生的动机往往比较急迫,需要立即获得满足。

2. 指向功能

动机使个体进入活动状态之后,还能指引个体的行为指向一定的方向。在成就动机支配下的人会积极地学习,主动选择有挑战性的任务去做。动机不同,有机体行为的目标也不相同,这就是动机的方向性在起作用。例如,同样是努力学习,有些学生只是为了获得教师和家长的赞赏,他们只要能得到夸奖就感到满足,并不十分在意自己是否真的掌握了所学知识。而有些学生则是对所学的内容本身有浓厚的兴趣,要真正理解了知识才能安心。可见,由于动机的不同,导致了行为目标的差异性。

3. 调节与维持功能

动机会决定行为的强度,动机愈强烈,行为也随之愈强烈。工作动机强烈的人则往往会全身心地投入工作之中,成为一个"工作狂"。动机也决定个体行为的久暂性,在没有达到目标之前,行为会一直存在。只要动机不消失,行为也会持久地存在着。有时行为看似不存在了,但只要动机仍然存在,行为就不会完全避免,它只不过是以别的形式存在,如由外显行为改为内潜行为。

二、动机的产生

动机的产生受内外两种因素的共同影响——需要和诱因。个体内在的某种需要是动机产生的根本原因,而外在环境则作为诱因,引导个体趋向于特定的目标。

（一）需要

需要是有机体内部生理与心理的不平衡状态,它是有机体活动的动力和源泉。需要一旦产生就成为一种刺激,人的行为动机就是在这种刺激下产生的。当有机体内部的物质不足时,就会出现某种需要。人一天没吃喝,会有饥、渴的感觉;人要出现知识枯竭,会产生学习的需要;人孤独时会产生交往的需要。

动机是在需要的基础上产生的。在某种需要的刺激下,人们便会想方设法采取某种行为以寻求满足,消除不平衡状态。当需求满足后,人的身心就平衡了。例如,当一个人渴了的时候,体内便会出现一系列与渴有关的生理不平衡状态,在这种不平衡状态的驱使下,这个人会四处寻找解渴的东西。此时,内在的生理需求成了他寻求解渴物品这一行为的直接推动力量。

（二）诱因

除了有机体内部的需要外,外在的环境刺激也可能成为行为的驱动力量。环境刺激是动机产生的诱因。所谓诱因是指能够激起有机体的定向行为,并能满足某种需要的外部条件或刺激物。在一般情况下,诱因作为一种外在刺激物,能够吸引有机体的活动方向,有助于机体寻求需要的满足。如口渴的人急于寻求一个解渴的水源,有水源的地方便作为一个诱因存在,引导着口渴的人做出相应的行为来满足自身的需要。但在有些情况下,即使有机体没有特别强烈的内在需要,外在诱因也可能成为动机产生的一个条件,如色香味俱佳的食物可能会使一个本来并不觉得饿的人不由得产生尝一口的想法。

在动机中,需要与诱因是紧密相连的。需要是内在的、隐蔽的,是支配人们行动的内部原因;诱因是与需要相联系的外界刺激物,它吸引有机体的朝向性活动,并使需要有可能得到满足。所以,需要推动人们去活动,并使活动朝向外界的诱因,从而使活动具有目的性和方向性。当人们的需要得到满足后,诱因的吸引力降低,动机的强度也随之减弱或消失。

三、动机的种类

人的需要是多种多样的,有自然的生理上的需要,也有社会和文化需要。当某种需要没有得到满足时,相应的动机就会推动人们去寻找满足需要的对象,从而产生各种活动的动机。因此,依据不同的标准,可以将动机划分为不同的种类。

(一)生理性动机与社会性动机

根据需要的不同性质,可以将动机分为生理性动机和社会性动机。

1. 生理性动机

生理性动机也称驱力,是由个体的生理需要所驱动而产生的动机。它以个体的生物学需要为基础,对维持个体的生存和发展有着极其重要的作用,如饥、渴、缺氧、母性、性欲、排泄、疼痛等。这些都是保证有机体生存和繁衍的最基本的生理性动机。生理性需要得到满足后,相应的生理性动机水平便趋于下降。20世纪20年代,心理学家们曾经用动物做了一个实验,来验证不同驱力的相对强度。实验者设计了一种障碍箱(obstruction box),障碍箱把有动机的老鼠和假定的动机物用电栅分开,老鼠必须忍受一定强度的电击才能通过栅栏以获取食物、水、性或子嗣。结果表明,母老鼠忍受的痛苦最多,越过栅栏的次数最多,这就是母性动机最强有力的证据。其实,在人类的身上,纯粹的生理性动机很少见,因为人不仅是自然的人,更是社会的人,在人的许多生理性动机中都印有社会化的烙印。如上述生理性动机中的母性动机,一方面它是天生遗传的一种动机,另一方面也受社会文化、道德规范的影响和约束。在人类社会中,养育子女被认为是父母的义务和责任。对自己子女冷漠无情、不负责任的人被认为是缺乏道德的,势必受到谴责。因此,人类所表现出来的母性动机和动物有很大的区别,它已不再是纯粹的、本能的动机了。

视窗

神经性厌食症与神经性贪食症

饮食是人类的正常生理需求,但是人们会出现与饮食有关的心理异常状态,如进食障碍。在很多国家,肥胖已经成为令世界瞩目的公共健康问题。在美国,大约有1/3的女孩儿和1/10的男孩儿患有饮食和体重控制相关障碍,而且多发生在青春期。为了防止肥胖,可能会出现进食障碍。研究也发现:进食障碍的患者对食物信息的加工方式与正常人不同。

进食障碍分为两种:神经性厌食症与神经性贪食症。这两种饮食紊乱多与追求苗条的理想身材有关。

神经性厌食症是指通过绝食而不懈地追求身材苗条,从而导致饮食失调。表现的主要特征是:极度害怕体重增加,这种恐惧不会因为体重减轻而减弱;会出现神经性呕吐;体型已经因过度消瘦出现严重扭曲(如骨瘦如柴,图8-1),但是患者仍然觉得自己不够瘦。厌食症还可以导致身体机能衰退,甚至可能会导致死亡,10%的患者会死于营养不良。

神经性贪食症是指持续性地以暴食和催吐或其他手段清胃的进食障碍。这类患者不仅不拒绝进食,还会无节制地大吃大喝,之后又会产生罪恶感,于是采用催吐和吃泻药的方法将食物排出体外。这类患者仍然害怕体重增加,经常处于压抑和焦虑状态。

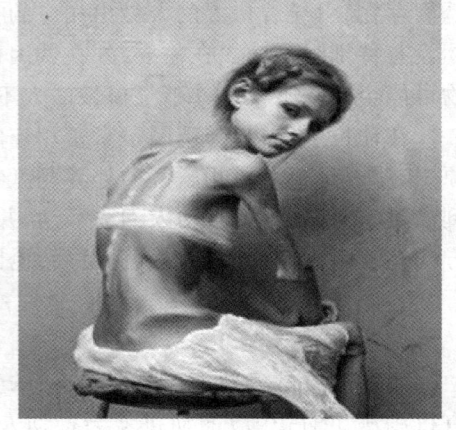

图8-1 厌食症患者

另外,还有一种进食障碍叫暴食症。表现为一次性摄入大量食物,但过后既不清胃也不运动。

上述进食障碍患者需要进行临床治疗与心理治疗。

---

2. 社会性动机

社会性动机是人类所特有的,它以人的社会文化需要为基础。人在成长的过程中要逐渐社会化,接受其所在社会文化的熏陶。为了得到社会的认同,同时也满足自己的社会文化需要,就会产生各种社会性动机,如工作动机、交往动机、权力动机、亲和动机、成就动机、成长动机等。由于社会性动机是在一定的社会环境中逐渐形成和发展的,所以它与特定的社会文化关系十分密切。社会性动机推动人们从事社会活动,参与社会团体,并在其中获得认可、地位与成功感。社会性动机是人的某些高级需要所产生的,所以如果社会性动机长期得不到满足,虽然不会危及人的生命,但却有可能导致适应不良,出现某种心理障碍。如交往动机长期得不到满足,会使人倍觉孤独,并有可能进一步出现心理障碍。另外,在个体发展的过程中,高级需要出现得比较晚,因此社会性动机也会比生理性的动机出现得晚些。如人一出生就会有吃饱穿暖的生理需要,但成就动机要到个体成长到一定阶段才会出现。

(二)内在动机与外在动机

根据动机产生的源泉不同,可以将动机区分为内在动机与外在动机。

1. 外在动机

外在动机是在外部刺激的作用下产生的,是为了获得某种奖励而产生的动机。如有些小学生为了得到老师和家长的喜欢或称赞而学习,获得了奖励就会产生继续学习的动机。如果没有奖励,他们的学习劲头就不足,即学习动机减弱甚至消失。但在儿童动机发展的早期阶段,外在动机具有重要意义。儿童往往是先有外在动机,以后内在动机才逐渐发展起来。

2. 内在动机

内在动机是由个体的内部需要所引起的动机。它可以提高绩效、持久性、自尊和创造力。如学生认识到学习的意义,了解到学习对自己毕生发展的重要性,就会对学习产生很大的兴趣,这时他们的学习就不是只靠外力的推动,而能自觉自动、积极主动地学习了。这个时候,他们的学习动机就转化成为内部动机了。一般来说,由内在动机支配下的行为更具有持久性,因为从某种意义上讲,内在动机是个体对某种事物的一种内在兴趣,不会轻易消失。

3. 内在动机与外在动机二者的关系

(1) 内在动机与外在动机可以相互转化。

适度的奖赏有利于巩固个体的内在动机,但过多的奖赏却有可能降低个体对事物本身的兴趣,降低其内动机,这就是动机心理学中的德西效应。例如,一个学生原本对学习本身充满了兴趣,学习纯粹是出于自身的需要与兴趣,但他的父母为了督促他学习,不断地给予他物质上的奖励,这种奖励多了,学生的学习目的可能就会由学习知识转向获取父母的奖赏,他的学习动机也就由内在动机变成了外在动机。一旦这种外在的奖励减少或消失,学生的学习劲头就会减弱甚至消失。

(2) 内在动机和外在动机可以同时存在于一身。

在成功人士身上可以同时受到内在动机和外在动机的作用。例如,兰斯·阿姆斯特朗战胜癌症赢得了环法自行车赛冠军,除了内在动机外,冠军可获得数百万美元的奖金这一外在动机在其中也起到了重要作用。

(三) 主导动机与从属动机

依据动机在行为中所起的作用不同,可将动机划分为主导动机和从属动机。

1. 主导动机

人的行为十分复杂,这种复杂性的表现之一便是某一行为可能是由多种动机所驱使的。推动行为的各种动机所起的作用是各不相同的,有的强烈而稳定,起主导作用。在行为的发生过程中,主导动机起的作用最大,支配着行为发生的方向和强度。

2. 从属动机

在行为动机中,有的动机则处于辅助从属的地位,所起的作用偏弱,称为从属动机。

主导动机和从属动机在不同人身上或不同情况下会相互转化。在学习活动中会有多种动机并存,在众多动机中有人把提升自己的能力作为学习的主导动机,而有人在学习动机中把获得赞赏、满足兴趣、成绩优异作为次要的、辅助性动机。同一个人在不同的时期,其主导动机也会变化。如在竞赛前期,会把获得优异成绩作为主导动机,而提升自己可能转化为次要动机。

四、动机强度与工作效率

动机对于提高活动效率具有重要意义,一般来说,人们似乎认为动机越强,活动效率越高。但事实并非如此。研究证明,各种活动都存在动机的最佳水平。动机过强或不足,都会使工作或学习效率降低,中等强度的动机最有利于发挥最佳工作效率。研究还发现,动机的最佳水平随活动性质的不同而不同。在简单容易的活动中,工作效率随动机的提高而上升;当活动难度加大时,动机强度则需要降低。

图 8-2 说明了动机与绩效的关系,二者是非线性关系,不同任务难度需要的动机强度也不同。当任务简单时,高动机会提高工作与学

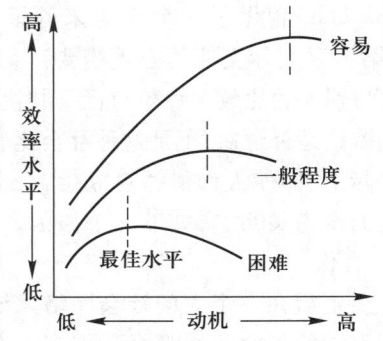

图 8-2 动机强度、任务难度与工作绩效的关系

习效率;当任务困难时,低动机强度会有利于发挥最佳水平;当任务难度中等时,需要适度的压力强度,此时效率水平是最高的。

第二节 社会性动机

社会性动机是以社会文化需要为基础的动机,它涉及个人的工作、交往、对成就的追求等诸多方面。

一、交往动机

(一)交往动机及其获得

交往动机是指个体愿意归属于某一团体,喜欢与人交往,希望得到别人的关心、友谊、支持、合作与赞赏。交往动机是个体愿与他人接近、合作、互惠并发展友谊的内在需要。

这种动机会促使人们结交朋友,寻找支持,参加某一团体并参与其活动。当这种动机促使人们满足了交往需要时,人就会感到安全,有依靠和归属感;相反,人们的交往需求得不到满足时,就会因此而感到孤独、寂寞、无助、痛苦、焦虑。

关于交往动机的获得方式有两种不同的观点。一种观点认为,交往倾向是先天遗传的神经模式,是一种本能行为。遗传的基本交往倾向是自然选择的结果。在远古时代,与其他食肉动物相比,人类是十分弱小的种族,因而需要大家集合在一起维护彼此的生命安全,保证种族的繁衍,因而具有交往倾向的个体便存活下来,并将这种倾向演化为一种可遗传的特性保留了下来。另一种观点认为,交往行为是一种后天习得的行为。交往行为的学习有多种方式,条件反射和奖赏等都有可能加强交往倾向。例如,在一般情况下,社会文化对交往行为持一种赞赏的态度,这就会强化个体的交往行为。实际上,在所有的交往行为中,有些是先天遗传的,有些是后天学习得来的,还有些是两者相互作用的结果。

(二)交往动机产生的原因

人是社会的动物,交往是人在人类社会生存的一项重要活动,因而人们总会花大量的时间与他人相处,就由此产生了交往行为。在所有的交往行为中,有些是先天遗传的,有些是后天学习得来的,还有些是两者相互作用的结果。

一个十分有趣的问题是:人们为什么倾向于跟人在一起?关于这个问题有两个不同的观点。一种观点认为,人们是为了排除自己的恐惧才选择了与别人交往的行为。沙赫特(S. Schachter)曾做了一个实验来验证上述观点。结果表明,恐惧使人们的交往倾向加强(参见第十章人际交往的心理需要)。另一种观点则认为,人们之所以喜欢交往,是因为人们想通过与别人的比较来评价自己,同时也通过和别人的比较,来评定在某些情境中自己的感受与情绪体验是否合适,正是这种社会比较过程加强了人们的交往动机(Leor Festiner,1954)。

实际上,即使人们能够自立生存,也仍然会与他人维持良好的关系。人们之所以要保持与他人的亲密关系,有如下几个原因。

1. 合作

人类生活在一个大的社会网络系统中,与他人合作共处是我们社会文化价值所鼓励的。我们在生活的各个领域都会与许多人有合作关系,如在公司里同事间的工作合作,学习中同学间就某一问题开展讨论,在科研项目中科学家协同攻克难关,在家庭中夫妻互相配合打扫房间,在公园湖边陌生人们齐心协力抢救落水儿童等。在人类社会生活中,一个人的生存是离不开与其他人的合作的。人不可能绝对孤独地、与世隔绝地生活,合作是人类基本的社会生存动机。这种合作式的交往多是以某一事件或活动为基础的,人们通过完成某一活动、处理某一事件而共同在一起,活动完成后一些合作关系可能随即停止。但如果在通过合作之后建立了情感联系,就可进一步建立亲密的交往关系。

2. 情谊

在社会生活中,我们与他人的关系又不仅仅局限于合作关系,我们还会因一些情感因素而喜欢与他人在一起。伙伴情谊也是人类交往的一种因素,它表现出几种形式,如夫妻感情、亲属亲情、邻里情谊、同学友情、同事情义等。平时在紧张工作之后,要好的同事一起去喝咖啡,轻松一下;好朋友约好周末郊游;过年时亲戚互相走动走动,邻居串串门。这种以情感因素为取向的交往,具有持久性、亲密性、少功利性的特点。

3. 归属

人们总是希望自己能成为某一社会群体中的一员,被其他成员所认可。这种归属于某一团体的交往需求在我们生活中也随处可见。如儿童时代加入少先队、青年时代加入共青团等正规化组织,我们也常常希望能归属于某些民间或非正式化团体,如班级中某些人构成的小集团;工作中,希望被某些人认定为"自己人"等。当我们归属到这些团体中去时,我们就会获得支持与依赖,具有了安全感。

二、成就动机

(一)成就动机的结构

成就动机是指人们力求获得成功的内在动力,一个人对自己认为重要的、有价值的事情,会努力去克服困难,尽力达成目标的一种内部推动力量。

个体的成就动机中含有两种成分:追求成功的倾向和回避失败的倾向。一般认为,成就动机较高的人喜欢选择富于挑战性的任务,其追求成功的倾向大于回避失败的倾向,成就动机水平较低的人则因害怕失败而回避困难的任务。

(二)成就动机的特征

成就动机是一种后天习得的动机,它也是决定个体努力程度的动力因素,人与人之间的成就动机存在个体差异。一般来讲,成就动机水平较高者具有以下特征。

1. 具有挑战性与创造性

高成就动机水平的人喜欢探新求异,具有开拓精神,喜欢富于挑战性的任务,并全力以赴地获取成功。这种人更富于创造性,他们总是力图将每件事做得尽可能地好。

2. 具有坚定信念

高成就动机水平的人其行为目标明确,对自认为有价值的事情会持之以恒,坚持不懈地做到底,无论遇到多大困难,他们都始终对之抱有成功的期望。

3. 正确的归因方式

高成就动机水平的人常把以往的成功归因于能力与努力,而把失败归因于缺乏努力这种可变的、内在因素上;这种归因方式会使他们今后更努力地去改变自身不利于成功的缺点,不断努力,不断进取。低成就动机水平的人则会把以往的失败归因于缺乏能力这种稳定的、不可变的、内在因素上,而把成功归因于外在原因(如运气等);这种归因会使他们安于现状,消极被动,过于自责,不思进取。

> **视窗**
>
> **女性的成功恐惧**
>
> 在现实生活中,人们常常对事业上非常成功的女性冠以"女强人"的名称,在一般人的眼中,女强人似乎是一个遥远而且不亲切的形象,许多男性不希望自己的妻子超过自己,成为所谓的女强人,许多女性自己也不愿做女强人,因为一旦成为女强人,她们就得承受事业、家庭双方面的重担,同时还得承受来自于社会的一些不认同感。
>
> 女性是否真的害怕成功?与成功的男性相比,成功的女性为什么要承受更多的压力?
>
> 霍纳(Horner,1968)采用 TAT 测量方法,对女性成就动机的特点进行了研究。她采用的故事是:"第一学期末,安妮发现自己在医学院的班上名列第一……"就此让女性编故事,而对于男性,"安妮"则由"约翰"来代替。结果发现,65%的女大学生对女性线索表现出成功恐惧反应,而仅有9%的男大学生表现出对成功的恐惧反应。
>
> 霍纳由此提出女性有一种害怕成功的倾向(Fear of Success,FOS)。她认为,女性害怕成功,主要原因在于性别角色和社会文化的影响,害怕成功是一种与性别角色习得有关的稳定人格特征,女性担心成功会给自己带来一些负面影响,如失去女性魅力等,而且在传统文化观念中一般认为,女性是不应具有坚强独立并富于竞争精神的。霍纳同时发现,女性害怕成功的比例明显高于男性,在竞争情境中,尤其是面对男性竞争对手时,女性特别容易害怕成功。
>
> 霍纳的观点也引起了一些不同意见,如 Pephan(1976)指出,个体的性别角色(sex role)概念可能比畏惧成功的倾向更多地影响了女性成就动机水平的高低。

三、权力动机

权力动机是追求影响力和控制力,表现出权威形象的需要。不同的个体对权力的渴望程度有所不同,也就是权力需要的程度有所差别。权力需要较高的人会倾向于影响和控制别人,喜欢对别人"发号施令",注重争取地位和影响力。他们的主要表现是喜欢与他人争论、头脑冷静、表达直率、经常会提出不同的问题和要求。他们喜欢呆在具有竞争性和能体现较高地位的场合或情境中,他们也会去追求出色的成绩。但是他们对于成功的追求与高成就需要的人不同,他们为的不是那种成就感,而是为了获得地位和权力或与自己已具有的权力和地位相称,通过获得成功所带来的附属品满足自己的成就需要。

四、工作动机

工作动机是最有效能、最为复杂的社会性动机之一,是一种使个体努力工作,高质量地创新并不断完善自己工作的动机。

工作动机理论基于不同的人性观,它涉及了一个问题:人为什么工作?回答这个问题有两个理论——X 理论和 Y 理论、V 理论和 Z 理论。X 理论认为人工作是为了钱,个人的工作动机来自于物质利益的驱动,并且常被外来刺激(诱因)所吸引。Y 理论则把人看作是负责、有创造力的，人们工作不是为了外在的物质刺激，而是出于一种要将工作做好的内驱力。根据这种观点，在工作激励中不应将物质利益的吸引力放在第一位，而应创造一个自由的工作环境，让工作者有充分的空间发挥他们的创造力，满足他们对工作的内在需求。V 理论认为，个体的工作动机水平依赖于为实现自身的价值观而付出的努力，有雄心的人个人价值观比较高，并且会努力在工作中寻求实现和证明。Z 理论认为，当个人价值感与组织的目标协调一致时，个体的工作动机、士气和忠诚度都会得到提高。

工作动机来自不同工作需要的驱动，不管人的工作动机来自什么需要，它总是人们不辞辛苦地勤奋工作的强大动力。人们为了生存，为了证明自身的价值，为了使自己更成熟，甚至为了寻求一种乐趣，而努力做着各种各样的工作，因此工作是每个人一生的事业。

第三节 动机理论

一、需要层次理论

（一）动机的种类

马斯洛把人的动机分为两类。

1．匮乏动机

匮乏动机为人和动物所共有。它是由基本需要（也叫缺失需要）引起的。匮乏动机是指个体试图恢复自己生理和心理平衡状态的动机，在需要得到满足之后便趋于消失。它与人的本能相联系。

2．成长动机

成长动机由心理需要（也叫成长性需要）引起，心理需要是一种超越了生存需要所产生的、发自内心的希望发展和实现自身潜能的需要，它不受本能的支配，为人类所特有。满足了这种需要，人就会产生出强烈、深刻的幸福感，这就是马斯洛所描述的"高峰体验"。成长动机是被高级需要所驱使的动机，是指个体试图超过他以往成就的动机。在这种动机的驱使下，人们愿意承受不确定性、紧张乃至痛苦，以使自身的潜能得以实现，当一个目标达到后他们还会追求更高目标。

（二）需要的层次

马斯洛将需要分为不同的五种层次。他认为所有的人都有从低级到高级的需要层次（见图 8-3）。

马斯洛认为这些需要是有层次的，是一种由低到高的逐级上升的过程，呈金字塔形式排列。处于最底层的是生理需要，依次上升的是安全需要、爱和归属的需要、尊重的需要，最高层是自我实现的需要。马斯洛认为在满足较高层次需要之前，必须先部分满足较低层次的需要。只有低级的需要满足之后，才能产生高级需要，以此类推。在需要层次中，层次越低，力量越强大。

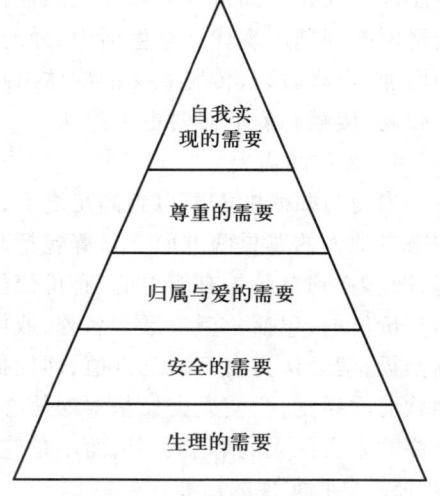

图 8-3 马斯洛的需要层次

1. 生理需要

生理需要是指与有机体生存、繁衍有关的需要，是人和动物所共有的。如对于食物、水、氧气、性、排泄和睡眠的需要等。这些需要在所有需要中占绝对优势，是人的需要中最基本、最强烈的，他们优先于任何其他需要。如果一个人的基本生理需要没有得到满足，其他的需要就会处于次要位置。例如一个极度饥饿的人，只对食物感兴趣，动机就是要吃饱肚子，这时候他不会去关注其他的东西，如读书、听音乐等。凡是被人们感觉得到的需要，一旦被满足就会产生愉快的感觉，所以吃、喝、痛苦的减轻、性的满足，都会使人愉快。反之，过分沉溺于生理需要的满足，如吃得过饱、饮酒过度、性行为泛滥等，都被认为那只是为了作乐，而不是为了维护生命，所以不是一种理想的生活状态。

2. 安全需要

一旦生理需要得到满足，就会出现安全需要。安全需要是指生命对于稳定、安全感、依赖、秩序、法律、界限、避免痛苦和恐吓、受保护的需要等。安全需要使个体寻求一个环境，让生命避免受到威胁。当未来不可预测时，或者当社会秩序处于动荡不安时，人们的安全需要会更加明显。比如，儿童对于陌生的、新奇的环境会感到紧张和恐惧，他们需要一个可以把握的世界。对于家庭环境不稳定的儿童（如父母吵架、分居、死亡、离异等），缺乏安全感会使儿童紧张、焦虑不安及受惊吓等。应尽量给予孩子一个稳定的环境，满足他们的安全需要，使他们健康成长。

3. 爱和归属的需要

当生理需要和安全需要都得到满足后，爱、感情和归属的需要就可以产生。爱和归属需要是指渴望在生活圈子里与他人建立亲密的感情联系，渴望被别人接纳，能够给予爱并获得爱，并被认为很有吸引力。比如希望有知心的朋友、有亲密的爱人和可爱的孩子。马斯洛认为爱有两种形式。一种是匮乏之爱，比如占有他人，这是一种自私的爱，是为了获取而不是给予。另一种是存在之爱，如关怀他人，这是一种基于成长的不是占有的爱，是不自私的爱。成熟的爱是两个人之间健康亲密、相互信赖的关系，在这种关系中，两个人会没有恐惧、没有戒备。爱的需要如果得不到满足，人们就会感到孤独寂寞和空虚无助；如果儿童缺乏爱，就不能健康成长。如果爱的需要受到挫折，会容易使人心理失衡，出现心理疾病，产生慢性的人格困扰问题。现代社会生活中，爱的需要的威胁是最普遍的。由于生活节奏加快，人口流动增加，家庭破裂、传统意义的群体出现动摇，人们之间的交流减少，隔阂增大，所以人们对于归属、接触和爱的需要更为迫切。

4. 尊重的需要

当爱与归属的需要得到满足之后，人们会把注意力指向尊重的需要，尊重需要包括自尊和来自他人的尊重两方面。自尊包括对自己有力量、有成就、有信心以及要求独立自由的渴望，即感觉到自己是有能力的、有价值的；来自他人的尊重是指需要别人承认我们是有能力和有价值的，包括希望自己有名誉、威望、地位，得到他人的认可和赏识。如果自尊的需要受到挫折，就会认为自己缺乏价值，即使拥有金钱、爱人和朋友，也会使人产生自卑、无能、沮丧和软弱的感觉，会使人丧失基本的信心。马斯洛认为，最健康、最稳定的自尊是建立在当之无愧的来自他人的尊敬之上，而不是建立在外在的名气或虚伪的奉承之上。

5. 自我实现的需要

自我实现需要是最高层次的需要，是人类所特有的需要。它是指促进个人发挥自身最大潜能的需要,是促使潜在能力得以实现的趋势,这种趋势促使他成为他所能成为的人。自我实现的需要是实现生命价值的需要,马斯洛认为人性的主要动机是自我实现而不是生物性需要的满足;在追求自我实现的过程中,人们会以成长作为方向,完成与自身能力相符的事情。例如,音乐家必须演奏音乐,画家必须绘画,这样他们才感受到最大的快乐。马斯洛认为能达到自我实现需要的人并不多,仅为百分之一,而且是一些年龄较大的人,或者是心理发展比较成熟的人。

虽然需要是按照从低级到高级的顺序排列的,但并不是说只有满足了低级需要才会有高级需要,也可以是低级需要部分地满足时,有高级需要产生。越是低级的需要,如果被剥夺,引起的反应就越是强烈和迫切。马斯洛认为一种需要得到满足后,就会出现新的需要。这种满足是相对的,新需要的出现也是逐渐发生的。

二、认知与期待理论

现代动机理论学家采用认知观点,来说明激发人类行为的动机。他们认为,重要的人类动机不是来自于客观的事实,而是来自于我们对这些事实的解释。例如,奖赏本来是用来奖励一些我们要鼓励的行为的,但它是否能发挥出正强化的作用,要看获奖人对它的解释。我们如果不相信奖赏是由于自身努力获得的,那么这个奖赏也就失去了进一步激励自身努力的强化作用。认知理论着重强调人的较高级心理过程对行为的影响作用,即强调人的思维对行为的调控作用。

在社会学习理论中,研究者非常强调期待在引发行为上的重要作用。动机的强度和目标的价值与期待有关。目标对个体的意义越大,个体对实现目标的概率估计或期待越高,动机力量就越强。

$$动机力量 = 效价 \times 期待$$

其中,动机力量是指目标激发人的内部力量的强度,效价指目标对个人的价值,期待是指个人依据经验判断达到目标的可能性。从中可以看出,动机强度与期待的高低成正比。

第四节 情绪情感及其种类

在日常生活中,动机和情绪是紧密相连的。酒足饭饱会让人感到愉快,成就获取会让人自豪,愤怒会使人攻击……同样,动机和情绪都会激励人们采取行动。

一、情绪情感的定义

(一)情绪的构成

人类在认识外界事物时,会产生喜与悲、乐与苦、爱与恨等主观体验。情绪情感是指人对客观事物的态度体验及相应的行为反应。

众多的情绪研究者们大都从三个方面来考察和定义情绪:在认知层面上的主观体验,在生理层面上的生理唤醒,在表达层面上的外部行为。当情绪产生时,这三种层面共同活动,构成一个完整的情绪体验过程。

1. 主观体验

情绪的主观体验是人的一种自我觉察,即大脑的一种感受状态。人有许多主观感受,如喜怒哀乐爱惧恨等。人们对不同事物的态度会产生不同的感受。人对自己、对他人、对事物都会产生一定的态度,如对朋友遭遇的同情,对敌人凶暴的仇恨,事业成功会使人欢乐,考试失败了会让人悲伤。而这些主观体验只有个人内心才能真正感受到或意识到,如我们知道"我很高兴",意识到"我很痛苦",感受到"我很内疚"等。情绪的主观体验反映了人内心世界的丰富多彩。

2. 生理唤醒

人在情绪反应时,常常会伴随着一定的生理唤醒。如当人激动时,血压会升高;愤怒时,浑身会发抖;紧张时,心跳会加快;害羞时,会满脸通红。脉搏加快、肌肉紧张、血压升高及血流加快等,是一种内部的生理反应过程,常常是伴随不同情绪产生的。

3. 外部行为

在情绪产生时,除上述两种内部过程之外,人们还会出现一些外部反应过程,这一过程也是情绪的表达过程。如人悲伤时会痛哭流涕,激动时会手舞足蹈,高兴时会开怀大笑,愤怒时会紧缩眉梢。情绪所伴随出现的这些相应的身体姿态和面部表情,就是情绪的外部行为。它经常成为人们判断和推测情绪的外部指标。但由于人类心理的复杂性,有时人们的外部行为会出现与主观体验不一致的现象。比如在一大群人面前演讲时,明明心里非常紧张,还要做出镇定自若的样子来。

主观体验、生理唤醒和外在行为作为情绪的三个组成部分,在评定情绪时缺一不可,只有三者同时活动,同时存在,才能构成一个完整的情绪体验过程,只有其中一种成分或两种成分时,不会产生一个真正情绪过程。例如,当一个人伪装愤怒时,他只有愤怒的外在行为,却没有真正的内在主观体验和生理唤醒,因而也就称不上有真正的情绪过程。因此,情绪必须有上述三方面同时存在,并且有一一对应的关系,一旦出现不对应,便无法确定真正的情绪是什么。这也正是情绪研究的复杂性以及对情绪下定义的困难所在。

(二)情绪与情感的区别

在现实生活中,情绪情感是紧密联系在一起的,但二者却存在着一些差异。

1. 从需要的角度看差异

情绪更多的是与人的生理需要相联系的态度体验。如当人们满足了饥渴需要时会感到高兴,当人们的生命安全受到威胁时会感到恐惧,这些都是人的情绪反应。情感更多地与人的精神或社会需要相联系。如友谊感的产生是由于我们的交往需要得到了满足,当人们获得成功时会产生成就感。友谊感和成就感就是情感。

2. 从发生早晚的角度看差异

从发展的角度来看,情绪发生早,情感产生晚。人出生时会有情绪反应,但没有情感。情绪是人与动物所共有的,而情感是人所特有的,它是随着人的年龄增长而逐渐发展起来的。如人刚生下来时,并没有道德感、成就感和美感等,这些情感反应是随着儿童的社会化过程逐渐形成起来的。

3. 从反映特点看差异

情绪与情感的反映特点不同。情绪具有情境性、激动性、暂时性、表浅性与外显性;如当我们遇到危险时会极度恐惧,但危险过后恐惧会消失。情感具有稳定性、持久性、深刻性、内隐性,如大多数人不论遇到什么挫折,其民族自尊心不会轻易改变。父辈对下一代殷切的期望、深沉的爱都体现了情感的深刻性与内隐性。

实际上,情绪和情感既有区别又有联系,它们总是彼此依存,相互交融在一起的。稳定的情感是在情绪的基础上形成起来的,同时又通过情绪反应得以表达,因此离开情绪的情感是不存在的。而情绪的变化也往往反映了情感的深度,而且在情绪变化的过程中,常常饱含着情感。

二、情绪情感的种类

情绪本身是非常复杂的,因此要对情绪进行准确的分类就显得尤为困难。许多研究者对此进行了长期的探索,其中有两种分类方法颇具代表性。

(一)情绪的基本形式

人类具有四种基本的情绪:快乐、愤怒、恐惧和悲哀。

1. 快乐

快乐是一种追求并达到目的时所产生的满足体验。它是具有正性享乐色调的情绪,属于正性情绪,使人产生自由感和接纳感。

2. 愤怒

愤怒是由于受到干扰而使人不能达到目标时所产生的体验。当人们意识到某些不合理的或充满恶意的因素存在时,愤怒会骤然发生。

3. 恐惧

恐惧是企图摆脱、逃避某种危险情境时所产生的体验。引起恐惧的重要原因是缺乏处理可怕情境的能力与手段。

4. 悲哀

悲哀是在失去心爱的对象或愿望破灭、理想不能实现时所产生的体验。悲哀情绪体验的程度取决于对象、愿望、理想的重要性与价值。

在以上四种基本情绪之上,可以派生出众多的复杂情绪。如厌恶、羞耻、悔恨、嫉妒、喜欢、同情、后悔等。

(二)情绪状态

依据情绪发生的强度、速度、紧张度、持续性等指标,可将情绪分为心境、激情和应激。

1. 心境

心境是一种具有感染性的、比较平稳而持久的情绪状态。当人处于某种心境时,会以同样的情绪体验看待周围事物。如人伤感时,会见花落泪,对月伤怀。心境体现了"忧者见之则忧,喜者见之则喜"的弥散性特点。平稳的心境可持续几个小时、几周或几个月,甚至一年以上。人平时的情绪状态就是心境,有人平静,有人略带忧伤。

2. 激情

激情是一种爆发快、强烈而短暂的情绪体验。如在突如其来的外在刺激作用下,人会产生勃然大怒、暴跳如雷、欣喜若狂等情绪反应。在这样的激情状态下,人的外部行为表现比较明显,生理的唤醒程度也较高,因而很容易失去理智,甚至做出不顾一切的鲁莽行为。因此,在激情状态下,要注意调控自己的情绪,以避免"乐极生悲"或冲动性行为。

3. 应激

应激是指在意外的、紧急情况下,所产生的适应性反应。当人面临危险或突发事件时,人的身心会处于高度紧张状态,引发一系列生理反应,如肌肉紧张、心率加快、呼吸变快、血压升高、血糖增高等。比如,当遭遇歹徒抢劫时,人就可能会产生上述的生理反应,从而积聚力量以进行反抗。但应激的状态不能维持过久,因为这样很消耗人的体力和心理能量。若长时间处于应激状态,可能会导致适应性疾病的发生。

(三)情感的种类

情感是与社会性需要相联系的、高级的主观体验。

1. 道德感

道德感是根据一定社会的道德标准,对人的思想、行为做出评价时所产生的情感体验。当自己或他人的言行符合道德规范时,对己会产生自豪、自慰等情感,对他人会产生敬佩、羡慕、尊重等情感;当自己或他人的言行不符合道德规范时,对己会产生自责、内疚等情感,对他人会产生厌恶、憎恨等情感。

2. 理智感

理智感是在认知活动中,人们认识、评价事物时所产生的情绪体验。如发现问题时的惊奇感,分析问题时的怀疑感,解决问题后的愉快感,对认识成果的坚信感等。理智感常常与智力的愉悦感相联系。

3. 美感

美感是根据一定的审美标准,评价事物时所产生的情感体验。它是人对自然和社会生活的一种美的体验。如对优美的自然风景的欣赏,对良好社会品行的赞美。美感的产生受思想内容及个人审美标准的制约,丑陋的内涵冠以漂亮的外表,也无法使品德高尚的人产生美感。而且,不同人的审美标准不同,也会使不同个体的美感产生差异。

三、情绪情感的表达

(一)表情

表情是情绪表达的一种方式,也是人们交往的一种手段。人们除了言语交往之外,还有非言语交往,如表情。在人类交往过程中,言语与表情经常是相互配合的。同是一句话,配以不同的表情,会使人产生完全不同的理解。所谓的"言外之意""弦外之音"就更多地依赖于表情的作用。而且,表情比言语更能显示情绪的真实性。有时人们能够运用言语来掩饰和否定其情绪体验,但是表情则往往掩饰不住内心的体验。情绪作为一种内心体验,一旦产生,通常会伴随相应的非言语行为,如面部表情和身体姿势等。一些心理学家在研究人类交往活动中的信息表达时发现,表情起到了重要的作用。

(二)表情的种类

表情可以分为三类:面部表情、身段表情和语调表情。

1. 面部表情

面部表情是由面部肌肉和腺体变化来表现情绪的,是由眉、眼、鼻、嘴的不同组合构成的(见图8-4)。如眉开眼笑、怒目而视、愁眉苦脸、面红耳赤、泪流满面等。面部表情是人类的基本沟通方式,也是情绪表达的基本方式。面部表情有泛文化性,同一种面部表情会被不同文化背景下的人们共同承认和使用,以表达相同的情绪体验。心理学家们经过研究发现,有7种表情是世界上各民族的人都能认出的,它们是快乐、惊讶、生气、厌恶、害怕、悲伤和轻视。研究者发现,不同文化背景的人们都能精确辨认这7种基本表情,5岁的孩子在辨认表情的精确度上已经等同于成人了。面部表情识别的研究还发现,最容易辨认的表情是快乐、

图 8-4 情绪表达会因人而异,同样的情绪会有不同的表情

痛苦,较难辨认的是恐惧、悲哀,最难辨认的是怀疑、怜悯。一般来说,情绪成分越复杂,表情辨认越难。

2. 身段表情

身段表情是由人的身体姿态、动作变化来表达情绪。如高兴时手舞足蹈,悲痛时捶胸顿足,成功时趾高气扬,失败时垂头丧气,紧张时坐立不安,献媚时卑躬屈膝等。身段表情不具有跨文化性,受不同文化的影响。研究表明,手势表情是通过学习获得的。在不同的文化中,同一手势所代表的含义可能截然不同。如竖起大拇指在许多文化中是表示夸奖的意思,但在希腊却有侮辱他人的意思。手势表情具有丰富的内涵,但隐蔽性也最小。弗洛伊德曾描述过手势表情:"凡人皆无法隐瞒私情,尽管他的嘴可以保持缄默,但他的手指却会多嘴多舌。"

3. 语调表情

语调表情是通过声调、节奏变化来表达情绪的,也是一种副语言现象。言语中语音的高低、强弱、抑扬顿挫等。如惊恐时尖叫;悲哀时声调低沉,节奏缓慢;气愤时声高,节奏变快;爱慕时语调柔软且有节奏。

总之,面部表情、身段姿态和语调变化成为情绪的有效表达方式,它们经常相互配合,更加准确或复杂地表达不同的情绪。

第五节 情绪情感的功能

在人类生活中,情绪情感具有重要的作用。

一、情绪情感的动机作用

情绪与动机的关系十分密切,主要体现在两个方面。

(一)情绪具有激励作用

情绪能够以一种与生理性动机或社会性动机相同的方式激发和引导行为。有时我们会努力去做某件事,只因为这件事能够给我们带来愉快与喜悦。从情绪的动力性特征看,有积极增力的情绪和消极减力的情绪。快乐、热爱、自信等积极增力的情绪会提高人们的活动能力,而恐惧、痛苦、自卑等消极减力的情绪则会降低人们活动的积极性。有些情绪同时兼具积极增力与消极减力两种动力性质,如悲痛可以使人消沉,也可以使人化悲痛为力量。

(二)情绪被视为动机的指标

情绪也可能与动机引发的行为同时出现,情绪的表达能够直接反映个体内在动机的强度与方向。所以,情绪也被视为动机潜力分析的指标,即对动机的认识可以通过对情绪的辨别与分析来实现。动机潜力是在具有挑战性环境下所表现出的行为变化能力。例如当个体面对一个危险的情境时,动机潜力会发生作用,促使个体做出应激的行为。对这个动机潜力的分析可以由对情绪的分析获得。当面对应激场面时,个体的情绪会发生生理的、体验的以及行为的三方面的变化,这些变化会告诉我们个体在应激场合动机潜力的方向和强度。当面临危险时,有的人头脑清晰,沉着冷静地离开;而有些人则惊慌失措,浑身发抖,不能有效地逃离现场。这些情绪指标可以反映出人们动机潜能的个体差异。

二、情绪情感的调控功能

情绪情感对于人们的认知过程具有影响作用,有积极作用,也有消极作用。大量研究表明:适当的情绪情感对人的认知活动具有积极的组织功能,而不当的情绪情感对人的认知活动具有消极的瓦解功能。

(一)促进功能

良好的情绪情感会提高大脑活动的效率,提高认知操作的速度与质量。消极情绪则对认知操作有负面影响。情绪与认知、与操作难度有关。不同难度的任务,需要不同的情绪唤醒的最佳水平。在困难复杂的任务中,低水平的情绪有助于保持最佳的操作效果;在中等难度的任务中,中等情绪水平是最佳操作效果的条件;在简单的工作中,高情绪唤醒水平是保证工作效率的条件。总之,活动任务越复杂,情绪的最佳唤醒水平也越低。我们了解了情绪与操作效率之间的关系,就能更好地把握情绪状态,使情绪成为我们认知操作活动的促进力量。

(二)瓦解作用

情绪对人的认知效果的消极影响,主要体现在不良情绪对认知活动功能的瓦解上。

一些消极情绪,如恐惧、悲哀、愤怒等会干扰或抑制认知功能。恐惧情绪越强对认知操作的破坏就越大。考试焦虑就是一个典型例子。考试压力越大,考生考砸的可能性越大。一般来说,中等程度的紧张是考试的最佳情绪状态,过于松弛或极度紧张都会瓦解学生的认知功能,不利于考生正常水平的发挥。当一个人悲哀时,会影响到他的工作或学习状态,导致注意力不集中,易分神,思维流畅性降低等。

由此可见,情绪的调解功能是非常重要的。情绪的好坏与唤醒水平会影响到人们的认知操作效能。

三、情绪情感的健康功能

人对社会的适应是通过调节情绪来进行的,情绪调控的好坏会直接影响到身心健康。常听人们叹息"人生苦短",在一般人的情绪生活中,常是苦多于乐。在喜怒哀乐爱惧恨中,正面情绪占3/7,反面情绪占4/7。情绪对健康的影响作用是众所周知的。积极的情绪有助于身心健康,消极的情绪会引起人的各种疾病。我国古代医书《黄帝内经》中就有"怒伤肝,喜伤心,思伤脾,忧伤肺,恐伤肾"的记载。有许多心因性疾病与人的情绪失调有关,如溃疡、偏头痛、高血压、哮喘、月经失调等。有些人患癌症也与长期心情压抑有关。一项长达30年的关于情绪与健康关系的追踪研究发现,年轻时性情压抑、焦虑和愤怒的人患结核病、心脏病和癌症的比例是性情沉稳的人的4倍。所以,积极而正常的情绪体验是保持心理平衡与身体健康的条件。曾有人说过,一个小丑进城胜过一打医生,就非常形象地说明了情绪对人身体健康的影响。

视窗

积极情绪与抗逆力

积极情绪与抗逆力具有相关关系,乐观可以使人从逆境中更快地恢复,抗逆力高的人具有热情、乐观、幽默的品质。抗逆力是战胜逆境的能力品质与人格特征是在逆境中激励人奋进,使人心理复原并用超越自我的推动力,使人从失败中走出来。抗逆力能使人于不能承受时承受、于无法直面中直面。

研究表明,积极情绪可以增强抗逆力。抗逆力高的人能成功应对挑战,挑战越困难,越显出抗逆力高的人有更好的应对方式,他们首先运用积极情绪使人从消极情绪中恢复过来。例如,经历"9·11"事件的幸存者,起初都会体验到消极情绪,如恐惧、焦虑、愤怒、悲伤等,但同时也会感受到一些积极情绪,如感激、爱、亲密感等。只是抗逆力高的人会更快和更多地显示出乐观、幸福感一面,更少地出现抑郁情绪,从而更快地恢复过来。

(参考劳拉·金《劳拉·金,普通心理学》,王飞雪,等,译,北京:中国人民大学出版社,2013)

四、情绪情感的信号功能

情绪是人们社会交往中的一种心理表现形式。情绪的外部表现是表情,表情具有信号传递作用,属于一种非言语性交际。人们可以凭借一定的表情来传递情感信息和思想愿望。心理学家研究英语使用者的交往现象后发现,在日常生活中,55%的信息是靠非言语表情传递的,38%的信息是靠言语表情传递的,只有7%的信息才是靠言语传递的。表情是比言语产生更早的心理现象,在婴儿会说话之前,主要是靠表情来与他人交流的。表情比语言更具生动性、表现力、神秘性和敏感性。特别是在言语信息暧昧不清时,表情往往具有补充作用,人们可以通过表情准确而微妙地表达自己的思想感情,也可以通过表情去辨认对方的态度和内心世界。所以,表情作为情感交流的一种方式,被视为人际关系建立的纽带。

思 考 题

1. 名词解释:动机、需要、诱因、成就动机、交往动机、情绪、心境、激情、应激、道德感、理智感、美感。
2. 举例说明动机与需要、诱因的关系。
3. 试以自己的体验说明动机在我们生活中的作用。
4. 动机分哪几种?生理性动机和社会性动机在我们的生活中分别扮演什么角色?
5. 如何培养较高的成就动机水平?
6. 简述情绪与动机的关系。
7. 情绪的基本成分与种类有哪些?
8. 情绪的主要表达方式是什么?
9. 情绪对我们的身心健康有何影响?

第九章 人格

人格是我们每个人每时每刻都受其支配并体验的一种心理品质,它鲜活而又有力量。良好的人格品质可以使我们的人生充满欢乐与自豪,不良的人格品质则会让我们的心灵备受折磨。每个人的心理活动都被人格浸染了"色彩",使人们各具特色,千姿百态。

在我们阅读古今中外的名著时,各具特色的人物性格给我们留下了深刻印象。莎士比亚的《哈姆雷特》人物的典型特征是优柔寡断,总是在"做或是不做"中徘徊(图9-1);《西游记》中的孙悟空灵巧多变,猪八戒憨态可掬,沙和尚任劳任怨,唐僧文雅坚韧;《三国演义》中曹操聪慧又狡诈,关云长忠诚、内隐;《水浒》中武松勇猛无畏,武大郎憨厚懦弱,潘金莲妖媚无情;《红楼梦》中宝玉多情、反叛,黛玉忧郁、聪慧,宝钗自制、圆滑,凤姐泼辣、邪恶,他们都有着鲜明的个性特征。中外古典名著中各具风采的人物之所以跳跃于读者的眼前,在于其鲜活多彩的人格特征。无论是在小说戏剧里,还是在现实生活中,我们处处可以看到人们各具特色的人格差异。本章将介绍人格差异的表现特征及其类型。

图9-1 犹豫不决使哈姆雷特在"做与不做"中煎熬

人格主要涉及人们的心理差异现象,这种心理差异体现在认知风格、气质、性格、自我等方面。关于人格差异的理论研究主要分为两大模式:人格特质模式与人格类型模式,这两种模式为人们剖析人格差异提供了分析的结构框架与思路。是什么因素造成的人格差异也是人们关注的问题,心理学家们认为:人格是在遗传与环境相互作用下逐渐形成与发展的。人格差异可以通过不同的科学方法来测定,如自陈法、投射法、情境法、远距离人格测量。

第一节 人格概述

一、人格界定与特性

"人格"一词常用于我们的日常生活中。如,"周恩来具有高尚的人格品质""叛徒蒲志高出卖了自己的人格""勤劳是中华民族所具有的优秀人格""羞涩的人格使她像含羞草一样",等等。这些有关"人格"的语句包含了多重含义,有道德意义上的人格,有法律意义上的人格,有社会学意义上的人格,也有文学意义上的人格。

"人格"一词源于拉丁文的 persona,本意是面具。演员所佩戴的不同面具代表了所扮演的人物性格,如同京剧中生旦净末丑所表现的不同个性特征。心理学沿用其含义,转译为人格,认为人生如同舞台,各色人物都在扮演着不同的角色,展现着自己的特性。数千年来,哲人、诗人、科学家们为寻求人格含义付出了他们的思考与心力。但是,什么是科学心理学意义上的"人格"呢?

在心理学研究中,人格是探讨完整个体与个体差异的领域。但到目前为止,由于心理学家各自研究取向的不同,对人格的看法众说不一。综合各家之说我们将人格界定为:人格是个体在对人对己对事反应时所显示出的思想、情感和行为的特有模式,这个模式构成了一个人区别于他人的稳定而统一的典型心理品质。

这一简单的人格定义,包含了人格的四种具有主导作用的特征。

(一) 独特性

人格的独特性使人成为世上独一无二的个体。世界上找不出具有完全相同人格的人,"人心不同,各如其面",即使是同卵双生子其性情也不同。《水浒传》中的一百零八将,每个人物都以典型特征而著称,林冲的坚忍、李逵的忠诚、吴用的智慧、武松的勇猛等。独特性所展示的是人格的差异性,这种差异性是先后天共同塑造的结果。一个人的人格是在遗传、环境、教育等先后天因素的交互作用下形成的。不同的遗传环境、生存及教育环境,形成了各自独特的心理特点。美国人格心理学家之父阿尔波特有句名言:"火可以使黄油融化或使鸡蛋变硬。"(Allport,1937)在现实生活中,我们在周围人身上也能看到各种各样的人格差异。有的人热情奔放,有的人冷淡孤僻;有的人聪慧敏捷,有的人反应迟缓;有的人顽强果断,有的人优柔寡断;有的人乐善好施,有的人恃强凌弱等。这种独特性说明了人格的千差万别,千姿百态。人格的独特性告诉我们:对不同人要区别对待,交往要因人而异,教育要因材施教。

(二) 稳定性

一个人的某种人格特点一旦形成,就相对稳定下来了,要想改变它,是较为困难的事情。俗话说:"三岁看大,七岁看老""江山易改,禀性难移"就说明了人格的稳定特征。这种稳定性还表现在,人格特征在不同时空下表现出一致性的特点。例如,周恩来总理无论环境如何变化,始终如一地保持着自己谦虚谨慎、认真负责的人格品质,其高贵自信又平易近人的人格魅力影响着几代人。特质焦虑(trait anxiety)在不同时空其表现形式不同。当某人是学生时,他表现为考试焦虑,心神不定、忧心忡忡,在考场上无法正常发挥;当他工作时,他对竞争与压力环境有焦虑反应,采取逃避的方式来处理焦虑。在不同情境和不同的时期,他的焦虑反应是不同的,但内在易焦虑的特质并未改变。

(三) 统合性

人格是由多种成分构成的一个有机整体,具有内在的一致性,受自我意识的调控。在人格世界里,人格并非是由各种特征简单堆积起来的,而是如同宇宙一样,是依照一定的内容、秩序、规则有机结合起来的一个运动系统。一定的内在联系往往会把一组人格特征结合起来。当一个人的人格结构的各方面彼此和谐一致时,就会呈现出健康人格特征;否则,就会使人发生心理冲突,产生各种生活适应困难,甚至出现"分裂人格"。《水浒传》中的李逵和鲁智深同属"豪放仗义"之人,生性粗鲁,嫉恶如仇,仗义行侠,但是,两人差异主要表现在人格的统合力上。鲁智深心有佛性,具有爱心,粗中有细,勇而有谋,因此他在打抱不平时不会滥杀无辜,爱憎分明。而李逵则是有勇无谋,缺乏理性,随性而起,滥杀无辜。由此可见,虽然两人豪放仗义,但是,智慧、仁爱与行侠仗义是否匹配决定了两人的行事风格与做事结果上的差别。好品质的统合会使人格优势得以张扬,鲁智深将智慧、仁爱与行侠仗义的有机统合,被誉为梁山第一英雄好汉;反之,李逵做事不思考,极端的现实主义观念,欺软怕硬,其不良人格组合导致其在"行侠仗义"时表现出嗜杀疯狂的失控行为。

(四) 功能性

古希腊哲人赫拉克利特说:"一个人的性格就是他的命运。"人格是一个人生活成败、喜怒哀恨的根源。人格决定一个人的生活方式,甚至有时会决定一个人的命运。人们经常会使用人格特征来解释某人的言行及事件的原因。面对挫折与失败,坚强者发奋拼搏,懦弱者一蹶不振。面对悲痛,一些人可以将悲痛化为力量,而另一些人则表现为消沉。当人格具有功能性时,表现为健康而有力,支配着一个人的生活与成败;而当人格功能失调时,就会表现出软弱、无力、失控,甚至变态。人格功能性强的人会把命运掌握在自己的手中。失败后是否能够成功,常常会体现出人是否具备心理复原力,自强、自主、自助的人更容易从失败中走出来,自卑、懦弱、无助的人更容易被挫折所击倒。所以,不同人格特征会影响到人的处世态度、思维方向、归因方式,进而影响到人的行为结果。人格教育目的就在于,提高健康人格的功能性,使人在生活中,特别是在逆境中,获取积极的行为结果。

视窗

失败者与成功者的人格差异

人格对人的成败具有影响。例如,心理学家在"失败后的成功"这一研究课题发现,个体对成败的归因会影响到受挫后的成败,这一结论在大、中、小学生中得到了验证。这一研究的实验是让学生先做一些他们根本无法解出的难题,实验者的目的是"制造"失败,在学生产生挫折体验后,再给他们具有一定难度但是又能用以往知识来解答的问题,看这些学生在第二次解题时(受挫后)成功与失败的反应。一些研究者(Chiu、Hong & Dweck ,1994)总结一系列研究后发现,同样聪明的学生,由于人格不同而在挫折后的问题解决中成绩明显不同。自助定向的学生倾向于自我激励,将问题看作一种挑战,在遇到困难时他们更能采取坚持的态度;无助定向的学生倾向于自我中伤,产生消极情绪,在困难中屈服。当两组学生面临困难问题时,自助定向的学生能更加专注地思考问题,能对问题提出新的策略;而无助学生则怀疑自己的能力,变得厌烦,从事无关思维。因此,自助定向的学生会出现"失败后的成功"结果,无助定向的学生则会出现"失败后的失败"结果(见表9-1)。

表9-1 成功者与失败者的人格差异

	成功者自助定向人格	失败者无助定向人格
失败归因	可变式归因	稳定式归因
激励方式	自我激励式	自我击溃式
问题解决策略	有效性方法	无效性方法
情绪反应	积极情绪	消极情绪
行为结果	进取—成功	退缩—失败

二、人格的结构

人格是一个系统,并非由单一特征所构成,而是多种特征的组合。平时,我们在描述一个人时,一般只用一两个最突出、最明显、最具有代表性的特征来代表此人的人格。如,优柔寡断的哈姆雷特,多愁善感的林黛玉,刚毅不屈的林冲……但是,在这些人物性格的背后,也有着其他特征。犹豫的哈姆雷特也有其果断复仇的举动,柔弱的林妹妹也有其率直反叛的性格,坚毅的林教头也有着对妻子柔情似水般的爱。人格是一个复杂的结构系统,它包括许多成分。

(一)知-情-意系统

心理过程包括知、情、意三大方面,认知过程、情绪情感过程和意志过程是人们都具有的共同心理现象,但是每个人在这三大过程中却表现得千差万别,这种个体差异现象是人格的成分。如在感知觉中,表现出分析型与综合型的差异;在记忆过程中,有人识记速度快但保持性差,有人记忆的提取功能强,有人的遗忘率低;在思维过程中,有人表现出优秀的直观形象思维能力,有人则表现出杰出的语词逻辑思维能力。这些差异都反映了人的认知风格的差别。在情绪情感中,有的人情感细腻、丰富、体验深刻,有的人情绪爆发力强但不持久。受社会因素的影响,人们在道德感、美感上也存在着高尚与低劣之分。情绪的个体差异还体现在情绪风格中,有超然主义——移情主义之分,超然主义者对情绪表达具有高度的控制力,压抑自己,情绪与理智分离,如理性的哲学家、律师等;移情主义者则较少地控制自己的情绪,他们乐于经历各种情绪体验,喜欢将它们表达出来,如诗人、演员等。在行为过程中,差异主要体现在意志品质方面,有人果断,有人武断;有人坚强,有人懦弱。在行为风格的差异中,有父权主义——母权主义的划分,赫尔森(Helson)指出,父权主义风格是指具有独断专横、果敢、控制的倾向,如秦始皇等男性统治者;母权主义风格则表现出温柔、利他、优柔寡断和内向的特点,如善解人意的施善者。在知-情-意这三大方面上所表现出来的心理差异,都属人格结构的成分。

(二)人格动力系统

人格动力系统是决定并制约人的心理活动的进行、方向、强度及稳定水平的结构,包括需要、动机、兴趣、价值观、世界观等。如不同的价值观决定了人们选择不同的生活目标和人生发展方向,确定了人们的不同追求与看世界的方式。价值观一旦形成,具有相当的稳定性,并对人格起控制作用。

(三)个性特征系统

这一系统包括认知风格、气质、性格三种成分。在认知风格上,不同人体现了不同的加工信息的偏好,有人注重细节加工,有人偏于整体加工。在气质方面,有人暴躁,有人温和;有人理性,有人冲动。在性格方面,有人正直,有人阴险,体现了人格的社会性与道德评价。

(四)自我调控系统

这是以自我意识为核心的人格调控系统,包括自我认识、自我体验、自我控制三个子系统。自我调控系统的主要作用是对人格的各个成分进行调控,保证人格的完整统一和谐。它属于人格中的内控系统或自控系统。其中,自我认知是对自己的洞察和理解,包括自我观察和自我评价,其中自我评价是自我调节的重要条件。自我体验是自我意识在情感上的表现,是伴随自我认识而产生的内心体验。如当一个人对自己做正向的评价时,就会产生自尊感;做负向评价时,就会产生自卑感。自我控制是自我意识在行为上的表现,是实现自我意识调节的最终环节。当个体认识到某种社会要求后,会力求使自己的行为符合其社会准则,从而激发起自我控制的动机,并付诸行动。

上述四种人格系统之间并非完全独立,相互之间会有重合,这种重合性使各成分之间具有相互影响、相互制约的关系,也使人格构成一个整体。上述五种人格成分的独特结合,构成了每个人的独特人格。

第二节 人格差异

人格心理学是研究个体心理差异的学科,人的心理差异都表现在以下几方面。

一、认知方式差异

请看图9-2,看到了什么?

有些人一眼就看到了鸭子,而有些人则看到了兔子。如果从左向右去看图片,那么首先感知到的就是鸭子,而如果从右向左去看,最先看到的就是兔子。人们对同一事物的不同认知反应就是个体的认知差异。

在学习过程中,有的学生喜欢通过听家长或老师讲授的方式来学习新知识,有的学生则喜欢自己看书学习;有的学生喜欢与别人讨论问题,从别人那儿获得启发性信息,也有的学生喜欢自己独立思考。每个人

图9-2 双关图

都有自己所偏爱的认知加工方式。认知方式是指人们在对事物、现象或人进行认识的过程中,个人所偏爱使用的加工信息的方式,也叫认知风格(cognitive style)。认知加工方式的种类是多种多样的,主要有如下的几种认知类型。

(一)冲动型—沉思型

冲动型与沉思型是两种特点迥然不同的认知风格。不同人对问题的思考速度存在着非常显著的个体差异,这种差异就表现为冲动型与沉思型的区别。

冲动型认知方式的特点是反应快,但精确性差。冲动型学生面对问题时总是急于求成,不能全面细致地分析问题的各种可能性,不管正确与否就急于表达出来,甚至有时还没弄清

问题的要求,就开始对问题进行解答。他们的信息加工策略使用的多是整体加工方式,在完成需要做整体型解释的学习任务时,成绩会更好些。但是有些学生反应既快又准,则不属于冲动型认知方式,而属于快—正确型认知方式。

沉思型认知方式的特点是反应慢,但精确性高。这种学生总是把问题考虑周全以后,再做反应,他们看重的是解决问题的质量,而不是速度。但是当他们回答熟悉的、比较简单的问题时,反应也是比较快的。在回答比较复杂的问题时,沉思型的特点表现得更得为明显。沉思型学生的信息加工策略多采用细节性加工方式,所以他们在完成需要对细节进行分析的学习任务时,学习成绩会更好些。但是,对于那些反应又慢准确性又差的学生,则不属于沉思型,而属于慢—非正确型。所以,这一认知方式的差异主要反映了人们对回答问题有效性的思考程度(见图9-3)。

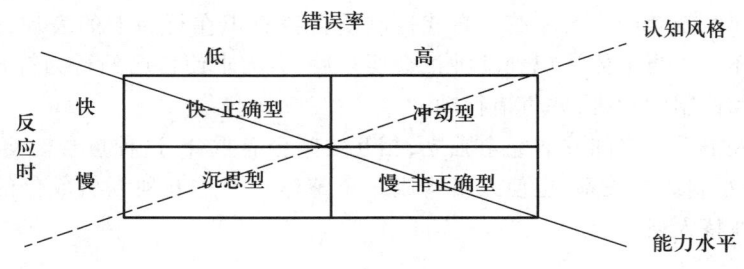

图9-3 四种认知加工类型

在学习上这两种认知方式也存在着差异。沉思型的学生在阅读、记忆能力、推理能力、创造力等方面都表现比较好。而有些冲动型学生会出现阅读困难,常伴有学习能力缺失,学习成绩不太好。因为阅读、推理需要细心分辨,粗心大意的学生会处于不利的地位。

(二) 系列型—同时型

达斯等人(1975)在脑神经研究的基础上,提出了系列型与同时型认知风格。他们认为在右利手人中,左优势脑的个体在对信息进行加工时,表现出系列型加工风格;而右优势脑的个体则表现出同时型加工风格。

系列型认知风格的特点是,在解决问题的过程中,一步一步地分析问题,每一个步骤只考虑一种假设或一种属性,第一种假设成立后再进一步考虑第二种假设,一环一环地推导出问题的结果(见图9-4)。每一种假设都有其时间上的前后顺序,他们解决问题的过程如链状,单维思维能力较强。言语操作、记忆等都属于系列加工过程。一般来说,女性擅长系列加工方式,这也就是为什么女孩子的记忆功能、言语功能比男孩好的原因之一。

同时型认知风格的特点是,在解决问题的过程中,采取宽视野的方式,同时考虑多种假设,并同时兼顾各种可能性,才能解决好问题(见图9-5)。许多数学操作、空间问题的操作都要依赖于这种同时型加工方式。这也就是为什么男孩子的数学能力与空间能力优于女孩子的原因之一。

这两种认知方式不存在加工水平上的差异,仅仅是方式上的差异。但是,如果学习方式与认知方式相匹配时,各自认知方式的优势就能显示出来。帕斯克曾做了一项有关教师的教学方式与学生认知方式的匹配实验,他先区分出两种不同的认知类型,然后让学生学习两种不同的材料,一种材料适合于同时型加工方式的学生,另一种适合于系列型加工方式的学生。结果是当学习材料与学生认知方式相匹配时,学习效果好;反之,当学习材料与学生认知方式不匹配时,学生学习成绩一般或不及格。

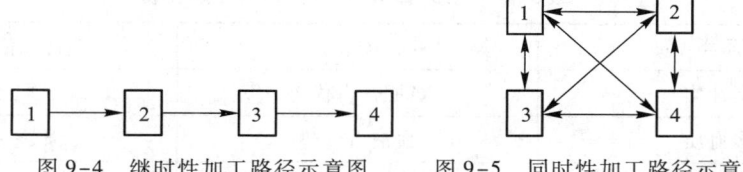

图9-4 继时性加工路径示意图　　图9-5 同时性加工路径示意图

(三) 场独立性—场依存性

美国心理学家威特金提出了场独立性—场依存性这一人格维度,它主要涉及人对外界环境的一种依赖程度。心理学家把外界环境描述为一个"场",这个场中包含了各种人、物和事。场独立性的人不太依赖于外界环境,他们在对信息进行加工处理时,依据内在标准或内在参照,与人交往时也很少能体察入微;而场依存性的人则很依赖于外界环境,处理问题总是依赖于"场",他们在对信息进行加工处理时,依据外在参照,与别人交往时也能考虑到对方的感受。

场独立性与场依存性这一人格差异存在于心理的很多方面,如知觉、思维、学习、人际交往等方面。从其人格整体来说,场独立性与场依存性这一人格维度没有好与坏之分,他们各自在不同的领域独领风骚。场独立性的人在认知领域显示了其优势,他们处理问题比较灵活,善于抽象思维,自学能力较强,对自然科学知识更感兴趣;而场依存性的人在人际社会领域中显示了优势,他们善于体察别人,与人相处亲切融合,他们更喜欢社会定向的学科与知识。

二、气质差异

气质就是我们平常所说的脾气秉性。如"娇"黛玉,"莽"李逵,"灵"燕青,"稳"林冲等,这些心理差异就是气质差异。如,李逵情绪爆发快、外倾,林黛玉情绪深刻持久、内倾,燕青思维灵活、动作敏捷,林冲稳重、坚毅。这四位典型人物的人格差异体现了心理活动的动力特征,它给人的整个心理活动蒙上一层独特的色彩。气质是表现心理活动的强度、速度、灵活性与指向性的一种稳定的心理特征。

人的气质差异是先天形成的,受神经系统活动过程的特性制约。孩子刚一出生时,最先表现出来的差异就是气质差异,有的孩子大哭好动,有的孩子平稳安静。盖赛尔在观察婴儿的心理表现时,发现婴儿的气质表现有三种类型:第一类婴儿表现平静,不着急,慎重对待周围事情;第二类婴儿急急忙忙,注意力不集中,动作伶俐,反应快;第三类婴儿动作不规则,注意和性情不稳定,但才气焕发。气质虽然是由先天决定的,后天彻底改变的可能性较弱,但是它仍然具有可调节特征,每种气质类型的人可以不断完善自己的气质优势特征,抑制或减弱自己气质的弱势特点。

气质学说源于古希腊医生希波克里特的体液说。他认为人体内有四种液体:粘液、黄胆汁、黑胆汁、血液,这四种体液的配合比率不同,形成了四种不同类型的人。约500年后,罗马医生盖伦进一步确定了气质类型,提出人的四种气质类型是胆汁质、多血质、粘液质、抑郁质(见表9-2)。虽然,依照体液来对气质类型进行分类缺乏科学依据,但是气质及四种气质类型分类的名称一直被研究者们所沿用,因为在现实生活和文学作品中经常可以看到这四种气质类型的典型人物。

表 9-2　气质、体液、神经活动特点对应表

气质类型	体液	神经活动特点
胆汁质	黄胆汁占优势	强,不平衡
多血质	血液占优势	强,平衡,灵活
抑郁质	黑胆汁占优势	强,平衡,不灵活
粘液质	粘液占优势	弱

（一）胆汁质

胆汁质被比喻为"夏"。具有这种气质的人像"夏天里的一团火",有股火爆的脾气。这种人的情绪爆发快,"一点就着",但又难持久,如同一阵狂风、一场雷阵雨,来去匆匆。这种人精力旺盛,争强好斗,做事勇敢果断,为人热情直率、朴实真诚;但是这种人的思维活动常常是粗枝大叶、不求甚解,遇事常欠思量,鲁莽冒失,做事也常常感情用事,刚愎自用,但表里如一。《水浒传》里的黑旋风李逵脾气暴躁,气力过人,为人耿直,忠义烈性,思想简单,行为冒失。心理学家把类似于李逵的气质,叫作胆汁质。

（二）多血质

多血质被比喻为"春"。具有这种气质的人总是像春风一样"得意洋洋",富有朝气。这种人乖巧伶俐,惹人喜爱。他们的情绪丰富而且外露,喜怒哀乐皆形于色,他们表情多变的脸折射出他们的内心世界。活泼、好动、乐观、灵活是他们的优点。他们喜欢与人交往,有种"自来熟"的本事,但多交情粗浅。他们的语言表达力强而且富有感染力,一件平淡无奇的小事能被他们描绘得精彩无比。他们思维灵活,行动敏捷,对各种环境的适应力强,教育的可塑性也很强。他们气质上的弱点是缺乏耐心和毅力,稳定性差,见异思迁。《水浒传》中的浪子燕青聪明过人,灵活善变,使枪弄刀、弹琴吹箫、交结朋友等无所不会。心理学家把类似于燕青的气质,叫作多血质。

（三）粘液质

粘液质被比喻为"秋"。这种气质给人以"秋风落叶"般的无奈、忧愁的感觉。这种人安静稳重,沉默寡言,喜欢沉思,表情平淡,情绪不易外露,但内心的情绪体验深刻,给人以貌似"冷"的感觉,很像外凉内热的"热水瓶"。他们自制力很强,不怕困难,忍耐力高,表现出内刚外柔。他们与人交往适度,交情深厚,朋友少但却知心。他们的思维灵活性略差,但考虑问题细致而周到,这往往弥补了他们思维的不足。学习接受慢了些,但却很扎实,踏踏实实。但是他们平时总是四平八稳的,所以有时"火烧眉毛也不着急"。这种人的行为主动性比较差,经常是别人让他们去做某事才会去做,但也并不是他们不想做。《水浒传》中的豹子头林冲沉着老练,身负深仇大恨,尚能忍耐许久,几经曲折,万般无奈,终于逼上梁山。心理学家把类似于林冲的气质,叫作粘液质。

（四）抑郁质

抑郁质被比喻为"冬"。这种气质就像冬天一样无艳丽的色彩装点而"冰冷耐寒",但也缺乏生气。这种人情绪体验深刻、细腻而又持久,心境消极抑郁,多愁善感,给人以温柔怯懦的感觉。他们聪明而富有想象力,自制力强,注重内心世界,不善交际,孤僻离群,软弱胆小,

萎靡不振,他们的行为举止缓慢而单调,虽然踏实稳重,但却优柔寡断。《红楼梦》中的林黛玉多愁善感,聪颖多疑,孤僻清高。心理学把类似于林黛玉的气质,叫作抑郁质。

图 9-6　文学作品中的不同人物有鲜明的气质类型,读来令人难忘。

四种气质显示了人们"四季"般的天性(见图9-6)。但是,我们还会发现有的人既像燕青又像黛玉;有些人有时表现出燕青的气质,有时又表现出李逵的气质。事实上,单纯地属于这四种典型气质之一的人并不多,在生活中绝大多数人是四种气质相互混合、渗透、兼而有之的人。有的人是两种气质的混合型,如多血—胆汁型、抑郁—粘液型;有些人是三种气质的混合型,有些则是四种气质的混合型。

三、性格差异

性格是一种与社会最密切相关的人格特征,在性格中镶嵌了许多社会道德含义。例如,有人善良慈悲,有人邪恶狡诈;有人正直无私,有人虚伪自私;有人品行高尚,有人言行猥琐。像这些具有道德评价含义的人格差异,我们都将其归为性格差异。性格不像气质那样具有天赋性、没有好坏之分,它是后天在社会环境中逐渐形成的,是人的最核心的人格差异,受人的价值观、人生观、世界观的影响,所以性格具有好与坏之分,体现了一定的道德评价性。如阿Q的愚昧、王熙凤的狠毒、堂·吉诃德的呆板、葛朗台的吝啬,都是令人生厌的。性格表现了人们对现实和周围世界的态度,并显示在他的行为举止中。正如恩格斯所说:"人物的性格不仅表现在他做什么,而且表现在他怎么做。"人的性格主要体现在对自己、对别人、对事物的态度上和所采取的言行上。

性格是后天形成的,是社会化的结果。与气质不同,性格受社会因素的影响较大。正是由于性格形成的这一特点,所以性格是可变的。性格的可塑性虽然大,但是主要表现在形成过程中,一旦定型之后改变的难度就增大了。因此,性格教育的重要性更加凸显了。

性格结构分为四个大方面:对现实的态度特征、理智特征、情绪特征和意志特征。性格差异就体现在这四类特征上。

(一)性格的态度特征

人们对自己、对他人、对集体、对事物有各自不同的态度,体现在人的价值观与世界观上,这些态度上的差异会直接影响到他们的为人处世。如爱祖国、爱集体、助人为乐、诚实、正直、公而忘私、见义勇为、廉洁奉公、自强自律,这些都是一些正确的态度特征。反之,有人自私、功利、仇视社会、藐视国家、轻视他人,都是不良的态度特征。

(二)性格的理智特征

这是在人们的认知活动中所表现出来的个人风格。人们在感知、记忆、思维、想象等方面的差异,就是性格的理智特征。例如,有人只关注自己的得失,记忆库中更多储存的是消极事件的记忆,毒性思维过多,总往坏处去想,等等;有人则视野开阔,不患得患失,积极乐观等。

(三) 性格的情绪特征

情绪是人们对客观现实的一种主观体验。当人对不同的事物产生不同的态度时,在他的内心世界中会产生肯定或否定的体验。每个人都有其稳定而独特的情绪活动方式,这些就构成了人性格的情绪特征。例如,有人总是沉浸在痛苦、忧郁的情绪中不能自拔,有人总是在痛恨、愤怒的情绪中煎熬;有人则能够快乐向上,化解烦恼,心态平和。

(四) 性格的意志特征

意志是一种设定行为目标,自觉地调节自己,努力克服困难,达到目标的心理品质。意志特征是性格结构的一个重要侧面,它是一个人在控制和调节自己的行为方式时表现出来的,如顽强拼搏,当机立断。一个人的性格是坚强抑或脆弱,是根据意志特征来评判的。意志薄弱,将给整个性格带来消极的评价。一个意志薄弱的人,也常常是性格软弱的人。

如上所述,性格特征是多种多样的,体现了人格差异的复杂性。通常,我们要观察和了解一个人的性格时,得先从性格的四大结构入手,即从性格的态度特征、理智特征、情绪特征和意志特征来把握并分析人的性格特征。

性格表现绝非一潭秋水,各种性格结构的组合千变万化,因而使性格的表现千姿百态。每个人的性格世界并非由各种特征简单地叠加和堆砌,而是如同宇宙一样,是依照一定的内容、秩序、规则有机结合起来的一个运动系统。

视窗

歌德的性格

《歌德传》的作者在书中生动、具体而精彩地描摹了歌德那复杂而多层面的性格世界:"……这个人,平常非常温柔忍耐的,竟有时愤怒至于咬牙跺脚。他能闲静,又能活泼,愉快时犹如登天,苦闷时如堕地狱。他有坚强的自信,他又不时怀疑自我;他能自觉为超人,去毁灭一个世界,但又觉得懦弱无能,不能移动道途中一块小石。"歌德的性格是复杂矛盾的。性格作为一个整体系统是完整的、和谐统一的。但客观现实是多变的、矛盾的,现实对人的要求有时也是多样的、矛盾的。处在充满矛盾的社会生活中的每一个人,其性格结构都积淀着正与反、积极与消极、肯定与否定等对立的性格特征。就像歌德的性格世界那样。尽管如此,每个人的性格中总有主导的本质的特征,有着一种一贯忠实于他自己的力量并以此作为他的性格的核心和基础,造成他的性格的总倾向是积极、优秀的,或是消极、丑陋的。性格的矛盾并不可怕,我们之所以称某人具有宝贵的性格,实乃他能够舍弃、战胜自己的弱点。勇敢者也有怯懦的时候,助人为乐者也有考虑自己的时候,关键在于好的品质战胜了不好的品质,取得了胜利,显示了力量。

总之,性格是稳定而独特的,又是发展变化的,是矛盾的,又是始终如一的。我们只有了解了性格的结构及特性,才能全面地把握自己的性格世界。

第三节 人格描述

人格是研究个体心理差异的学科。那么,研究者们是如何来描述人格特征的呢?研究者们提供了描述人格的不同理论观点,其中最有代表性的描述词汇是特质和类型。

人格的特质理论和类型理论分别从不同角度描述了人格的差异。类型理论强调群体间的人格差异,特质理论强调个体间的人格差异;类型理论描述了人格的质的差异,特质理论描述了人格的量的差异;类型差异可以通过观察获得,而特质差异则要通过心理测量来评定;特质模式显示了更下位层面的人格差异,类型模式显示了更上位层面的人格差异。二者从不同的角度描绘了人格的复杂结构。

一、人格特质

人格特质理论起源于20世纪40年代的美国。主要的理论代表人物是美国心理学家G.W.奥尔波特和R.B.卡特尔。

特质(trait)是个体有别于他人的基本特性,是人格的有效组成元素,也是人格的测量单位。

(一)共同特质与个别特质

1937年奥尔波特首次提出了人格特质理论。他把人格特质分为共性和个性两类。

共同特质是在某一社会文化形态下,大多数人或群体所具有的共同特质。例如,中国有56个民族,不同民族有其各自的民族特质,蒙古族的豪放、维吾尔族的活泼、朝鲜族的含蓄,等等。

个人特质是指个体身上所独具的特质。个人特质又分为三种:(1)首要特质是一个人最典型、最具概括性的特质。例如,多愁善感的林黛玉。(2)中心特质是构成个体独特性的几个重要特质,在每个人身上有5~10个。如,林黛玉的清高、率直、聪慧、孤僻、内向、抑郁、敏感都属于中心特质。(3)次要特质是个体不太重要的特质,往往只有在特殊情况下才表现出来。如,林黛玉偶尔表现出来的冷漠特质。

(二)表面特质与根源特质

卡特尔人格特质理论继承并发扬了奥尔波特的理论,其主要贡献在于提出了根源特质。卡特尔认为,在个人特质中有表面特质与根源特质。表面特质(surface trait)是指能直接观察到的外部行为或特征,它们从表面上看是相似的特征或行为,却是出于不同的原因。根源特质(source trait)是指相互关联的特征或行为,是以相同原因为基础的内在品质,如特质焦虑。某些情境(如考试、讲演、比赛、走夜路等)会启动焦虑特质,被激起的焦虑特质又会引发人的一些特定行为反应(如心慌出汗、情绪不安、言行失误等)。

1949年,卡特尔用因素分析方法提出了16种相互独立的根源特质,并制定了《卡特尔16种人格因素测验》(简称16PF)。这16种人格特质是:

(A)乐群性	(F)兴奋性	(L)怀疑性	(Q1)激进性
(B)聪慧性	(G)有恒性	(M)幻想性	(Q2)独立性
(C)情绪稳定性	(H)敢为性	(N)世故性	(Q3)自律性
(E)恃强性	(I)敏感性	(O)忧虑性	(Q4)紧张性

卡特尔认为在每个人身上都具备这16种特质,只是在不同人身上的表现有程度上的差异。所以,他认为人格差异主要表现在量的差异上,可以对人格进行量化分析。

(三)大五人格特质

20世纪80年代末以来,人格研究者们在人格描述模式上达成了共识,提出了人格五因素模式。这五种人格特质如下。

外向性:热情,社交,果断,活跃,冒险,乐观;

宜人性:随和,信任,直率,利他,依从,谦虚,移情;

尽责性:胜任,条理,尽职,成就,自律,谨慎;

神经质(情绪稳定性):焦虑,敌对,压抑,自我意识,冲动,脆弱;

开放性:想象,审美,修养,情感丰富,求异,智能。

这五种人格特质也被称为"大五人格",五种特质分别表现了不同领域的人格特征,外向性反映了人格的生理领域,宜人性反映了人格的人际领域,尽责性反映了人格的职业领域,神经质反映了人格的情绪特征,开放性反映了人格的智慧与修养。大五人格可以通过人格调查表(NEO-PI-R)来测定。

二、人格类型

人格类型说起源于20世纪30~40年代的德国。人格类型模式主要是用以描述一类人与另一类人之间的心理差异。德国心理学家施特恩把人格类型概括为三种模式:单一型模式、对立型模式、多元型模式。其中T型人格、内外向人格、阴阳五行说都印证了这三种模式。

(一)单一型模式——T型人格

单一人格类型是依据某一群人有没有某一个标志性特征来确定他们的人格类型。遵循的是全或无的分类标准,它只描述了具有某一人格特征的表现特点。美国心理学弗兰克·法利(Franck Farley,1986)提出了T型人格属于单一人格类型。T型人格是一种好冒险、爱刺激的人格特征。依据冒险行为的积极与消极的性质,法利又将T型人格分为T+型和T-型。如果冒险行为是朝向健康、积极、创造性和建设性的方向发展,就是T+型人格。在T+型人格中,依据活动特点又将他们分为体力T+型和智力T+型,如极限运动员通过身体运动来实现追求新奇、不断刷新的动机,被称之为体力T+型;而从事科技创新的科学家或思想家被称为智力T+型,如爱因斯坦等人在知识领域的探索和创新。如果是破坏性和消极的刺激行为,则被视为T-型人格,如酗酒、吸毒、暴力犯罪等反社会行为。在T-型人格中,也同样分为体力T-型和智力T-型,暴力抢劫罪犯属于体力T-型,高智能罪犯属于智力T-型。

(二)对立型模式——内向与外向

对立人格类型是根据某一人格维度向两个相反方向延伸所确定的类型,如内向型与外向型人格。内外向最早是由瑞士著名人格心理学家荣格(C. G. Jung,1875—1961)提出的。内外向是以心理活动的指向性为指标的心理类型。在许多文学作品中,都有一群鲜明个性的人物,有泼辣无比的王熙凤、率直爽快的史湘云、刚直不阿的尤三姐、机智灵活的孙悟空、心直口快的李逵,他们虽然气质不同,各自有其独特风格,但是却有一个共同的特点,即善于把心理活动展现于外。如情感外露,自由奔放,当机立断,不拘小节,独立心强,善于交际,有卓越的执行力与统帅力,但有时过于轻率。一般来说外向的人善于运用表情信息,表达富有感染力,他们善于用眼神来交流,面部表情也很丰富。我们把这种善于将心理活动展现于外的人格特征称为外向人格(extroversion)。但在文学作品中,我们还能找到另一类人,冷眼旁观的妙玉、心灵纤敏的黛玉、文弱顺从的尤二姐、憨直善良的沙和尚,这些各具特色的人物的共同特点,是善于隐匿其丰富的内心世界,他们做事谨慎,情感内隐,藏而不露,深思熟虑,顾虑重重,不善交际,好内省,缺乏实际行动,适应环境困难。我们把心理活动是指向于内心世界的人格特征称为内向型人格(introversion)。

任何人都会具有内向和外向这两种心理机制,只是看哪一种心理机制占优势,来确定这个人是外向型人格还是内向型人格。还有一类人兼具两种心理机制,哪一种都不占优势,属均衡型人格,我们将其归类为中间型。但是无论是内向还是外向,都不具有好与坏、高与低的价值评判意义。外向和内向的人各有优劣,只要了解自己的人格特点,并不断完善,每个人都能成为有价值的人。

(三) 多元型模式——阴阳五行说

多元模式是依据几种人格特质的不同组合进行人格划分的模式,如阴阳五行说。我国春秋战国时期的著名医书《黄帝内经》按阴阳强弱,把人分为太阴、少阴、太阳、少阳、阴阳平和五种类型。太阴之人:多阴无阳,其人格特征是胆小、孤僻、多疑,如林黛玉。少阴之人:多阴少阳,其人格特征是沉静、节制、稳健、嫉妒心强,如《红楼梦》中的探春。太阳之人:多阳无阴,其人格特征是大胆、进攻、傲慢、暴躁,如王熙凤。少阳之人:多阳少阴,其人格特征是外露、乐观、机智、随和,如贾宝玉。阴阳平和:阴阳气和,其人格特征是平静、适应性强,如中国第一位宇航员杨利伟。

中国中医研究院教授薛崇成与杨秋莉(1988,2009)依据阴阳五行说编制了我国第一个人格测评量表《五态性格测验》,用于鉴别五种人格类型。阴阳五态性格在医学心理、运动心理、航空心理等领域有广泛应用。

第四节 人格成因

人格是怎样形成的?这又使人们想到一个古老而又争论不休的问题:先天遗传与后天环境的关系与作用。人格的形成仍离不开这一问题。心理学家们会说,人格是先天和后天的"合金",是遗传与环境交互作用的结果。生物学因素、家庭因素、学校教育、社会文化环境等都对人格产生了不同程度的影响。所以,人格是在遗传与环境交互作用下逐渐发展形成的。

但遗传与环境因素在人格形成中,谁起主导作用?遗传、环境的作用因人格特征而异,因人而异。例如,人的气质、智力等成分受遗传因素的影响更大,人的性格、价值观等主要受后天环境影响,而具有灵活特征的人其社会适应性强,后天环境对他们的人格影响更大。

一、生物学因素

心理学家对"生物遗传因素对人格具有何种影响"的探讨已持续很久了。由于人格具有较强的稳定性特征,因此人格研究者更会注重遗传因素对人格的影响。生物学因素包括遗传基因、生化因素、脑结构与功能等。

人格的遗传学研究最早可追溯到19世纪70年代,英国学者戈登在1875年首创双生子研究法(twins study)来研究遗传和环境对人格的影响。双生子的研究被许多心理学家认为是研究人格遗传因素的最好方法。双生子研究法主要通过比较同卵双生子和异卵双生子的人格相似性来确定遗传的作用,戈特斯曼(Gottesman,1963)提出了双生子的研究原则:同卵双生子既然具有相同的基因形态,那么他们之间的任何差异都可归于环境因素造成的。而异卵双生子的基因虽然不同,但在环境上有许多相似性,如出生序、母亲年龄等,因此也提供了环境控制的可能性。完整研究这两种双生子,就可以看出不同环境对相同基因的影响,或者是相同环境下不同基因的表现。

艾森克指出:在同一环境中成长的同卵双生子,其外倾性的相关系数为0.42(相关系数越高说明双生子的相似性越大),而分开在不同环境下成长的同卵双生子,其外倾性的相关系数为0.61;异卵双生子的外倾性的相关系数为-0.17。在神经质方面也发现同样情况,在相同环境中成长的同卵双生子其相关系数为0.38,在不同环境中成长的同卵双生子其相关系数为0.53;异卵双生子的相关系数为0.11。1980年弗洛德鲁斯等人对瑞典的12 000名双生子做人格问卷的施测,结果表明同卵双生子在外向和神经质上的相关系数是+0.50,而异卵双生子的相关系数只有+0.21和+0.23。这说明同卵双生子在外向和神经质上的相似性要明显高于异卵双生子,在这两项人格特征上具有较强的遗传性。一项有关高中生的双生子研究,共对1 700名学生施测了《加州心理调查表》(CPI),这一人格调查表包括18个分量表,其中有一些与社会相关较大的人格成分,如支配性、社会性、社交性、责任心等。结果仍旧是同卵双生子比异卵双生子的相关高。20世纪80年代,明尼苏达大学对成年双生子的人格进行了比较研究(1984,1988),有些双生子是一起长大的,有些双生子则是分开抚养的,平均分开的时间是30年。结果是同卵双生子的相关比异卵双生子高很多,分开抚养的与未分开的同卵双生子具有同样高的相关。

对大五人格的遗传性研究发现(见表9-3),同卵双生子的大五人格自陈量表的得分相关系数平均在0.50左右,而异卵双生子的大五人格得分相关在0.25~0.3之间,研究还认为人们稳定的人格特质中,大约40%是从父母那里继承而来的(Loehlin,1992;Riemann,et al.,1997)。

表9-3 大五人格的双生子研究的相关系数

	同卵双生子	异卵双生子
外向性	0.56	0.33
宜人性	0.42	0.24
尽责性	0.54	0.23
神经质	0.53	0.21
开放性	0.54	0.35

数据来源:Riemann et al.,1997

人类从出生那一刻起到生命终结,体内每时每刻都在进行着各种形式的生物化学反应。体内分泌的一些激素以及化学性的神经递质,对人格有直接的影响作用。心理学家基恩发现,T型人格者大脑中的单胺氧化酶B(MAOB)水平比较低。这种酶具有控制激动、抑制兴奋的作用。当单胺氧化酶B的激活水平低时,其大脑产生对兴奋的强烈渴望,人们表现出强攻击性行为、焦躁不安和幻觉等(James McKeen Cattell,1893)。吸毒、赌博和飙车等,与

11号染色体的多巴胺D4受体基因（D4DR）有关（Zuckerman & Kuhlman, 2000）。另外，单胺氧化酶A也被证实与冲动行为有关。布鲁纳等人（Brunner, et al., 1993）的研究发现，在一个大家庭中许多男性出现有规律的暴力冲动行为，经检测发现，这些人体内与合成单胺氧化酶A相关的基因发生了轻微的变异，而这种酶将会间接对单胺类神经递质进行破坏。研究者推测，男性之所以出现侵犯性行为，与体内缺乏这种酶有关。

对于正常人大脑的研究也发现了人格与大脑的联系，例如左右半球优势。卡根（Kagan, 1994）的研究报告显示，内向的孩子多为右脑优势，而那些非内向的孩子则表现为左脑优势。戴维森（Davidson, 1998）在一项个体脑功能单侧优势差异性研究中发现，脑功能的差异与不同的情绪反应有关。例如，让被试看两段能诱发积极情绪和消极情绪的电影剪辑片段，在放映电影前和观看影片时分别测量记录被试左右半球激活的情况；同时，让被试报告自己的情绪体验。结果发现，左半球优势与积极性情感相关而右半球优势与消极情感相关。左半球前部激活水平高的被试对有积极意义的电影片段有更多的积极情绪体验；而那些右半球前部激活水平较高的被试则对有消极意义的电影片段产生更多的消极情感。

我们应该如何看待评价生理因素对人格的作用呢？虽然我们列举了一些证实性研究，但是这确实是一个复杂的问题。在个体发展过程中，人格是遗传与环境交互作用的结果，遗传因素影响人格的发展方向及难易。

人既是一个生物个体，又是一个社会个体。人一出生，各种环境因素的影响就开始了，并会作用人的一生。后天环境的因素是多种多样的，小的如家庭因素，大的如社会文化因素。

二、社会文化因素

我们每个人从出生到生命终止的那一刻，都处在文化环境中，潜移默化地受到文化的影响。文化对于我们每个人都有很强大的塑造力量。在日常生活中，这种塑造过程缓慢地发生在每个人的身上，使人得到满足或者感受到痛苦。这个塑造的过程很自然，以至于我们也许察觉不到这个塑造的过程，但是我们却已经接受了它并且顺着它发生着改变。每个人都处于特定的社会文化之中，社会文化对人格的影响在于它塑造了特定文化背景中社会成员的人格特征，使其有着相似的人格结构（Kroebbo, 1948），而这种相似性又具有维系一个社会稳定的功能。这种共同的人格特征又使得个人正好稳稳地"嵌入"整个文化形态里。

社会文化对人格的影响力因文化而异，这要看社会对顺应的要求是否严格。越严格，其影响力就越大。影响力的强弱也视行为的社会意义的大小，对于不太具有社会意义的行为，社会容许较大的变异；但对在社会功能上十分重要的行为，就不容许太大的变异，社会文化的制约作用就越大。但是，若个人极端偏离其社会文化所要求的人格基本特征，不能融入社会文化环境之中，可能就会被视为行为偏差或有心理疾病。

社会文化具有对人格的塑造功能，这反映在不同文化的民族中是有固有的民族性格。例如，米德等人（Margaret Mead, 1949）研究了新几内亚的三个民族的人格特征，各具特色，鲜明地体现了社会文化对人格的影响力，居住在不同自然环境下的民族也反映出了人文地理对人格的影响。居住在山丘地带的阿拉比修族，崇尚着男女平等的生活原则，成员之间互助友爱、团结协作，没有恃强凌弱，没有争强好胜，一派亲和景象。居住在河川地带的孟都古姆族，生活以狩猎为主，男女间有权力与地位之争，对孩子处罚严厉。这个民族的成员表现出攻击性强、冷酷无情、嫉妒心强、妄自尊大、争强好胜等人格特征。居住在湖泊地带的张布里族,男女角色差异明显,女性这个社会的主体每日操作劳动,掌握着经济实权;而男性则处于从属地位,其主要活动是艺术、工艺与祭祀活动,并承担孩子的养育责任。这种社会分工使女人表现出刚毅、支配、自主与快活的性格,男人则有明显的自卑感。

社会文化对人格的影响历来就被人们所认可,社会文化对人格具有重要的作用,特别是后天形成的一些人格特征。社会文化因素决定了人格的共同性特征,它使同一社会的人在人格上具有一定程度的相似性。

三、家庭环境因素

一位人格心理学家说:"家庭对人的塑造力是今天我们对人格发展看法的基石。"家庭是社会的细胞,不仅具有其自然的遗传因素,也有着社会的"遗传"因素。这种社会遗传因素主要表现为家庭对子女的教育作用,"有其父必有其子"的话不无道理。父母们按照自己的意愿和方式教育着孩子,使他们逐渐形成了某些人格特征。

强调人格的家庭成因,重点在于探讨家庭间的差异对人格发展的影响,探讨不同的教养方式对人格差异所构成的影响。西蒙斯所著《亲子关系动力论》(1949)一书,详细论述了父母对孩子的各种反应(如拒绝、溺爱、过度保护、过度严格)及其对人格所产生的后果。他最后得出的结论是:"……儿童人格的发展和他(她)与父母之间的关系息息相关,这是最重要的一个结论。这意味着当我们考虑亲子关系时,不仅要注意它们对造成心理情绪失调和心理病理状态的影响,也得留意它们与正常、领导力和天才发展的关系。"

教育学家陶行知说:"教人要从小教起。幼儿比如幼苗,培养得宜,方能发芽滋长,否则幼年受了损伤,即不夭折,也难成材。"研究者把家庭教养方式分成三类,这三类方式造就了具有不同人格特征的孩子:第一类是权威型教养方式,这类父母在对子女的教育中,表现得过于支配,孩子的一切均由父母来控制。成长在这种教育环境下的孩子容易形成消极、被动、依赖、服从、懦弱,做事缺乏主动性,甚至会形成不诚实的人格特征。第二类是放纵型教养方式,这类父母对孩子过于溺爱,让孩子随心所欲,父母对孩子的教育甚至达到失控状态。这种家庭里的孩子多表现为任性、幼稚、自私、野蛮、无礼、独立性差、唯我独尊、蛮横胡闹等。第三类是民主型教养方式,父母与孩子在家庭中处于平等和谐的氛围中,父母尊重孩子,给孩子一定的自主权,并给孩子以积极正确的指导。父母的这种教育方式使孩子形成了一些积极的人格品质,如活泼、快乐、直爽、自立、彬彬有礼、善于交往、容易合作、思想活跃等。由此可见,家庭确实是"人类性格的工厂",它塑造了人们不同的人格特征。

视窗

XYZ 三种家庭教养模式

Kagiticibasi(1990)依据家庭中两代人之间的"独立—依赖"关系,归纳出了三种典型的家庭模式。

X 型:家庭中父母与子女在物质与情感上的关系都是相互依赖的,亲子关系的取向是顺从,属于集体主义模式。如韩国与日本的母亲总是热心于保持与孩子的交互作用,母亲千方百计地要把自己与孩子"焊接"起来,她们认为母子的亲密关系是儿童健康发展的重要条件。在家庭教养中,母亲总是力图创造一种"关系上的协调",但是她们却难于培养孩子的心理独立性。

Z型:家庭中两代人之间在物质和情感上都是相互独立的,亲子关系的取向是独立,属于个人主义模式。如美国和加拿大的母亲认为母子间的分离与个体化是孩子人格健康发展的条件。所以,母亲尽力把自己与孩子分离开,以培养孩子的独立自主性,母亲在家庭关系中创设的是一种"个体上的协调"。但是,这也会带给双方情感上的孤独与失落。

Y型:将上述两种模式辩证地综合在一起,强调在物质上的独立,在情感上的相互依赖。中国与土耳其的家庭近似这种模式。如土耳其的研究发现(Phalet & Claeys, 1990),土耳其青年既忠于家庭,又注重本人才能的自我实现。在具有集体主义文化基础的发展中国家,大规模的城市化和现代化背景下,家庭人际关系可能向Y型转化。

综合家庭因素对人格影响的研究资料,我们可以得出以下结论:家庭是社会文化的媒介,它对人格具有强大的塑造力;父母的教养方式的恰当性,会直接决定孩子人格特征的形成;父母在养育孩子的过程中,表现出了自己的人格,并有意无意地影响和塑造着孩子的人格,形成家庭中的"社会遗传性"。

四、早期童年经验

麦肯侬(1950)用一句话总结了早期童年经验对人格发展的影响:"早期的亲子关系定出了行为模式,塑成一切日后的行为。"中国也有句俗话"三岁看大,七岁看老"。人生早期所发生的事情对人格的影响,历来为人格心理学家所重视,特别是弗洛伊德。为什么人格心理学家们会如此看重早期经验对人格的作用呢?弗洛伊德认为,成年后的人格问题都可以在童年找到其根源。西方一些国家的调查发现,"母爱丧失"的儿童(包括受父母虐待的儿童),在婴儿早期会出现神经性呕吐、厌食、慢性腹泻、阵发性绞痛、不明原因的消瘦和反复感染,这些儿童还表现出胆小、呆板、迟钝、不与人交往、敌对、攻击、破坏等人格特点,这些人格特点会影响他们一生的顺利发展,可能出现情绪障碍、社会适应不良等问题。伯恩斯坦(Burnstein,1981)提出弃子还会使孩子形成反社会人格。

早期童年经验的问题引发了许多的争论,如早期经验对人格产生何种影响?这种影响是永久性的吗?我们认为,其一,人格发展的确受到童年经验的影响,幸福的童年有利于儿童向健康人格发展,不幸的童年也会引发儿童不良人格的形成。但二者不存在一一对应的关系,溺爱也可使孩子形成不良人格特点,逆境也可磨炼出孩子坚强的性格。其二,早期经验不能单独对人格起决定作用,它与其他因素共同来决定人格。其三,早期儿童经验是否对人格造成永久性影响因人而异。对于正常人来说,随年龄的增长、心理的成熟化,童年的影响会逐渐缩小、减弱,其效果不会永久不衰。

五、学校教育因素

哲学家柏拉图说,"一个人从小所受的教育把他往哪里引导,就能决定他后来往哪里走。"可见,学校教育之于每个孩子的成长非常重要。它不仅是孩子们学习文化知识的场所,而且是每个人成长路上必然走过的一段长路,是人格形成的重要教育场所。学校是一种有目的、有计划地向学生施加影响的教育场所。教师、学生班集体、同学与同伴等都是学校教育的元素。

教师对学生人格的发展具有指导作用。教师是学校中学生最直接的模仿对象,也是学生言行标准的评价者和权威。言传身教,耳濡目染,教师对学生的人格产生着巨大的影响。

每个教师都有自己的教学或管理学生的风格,在不同教师不同的教育风格下,学生表现出不同的行为表现。研究人员洛奇(Lodge)的研究结果表明:性情冷酷、刻板、专横的老师所带领的班级中,学生的欺骗行为增多;友好、民主的教师所带领的班级中,学生欺骗行为减少。教育学家勒温等的研究也发现了不同管教风格的教师对学生人格的影响。他们发现在专制型、放任型和民主型的管理及教育风格下,学生表现出不一样的人格特征(见表9-4)。中国有句俗话讲:严师出高徒,但如果"严师"意味着专制和冷酷,不一定能真正培育出"高徒"。

表9-4 教师管理风格对学生言行的影响

教师管理风格	学生言行特征
专制型	作业效率提高,对领导依赖性加强,缺乏自主行动,但常有不满情绪。
放任型	作业效率低,任性,经常发生失败和挫折现象。
民主型	完成作业的目标是一贯的,行动积极主动,很少表现出不满情绪。

同伴群体是影响人格发展的另一个重要因素。随着学生年龄的增长,同伴的影响力会逐渐大于老师。幼童孩子离开父母或被父母拒绝是焦虑的最大根源;而少年的焦虑不安则来自于同龄伙伴群体的拒绝。在少年这个相对"自由轻松"的群体中,他们实习着待人接物的礼节与团体规范,他们了解了什么样的性格容易被群体所接纳。

卡拉汉等人曾做过测验,分析了中学生喜欢哪种性质的学生领袖。结果是他们更喜欢学业优秀、办事老练、具有良好道德的学生领袖,而不是风头十足、具有漂亮仪表以及体育成绩优异的人。他们喜欢有能力、能胜任工作、具有高智商、精力充沛、富于创造的同伴。因为少年有强大的被同龄伙伴接纳的需求,他们会要求自己去拥有同伴所普遍接纳或推崇的特质。在少年期,男孩子比女孩子倾向于更大、更活跃的团体,他们多少会有些无视成人权威的倾向;而女孩子的集体则更显得合作与平和。

大部分同龄群体对于少年的成长发育是能起到促进作用的,毕竟人是喜欢群居的,也喜欢相对积极和有能力的同龄人。但是,如果儿童或青少年期加入到不良同伴群体,对他们的人格发展无疑会造成恶劣的影响,甚至可能发展成为反社会型人格障碍。因此,家庭、学校以及社会应该对儿童、青少年不良同伴群体进行及时教育,引导他们走上身心健康发展的道路。

总而言之,教师对学生人格的发展具有引导作用,同龄伙伴对孩子人格发展具有"扬善弃恶"的作用,学校是人格社会化的主要场所,其对人格的塑造能力是不容忽视的。

六、自然物理因素

生态环境、气候条件、空间拥挤程度等物理因素都会影响人格。一个著名的研究实例是,巴理(1966)关于阿拉斯加州的爱斯基摩人和非洲的特姆尼人的比较研究。这个研究说明了生态环境对人格的影响作用。

爱斯基摩人以渔猎为生,夏天在水上打鱼,冬天在冰上打猎;主食肉,没有蔬菜,过着流浪生活,以帐篷遮风避雨。这种生活环境使孩子逐渐形成了坚定、独立、冒险的人格特征。而特姆尼人生活在灌木丛生地带,以农业为主,种田为生,居住环境固定。这种生活环境使孩子形成了依赖、服从、保守的人格特点。由此可见,不同的生存环境影响了人格的形成。另外,气温也会导致人的某些人格特征出现频率提高。如热天会使人烦躁不安,对他人采取负面反应,甚至进攻,发生反社会行为。世界上炎热的地方,也是攻击行为较多的地方。

关于自然物理环境对人格的影响作用,心理学家认为自然环境对人格不起决定性影响作用,更多地表现为一时性影响;自然物理环境对特定行为具有一定的解释作用。在不同的物理环境中,人可以表现出不同的行为特点。

综上所述,人格是先后天的"合金",是遗传与环境交互作用的结果,遗传决定了人格发展的可能性,环境决定了人格发展的现实性。这是研究者们已达成共识的结论。但是,二者是如何交互作用对人格形成产生影响的?这又是研究者们面临的新课题。人们试图将二者有机地结合起来分析各种问题。社会生物学做出了一些尝试,这个领域主要研究生物因素与人的社会行为之间的关系问题。

第五节 人格测量

人格差异表现在许多方面,如何鉴定这些人格差异?人格心理学家依据人格表现特征的不同、人格层次的差异,运用不同的方法来测评。人格测评的方法有很多,这里,我们介绍两种典型的、具有代表性的人格测验方法。

一、测验法

测验法是在标准化的技术条件下,对受测者的行为和内部心理变化进行探察和鉴别的方法。主要形式为自陈问卷法,这是一种纸笔测验方法。自陈量表法是被试本人对自己的人格特质予以评价的一种方法。自陈量表通常也称为人格量表(Personality Inventory)。由于自陈量表所测量的是人格特质,因此在人格理论上,是遵从特质论的。自陈量表通常都由一系列的问题组成,每一个问题陈述一种行为,要求被试按照自己的真实情形来回答。

一个人格量表,可以用来测量单一的人格特质,也可以用来测量多个人格特质。以下将介绍几种测量多个特质的常用人格测验。

(一)明尼苏达多相人格测验

明尼苏达多相人格测验(Minnesota Multiphasic Personality Inventory,简称 MMPI)是现今国外流行的人格测验之一,此量表是由美国明尼苏达大学教授哈撒韦(S. R. Hathaway,1942)和麦金利(J. C. McKinley)所编制的,适用于16岁以上、具有小学文化水平以上的群体。该量表内容包括健康状态、情绪反映、社会态度、心身性症状、家庭婚姻问题等26类题目,可鉴别强迫症、偏执狂、精神分裂症、抑郁性精神病等。其中有10个分量表:(Hs)疑病症、(D)抑郁、(Hy)癔病、(Pd)精神变态、(Mf)性变态、(Pa)妄想狂、(Pt)精神衰弱、(Sc)精神分裂症、(Ma)轻躁狂、(Si)社会内向。所有题目均采用"是、否、不一定"来回答,题目举例如下:

1. 我相信有人反对我。　　　　是[ ]　　不一定[ ]　　否[ ]
2. 我相当缺乏自信。　　　　　是[ ]　　不一定[ ]　　否[ ]

3. 每隔几夜我就会做噩梦。　　　　是[ ]　　不一定[ ]　　否[ ]

这个测验所重视的是被试的主观感受,而不是客观事实,又因为在编制时采用正常与异常两组对照组为样本,因此 MMPI 不但可作为临床上的诊断依据,而且也可用来评定正常人的人格,使人们对一个人的人格有概略的了解。

(二) 爱德华个人兴趣量表

爱德华个人兴趣量表(Edwards Personal Perference Schedule,简称 EPPS)是由美国心理学家爱德华(A. L. Edwards)于 1953 年编制,是以美国心理学家莫瑞(H. A. Murray,1938)所列举的人类 15 种需求为基础的,全量表共有 225 个题目,每个题目通常包括两个以"我"为开头的陈述句,用"强迫选择法",要求被试从两者中按照自己的喜好选出其中的一个。例如:

1. A. 我喜欢结交新朋友。
   B. 当我有难时,我希望朋友能帮助我。
2. A. 在长辈和上级面前,我会感到胆怯。
   B. 我喜欢用别人不太懂其意义的字词。

EPPS 的主要功能是通过被试对题目的反应,评定其在 15 种心理需求上相对于一般人的强弱程度,然后绘出人格剖面图,一个人 15 项人格的定位状况,便就一目了然了。

自陈量表式人格测验的优点是题目数固定,题目内容具体而清楚,因此施测简单,记分方便。其缺点是因编制时缺乏客观效标,效度不易建立;而且测验内容多属于情绪、态度等方面的问题,每个人对同一问题常常会因时空的改变而选择不同的答案;另外,使用这种方法时,还难免出现反应的偏向。例如,有些被试对问卷中提出的各种问题总是抱赞同的态度,这种反应偏向影响到对人格做出客观的评定。因此,其信度和效度都不如智力测验。

(三) 青年性格问卷

青年性格问卷(简称 CPI)是根据美国心理学家高夫(H. G. Gough)所编制的《加利福尼亚心理调查表》(California Psychological Inventory,1956)修订而成的。本问卷主要面向青年,尤其适用于大中学生。问卷共由 230 道题组成,让被试对每一道题给予"是"或"否"的回答。

1. 我通常感到人生很有价值。　　　　　　　　是[ ]　　否[ ]
2. 我常常厌恶自己。　　　　　　　　　　　　是[ ]　　否[ ]
3. 小时候上学时,我常给老师添麻烦。　　　　是[ ]　　否[ ]

该问卷涉及了人格 6 个方面、18 个人格变量,如表 9-5 所示。

表 9-5　青年性格问卷的测评内容

序号	分量表名称	评估内容
第一类:自在性、优越性、自信心及人际适宜性		
1	支配性 (Do)	领导能力及社会主动性等
2	进取心 (Cs)	积极争取达到某种社会地位的能力
3	社交性 (Sy)	外向性、社交能力及社会参与等
4	自在性 (Sp)	社会交往情境中的自在性、自尊性、自信心和社交风度
5	自我接受(Sa)	自我价值感、自我接纳以及独立思考与行动的能力
6	幸福感 (Wb)	烦恼程度、自我怀疑、幻想破灭的情绪干扰程度

续表

序号	分量表名称	评估内容
第二类:社会化、成熟度、责任心及价值结构		
7	责任心(Re)	认真、负责、可靠等
8	社会化(So)	社会成熟水平、自我整合程度
9	自制力(Sc)	自我控制、自我调节、摆脱冲动性和自我中心
10	宽容性(To)	宽容和接纳他人的程度
11	好印象(Gi)	力求给人以好印象、关注别人对自己的反应与评价
12	同众性(Cm)	使个人反应与大家一致的程度
第三类:成就潜能与智能效率		
13	遵循成就(Ac)	在集体创造活动中起积极作用的兴趣与能力
14	独立成就(Ai)	在独立创造活动中起积极作用的兴趣与能力
15	智力效能(Ie)	智力效率程度和与智力有关的人格品质
第四类:智力与兴趣		
16	心理性(Py)	对己、对人其内心体验的兴趣与敏感程度
17	灵活性(Fx)	个人思维与社会行为的灵活性与适应性
18	女性化(Fe)	个人兴趣与行为方式的女性化成分

二、投射法

投射测验(Projective Test)是以弗洛伊德心理分析的人格理论为依据的。该理论强调人的行为由无意识的内驱力所推动。这些内驱力受到压抑,不为人们觉察,但却影响着人们的行为。根据这种理解,人们难以通过问题直接了解一个人的情感和欲望,进而对他的人格做出评定。但是,如果给被试一些模棱两可的问题,那么他的无意识欲望有可能通过这些问题投射出来。所谓投射测验,就是根据这种思想设计出来的。

投射测验一般是由若干个模棱两可的刺激所组成,被试可任加解释,使自己的动机、态度、感情以及性格等,在不知不觉中反映出来,然后由主试将其反应加以分析,就可以推出若干人格特性。以下我们将介绍两种著名的投射测验。

(一)罗夏克墨渍测验

罗夏克墨渍测验(Rorschach Ink Blot Test)是由瑞士精神医学家罗夏克(H. Rorschach,1884—1922)于1921年设计的,共包括10张墨渍卡片,如图9-7。其中五张为彩色,另五张为黑白图形。施测时每次按顺序给被试呈现一张,同时问被试:"你看到了什么?""这可能是什么东西?"或

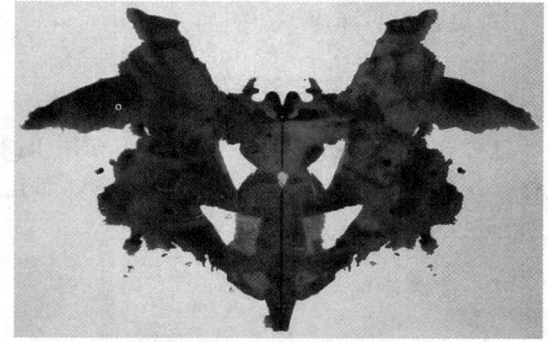

图9-7 罗夏克墨渍测验的图片之一

"这使你想到了什么?"等,允许被试自己转动图片从不同的角度去看。此测验属于个别施测,每次只能施测一人。施测时主试一方面要记录被试的语言反应,同时还要注意被试的情绪表现和伴随的动作。

(二) 主题统觉测验

主题统觉测验(Thematic Apperception Test,简称 TAT)是由美国心理学家默里(H. A. Murray,1938)编制的。这种测验的性质与看图说故事的形式很相似。全套测验包括 30 张模棱两可的图片构成,另有一张空白图片,图片内容多为人物,也有部分景物,不过每张图片中至少有一个人物,如图 9-8。测验时,每次给被试一张图片,让他根据所看到的内容编出一个故事。故事的内容不加限制,但必须符合以下四点:图中发生了什么事情;为什么会出现这种情境;图中的人正在想些什么;故事的结局会怎样。

图 9-8 主题统觉测验的图片之一

主题统觉测验的主要假定是,被试在面对图片情境时所编出来的故事,常会和其生活经验有联系。被试在编故事时,常常会不自觉地把自己隐藏或压抑在内心的动机、欲望以及矛盾,穿插在故事中,进而把个人的心理历程"投射"出来。因此,通过分析被试编的故事,就有可能对他的需要和动机加以确定。

投射测验的优点是弹性大,可在不限制被试的状况下,任其随意反应。由于投射测验使用墨渍图或其他图片,因而便于对没有阅读能力的人进行测验,进而推论其人格倾向。

投射测验也有自己的问题:首先,评分缺乏客观标准,对测验的结果难以进行解释。同样的反应由于施测者的判断不同,解释很可能不一样。其次,这种测验对特定行为不能提供较好的预测。例如,测验结果可能发现某人具有侵犯他人的无意识欲望,而实际上,他却很少出现相应的行为。最后,由于投射测验适于个别施测,因而它需要花费大量的时间。这一点不如问卷法优越。

(三) 句子完成法

句子完成法(Sentence Completion Test,简称 SCT)是以未完成的句子作为刺激,让受测者自由地给予语言反应来完成未完成的部分。依据受测者的反应内容来推断受测者的情感、态度以及内心冲突等。例如:

"我们的朋友 ＿＿＿＿＿＿＿＿"

"我喜欢的是 ＿＿＿＿＿＿＿＿"

这种言语联想方法起源于德国,最初用于测查儿童的智能,后来美国使用这种方法测查人格。这种方法广泛地运用于临床预诊。而且它使用比较方便,易于掌握,既可以施测个人,也可以施测团体。

三、情境测验

第二次世界大战期间,美国军队选拔间谍时采用了一种新的测量策略。军事心理学家们没有采用纸笔测验,而是将候选人置于一个模拟的秘密情境中。他们考察候选人应对压力、解决问题、维持领导力以及忍受各种审讯而不透露机密的能力。尽管这项研究耗时又费巨资,但这种在真实的情境下测量行为的方法的确对预测实际承担间谍任务时的成功率非常有效。

情境测验(Situation Test)是将被试放在类似或模拟"真实"的标准情境中,通过观察被试的实际表现以推测其能力、品行或人格的方法。情境测验来源于实践的需要。情境测验可用于教育评价,如"性格教育测验",也可用于人事测评,测评人的实际能力、与工作要求相匹配的人格特征,如"情境压力测验"。常用的情境测试包括情境模拟、无领导小组讨论以及公文筐作业等几种形式。

情境模拟测验是设置一定的模拟情况,要求被测试者扮演某一角色并进入角色情境去处理各种事务及各种问题和矛盾。主试通过对面试者在情境中所表现出来的行为进行观察和记录,以测评其素质潜能,或看其是否能适应或胜任工作。情境模拟形式多样,可以根据测试目的灵活设置。由于模拟测试的环境是拟招岗位或近似拟招岗位的环境,测试内容又是拟招岗位的某项实际工作,因而具有较强的针对性。另外,模拟测试更接近实际,考察的重点是应试者分析和解决实际工作问题的能力,加之这种方式又便于观察了解应试者是否具备拟任岗位职务的素质,因此普遍反映模拟测试比笔试和其他面试形式更具有可信性。

(一) 性格教育测验

虽然学校教育总是教育孩子们要有诚实、合作、友爱、负责等品格,但却很少能使用客观的测量工具来鉴定这些品格教育的效果,性格教育测验(Character Education Inquiry)的使用弥补了这方面的缺憾。例如,一次考试结束后,可以将每张试卷复印一份,再发给学生并附上标准答案,要他们自己评卷,打上分数,收回试卷后将两份进行对照,可以测量出学生"诚实"的程度,进而了解过去教育的绩效与有待改进的方向。

(二) 情境压力测验

情境压力测验(Situational Stress Test)会创造出一种特别的情境,使得被试产生情绪上的压力,然后由主试观察、记录被试如何应对,从而了解他的人格特质。这里以无领导小组讨论(leaderless group situation)为例进行说明(图9-9)。具体做法是,在情境中安置几个互相不认识的人,给他们一项任务,要求任务必须由所有成员合力完成,如果在规定的时间内没有顺利完成任务,那么每个人都会受到惩罚。在这种压力情境下,可能会使团体当中的某个人主动站出来带领大家完成任务,并得到其他人的支持与合作。由此可以知道,此人具有一些领导者的特质。在职业选拔中用到的压力面试(Stress Interview),也是一种类似的情境测验。

图9-9 无领导小组讨论

情境测验的最大优势在于它具有良好的预测效度,这是问卷法和访谈法难以企及的。预测一个人今后行为的最好途径,是让一个人在模拟情境中表现出自己一贯的行为模式。只要情境和人基本保持不变,最能预测今后行为表现的是一个人以往的行为表现。情境测验重视分析、实验和控制等程序,具有科学性,得到的结果也比较精确,且令人信服。但情境测验只重视现实因素,忽略了个体行为经验与遗传因素,因此也受到批评。

四、远距离人格测量

远距离人格测量(Personality Assessment at a Distance,PAD)是通过量化或质化的方法,分析显著样本(如政治领袖人物或其他著名科学家、艺术家)的言语材料或传记材料,从而推断其认知、态度、动机、情绪或整体人格的特征,并解释或预测他们的行为。

传统人格研究面对显著样本遇到了以下障碍。首先,由于显著样本特殊的身份地位,很难邀请到他们参加传统的心理实验或者测验。其次,即使获得了测量数据,因为伦理限制或考虑社会影响,结果也无法公开。最后,也是最难以逾越的障碍,很多或者说大部分研究者感兴趣的人物已经离世。为了克服传统人格心理学研究方法在处理显著样本时所遇到的障碍,研究者们发展了间接的测量方法。

弗洛伊德对达·芬奇的分析,开创了心理传记研究。推孟利用大量信件,推测高尔顿的智商至少为200。如高尔顿5岁的时候,就写信宣称自己可以阅读任何一本英文书,并懂得大量的拉丁文,熟悉乘法表,可以阅读法文。6岁的时候知道《伊利亚特》和《奥德赛》,并在7岁时轻松阅读莎士比亚著作。美国人格心理学家奥尔波特将日记看作是研究人格变化的绝好资源,并将其作为人格理论价值大小的度量。他指出心理学家总在泛泛而抽象地探讨一般意义上的人格,但是,试图解释一个活生生的人时才是真正的考验。1965年,奥尔波特出版了《珍妮书信》,收集了珍妮在她人生最后十年的约300封信稿,附有奥尔波特对其书信内容的解释。

思 考 题

1. 名词解释:人格、人格特质、认知方式、气质、性格、投射测验。
2. 心理学家是如何看待人格的?人格具有哪些特性?
3. 人格结构都包含哪些成分?各个成分之间具有什么样的关系?其中最重要的成分是什么?
4. 影响人格形成与发展的因素有哪些?各对人格起什么作用?
5. 比较并分析特质论与类型论这两种人格描述模式。
6. 人格差异都表现在哪些方面?对照各种人格差异的特点分析自己的人格特征。
7. 如何形成健康人格?
8. 人格测量的方法有哪些?

第十章 人际交往与社会影响

人类生活在社会中,不可能没有相互之间的交往。人为了生存,就必然要与别人建立联系,与别人交流信息,形成各种各样的群体,产生不同的行为,从而也就建立了各种人际关系,例如家庭中的亲子关系、学校中的师生关系和同伴关系、工作中的同事关系和上下级关系、市场上的买卖关系,以及不同群体之间的关系,等等。人际关系的建立与维持不仅满足人类的生存需要及健康发展的心理需要,而且还会形成彼此之间的社会影响。因此,明确人际交往的心理规律与原理,明确人际关系建立和发展的过程,明确个人在群体情境下的行为表现以及群体的特征是有重要意义的。本章首先介绍人际交往的基本过程和理论,然后阐述人际交往过程中的沟通模式和人际吸引的条件,最后,我们讨论群体的基本特征和造成社会影响的基本过程。

第一节 人际交往概述

一、人际交往的心理需要

人在社会生活中为什么需要相互交往,人际交往的心理基础是什么?关于这个问题,心理学家进行了研究,他们认为,人类个体进行社会交往,除维持生存的客观需要外,还有着深刻的心理动因,从产生行为动机的心理需要来看,可以分为三个方面:本能、合群需要和自我肯定的需要。

(一) 本能

强调本能作用的心理学家认为,人的交往需要是一种本能,是在个体发展进化过程中逐渐形成的适应社会生活的能力,它通过遗传直接传递给后代。例如,古猿的自我保护能力是很低的,与许多野兽比起来,它们的体力较弱,奔跑的速度也较慢,还没有尖利的爪子和牙齿来抵御外敌。所以,古猿要想保护自己,保证自己的后代能够生存,使种族得到繁衍,就必须集合起来采取集体行动,依靠群体的力量来抵御外敌的侵害,依靠集体的智慧来保证种族的繁衍和发展。这样,经过漫长的进化和演变过程,古猿逐渐形成了集群的习性,并通过种族繁衍传递给后代。

来自人类个体的研究结果也提供了这方面的证据。婴儿一出生就需要周围环境能为他提供温暖、舒适、食物和安全,以保证他健康成长。通常母亲能满足他的这些需要。在婴儿与母亲的积极交往中,婴儿与母亲形成和发展了积极的情感联系,这是人类个体最早形成的社会性交往。大量的研究结果表明,人类个体早期的社会性交往是以后适应社会生活的基础,也是个体的个性发展的基础。社会心理学家赞-威克斯勒等人(C. Zahn-Waxler & M.

Radke-Yarrow,1979;E. Maccoby,1982)的研究发现,在母婴的积极交往中,在母亲的指导下,婴儿学会了大量的社会行为规范,形成了许多良好的社会行为,如与人分享、谦让、合作、团结、同情、关心和帮助他人、尊敬长辈、文明礼貌,等等。也正是在与母亲的积极交往和相互作用中,在母亲的指导和要求下,婴儿还学会了参与交往、发动交往和维持交往,解决交往中的冲突和矛盾,习得了最初的社会交往技能,并积累了社会交往经验。大量的研究都表明,婴儿与母亲的关系是以后形成诸多社会关系的基础,母婴关系在很大程度上影响了婴儿以后人际关系的形成和人际关系的质量。

可见,无论是灵长类动物,还是人类,都表现了与其他个体进行交往的本能需要,而且,这种本能需要的满足,还进一步影响和制约了个体的健康成长和发展。人类天生就有与别人共处,与别人交往的需要。只有在与别人的正常交往中,保持一定的情感联系,形成亲密的人际关系,人才会有安全感。

视窗

恒河猴实验

人际交往对人类的健康发展不仅具有深刻的生物学意义,而且还具有心理学意义。动物学家哈罗(H. Harlow & M. Harlow,1966)曾做过一项恒河猴的有趣研究,研究者将小猴与猴妈妈分开,而让它与一个用金属制成的和一个用绒布制成的假妈妈一起生活。金属猴妈妈能为小猴提供食物,绒布猴妈妈不能提供食物。结果,在165天的实验过程中,小猴同金属妈妈和绒布妈妈呆在一起的时间有显著差异。小猴在绒布妈妈身旁的时间平均每天达到16小时以上,它总是设法呆在绒布妈妈身旁,与其拥抱、亲昵或在绒布妈妈的怀里睡觉。相反,小猴每天在金属妈妈身旁呆的时间只有1.5个小时,而这期间还包括吃奶的时间。可见,动物之间的依附行为或交往行为取决于机体寻求温暖、舒适的本能需要,温暖和舒适能为机体提供安全感。

(二) 合群需要

心理学家沙赫特(S. Schachter,1959)曾经做过一项实验,探讨了处于焦虑状态下的个体的合群需要。研究者告知被试要进行一项电击实验,然后随机将被试分为高恐惧组和低恐惧组。在高恐惧组条件下,主试告诉被试,他们将接受的电击会很厉害、很痛,但不会留下永久性伤害,而且这项研究是为了获取有关人类发展的某些有用的资料的;在低恐惧组条件下,被试被告知,电击时只是有点痛,感觉有些轻微的震动,不会有任何伤害性后果。然后,在被试等待接受电击的时间里,研究者观察发现,高恐惧组被试比低恐惧组被试更倾向于寻求与他人待在一起。说明当个体对周围环境缺乏了解和把握,内心紧张焦虑时,他们更倾向于寻求他人伴同。而处于低恐惧的情况下,这种合群的需要并不那么强烈。可见,与人交往能增加人的安全感,减低恐惧感。

沙赫特的研究结果见表10-1。

我们在日常生活中也往往如此。当我们处于一个陌生的环境时,例如,我们新到一个少数民族城市或者另外一个国家时,不知道自己的行为是否符合当地的习俗,就会特别想知道别人是怎样行动的,当与别人在一起时,这种恐惧感就会得到减轻,因为这时可以向别人学习,别人怎样行动,自己就怎样行动。再比如当我们得知自己的某个观点被他人反对时,一定会觉得很沮丧,同时会有一种恐惧感,可是,如果这时我们又知道,与我们持同样观点的不止自己一人,就又会感到减轻了恐惧感,得到了安全感。

表 10-1　沙赫特的实验研究结果

条件	选择的百分比			合群程度
	与别人待在一起	无所谓	单独	
高恐惧组	62.5	28.1	9.4	0.88
低恐惧组	33.0	60.0	7.0	0.35

资料来源:Schacter,1959

因此,在我们的社会生活中,每一个人都具有合群需要,个体不可能没有人际交往,适当的人际交往是人类个体满足自身合群需要的手段。

(三) 自我肯定需要

我们每一个人对自身的了解都来源于社会学习过程,婴儿随着自身的生理成熟,随着对周围环境的认识加深,他们逐渐能够区分开自己与周围环境的关系,能够区分开自己与他人的关系,他们有了了解、认识自己的需要,也就是产生了自我意识。但是个体对自己真正的了解,还必须依赖于与他人的交往。

20 世纪初,社会学家库利(C. H. Cooley,1902)发现,个体对自己的认识是先从认识别人的评价开始的。别人对个体的评价与态度,包括对待他们的行为方式就像一面镜子,使个体从中了解了自己,界定了自己,并形成了相应的自我概念。例如一个人被他的父母所钟爱,被他的老师所重视,被他的朋友所尊重,大家都愿意和他交往,那么这个人就一定会认为自己是一个令人喜爱的人。如果有一个人常常被老师和同学推举承担某项工作,大家有难题时也都愿意向他请教,那么这个人一定会认为自己是一个具有才能的人。

视窗

动物和婴儿的照镜子研究

库利认为他人对我们建立自我概念起着决定作用:如果我们不能透过他人的眼光看待自己,那我们的自我意识就会是模糊的,因为我们无法从社会的角度去看自己。

盖洛普(Gallup,1977)进行了一项有趣的研究,他观察黑猩猩、猫和狗等动物在镜子面前的表现,发现黑猩猩比猫、狗等动物在镜子前的自我注意时间更长久,而且还会用镜子来整理仪容和自娱、扮鬼脸等。盖洛普将黑猩猩麻醉后,在其眉毛和耳朵上抹上红颜色,发现黑猩猩醒来后再照镜子时,能够马上摸到自己的红眉毛和红耳朵。后来,这项实验也在婴儿身上做过,刘易斯(Lewis)等(1978)发现,21~25 个月大的婴儿中有四分之三能够摸到抹有胭脂的鼻子,但在 9~11 个月大的婴儿中,只有四分之一能够做到。

自我意识的形成标志着个体社会性的发展,而自我意识最初是通过对别人的评价的意识而发展的。这个过程类似于个体通过照镜子来认识和辨别自己。

通过这样的"镜像自我"(looking-glass self)过程,个体的自我概念引导自己塑造了实际的

自我,否则,个体就无法正确地认识自己。如果个体从出生起就没有接触人类社会,没有与人的正常交往机会,那么,尽管他可能各方面的生理机能发展正常,但他的自我概念发展却会受到抑制。所以,在社会生活中与他人进行有效的交往,了解别人对自己的态度和评价,就可以使我们更好地了解自己,确立自己在群体中的地位,并树立相应的可行的奋斗目标。

事实上,在一般情况下,如果只知道自己的一些品质或某些特征,我们还会觉得不够。比如当我们知道自己的身高已达到160厘米时,还会想知道同龄人的平均身高是多少。自己在同龄群体中是比较高?还是比较矮?当老师告诉我们某门课的考试成绩后,我们还想知道班里其他同学在这门课上的成绩,从而确定自己在这门课上的成绩是较好呢,还是较差。人是社会性的动物,只有在与他人的交往中才能形成社会技能和学会各种知识。心理学研究发现,个体总是会选择一些自己愿意在心理上接受的群体来与其进行比较,并接受这些群体对自己的影响,把自己的态度、价值观和行为都与之对照,这个过程当然离不开社会交往。与他人比较,不仅限于自己生活周围的同龄人。我们有时也会与一些理想中的人进行比较,比如自己的父母、老师、英雄人物、青春偶像等,希望自己像他们一样,所以,他们往往会成为我们行动的楷模。

通过与他人比较来了解自己虽然是很有用很简单的方法,但有时也不一定是最理想的方法。别人的评价也不一定就完全正确、客观,有时候也会是不公正的,就像镜子也会不平整,也会歪曲我们的形象一样。他人的评价有时也会带有某些偏见,或者别人也不一定完全了解我们的内心世界,在这样的情况下,过分依赖于他人的评价就会形成不恰当的自我概念,还会影响到自己的行为方式。每一个人都有与生俱来的特点,个体与个体之间的差异是非常大的,所以样样都与别人要求一致,本身就是不太合理的。另外,个体的成长环境也各不相同,我们每个人都有自己的成长历程,所以一味地要求自己样样都与别人相同也是不符合实际的。正确的做法是既要与别人相比,了解自己与别人的差距和自己的独特之处,同时又与自己相比,看到自己的进步和发展,增强自信心,使自己更好地成长和发展。总之,我们在社会生活中,离不开人际交往,人际交往是我们认识自己的主要社会来源。但是,我们在人际交往过程中,也不能过分地依赖用某一个人的观点来评价自己、认识自己。对自己也应该学会以辩证的、全面的、发展的观点来认识。

二、人际交往的理论

涉及人际交往过程的个体心理需要满足方面的社会心理学理论主要有两种,一是人际需要的三维理论,二是社会交换理论。

(一)人际需要的三维理论

社会心理学家舒茨(W. Schutz,1958)提出的人际需要三维理论分为两个方面,首先他提出了三种基本的人际需要,其次,他根据三种基本的人际需要以及个体在表现这三种基本人际需要时的主动性和被动性,将人的社会行为划分为六种人际关系的行为模式。

1. 三种基本的人际需要

舒茨认为,每一个个体在人际互动过程中,都有三种基本的需要,即包容需要、支配需要和情感需要。这三种基本的人际需要决定了个体在人际交往中所采用的行为以及如何描述、解释和预测他人行为。三种基本需要的形成与个体的早期成长经验密切相关。

包容需要指个体想要与人接触、交往、隶属于某个群体,与他人建立并维持一种满意的相互关系的需要。在个体的成长过程中,若是社会交往的经历过少,父母与孩子之间缺乏正常的交往,儿童与同龄伙伴也缺乏适量的交往,那么,儿童的包容需要就没有得到满足,他们就会与他人形成否定的相互关系,产生焦虑,于是就倾向于形成低社会行为,在行为表现上倾向于内部言语,倾向于摆脱相互作用而与人保持距离,拒绝参加群体活动。而如果个体在早期的成长经历中社会交往过多,包容需要得到了过分的满足的话,他们又会形成超社会行为,在人际交往中,会过分地寻求与人接触、寻求他人的注意,过分地热衷于参加群体活动。相反,如果个体在早期能够与父母或他人进行有效的、适当的交往,他们就不会产生焦虑,他们就会形成理想的社会行为,这样的个体会依照具体的情境来决定自己的行为,决定自己是否应该参加或参与群体活动,形成适当的社会行为。

支配需要指个体控制别人或被别人控制的需要,是个体在权力关系上与他人建立或维持满意人际关系的需要。个体在早期生活经历中,若是成长于既有要求,又有自由度的民主气氛环境里,个体就会形成既乐于顺从,又可以支配的民主型行为倾向,他们能够顺利解决人际关系中与控制有关的问题,能够根据实际情况适当地确定自己的地位和权力范围;而如果个体早期生活在高度控制或控制不充分的情境里,他们就倾向于形成专制型的或者是服从型的行为方式。专制型行为方式的个体,表现为倾向于控制别人,但却绝对反对别人控制自己,他们喜欢拥有最高统治地位,喜欢为别人做出决定;服从型行为方式的个体,表现为过分顺从、依赖别人,完全拒绝支配别人,不愿意对任何事情或他人负责任,在与他人进行交往时,这种人甘愿当配角。

情感需要指个体爱别人或被别人爱的需要,是个体在人际交往中建立并维持与他人亲密的情感联系的需要。当个体在早期经验中没有获得爱的满足时,个体就会倾向于形成低个人行为,他们表面上对人友好,但在个人的情感世界深处,却与他人保持距离,总是避免亲密的人际关系;若个体在早期经历中,被过于溺爱,他就会形成超个人行为,这些个体在行为表现上,强烈地寻求爱,并总是在任何方面都试图与他人建立和保持情感联系,过分希望自己与别人有亲密的关系;而在早期生活中经历了适当的关心和爱的个体,则能形成理想的个人行为,他们总能适当地对待自己和他人,能适量地表现自己的情感和接受别人的情感,又不会产生爱的缺失感,他们自信自己会讨人喜爱,而且能够依据具体情况与别人保持一定的距离,也可以与他人建立亲密的关系。

2. 六种基本的人际行为倾向

舒茨认为,上述三种基本的人际需要都可以转化为行为动机,使个体产生行为倾向,而个体在表现三种基本人际需要时又分为主动的和被动的两种情况,于是个体的人际行为倾向就可以被划分为六种,见表10-2。

表10-2 人际关系的行为倾向

行为倾向 需要	主动性	被动性
包容需要	主动与他人交往	期待与他人交往
支配需要	支配他人	期待他人支配
情感需要	主动表示友好	期待他人的情感表达

资料来源:Schutz,1958

(二) 社会交换理论

社会学家霍曼斯(G. C. Homans,1958)采用经济学的概念来解释人的社会行为,提出了社会交换理论,他认为人和动物都有寻求奖赏、快乐并尽少付出代价的倾向,在社会互动过程中,人的社会行为实际上就是一种商品交换。人们所付出的行为肯定是为了获得某种收获,或者逃避某种惩罚,希望能够以最小的代价来获得最大的收益。人的行为服从社会交换规律,如果某一特定行为获得的奖赏越多的话,他就越会表现这种行为,而某一行为付出的代价很大,获得的收益又不大的话,个体就不会继续从事这种行为。这就是社会交换。

霍曼斯指出,社会交换不仅是物质的交换,而且还包括了赞许、荣誉、地位、声望等非物质的交换,以及心理财富的交换。个体在进行社会交换时,付出的是代价,得到的是报偿,利润就是报偿与代价的差值。个体在社会交往中,如果给予别人的多,他就会试图从双方的交往中多得到回报,以达到平衡,如果他付出了很多,但得到的却很少,他就会产生不公平感,就会终止这种社会交往。相反,如果一个人在社会交往中,总是付出的少,得到的却多,他就会希望这种社会交往继续保持,但同时也会产生内疚感。只有当个体感到自己的付出与收益达到平衡时,或者自己在与他人进行社会交往时,自己的报偿与代价之比相对于对方的报偿与代价之比是同等的时候,个体才会产生满意感,并希望双方的社会交往继续保持下去。

当然,个体在进行社会交往时,他们对报偿和代价的认识并不是固定不变的,也不一定是根据物质的绝对价值来估计的,这完全是一个与心理效价有关的问题,所以,当个体对自己的报偿与代价之比的认识大于他人的报偿与代价之比时,也许会被别人所不理解或不认可。这就是为什么在人们的社会交往过程中,有时会出现在有些人看来根本不值得做的事情,却被当事人做得很有趣,而有些时候在别人看来是值得做的事情,却被另一些人所不齿。可见,社会交换过程中,包含了深层的心理估价的问题。

第二节 人际沟通与人际吸引

人是社会性的动物,人有合群与群居的倾向,在群居中就离不开个体之间的相互作用,离不开个体之间的信息交流。人与人之间的信息交流过程就是沟通过程。研究发现,沟通在人的社会生活中占有重要地位,人在醒着的时候,大约有70%的时间都在进行着各种各样的沟通,沟通的质量也是现代生活的标志之一。过去,人们通过写信、电报来进行沟通,现在,人们采用更先进的手段来进行沟通,例如,电话、传真、大众传媒、互联网等。人们通过沟通和信息交流,就可以建立各种各样的人际关系,在广泛的交往过程中,彼此还可能产生了情感,彼此喜欢,相互吸引,形成亲密的关系。本节将介绍人际沟通的基本过程和人际吸引的条件。

一、人际沟通

(一)什么是人际沟通

沟通现象不仅发生在人类社会里,而且也广泛地存在于生物界,甚至无机界,例如,人与机器之间的沟通,大自然界的信息传播。所以,沟通的概念可分为广义的和狭义的两种。广义的沟通指的是人与信息的相互作用,人与机器之间的信息交流,大自然界的信息交流。狭义的沟通主要指在社会生活中的人际沟通(interpersonal communication),是信息的发送者与信息的接收者之间的信息相互作用过程。在这个过程中,沟通的双方彼此交流思想、情感、观念、态度和意见,从而建立一定的人际关系。

人际沟通可以发生在个人与个人之间,也可以发生在个人与群体、或群体与群体之间,还可以发生在大众传播过程中。不管发生在什么情况下,人际沟通总是沟通者为了达到某种目的、满足某种需要而展开的。人们在沟通时,会根据双方的特点选择沟通的内容、通道,以及策略,以达到影响对方的目的。

（二）人际沟通的功能

沟通最基本的功能就是能够促进人们之间的相互了解,协调人们的社会生活,使人们的行为能够更好地适应社会环境,从而使社会生活维持动态的平衡。比如,人们通过沟通过程,得到了很多外界的信息,并对其做出适当的反应,以便维持个体正常的生命活动。人们的自我概念也是通过与他人的沟通获得的,个体从他人那里了解了自己的形象、品行、人格,以及他人对于自己的这些特征的接纳程度,从而形成了自我概念。

沟通还具有需要满足的功能,个人通过表达自己的身心状态,实现与他人的联系,明确人际关系的行动方向,从而使自我价值得以实现。研究结果显示,人类如果缺乏信息交流,其语言能力及其他认知能力都将受到严重伤害。在印度发现的狼孩和在我国发现的猪孩就是这方面的例子。对于老年人和新生儿的研究也发现,如果多给他们提供刺激,特别是社会性刺激,就能够促进儿童的心理发展,也能够减缓老年人的衰老速度,有利于他们的心理健康。

（三）人际沟通的基本要素

人际沟通的基本要素是:信息源、信息、通道、目标靶、反馈、障碍和沟通背景,如图10-1所示。

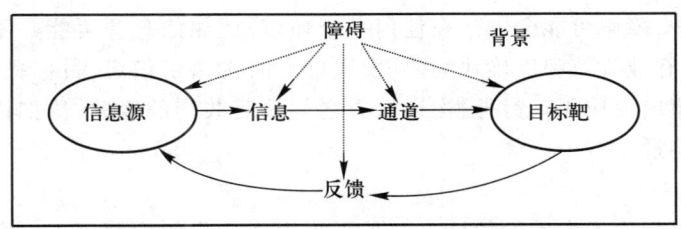

图10-1　沟通的基本模式

（资料来源:Larry L. Barker,1978）

1. 信息源

主要指拥有信息并试图进行沟通的人。沟通的过程通常由他们发动,沟通的对象和沟通的目的通常也由他们决定。一般说来,信息源的权威性和经验、可值得信赖的特征、信息源的吸引力等都会影响整个沟通过程。比如,我们通常更愿意相信有关领域的专家传递的信息,也更愿意相信具有公正品质的信息传递者所传递的信息,而且,当信息源具有外表吸引力的时候,我们也倾向于喜爱他们,从而听从于他们。

2. 信息

主要指信息源试图传递给目标靶的观念和情感,它们必须被转化为各种可以被别人觉察的信号,这些信号包括语词的和非语词的。语词信号既可以是声音的,也可以是形象（文字）的,运用语词进行沟通时,沟通的双方必须具有共同的理解经验。非语词信号包括身体姿态、表情动作、语调等。一般情况下,中等程度的信息差异量较容易引起目标靶的态度改变,差异量如果过大或过小,都不能导致有效的态度改变。当将持某种态度所可能导致的危险作为劝说的理由进行沟通时,也容易引起目标靶的态度改变。劝说的技巧也很重要,当采用两面性劝说时,目标靶就会认为信息较为公正,更少偏见,于是会减少对抗和防卫,容易被说服。

3. 通道

主要指沟通信息的传送方式。面对面的沟通与大众传播各有自己的特点。面对面的沟通除了具有语词或非语词本身的信号以外,沟通者的心理状态信息、背景信息,以及及时的反馈信息等,都容易使沟通双方的情绪被感染,从而产生更好的沟通效果。我们接受的信息绝大多数都是通过视听途径获得的,所以日常发生的沟通也主要是视听沟通。

4. 目标靶

主要指沟通过程中的信息接受者。目标靶总是带有自己的经验、情感、观念,所以,信息源发出的信息是否能够产生影响,还取决于目标靶是否注意、知觉这些信息,是否将这些信息进行编码和转译,并储存在自己的知识系统中。

5. 反馈

沟通过程是一个交互作用的过程,沟通双方不断地将自己对接收到的信息的反应提供给对方,使对方了解自己所发送的信息引起的作用,了解对方是否接受了信息,是否理解了信息,他们接受信息后的心理状态是怎样的,从而根据对方的反应调整自己的信息发送过程,以便达到预期的沟通目的。

6. 障碍

在沟通过程中,障碍可能会发生在任何一个环节,比如信息源可能是不明确的、不可靠的,发送的信息没有被有效和准确地编码,发送信息时选错了信道,目标靶没有能够对信息做出信息源所期望的反应等。另外,沟通双方之间缺乏共同的经验,比如语言不通,也可能很难建立有效的沟通。

7. 背景

沟通背景主要指沟通发生的情境。它是影响沟通过程的重要因素。在沟通过程中,背景可以提供许多信息,也可以改变或强化语词、非语词本身的意义,所以,在不同的沟通背景下,即使是完全相同的沟通信息也有可能获得截然不同的沟通效果。

(四)人际沟通的类型

1. 言语沟通

语言是一定社会约定俗成的符号系统。人们运用语言符号进行信息交流,传递思想、情感、观念和态度,达到沟通目的的过程,叫作言语沟通。言语沟通是人际沟通中最重要的一种形式,大多数的信息编码都是通过语言进行的。言语沟通分为口语沟通和书面言语沟通。

在面对面的人际沟通中,人们多数采用口头言语沟通的方式,例如,会谈、讨论、演讲以及对话等。口头言语沟通可以直接地、及时地交流信息、沟通意见。这个过程取决于由"说"和"听"构成的言语沟通情境,说者在沟通过程中积极地对信息进行编码,然后输出信息。同时,听者也要积极地思考说者提供的信息,进行信息译码,从而理解信息源所发送的信息,将它们储存起来并对信息源做出反应。

在间接沟通过程中,书面言语用得比较多。书面言语沟通的好处是它不受时空条件的限制,还有机会修正内容,并便于保存,所以沟通的信息不容易出现错误,沟通的准确性和持久性都较高。同时,由于人们通过阅读接收信息的速度通常高于通过听讲接收信息的速度,因而在单位时间里,书面言语沟通的效率会较高。但是,书面言语沟通往往缺乏信息提供者的背景资料,所以对目标靶的影响力不如口头言语沟通的高。

2. 非言语沟通

主要指说和写(语言)之外的信息传递,包括手势、身体姿态、音调(副语言)、人际空间和表情等。非言语沟通与言语沟通往往在效果上是互相补充的。有人认为,在人所获得的信息总量中,语词的信息只占了7%,声音的信息占了38%,而来自于身体语言,主要是面部语言的信息大约占了55%左右。

人们不仅通过他们说什么和怎么说进行沟通,而且还通过姿势、手势、面部表情、触摸、甚至与他人的身体距离来进行沟通。言语与非言语信息并不一定要一致——有时它们是冲突的,所以要想知道哪个消息是"真的"是很难的。一般来说,人们能够很好地掌握言语内容的信息,但对非言语渠道的信息内容就很难掌握了——例如,撒谎就可以通过非言语线索加以伪装。可见,要了解对社会敏感观点的潜在态度的确应该分析非言语线索。非言语渠道倾向于强调情感和形象状态的交流,以及它们对双方轮流谈话的整合。

非言语沟通的类型主要有以下几种。

(1)表情(expression):人类祖先为了适应自然环境,达到有效沟通的目的,逐渐形成了丰富的表情,这些表情随着人类的进化不断发展、衍变,成为非言语沟通的重要手段。人们通过表情来表达自己的情感、态度,也通过表情理解和判断他人的情感和态度,学会辨认表情所流露的真情实感,是人类社会化过程的重要内容。埃克曼等人进行的面部表情的跨文化研究证实,不同文化背景的人对面部表情的判断具有高度的一致性,如表10-3所示。在人类的六种基本表情中,快乐、痛苦最易辨认,恐惧、悲哀较难辨认,怀疑、怜悯最难辨认。

表10-3 不同民族个体对六种表情判断的正确性(%)

表情的种类 判断者	愉快	厌恶	惊奇	悲哀	愤怒	恐惧
巴西人(N=40)	95	97	87	59	90	67
美国人(N=99)	97	92	95	84	67	85
阿根廷人(N=168)	98	92	95	79	90	54
智利人(N=110)	95	92	93	88	94	68
日本人(N=29)	100	90	100	62	90	66

资料来源:Ekman,1969

(2)眼行为(eye behavior):俗话说,眼睛是心灵的窗户。可见,眼行为被认为是表达情感信息的重要方式。在人际沟通中,眼行为的作用是巨大而强烈的。目光接触往往能够帮助说话的人进行更好的沟通。彼此相爱的人和仇人的目光是完全不同的,前者含情脉脉,后者则怒目而视。当我们喜欢一个人的时候,我们就会与他有更多的目光接触。在一般交谈中,相互注视约占31%,单向注视约占69%。每次注视的平均时间约为3秒,但相互注视约为1秒。长时间的注视会引起生理上和情绪上的紧张,对此人们通常会很快做出回避行为,以减少紧张。

眼行为的功能主要有：注意、劝说、调节和表达情感。

（3）身体语言或身体动作（kinesics and body movement）：在日常生活中，我们也经常采用身体姿势或身体动作来与别人交流信息，传达情感。比如，摆手表示制止或否定；搓手或拽衣领表示紧张；拍脑袋表示自责；耸肩表示不以为然或无可奈何；触摸也能表达一定的情感和信息，因而也常被人们用作沟通的方式，但是身体的接触或触摸是受一定社会规则和文化习俗限制的。

身体语言大致可分为四类。

象征（emblems）——不同民族、不同文化背景的人们通常对身体语言有不同的理解，他们约定俗成的身体语言也具有不同的象征意义。例如，有的地方用点头表示不同意，用摇头表示同意，而大多数地区对此的象征意义则正好相反。

说明（illustrators）——身体语言或身体动作常常作为言语沟通的补充说明。

调节（regulators）——身体语言或身体动作在沟通过程中能够调节沟通过程，强化或弱化沟通者传达的意义、节奏和情感。

情感表露（affect display）——在沟通中，沟通者的坐姿、站姿、走姿等也传达着很多的信息，特别是情感信息。例如，情感亲密的人坐在一起的时候就会面对面，形成一个包围的小圈子，以排除外来人的干扰或介入。而相互憎恨的人动作则大大不同，他们往往会有更高的说话声调，动作会比较激烈，等等。

（4）服饰（clothing）：我们从服装的质地、款式、新旧上往往可以看出一个人的身份、地位、经济条件、职业线索和审美品位等，这说明服饰也在为沟通者传达着信息，也可以起到交流的作用。

（5）讲话风格（speaking style）：有声语言包括许多社会符号，它在沟通过程中起着重要作用，它告诉我们在什么背景下什么人在对什么人说什么。例如，缓慢的、细心的讲话表示我们在与一个小孩子、一个老人或一个外国人说话。轻声小心地讲话（比如用升调，用加强的语气，闪烁其词，附加问题等）表示我们面前可能出现了一个高地位的人。社会符号也告诉我们许多有关群体成员关系的信息，例如社会阶层、种族、性别、年龄等。

（6）人际空间（interpersonal space）：人与人之间的距离也是表露人际关系的"语言"，也能传递大量的情感信息，例如，通常情况下，人际关系亲密则相互之间具有较近的人际距离，人际空间比较小，而人际关系疏远则相互之间具有较远的人际距离，人际空间比较大。人际距离所传达的意义也具有文化特色，受环境的限制，比如，有的民族喜欢在交谈时双方保持近距离，而另一些民族则与之相反。通常情况下陌生人之间的空间距离会较大，但在特定情况下则不一样，例如在拥挤的公共汽车上或在拥挤的电梯上，这时，人们由于彼此的距离太近，会产生紧张感，所以他们会避免目光接触或面对面地站在一起。

视窗

有效的倾听技术

听与倾听是完全不同的。听只是对声波振动的获得，而倾听则是弄懂所听到的内容的意义，它要求对声音刺激给予注意、解释和记忆。下面8种行为与有效的倾听技术有关。

1. 保持目光接触。与别人交流时保持目光接触，别人总是通过观察对方的眼睛来判断其是否在倾听。

2. 展现赞许性的点头和恰当的面部表情。有效的倾听者会对所听到的信息感兴趣,那么,通过动作和表情把兴趣表现出来吧。

3. 避免分心的举动或手势。在倾听时,应该尽量避免看表、心不在焉地翻阅文件、乱写乱画等动作,这样会使说者认为听者对他讲的话题不感兴趣,也会使听者精力不集中。

4. 提问。在倾听时进行提问,可以使自己更准确地理解内容,还会增强交流双方的互动。

5. 复述。用自己的话重复所听的内容,既可以使自己的注意力集中于交流内容上,也可以检验自己对所听内容理解的准确性。

6. 避免打断说话者。在别人说话时尽量耐心听,等别人说完了自己再说。

7. 不要多说。大多数人都乐于滔滔不绝地表达自己,而忽略了别人,有效的倾听者应该能够克制自己,多听别人说的,而自己少说。

8. 自觉转换听者与说者的角色。虽然有效的倾听者应该全神贯注于说者所表达的内容,但有效的倾听者不应该固着自己的角色,而应该能够使说者到听者再回到说者的角色转换十分流畅。

(资料来源:Stephen P. Robbins,1996)

虽然非言语符号在人际沟通中起着很大的作用,但是非言语符号系统在使用时具有较大的不确定性,它往往与沟通情境、沟通者的身份、年龄、性别、地位等有关,所以,非言语沟通符号在使用过程中一定要注意内容、气氛、条件等因素。一般情况下,非言语符号系统的使用总是与言语沟通交织在一起的。

二、人际吸引的条件

人类具有强烈的依附于他人的需要,我们通过归属于群体和发展亲密的人际关系来满足这种需要。如果被剥夺社会性交往,就会造成严重的社会适应不良(从孤独症到处在心理疾病的边缘)。社会隔离对人类个体来说实际上是一种潜在的惩罚。大量的研究显示,几乎我们关于我们自己的所有知识,我们的技巧、能力、知觉和态度,都来自于我们在与他人进行交往时所进行的社会比较过程。在人际交往中,交往者有进一步接触的倾向,互相在态度上能够获得接受、在情感上得到肯定,就会表现为互相喜欢,互相喜欢的个体就表现为彼此吸引。影响人际吸引的主要条件如下。

(一) 相似性(similarity)与互补性(complementarity)

我们倾向于喜欢那些与我们具有相似态度和价值观的人,并与之表现相互吸引。他人与自己的观念、态度的相似或一致,不仅是对自己观点的支持,而且也是对自己观点正确性的证实,所以,人们会更喜欢那些与自己具有相似性的人进行交往。通常,年龄、性别、社会背景、教育水平、职业、经济收入等方面的相似性都会影响到个体间的相互喜欢。在相似性的诸多因素中,态度是最主要的因素,人们更容易喜欢那些对社会上的重大事件的看法与自己比较一致的人,在感情上更加融洽的人。纽科姆(T. Newcomb,1961)曾对相似性对人际吸引的影响进行了研究,他发现,彼此相似的人如果相互接触的机会较多的话,则增加彼此的喜欢,不相似的人如果彼此接触很多的话,仍然难以改变他们彼此的态度。在人们的交往初期,信念、价值观和个性特点的相似性的作用往往还显示不出来,这时年龄、社会地位、外貌的相似性,以及空间距离等因素起更重要的作用,随着交往的加深,信念、价值观、需要互补等方面的因素就会突出起来,甚至成为压倒其他一切因素的影响因素。

一般来说,相似性在人际吸引中起着决定性的作用,但是,当交往者双方的角色不同时,当交往者双方的需要不同时,交往者对对方的期望也就不同,这时,人们倾向于喜欢那些行为与其角色相符合的人。由于交往双方的角色不同,因此,他们的行为也就不同,这时,人们喜欢那些与自己能够互补的人。比如,支配型的男性通常能够和顺从型的女性搭配成很好的夫妻,独立性较强的人往往喜欢和依赖性较强的人在一起,脾气急躁的人往往喜欢和脾气温和的人相处,这样一般能够使双方的关系更为协调,使交往者各自的个性品质和行为方式上的某些相反的、互补的特征满足相互的需要,所以,能够引起彼此的喜欢。在感情深厚的朋友之间,特别是在异性朋友或夫妻之间,互补性能够增进人际吸引的效应更为显著。

(二)个人品质(personality trait)

随着人际交往的深入,外在的因素变得越来越不重要,而交往者的内在品质却变得越来越重要。安德森(N. H. Anderson,1968)曾向100名大学生展示了表现性格的555个形容词的词表,询问大学生对各种性格的人的喜欢或厌恶程度,让他们对各个词进行评价,并按照自己对它们的喜欢程度排出顺序。结果发现,热情是令人喜欢的重要个性品质,一个开朗的人,总是比冷淡的人具有吸引力。另外一些内在的个人特性,比如真诚、幽默、有涵养、礼貌、有能力、聪明等也是影响人际吸引的重要因素,其次才是外表的特点,比如容貌、体形、服装等因素。尽管如此,外貌特点对人际交往的影响在大多数情况下是显而易见的,人们都喜欢那些外表漂亮、有吸引力的人。但是外貌这个因素在人际交往中也具有辐射效应。兰迪等人(D. Landy & H. Sigall,1974)的一项研究就发现了有趣的现象,他们让男性被试评价有关电影影响社会的短文,告诉被试短文的作者是女性。文章的客观质量有好有坏,文章的作者也分为有魅力组、无魅力组和控制组。有魅力组的短文所附的作者照片是有魅力的女性,无魅力组所附的作者照片是无魅力的女性,控制组的短文不附照片。实验结果如表10-4所示。由于辐射的作用,同样的文章,当被认为是有魅力的作者写的的时候,得到的评价更高,文章本身质量并不好的时候,这种效应更明显。

表10-4 魅力对短文评价的影响

短文的客观质量	作者的外表吸引力			总计
	有魅力	控制组	无魅力	
好	6.7	6.6	5.9	6.4
不好	5.2	4.7	2.7	4.2
总计	6.0	5.5	4.3	

然而,进一步的研究表明,人们对有魅力的人所做的判断并不总是朝向有利的一面。西格尔等人(H. Sigall & N. Ostrove,1975)的一项研究就显示了这种现象。研究者让被试阅读详细的案件材料,让他们设想自己是法官,要对罪犯判刑。案件材料分为三组,第一组是漂亮的女性罪犯照片附在案例上,第二组所附照片是无魅力的女性罪犯,第三组是控制组。而案件又分为两种类型,一种是诈骗,另一种是偷窃。表10-5是这项研究的

结果。

表 10-5 被试给罪犯所判刑的评价年数

罪行	被告的外表魅力		
	有魅力组	无魅力组	控制组
诈骗	5.45	4.35	4.35
偷窃	2.80	5.20	5.10

显然,对于被认为与魅力有关的诈骗罪,被试倾向于对有魅力的罪犯给予重判,平均刑期明显长于其他两组,而其他两组间没有明显的差别。另外,在与外表魅力无关的偷窃罪方面,具有外表魅力的罪犯却得到了同情,平均给予的判刑年数低于其他两组。可见,尽管在一般情况下漂亮的外表能够使人们做出更为积极的评价,但是,当人们感到有外表魅力的人在滥用自己的美貌时,则会反过来倾向于做出更不利的判断。

(三) 邻近性(proximity)与熟悉性(familiarity)

空间上距离较近的个体,相互间接触的机会较多,能够增进彼此的了解,所以他们在人际交往中容易成为知己,特别在交往的初期更是如此。比如,学生在排定座位后,同座的和邻座的同学就有了更多的接触机会,因而多半能够互相吸引,成为好朋友。住在一起的邻居也是如此。

费斯廷格(L. Festinger,1950)曾以麻省理工学院已婚学生为研究对象,多次研究他们之间的吸引力与彼此居住距离的关系,结果发现,相互沟通的多少与彼此居住距离的远近有关,人们选择的新朋友,多为隔壁邻居(41%),其次是隔一个门的邻居(22%),再次是住在同一层的邻居(10%)。另外一些学者在其他大学里所做的类似研究,也得到了同样的结果。

但是,邻近性这个因素随着时间的推移,其作用将越来越少,尤其是当交往者双方的关系紧张时,空间距离越接近,彼此的反应会越消极。

三、人际关系的测量

人际关系也是可以测量与评价的,如果交往的彼此,在心理上相互接受,关系就会十分融洽和亲密,否则,如果在心理上彼此排斥,关系就会是冲突和疏远的。

了解人际关系的内部结构及其特征的方法很多,例如,我们可以统计彼此之间相互沟通的次数,彼此之间的态度、价值观的一致性等,而在这一领域中最常用的方法是社会测量法(sociometry)。社会测量法是由心理学家莫雷诺(J. C. Moreno,1934)所首创的,这种方法从群体的角度揭示了成员在人际交往与相互作用的过程中,形成的喜爱、冷淡或反感的人际关系状况,并且,通过数量化指标的确立,这种方法还可以研究群体的结构、群体中的威望与权力的分配方式与形式,从而诊断群体的积极性水平,等等。目前,这种方法广泛地应用于多种领域。

(一) 社会测量法的原理与假设

莫雷诺认为,在每一个群体中,成员与成员之间由于存在着交往和相互作用的关系,所以,他们的心理上必然会产生相互影响,而这种相互影响也一定会反映在他们彼此之间的行为上。那么,如果考察成员之间在特定情境下的相互选择行为或行为意向,就应该能够了解成员之间的心理联系状况。比如,成员相互之间进行肯定选择,那就意味着他们之间在心理上是相互接纳的关系,如果他们之间进行否定的选择,那就说明他们之间在心理上是相互排斥的关系。所以,可以假设,在一个群体中,成员在不同评价意义上进行肯定或否定选择的时候,就反映出了这些成员之间在该评价意义方面的人际关系状况,因此,只要测定成员在群体中对其他人的选择和他自己被选择的情况,就可以了解成员与他人的关系状况,也可以了解该成员在群体中的地位以及整个群体的结构状况。

(二) 社会测量法实施的步骤

社会测量法最基本的技术包括两个步骤,其一是社会测量问卷或访谈,其二是对问卷或访谈结果的分析处理。在社会测量问卷或访谈中,要让被试指出三个或五个在一个群体中自己最喜欢和他坐在一起(或一起吃饭、成为亲密的朋友、住在隔壁、一起出去旅游、组成一个学习或工作小组等)的人。对每一个所选择的人,要按照自己的选择喜好顺序进行排列。

例如:"我过生日最愿意请的朋友,第一是＿＿＿＿＿＿,第二是＿＿＿＿＿＿,第三是＿＿＿＿＿＿。"

选择的人数最好限制在五人以内,如果选择的人数太多,结果的处理工作量就会很大。选择也可以是反向的,例如提出最不喜欢的人,但这样做的副作用较大,容易引起群体内部的隔阂和矛盾,所以,一般不提倡用反向选择的方法。

对选择结果的处理,需要先根据群体总人数(n)制成 n×n 行列表,表内记入各成员的选择关系或排斥关系,最喜欢的给 3 分,其次给 2 分,再次的给 1 分(如表 10-6)。这样就可以从表中一目了然地知道群体中谁是最被大家所喜欢的人,或谁是最被大家所不喜欢的人了,还可以看出谁与谁之间是互选的,以及整个群体中的心理气氛和人员之间的结构关系等。

表 10-6 人际关系矩阵表

选者＼被选者	A	B	C	D	E	F	G
A		3	2	1	3	1	2
B	1		1	1	2	3	2
C	2	3		2	2	1	3
D	3	3	1			2	1
E	2	2	2	1		3	3
F	1	3	2	1	2		2
G	3	3	2	1	2	2	
分类合计	12	17	10	7	14	12	13

从表 10-6 中可以看出,"B"最被人喜欢,"D"被人喜欢得最少。通过这样的矩阵表,就可以将一个群体内部的人际关系的大致状况表示出来了。

做好人际关系矩阵表以后,还可以再做出更直观的人际关系图。图中的每一个小圆圈表示一个成员,箭头表示选择的方向,双箭头表示互选,单箭头表示单选,被箭头指向最多的个体就是"明星",不被箭头指向的个体就是孤立者(如图10-2所示)。

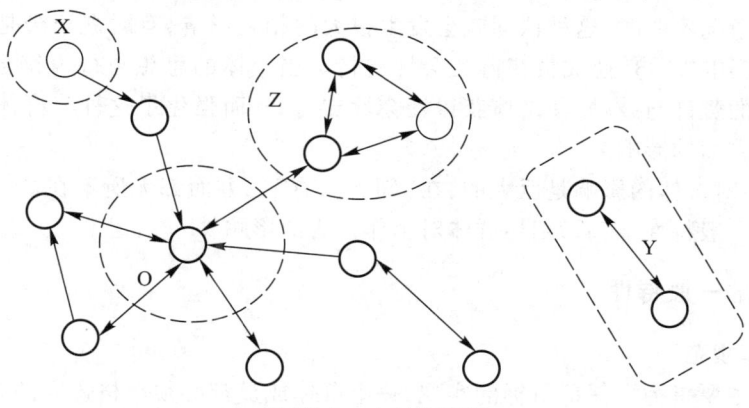

图 10-2　人际关系图

上图中 X 就是一名群体中的孤立者,Y 就是两个互选且排他的好朋友,Z 则是三个互选的成员组成的小群体,O 显然是群体中的明星。

(三) 社会测量法的应用

社会测量法主要可以了解群体内部三个方面的问题:即了解群体中最受欢迎的人;群体中有无非正式小群体;了解群体内部的人际关系整体状况。这种方法可以把群体成员心理上的结合加以数量化,而且揭示出的群体内的人际关系状况是不被当事人所觉察的,比如成员之间的好感或情绪方面的联系等,另外,运用这种方法了解一个群体内的人际关系状况相对比较节省时间。因而,社会测量法一经问世,就受到许多心理学家、社会学家的广泛注意,被广泛运用于工厂、机关、学校等团体的各个方面的人际关系测查和人员选拔、人事推荐等。大量的研究者还为社会测量法的发展做了很多工作,提出了一系列测量方法的改进措施,例如现在被广泛运用于儿童群体人际关系测量的"同伴提名法";用于测查群体成员选择动机,以及被成员所重视的人员范围的"参照测量法"和"关系测量法"等。

第三节　群体及其对个人行为的影响

群体(group)也称团体,指为了一定的共同目标,以一定方式相结合,彼此之间存在相互作用,心理上存在共同感和相互认同的两人以上的人群。不过,社会心理学中讨论较多的群体,通常为规模不超过 40 人的较小群体。作为群体结合在一起的人群,与由于时间、空间上的某些因素偶然集中到一起的人群是不同的。偶然聚合的人群没有共同目标和隶属感,也没有结构与社会角色分化。群体的成员一般都有直接的接触或互动,有共同的目标,群体内部有一定的结构,各个成员有自己的角色地位,成员之间彼此在心理上有依存关系和共同感。当然,每一个成员都可以同属于多个群体,这些群体在大小、持续时间、价值、目标等方面也都不一定相同。

群体生活是人类心理健康发展的重要保障,群体的主要功能有:① 给成员以心理上的归属感。同一群体的成员在共同的活动中会表现出观念与行为的一致性,当与其他群体相比较时,成员就会产生一种属于自己群体的感觉,这就是归属感(情感方面的影响)。② 使成员具有认同感。同一群体的成员对重大事件和原则问题的认识倾向于与群体保持一致。当个人对外界情况不明时,这种认同就会发生很大的相互影响,有时甚至会是盲目的(比如在认知方面的影响)。③ 使成员获得社会性支持。当个体的思想与行为符合群体要求时,就会受到群体的赞许与鼓励,使个体获得社会性支持,从而强化了这种与群体的一致性(主要表现在行动方面的影响)。

总之,群体对个体的影响是巨大的,在"知、情、意"三方面都无所不在。下面,我们先简要介绍群体的一般特性,然后,阐述群体对个体行为的影响。

一、群体的一般特性

(一)群体规范

群体规范主要指为了保证目标的实现,每个群体成员都必须严格遵守的思想、信念与行为的准则。

群体规范的基本作用是对成员具有比较和评价的作用,它可以为成员提供认知标准和行为准则,用以调节、制约成员的思想和行为,使它们保持一致,群体规范还可以作为成员们彼此认同的依据。但是群体规范并不是对成员的一言一行都加以约束,而是规定了成员的思想行为的可接受与不可接受的范围。群体规范因群体存在的正式性和非正式性,以及有无明文规定和监督、处罚而分为正式的规范和非正式的规范。

(二)群体的凝聚力

能够使成员继续留在群体中的力量被称作群体凝聚力,它体现了群体的整体性特点,由成员间的信任和约定程度所决定,包括正性力量和负性力量。

正性力量包括三个含义,一是成员间的人际吸引,比如成员之间彼此相互喜欢;二是使成员留在群体中的动机,比如成员想通过群体达到自己的某种目的,获得文凭、养家糊口等;三是群体的有效性和和谐性,比如群体能够有效地实现自己的目标,成员之间有较多的情感联系等。

负性力量包括两个含义,一是成员离开群体必须得付出更高的代价,这时成员就不能简单地决定是否离开。例如一名刚入职的大学毕业生想从原单位跳槽,但原单位规定要他缴纳为其办理户口的一大笔费用,于是这个大学毕业生只好留在原单位。二是成员没有选择加入其他群体的机会而不得不坚持留在原群体中。例如一位员工想换一个单位,但一时又没有合适的单位可以接收他,于是他就留在了原单位。

(三)群体中的角色

一个群体一旦形成,它的成员就会发展出与之相适应的特定行为模式以及角色地位。比如,梅瑞(D. Merei,1949)曾发现,如果三个幼儿在一起玩,那么他们经过三次聚会后就会发展出一套惯例,决定了谁该坐在哪里,玩什么玩具,相互之间的活动顺序等,之后,群体的互动结果使成员之间形成了不同的行为模式。但是,正式群体中的角色地位常常是预先决定了的,因此,群体的基本结构也就预先决定了,这时候,该群体中的成员就必须按照这些预先设计好的结构来形成自己的行为模式。

(四)群体的领导

当一个群体形成之后,成员的角色地位也就确定了,领导也必然会产生。关于群体中的领导,主要指群体中具有法定地位并能够影响群体行为的人采取一定的手段,协调成员之间的关系,带领群体成员实现群体目标的过程。关于领导的产生,通常有两种对立的说法,个人特质理论认为领导者都具有某些与生俱来的特质,具备这些特质的人才能成为领导者。例如,里奇韦(C. M. Ridgeway,1983)就提出,领导者必须具有三个方面的才能:① 具有使群体目标得以实现的卓越能力;② 具有很强的处理群体内人际关系的能力;③ 具有权力欲、名望需要和他人崇拜的需要,强调追求成功,并愿意承担更多的责任。情境特质论认为情境因素决定了个体能否成为领导者,比如莱维特(H. J. Leavitt,1951)在群体沟通的网络方面的研究中发现,当个体处于群体中的不同地位或在完成不同的群体任务时,其从群体中脱颖而出的机会就不同,莱维特给由五人组成的群体的每一个成员各发一套卡片,每张卡片上都有一些不同的符号,要求他们在四种不同的沟通背景下确定卡片上哪些符号是大家共有的。四种沟通背景和研究结果如下图10-3及表10-7所示:

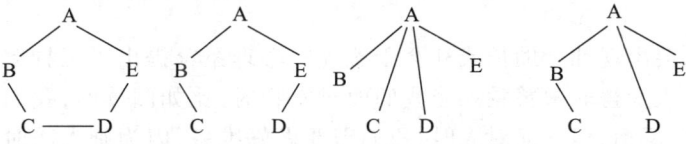

图10-3 群体沟通的不同模式

表10-7 不同沟通模式下的工作效率

	环型	链(Y)型	轮型
解决问题的速度	慢	次快	快
解决问题的正确性	低	高	高
活动的组织化	不易发生	慢、稳定	快、稳定
领导的产生	不发生	显著	非常显著
群体的士气	高	低	非常低

由以上结果可见,在轮型沟通背景下,处于特殊地位的人更容易成为领导者。当然,群体中的成员谁更能成为领导者,也不仅仅取决于个人的品质或情境,主要还是取决于个人的品质与其所处情境的匹配程度,在不同的情境下,应该有不同特质的领导者。

二、社会影响

个体处于社会群体中,自己的言行就会与他人发生密切的关系,群体成员之间必然会产生相互影响,群体的特性也会影响到个体的行为。群体对成员的影响主要表现在以下几个方面。

(一)社会助长与社会惰化

1. 社会助长(social facilitation)

社会助长指个体与别人在一起活动或有别人在场时,个体的行为效率提高的现象。早在1897年,社会心理学家特里普利特(N. Triplett)就通过实验证实了社会助长现象的存在,他的研究也被认为是社会心理学的经典研究之一。特里普利特发现个体在独自骑单车的情况下时速是每小时 24 英里,在旁边有人跑步伴随的情况下时速是每小时 31 英里,而在与他人骑单车竞赛的情况下时速是每小时 32.5 英里。因此,特里普利特认为,个体在进行作业操作时,如果有他人在场,或是与他人一起从事一项行为操作,那么,个体的行为效率就会提高,他把这个现象叫作社会助长。后来,有很多研究证实了社会助长现象的存在,但也有一些研究得出了相反的结果。事实上,我们有时在从事一项行为操作时,他人的在场的确可以使我们的行为效率提高,但有时,他人的在场不但不能促进我们行为效率的提高,反而会影响我们的正常工作,使我们的工作效率下降。比如,在考试的时候,考生就特别害怕监考老师走到他们跟前,有的人甚至在老师站在旁边时,一个字都写不出来了。这种当他人在场或与他人一起从事某项工作时,而使个体行为效率下降的现象被称作社会干扰。最近,研究者还发现了性别助长现象,对于性意识发展达到成熟水平的个人,异性的存在会导致特殊的行为效率提高。

那么,为什么会出现社会助长或社会干扰呢?心理系家提出了三种解释。第一种解释指出,他人在场让人变得非常警觉。当我们面对实物时,比如阅读时,我们不需要关注书本身是否向我们做出反馈,但是面对人时,我们需要做好准备,因为别人随时可能与我们交谈或提问,具有不可预测性。因而,他人在场本身就会让我们更加警觉,从而引发生理唤醒。扎琼克(R. B. Zajonc, 1965)指出,他人的在场,增加了个体的活动驱力或动机,这种驱力或动机的增加对作业成绩的影响依作业的性质而定,当作业所需要的反应是已经长久练习了的或天生即会时,动机的增强将对个体起促进作用。就简单工作而言,他人的存在有助于个体效率的提高,对高水平的人来说,他人的存在就可能起助长作用。但是,当作业所需要的反应是尚未完全学会的行为时,动机的增强反而会破坏个体的表现,例如,在解较难的数学题或记忆新的语文材料时,若有他人在场,个体的工作效率往往会下降。第二种解释是他人在场会唤起被评价的意识。弗里德曼(J. L. Freedman, 1981)指出,他人在场之所以能够唤起个体行为的内驱力,是因为人们的竞争和评价意识被唤醒了。在有他人出现的社会情境中,人们会有意无意地感到由社会比较引发的竞争压力,从而使人们行为的内在动力加强。第三种解释是注意力分散理论。弗里德曼等人解释道,在有些复杂的思维工作中,群体背景之所以造成社会干扰作用,是因为他人的存在和由此造成的种种影响,会导致注意力不集中。而对于复杂思维任务的完成,集中注意力显然是一重要条件。事实上,巴伦(R. S. Baron, 1986)的研究发现,不停闪烁的灯光这种物理因素,会产生与他人在场效果一样的社会干扰作用。

2. 社会惰化(social loafing)

这是他人对个体行为所造成的另一种影响。社会惰化主要指当群体一起完成一件共同的工作时,群体中的成员每人所付出的努力会比个体在单独完成任务时偏少的现象,它一般发生在多个个体为了一个共同的目标而合作,自己的工作成绩又不能单独计算的情况下。例如,社会心理学家拉塔奈(B. Latane, 1979)曾在个体独自的情况下和在不同群体规模的情况下测查个体鼓掌和欢呼的声音强度,他发现,与个体独自情况相比,个体的声音强度(鼓掌声和欢呼声)是随着群体规模的增大而减弱的,如图 10-4 所示。

拉塔奈认为,出现社会惰化的原因可能有三个。第一,社会评价的作用,在群体情况下,个体的工作是不记名的,他们所做的努力不能被测量到,因为这时测量的结果是整个群体的

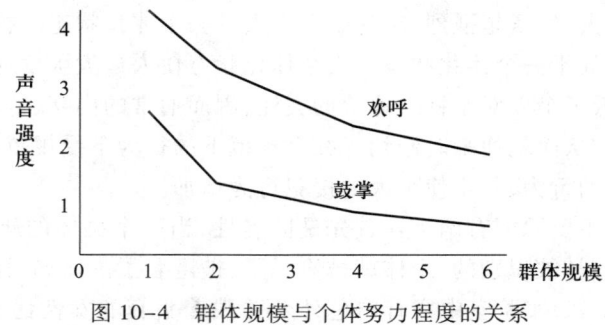

图 10-4 群体规模与个体努力程度的关系

工作成绩,所以,个体在这种情况下就成了可以不对自己行为负责任的人,因而他的被评价意识就必然减弱,使得为工作付出的努力也就减弱了。第二,社会认知的作用,在群体中的个体,也许会认为其他成员不会太努力,可能会偷懒,所以自己也就开始偷懒了,从而使自己的努力下降。第三,社会作用力的作用,在一个群体作业的情况下,每一个成员都是整个群体的一员,与其他成员一起接受外来的影响,那么,当群体成员增多时,每一个成员所接受的外来影响就必然会被分散,被减弱,因而,个体所付出的努力就降低了。

近期的研究发现,社会惰化还存在性别差异及文化差异。研究者卡劳与威廉姆斯(S. J. Karau & K. D. Williams,1993)回顾并分析了 150 篇关于社会惰化研究的文章。他们发现,男性比女性表现出更强的惰化倾向。相比男性,女性更倾向于关系型互赖(relational interdependence),即更关注与其他个体的人际关系,这可能让女性在群体中愿意表现得更好,所以相对男性表现出更少的社会惰化。在文化差异方面,他们认为社会惰化在西方文化背景中比在亚洲文化背景中表现得更突出,这可能与不同文化下普遍存在的个人自我定义(self-definition)有关,亚洲个体更倾向于认为人与人之间是相互依赖的,因而在群体中社会惰化倾向相对较低。然而值得注意的是,差异虽然存在,但不应夸大其效。社会惰化作用虽然在西方个人主义文化下更明显,但在强调集体主义的亚洲国家和地区同样存在,如日本、泰国、印度、马来西亚以及我国台湾地区等(D. G. Myers,1983;S. Yamaguchi, K. Okamato & T. Oka,1985)。

社会惰化作用明显减弱了群体的工作效率。减少社会惰化的有效途径是:① 不仅公布整个群体的工作成绩,而且还公布每个成员的工作成绩,使大家都感到自己的工作是被监控的,是可评价的。② 帮助群体成员认识他人的工作成绩,使他们了解不仅自己是努力工作的,他人也是努力的。③ 不要将一个群体弄得太大,如果是一个大群体,就可以将它分为几个小规模的群体,使得更多的成员能够接受到外在影响力的影响。

(二) 去个体化(deindividualization)

去个体化是由费斯廷格等人(L. Festinger, et al,1952)提出的。他们认为,在群体中,人们有时会感到自己被淹没在群体之中,于是个人意识和理解评价感丧失,个体的自我认同被群体的行动与目标认同所取代,个体难以意识到自己的价值与行为,自制力变得极低,结果导致人们加入重复的、冲动的、情绪化的,有时甚至是破坏性的行动中去,这种现象,叫做去个体化。

人们在群体中,一旦面临群情高涨,情绪激动,就很容易处于去个体化状态。当个体处于去个体化状态时,个人的行为就较少受自己的个性和意识支配,而倾向于依从整个群体的状态。群体的规模越大,气氛越强烈,越易于引发人的去个体化状态。投入群体暴乱活动的个人,往往忘乎所以,处于去个体化状态。去个体化状态使人最大限度地降低了自我观察和自我评价的意识,降低了个人对于社会评价的关注,因而通常的内疚、羞愧、恐惧和承诺等行为控制力量都被削弱,从而就使平时制约于社会规范下的行为不受规范的制约,使人表现出通常状态下不会表现的行为,甚至使个人的侵犯行为增加。

导致去个体化的主要原因有两个。首先是匿名性,当一个群体的所有成员都穿着同样的制服时,个人是不容易被识别的,个体就被淹没了,被匿名了。比如,社会心理学家津巴多(P. Zimbardo,1970)发现,实验室中穿着白色外套并戴着头套的女性比穿着普通衣服、佩戴着写有姓名的身份牌的女性被试,在实验中对受害者(由实验助手扮演)施以更长时间的电击。可见,匿名性导致了个体对自我控制的降低。戴纳等(D. Diener, et al,1976)所做的另一项研究也发现了同样的效应,研究者让一部分儿童被试报告了自己的姓名和地址,而让另一部分儿童被试保持匿名状态,然后,设置两种条件,一种是使儿童处于群体状态,第二种是使儿童处于独自状态,实验室中放着一些糖果和钱币。研究者告诉儿童,当他们离开实验室时,每人只可拿一颗糖果。然后,研究者离开了实验室,隐蔽的观察员观看并记录是否有儿童多拿了糖果和钱币。结果发现,当处于群体中并没有被记录姓名的时候,儿童通常会多拿一些糖果。个体在匿名状态下,个人的一切活动和行为都不被标识,于是自己对自己行为的责任意识也就减低了,往往会认为没有人能够对自己有所评价,因此,个体对自己的行为就会失去控制。去个体化的另一个原因,是个体处于群体中会受外在因素的影响,使自己的注意高度集中于他人的反应以及周围所发生的戏剧性事件上,或者由于药物、酒精、催眠等的作用,使个体进入极端的自我卷入,从而降低了自我意识。在一个较大规模的群体中,个体往往受身旁的事物的影响,他们无法以自己内在的价值标准和态度来支配自己的行为,而是根据别人的反应来反应。

有关去个性化的研究表明,适度的自我评价和自我控制,是个人维持正常的社会角色和社会责任意识所必需的。如果一个人极度丧失自我意识,则其正常的行为调节力量就会失去作用,从而使人倾向于成为一个缺乏应有自我调节能力的有机体,使人的行为具有不可预言的破坏性。实际上,精神分裂患者的行为之所以有难以预计的破坏性,原因正在于他们丧失了自我调节和自我控制的能力。

(三) 群体的决策行为

1. 群体极化(group polarization)

所谓群体极化,是指群体成员中原已存在的倾向性通过群体的作用而得到加强,使一种观点或态度从原来的群体平均水平加强到具有支配性水平的现象。当群体成员最初的意见倾向于保守时,群体讨论的结果将导致意见更加保守,当最初的意见倾向于冒险时,群体讨论将导致意见更倾向于冒险。社会心理学家认为,通过群体讨论,群体中原来被大多数人同意的意见就得到了加强,所以,原来同意这一意见的人就会更相信自己意见的正确性。这样,原来群体支持的意见,经过讨论后就得到了更大的支持;而原来被群体反对的意见,经过讨论后,就也会得到加强,所以,群体讨论的结果是使群体的意见出现了"极端化",使群体的态度或意见倾向朝向两极方向运动,使原来的不同意见之间的距离加大了。如图10-5所示。

克鲁特(H. Crott,1986)认为,造成群体极化的原因主要有以下几个方面。第一,群体使

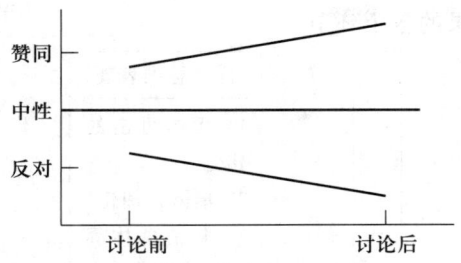

图 10-5 群体讨论前后态度的变化倾向

个人的责任得到分散。一般情况下,个人在能够对自己的行为有足够监控的时候,会对自己的行为有强烈的责任意识,但是,当个体处于群体状况下的时候,就不能够对自己的行为进行监控,从而使个人行为的责任意识下降。责任意识下降的结果,必将是使人们的冒险性得到鼓励。第二,群体内的信息交流使个体倾向于认为自己掌握了足够多的信息。个体处于群体情境下,不同的信息交流使得成员们都会认为自己掌握了大量的信息,对于做出决策应该有足够的证据,因此,就会对自己的判断格外自信,故而排除一切其他信息,使得自己的态度或意见倾向于冒险。第三,群体领导者的态度促进了整个群体决策的极化。一个有较高凝聚力的群体,其领导者是有威望的,他对于群体成员的影响力也是巨大的,因此,领导者的态度或意见就倾向于影响成员,最终使群体讨论的结果走向极端。第四,社会比较的机制使群体成员之间互相影响,每个成员都把别人的意见或态度作为自己表达意见或态度的参照点,于是,个人的判断总是依赖于别人的判断,结果就在不知不觉中造成了群体决策倾向于极端。第五,竞争性的群体气氛鼓励群体决策走向极端。群体的气氛通常是热烈的,情绪是高涨的,这样的群体气氛容易使成员热血沸腾,倾向于极端。另外,群体的文化价值也倾向于使群体决策走向极化。

从以上的原因我们可以看出,实质上,群体极化发生的主要原因一是信息的影响,群体讨论可以使某一种观点得到加强或支持,对持有不同观点的个体造成压力,从而使他们最终倾向于服从群体压力,而群体的意见经过讨论,被进一步极端化。二是社会规范的影响,人们在社会比较的过程中,往往会去支持与自己的观点接近而又较为极端的意见或态度。

2. 群体思维(group thinking)

高凝聚力的群体在进行决策时,成员的思维会高度倾向于一致,以致使其他变通行动路线的现实性评估受到压抑。这种群体决策时的倾向性思维方式叫作群体思维。贾尼斯(I. Janis,1972,1985)通过对一系列著名的、由错误的群体决策而导致的决定进行分析之后指出,在具有高度凝聚力,同时又很少受到外界不同意见直接影响的决策小组中,常常容易出现为保持一致性意见,使不同意见和评论受到压制的现象,在这个时候,群体中的成员被深深地包容在群体中,大家都为了达到一致性的意见而努力,所以,大家无法客观地对其他可选择的行为方式进行评价,于是就会采取一种迅速而简单的思维方式,就是群体思维。

一旦群体思维产生了,凝聚力高的群体的成员就会过高估计群体的权力和道德权威,使对立意见定型化,使错误意见合理化,并产生一个虚假的意见来压制不同的意见,导致群体做出错误决策。图 10-6 是贾尼斯关于群体思维的一个理论分析模型,这个模型概括地分析了群体思维从原因到后果的各个环节。

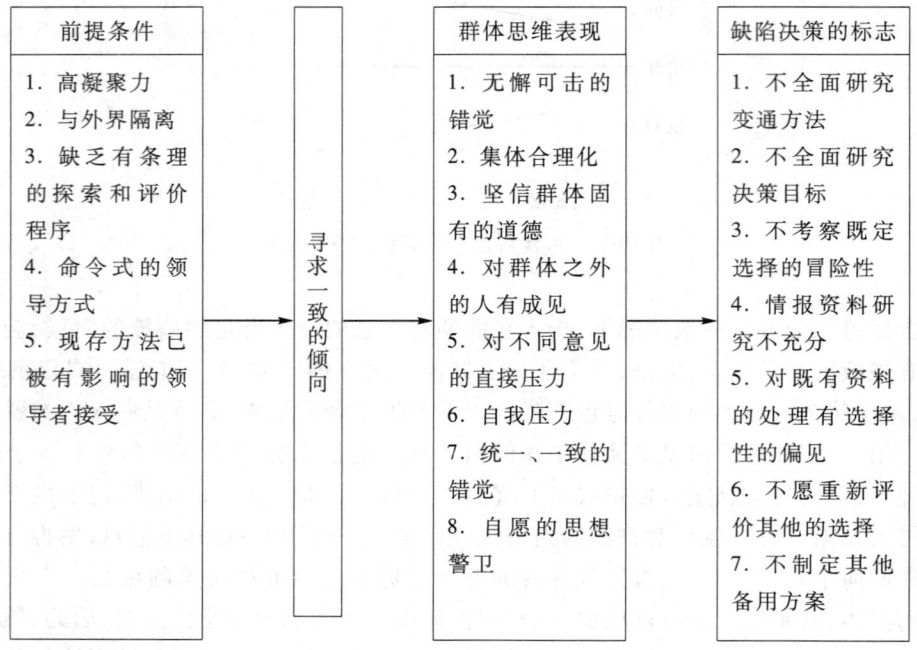

图 10-6　群体思维理论分析模型

尽管群体决策有时会比个人决策更好,但是大多数研究还是发现,群体思维会带来一些不良影响,造成巨大的决策错误。所以,有效地避免群体思维的不良影响,减少主要决策集团的决策错误,无论是从群体自身利益,还是从更广泛的社会利益着眼,都具有重大意义。那么,怎样防止群体思维所带来的不良影响呢?贾尼斯认为,首先,群体领导人应该努力做到公正,并培养一种公开咨询和讨论的气氛;其次,群体成员应该像支持群体计划一样,鼓励人们提出问题或批评意见;再次,应请"局外的专家们"对群体成员提出挑战,并给群体带来新的思路;最后,在达成一个共同的意见之后,群体领导人应该安排一个"第二次机会"的会议,使得群体成员能够将萦绕在心头的困惑和保留意见表达出来。

(四) 从众和服从

1. 从众(conformity)

从众指个人的观念或行为由于真实的或想象的群体的影响或压力,而向与多数人相一致的方向变化的现象。从众在日常生活中可以表现为对特定的或临时的情境中的优势观念和行为方式的采纳,如跟随潮流,人云亦云等;也可以表现为对长期性的占优势地位的观念和行为方式的接受,如顺应风俗习惯等。

同一种从众行为从心理上可以分为两种不同的形式,一种为表面上顺从;另一种为内心真正的接受。前者只是行为上的顺从,并非发自内心,甚至在心中还会反对自己的从众行为,因此是一种假从众。后者是指在行动和信念上都发生了接受,个体完全放弃了自己原有的态度或行为方式,而是出于自愿接受了大多数人的主张,因此是一种真正的从众。从众对于个体的社会化过程具有积极的意义,例如在社会中大多数人的观点保持一致,有利于社会的正常运转,一个人能够与社会的大多人取得一致时,也才能更好地适应社会。但同时,从众也具有消极的意义,例如人们为了避免受到伤害而强调与大多数人保持一致,往往放弃自己原来的正确主张,甚至顺从了错误的行为方式,变得人云亦云,没有自己的独立人格,这是不利于个体的健康发展的。

社会心理学家阿施(S. Asch,1956)曾进行了有关从众的经典研究,他在实验室中考察了影响从众的各种因素。阿施把被试组成 7 人小组,请他们进行线段长度的知觉判断。7 名被试中只有一人是真被试,其他都是实验者的助手,被试们围桌而坐。他们的任务是依次比较判断如图 10-7 中所示的 A、B、C 三条线段中哪一条线段与标准线段 X 一样长。实验的材料共有 18 套如图 10-7 的卡片,每套两张。在实验中,要求被试大声说出他所选择的线段。真被试总是被安排在倒数第一或倒数第二位回答。18 套卡片共呈现 18 次,前几次判断,大家都做出了正确的判断,从第七次开始,实验者安排那些假被试故意做出错误的一致性的选择。在这种情境下,真正的被试实际上面临着一个两难问题,自己的眼睛如果没有问题的话,那么是相信自己的眼睛做出正确的判断,还是依从于多数人所造成的压力,做出错误的判断。结果发现,在整个实验过程中大约有四分之一到三分之一的被试保持了独立性,他们每次的选择反应无一次发生从众行为。但是大约有 15% 的被试平均做了总数的四分之三次的从众行为,即从众反应平均每 12 次中就有 9 次。从总体上来说,所有被试做了总数的三分之一次的从众反应,即每 12 次中就有 4 次发生从众行为。

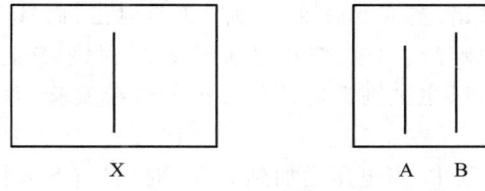

图 10-7　阿施从众实验的卡片

进一步的研究发现,个体在下列的情境中比较容易发生从众行为。① 判断作业的难度较高,所呈现的刺激越模糊不清,个体顺从社会压力的倾向就越高;② 群体越具吸引力并有高度的凝聚力,个体越容易表现从众行为;③ 个体越感受到群体成员个个能干,自己却无法胜任,越容易表现从众行为;④ 个人的反应将会被群体大众所知道时,个体较容易表现出从众行为;⑤ 群体至少有三个成员,并且他们的反应是一致的时候,成员较容易从众;⑥ 在鼓励遵从社会准则的文化背景下,个体较容易从众。可见,影响从众的因素主要有群体的一致性、群体的规模、群体的权威性、个体的人格、自我卷入水平以及文化差异与个体差异。

对于个体从众的原因,研究者主要从三个方面来分析。① 行为参照,群体中的他人的行为或者观点,可以被作为自己行为或意见的参照,特别是当个体处于自己对情境缺乏把握的情况下,就更需要参照他人的表现;② 个体对他人的信任和群体对个体的吸引力,如果一个群体是具有较高凝聚力的,或者成员之间是高度信任的,那么,这个群体就会保持较高的一致性;③ 害怕与众不同的心理状态,当个体的表现与众不同时,他就会面临强大的压力乃至于制裁,他会感到自己缺乏社会支持,处于孤立状态,所以,人们一般都会避免这样的情境。

2. 服从(obedience)

服从是指按照他人命令去行动的行为，也是人际互动的基本方式之一。但是，服从与从众有着本质的不同，在从众情况下的个体，虽然没有按照自己的本愿去行动，但却是自愿的，而在服从情况下的个体，则不一定是在自愿的情况下应别人的要求去行动的。服从包括两个方面：对权威人物命令的服从；在有一定组织的群体规范影响下的服从。

关于服从的经典研究是由社会心理学家米尔格拉姆（S. Milgram）于1963年在美国的耶鲁大学进行的。这项研究是社会心理学领域中极具影响力的实验之一。米尔格拉姆通过公开招聘的方式，以每小时付给4.5美元的价格招聘到40名自愿参加者，他们包括教师、工程师、邮局职员、工人和商人，平均年龄在25~50岁之间。实验者告诉被试，他们将参加一项研究惩罚对学生学习的影响的实验，要求两人一组，用抽签的方式决定其中一人当学生，另一人当教师。教师的任务是朗读配对的关联词，学生的任务是记住这些词，然后教师呈现这些词，让学生在给定的四个词中选择一个正确的答案，如果选错了，教师就通过按电钮给学生以电击作为惩罚。事实上，研究者事先已经安排了每次抽签的结果总是真正的被试作为教师，而作为学生的却是实验者助手。实验过程中，当学生的假被试和当教师的真被试被分别安排在不同的房间里，"学生"的胳膊上绑上电极，被绑在椅子上，以便在记忆词汇发生错误时被"教师"惩罚。教师与学生之间通过声讯的方式联系。教师的操作台上每个电键都标明了电击的严重程度，从15V的"轻微"到450V的"致命"。这些电击实际上都是假的，但为了使教师相信整个实验，首先让其接受一次强度为45V的电击作为体验。

在实验中，每当"学生"出错，主试就命令"教师"施与电击，而且要逐步加大强度，随着电击强度的增加，"学生"也由呻吟、叫喊、怒骂逐渐到哀求、讨饶、踢打，最后昏厥。但是，若被试表现出对释放电击的犹豫，主试则严厉地督促他们继续实验，并说一切后果由实验者承担。

结果显示，在整个实验过程中，当电压增加到300V时，只有5人拒绝再提高电压；当电压增加到315V时，又有4人拒绝服从命令；电压为330V时，又有2人表示拒绝；之后，在电压达到345V、360V、375V时，又各有一人拒绝服从命令，共有14人（占被试的35%）做出了种种反抗，拒绝执行主试的命令。另外26名被试（占被试的65%）则服从了实验者的命令，坚持到了实验的最后，尽管他们表现出了不同程度的紧张和焦虑，如图10-8。

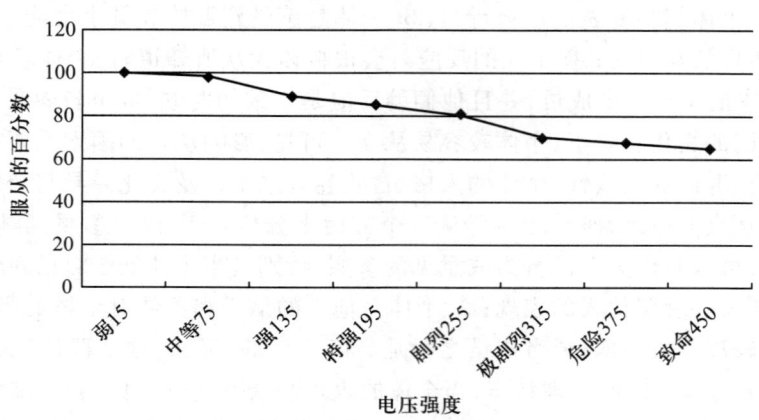

图10-8 米尔格拉姆的服从实验

影响服从的因素很多,概括起来主要有三个方面:① 命令发出者的权威性,他对执行命令者是否关心、爱护,他是否监督命令执行的全过程,等等,都会影响到服从;② 命令执行者的道德水平、人格特征以及文化背景等也都会影响到他对命令的服从;③ 情境因素,例如是否有人支持自己的拒绝行为,周围人的榜样行为怎样,奖励结构的设置情况,自己拒绝或执行命令的行为反馈情况怎样,等等,也会影响到个体的服从行为。

社会心理学家认为个体之所以会有服从行为,主要的原因是两个。第一,合法权力。我们通常认为,在一定情境下,社会赋予了某些社会角色更大的权力,而自己有服从他们的义务。比如学生应该服从教师,病人应该服从医生等,在实验室中,被试就应该服从主试,特别是陌生的情境更加强了被试服从主试命令的"准备状态"。第二,责任转移,一般情况下,我们对于自己的行为都有自己的责任意识,如果我们认为造成某种行为的责任不在自己,特别是当有指挥官主动承担责任时,我们就会认为该行为的主导者不在自己,而在指挥官,因此,我们就不需要对此行为负责,于是发生了责任转移,使得人们不考虑自己的行为后果。

思 考 题

1. 什么是人际交往的心理需要?
2. 分析比较舒茨的人际需要的三维理论和霍曼斯的社会交换理论的异同。
3. 什么是人际沟通?它的基本功能是什么?
4. 简述非言语沟通的类型和功能。
5. 人际吸引的主要条件有哪些?它们之间有些什么关系?
6. 什么是群体?群体有哪些基本特征?
7. 什么是社会助长和社会惰化,它们的主要原因有哪些?
8. 分析去个体化现象的发生过程和原因。
9. 群体极化和群体思维会对群体决策造成什么影响?
10. 从众与服从有什么区别?比较从众与服从的原因。

第十一章 心理健康

20世纪初,耶鲁大学学生比尔斯(C. W. Beers)因为从小目睹患有癫痫症的哥哥发病时痛苦的样子,非常害怕,担心自己有一天也会如此,终日生活在恐惧焦虑之中。终于有一天,他因为长期的精神负担而崩溃,自杀未遂被送进了精神病院。在住院期间,比尔斯亲眼目睹并亲身感受到了精神失常者所遭受到的种种不公平待遇。三年之后,他病愈出院,毅然投身于心理卫生事业,希望改变社会对精神病人的冷漠与歧视。1908年3月,比尔斯出版了根据自己亲身经历写就的《一颗找回自我的心》(A Mind That Found Itself)一书,也被译为《自觉之心》,由当时哈佛大学的著名心理学家威廉·詹姆斯作序,并被给予了高度评价。自此,一场以保持和促进心理健康,防御和治疗心理疾病,维护和增进人类幸福为主题的心理健康运动正式兴起,并迅速传遍美国直至世界各地。

在这一章里,我们将介绍心理健康的标准以及心理健康与压力、挫折、焦虑等心理现象的成因与应对。

第一节 心理健康的标准

一、科学的健康观念

追求生活质量的现代人越来越关心和注重自身的健康(health),但是,什么是健康却不是人人都能说清的。有不少人认为健康就是指身体无疾病,只要加强锻炼、合理膳食就能拥有健康。而实际上,健康是指身心健全和体能充沛的一种状态,并不仅仅是没有病痛。

1948年,世界卫生组织成立时在其宪章中开宗明义地指出:健康不仅仅是没有疾病和衰弱的表现,而是生理上、心理上和社会适应方面一种完好的状态。并且提出了衡量健康的十条标准:有足够充沛的精力,能从容不迫地应付日常生活和工作压力而不感到过分紧张;态度积极,乐于承担责任,不论事情大小都不挑剔;善于休息,睡眠良好;能适应外界环境的各种变化;能抵抗一般性的感冒和传染病;体重得当,身材均匀,站立时头、肩、臂的位置协调;反应敏锐,眼睛明亮,眼睑不发炎;牙齿清洁无空洞、无痛感,牙龈颜色正常;头发有光泽、无头屑;肌肉和皮肤富有弹性,走路轻松自如。

由此可见,健康包括身体和心理两个方面,缺一不可。衡量一个人是否健康必须从生理、心理、行为等方面分析,不仅要看他有没有身体上的器质性或功能性异常,还要看他有没有主观不适感,有没有社会公认的不健康行为。

心理状态的好坏会影响到生理疾病的发生概率,这已经被许多科学研究所证明。心理因素和许多威胁现代人健康的主要疾病,如与心脏病、脑出血、高血压、偏头痛、胃及十二指肠溃疡、癌症、糖尿病、哮喘等发病有密切关系。相反,良好的卫生习惯、生活方式与行为特征则与低死亡率有关。据美国的统计资料,每4个人中有1个人在其一生中会因心理方面的原因而引起躯体疾病;每12个人中就有1个人会因心理困扰而住院;每22个人中就有1个人在其一生中会得比较严重的心理疾病,并因此而影响工作与正常生活。美国的医院病房中几乎有一半被心理疾病患者所占住。事实证明了古罗马西塞罗的论断:心理疾病比起生理疾病为数更多,危害更烈。

1978年9月,国际初级卫生保健大会发表了《阿拉木图宣言》,文中提出:健康是基本人权,达到尽可能健康水平是世界范围内一项最重要的社会性目标。而健康的目标是追求一种更积极的状态,更高层次的适应与发展,是身心健康、社会幸福的完满状态。如果说身体健康是医学研究的对象,那么心理健康则是心理学研究的领域。

世界卫生组织(1984)将健康定义为"一种完整的生理、心理和社会良好状态,而不仅仅是没有疾病或伤残。"虽然这个定义没有限定"良好状态"的具体内涵,但却显示出健康包含了身体、心理和社会生活这三个方面。生产力低下的时代,人们仅仅关注如何维持自身生存,而随着科技的进步发展,人类的目光从"没有疾病"上升到"良好状态",心理和社会生活方面的良好状况更能反映一个人的健康状况,因此心理健康变得越来越重要。

二、什么是心理健康

从广义上讲,心理健康是指一种高效而满意的持续的心理状态;从狭义上讲,心理健康指人的基本心理活动的过程内容完整、协调一致,即知、情、意、行、人格完整协调,能适应社会。界定一个人心理健康与否应遵循三条基本原则。

(1)心理活动与外部环境是否具有同一性。一个人的所思所想、所作所为是否能正确地反映外部世界,有无明显差异。

(2)心理过程是否具有完整性和协调性。一个人的认知过程、情绪情感过程、意志过程内容是否完整协调。

(3)个性心理特征是否具有相对稳定性。在没有重大的外部环境改变的前提下,人的气质、性格、能力等个性特征是否相对稳定,行为是否表现出一贯性。

心理健康可以被理解为一个连续体:一极是严重的心理疾病,另一极是心理各方面功能的良好发挥。处于中间状态的人,一方面虽没有严重的心理疾病,但另一方面其心理功能也没有得到良好的发挥,那也就是一种亚健康状态。根据国内外的研究与实践,人的心理健康水平大致可划分为三个等级:

(1)一般常态心理:表现为心情经常愉快满意、适应能力强、善于与他人相处,能较好地完成同龄人发展水平应做的活动,具有承受挫折、调节情绪的能力。

(2)轻度失调心理:不具有同龄人所应有的愉快满意心境,和他人相处略感困难,独立应对生活工作有些吃力。若能主动调节或请专业人士帮助,可以恢复常态。

(3)严重病态心理:表现为明显的适应失调,长期处于焦虑、痛苦等消极情绪中难以自拔,严重影响正常的生活和工作。如不及时矫治,发展下去会成为精神病患者。

三、心理健康的标准

心理是否健康,并不像生理健康那样具有精确的、易于度量的指标。心理学家们一般是从个体适应环境的角度提出心理健康的标准,包括自我意识水平、情绪调控能力、挫折耐受能力、社会交往能力、环境适应能力等。

不同的心理学家对于心理健康的标准有着多种多样的看法。从心理学家们对心理健康的种种看法中,我们可以把它的基本内涵概括为以下几个方面。

(一)有正常的智力水平

智力是人的观察力、注意力、想象力、记忆力、思维力的综合。正常的智力是人一切活动的最基本的心理前提。如果智力有缺陷,则社会化的过程难以进展,心理发展必然受到阻碍,难以独立生存。心理健康的人能在工作、学习、生活中保持好奇心、求知欲,能发挥自己的智慧和能力,获取成功。

(二)能够了解并接受自己

对自我有适当的了解和恰当的评价,并且能够很好地接纳自己的现状,知己所长所短,愿意扬长避短开发潜能,不苛求自己,自信乐观,而不是过于自卑或过分自负。

(三)能与他人建立和谐的关系

一个人的人际关系状况最能体现和反映他的心理健康水平。心理健康的人乐于与他人交往,能以尊重、信任、理解、宽容、友善的态度与人相处,能分享、接受和给予爱和友谊,有稳定的人际关系,拥有可信赖的朋友,社会支持系统强而有力。

(四)善于调节与控制情绪

心理健康的人能经常保持愉快、开朗、乐观、满足的心境,对生活和未来充满希望。虽然也有悲、忧、哀、愁、恐等消极体验,但能适当发泄、主动调节和控制情绪,不为情绪所控,不因为情绪影响正常的生活。我们常说的情商(EQ)便体现了这一能力。

(五)有良好的环境适应能力

环境适应能力包括正确认识环境的能力和正确处理个人与环境关系的能力。心理健康的人是环境的良好适应者,他对自身所处的环境有客观的认识和评价,始终使自己与社会保持良好的接触,生活有理想但不脱离现实,能面对现实调整自己的需要与欲望,使自己的思想行为与社会协调统一。

视窗

情商与心理健康

你感到很自卑吗?你对工作失去信心了吗?你和他人沟通上出现问题了吗?你是否莫名其妙地感到情绪低落?你是否常常发怒?如果你有以上征兆,那么你的心理健康有问题,必须引起你的重视。

最近,这种症状被称为"EQ下降症"。所谓 EQ 就是情商,即情绪商数(emotional intelligence)。1990 年美国耶鲁大学心理学家彼得·萨罗维(Peter Salovey)和约翰·梅耶(Jone Mayer)最先提出情商概念,指准确理解、评价和表达情绪的能力、有效调控情绪的能力、运用情绪信息去促进思维的能力。1995 年,美国戈尔曼(Daniel Goleman)的著作《情绪智商》出版,系统地阐述了情绪智商的概念及其表现,并把它概括为五种能力:自我认知能力、情绪调控能力、自我激励能力、对他人情绪的识别能力、人际协调能力。此后,情绪智商引起广泛注意并越加流行。最新研究显示,一个人的成功,只有20%归属于智商(IQ),而80%取决于情商(EQ)。情商高的人,生活快乐向上,人生态度积极,人际关系和谐,不论做什么,成功的机会更大。

只要对心理健康的概念及标准有清晰了解的人就不难看出,情商与心理健康概念相近,标准相似。可见情商早就存在于心理学的研究中,体现在心理健康的指标上。综合而言,情商就是心理健康水平的具体体现。情商是在社会实践中,随着人生经验的丰富、学习的进步而增长。心理健康的人也是高情商的人。

四、增进心理健康的途径与方法

在平常的生活、学习中,我们每个人都要注意培养自己健康的心理素质,要能够做到:
(1) 具有良好的心理品质,预防心理障碍的发生;
(2) 开发自己的各种潜能,提高工作和生活质量;
(3) 激发自己的非智力因素,尝试创造性的学习和工作;
(4) 提高自己人际交往的能力,增强自己的社会适应性;
(5) 增强自我意识,培养准确的自我评价能力。

人们的心理健康不仅关系到个人的生活、学习、成长、幸福,也关系到社会的发展、民族的兴衰。家庭、学校、社会等应该通过具体可操作的方法,增进心理健康,减少心理疾患。具体做法包括:开展心理健康教育;建立心理健康保健网络;增设心理健康专业机构;创造良好的社会环境等。

第二节 心理健康与压力

2012年《中国社会心态报告》指出,79%的人有生存压力,37%的人表述压力感大,高压已经成为中国人的生活常态。2011年《财富》杂志对中国高级经理人的压力状况调查发现,75%的人感受到沉重的压力。

一、压力及其来源

压力是现代社会人们最普遍的心理和情绪上的体验。所谓"人生不如意十之八九",谁的人生,都不可能总是一帆风顺,坎坷挫折时有发生,面对种种不如意,人们常常会焦虑不安,内心体验到巨大的压力。

压力存在于社会生活的各个方面,如职业压力、家庭压力、环境压力、健康压力等,人人都经历过。例如,第一次上台演讲、第一次求职面试、亲人患病或死亡、工作变动和丧失。承受压力是生活中不可避免的。但是过度的压力总是和紧张、焦虑、挫折联系在一起,久而久之会破坏人的身心平衡,造成情绪困扰,损害身心健康。

临床心理学家发现,溃疡病的主要起因就是心理压力。溃疡病患者往往具有同样的特点:努力拼命工作,总是担心工作不完美,担心自己能力不够,经常体验到无助感,等等。癌症和心脏病的发作也与心理压力有着密切相关。由此可见,心理压力对人的身心健康的影响是广泛而普遍的。

(一) 压力的界定

压力也叫应激(stress),这一概念最早由加拿大著名的生理心理学家汉斯·薛利(Hans

Selye,1936）提出。他认为压力是表现出某种特殊症状的一种状态,这种状态是由生理系统中因对刺激的反应所引发的非特定性变化所组成的。

在当代的科学文献中,对压力的界定包含三种不同的含义:

其一,压力源或应激源,是指那些使人感到紧张的事件或环境刺激。如高考,淘汰赛,灾难、失败等。

其二,压力是一种身心反应。比如有人说"我要参加工作面试,我觉得压力好大",这里他就用压力来指代他的紧张状态,压力是他对应激事件工作面试的反应。这种反应包括两个成分,一是心理成分,包括个人的行为、思维,以及情绪等主观体验,也就是所谓的"觉得紧张、焦虑";另一个是生理成分,包括心跳加速、口干舌燥、胃部紧缩、手心出汗等身体反应。这些身心反应合起来称为压力状态。

其三,压力是一个过程。这个过程包括引起压力的刺激、压力状态以及情境。所谓情境是指人与环境相互影响的关系。根据这种说法,压力不只是刺激或反应,而是一个过程,在这个过程里,个人是一个能通过行为、认知、情绪的策略来改变刺激物带来的冲击的主动行动者。面对同样的事件,每个人经历到的压力状态程度却可以有所不同,就是因为个人对事件的解释不同,应对方式也不同。

（二）压力的性质

1. 急性压力和慢性压力

依据压力持续的时间分为急性压力和慢性压力。

急性压力或称暂时性压力,是突发灾难或短时事件给人带来的心理反应,如重大考试、突发灾难等。慢性压力也称为持久性压力,是持久的或日常生活中存在的稳态事件给人带来的心理反应,如生存困境、职业压力等。压力给人产生的后果并非因时间长短来判断其强度,有时慢性压力也会对人产生很强的负面影响,有人会因为无法忍受年复一年、日复一日的心理痛苦而选择自杀。

2. 积极压力与消极压力

有压力并非完全都是坏事,依据压力所产生的结果性质,分为积极压力和消极压力。

积极压力是对人们产生激励作用,提高效率,获得正性结果的压力。如化悲痛为力量,失败是成功之母等。从压力强度来看,适度的压力可以提高工作或学习效率。20世纪60年代石油工人的典范王进喜曾经说过一句话:"人没压力轻飘飘,井没压力不出油。"它说明了压力对一个处于上升时期的机构、一个不断进取的个体具有积极的推动作用。

人们更加关注的是压力对人产生的消极影响。消极压力是对人或组织产生破坏作用和负性结果的压力。失败后的萎靡不振、破罐破摔等都是消极压力的结果。例如,受考试压力困扰的学生会在考场上出现焦虑和认知干扰,导致表现失常。学习压力过大会导致学生出现学习倦怠或者生病。压力过强或无压力状态,都不会让人有优质的表现。另外,压力过大还会让人出现破坏性行为,如攻击他人或自毁行为等。

（三）压力产生的原因

心理压力产生的原因是复杂的,我们将这些具有威胁性或伤害性,并因此带来压力感受的事件或环境称为压力源（stressors）。生活中的压力源可能存在于人们自身,也可能存在于环境中。

心理学家把造成压力的各种生活事件做分析,提出了四种类型的压力源。

1. 躯体性压力源

躯体性压力源是指通过对人的躯体直接发生刺激作用而造成身心紧张状态的刺激物，包括物理的、化学的、生物的刺激物。如过高或过低的温度、微生物、变质食物、酸碱刺激、疾病疼痛等，这一类刺激是引起压力的生理反应的主要原因。

2. 心理性压力源

心理性压力源是指来自人们头脑中的紧张性信息。例如，心理冲突与挫折、不切实际的期望、不祥预感、考试焦虑，以及与工作责任有关的紧张等。心理性压力源与其他类压力源的显著不同之处在于它直接来自人们的头脑，反映了心理方面的困难。生活中的压力事件处处可见，但为什么有的人无动于衷，有的人却耿耿于怀，区别常常源于人们内心对压力事件的不同认知。如果过分夸大压力的威胁，就会制造一种自我验证的预言，"我会失败、我应付不了"。长此下去，会产生所谓的长期性压力感。

3. 社会性压力源

社会性压力源是指造成个人生活方式上的变化并要求人们对其做出调整和适应的社会情境与事件。社会性压力源包括个人生活中的变化，也包括社会环境中的重要事件。

个人生活的改变常常会给人带来压力。心理学家霍曼和瑞希（T. Holmes & R. Rahe, 1967）编制的生活改变与压力感量表，列出了43种大部分人都可能经历的生活事件。由400位不同职业、阶层、身份、年龄的人对这些事件产生的压力感大小打分，发现其中24个项目直接与家庭内人际关系的变化有关（见表11-1）。

表11-1　生活事件与压力感

序号	生活事件	压力感	序号	生活事件	压力感
1	丧偶	100	15	调整工作	39
2	离婚	73	16	经济地位变化	38
3	夫妻分居	65	17	其他亲友去世	37
4	坐牢	63	18	改变工作行业	36
5	直系亲属死亡	63	19	一般家庭纠纷	35
6	受伤或生病	53	20	借贷大笔款项	31
7	结婚	50	21	取消抵押或贷款	30
8	失业	47	22	工作责任改变	29
9	复婚	45	23	儿女长大离家	29
10	退休	45	24	触犯刑法	29
11	家庭成员生病	44	25	取得杰出成就	28
12	怀孕	40	26	妻子开始或停止工作	26
13	性生活不协调	39	27	开始或结束学校教育	26
14	新家庭成员诞生	39	28	生活条件的改变	25

续表

序号	生活事件	压力感	序号	生活事件	压力感
29	改变个人的习惯	24	37	少量抵押和贷款	17
30	与上司闹矛盾	23	38	改变睡眠习惯	16
31	工作时间或工作条件改变	20	39	家庭成员居住情况改变	15
32	迁居	20	40	饮食习惯改变	15
33	转学	20	41	休假	13
34	娱乐方式的改变	19	42	过重大节日	12
35	宗教活动的改变	19	43	轻度违法	11
36	社会活动的改变	18	合计		

（引自 Holmes & Rahe, 1967）

社会生活中的重要事件包括灾害、政治动荡、战争创伤、经济衰退、环境污染、过度拥挤、人际冲突等。由于城市生活节奏加快,生活负担加重,城里人不论住房、走路、乘车、逛商场,都处在拥挤、嘈杂、污染的环境中,容易使人高度紧张、焦虑、烦躁、易怒,出现失眠、易怒、头痛、乏力、心悸等症状。此外,核泄漏事故、战争威胁、恐怖主义、艾滋病威胁等社会事件也给人们造成巨大压力。不仅当事者有压力感,知情者也会产生压力。诸如灾害出现,地震、洪水、车祸、飞机失事对受害者造成重大打击,而且那些目击者、救援者,乃至亲戚朋友也会感到或大或小的压力。

4. 文化性压力源

文化性压力源最常见的是文化性迁移,即从一种语言环境或文化背景进入另一种语言环境或文化背景中,使人面临全新的生活环境、陌生的风俗习惯,不同的生活方式,从而产生压力。若不改变原有习惯,适应新的变化,就会出现不良的心理反应,甚至积郁成疾。例如,出国留学生如果缺乏对环境改变应有的心理准备,没有达到一定的外语水平,在异国文化背景下难以适应,无法交流,不得不中断学业或引发疾病的事例也是时有发生。

另外,依据压力事件对人产生的不同影响,还可以将压力源分为挑战性压力源和阻断性压力源。挑战性压力源是对人的发展与进取具有积极推动作用的压力事件,阻断性压力源则相反。研究表明,两种压力源都会导致人们的身心紧张,出现生理应激反应。但是,挑战性压力源可以提高员工的工作投入和工作满意度,离职率降低;而阻断性压力源则会提高员工的焦虑水平,出现反生产行为,降低组织公民行为。

二、压力的身心反应

当人们面临压力时会产生一系列身体上和心理上的反应。这些反应在一定程度上是机体主动适应环境变化的需要,它能唤起和发挥机体的潜能、增强抵御和抗病能力。但是如果反应过于强烈或持久就可能导致生理心理功能的紊乱。在压力下通常表现在生理、心理和行为方面的反应,主要有以下几种。

（一）压力下的生理反应

个体在压力状态下会出现一系列生理反应,主要表现在自主神经系统、内分泌系统和免疫系统等方面。例如,导致心率加快、血压增高、血糖升高、呼吸急促、激素分泌增加、消化道蠕动和分泌减少、出汗、肌肉紧张等。加拿大心理学家汉斯·薛利在20世纪50年代以白鼠为研究对象从事多项压力的实验研究,将压力状态下身体反应分成三个阶段(见图11-1)。

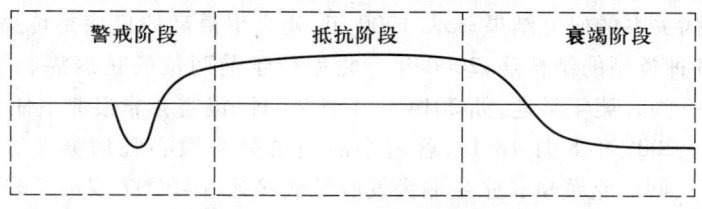

图11-1　薛利的一般适应综合征

第一阶段,警戒反应。在这阶段中,由于刺激事件的突然出现,而产生情绪的紧张和注意力提高,肾上腺、皮质醇分泌增加,进入应激状态。当压力事件消除,人体恢复正常;如果压力继续存在,身体就进入下一阶段。

第二阶段,抵抗反应。面对持续的巨大压力,机体继续调动身心资源来应对压力,企图对身体上任何受损的部分加以维护复原,所以产生大量调节身体的激素。

第三阶段,衰竭阶段。压力存在太久,应付压力的能量耗尽,身体各功能突然缓慢下来,适应能力丧失,严重者可导致身体衰竭,最严重的结果是死亡。

可见,压力下的生理反应可以调动机体的潜在能量,提高机体对外界刺激的感受和适应能力,从而使机体更有效地应付变化。但过久的压力会使人能量耗尽,出现生理枯竭。

（二）压力下的心理反应

压力引起的心理反应有警觉、注意力集中、思维敏捷、精神振奋等,这是良好适应的心理反应,有助于个体应付环境。例如,学生考试、运动员参赛,在适度压力下的竞争容易出好成绩。但是,过度的压力也会带来负面反应,出现注意力分散、记忆力下降、思维狭窄并变得迟缓,效率降低、出错率增加;引发消极的情绪,如忧虑、焦躁、愤怒、沮丧、悲观失望、抑郁等;还会使人自我评价降低、自信心减弱,表现出消极被动。心理学研究还表明,过度的压力会影响智能,压力越大,认知效能越差。个体在压力状态下的心理反应存在很大差异,这取决于个体对压力的知觉和解释,以及处理压力的能力。

当个体面临压力时会有各种行为变化、退缩或攻击行为。这些行为决定于压力的程度以及个体所处环境。压力下的行为反应可分为直接反应与间接反应,直接反应指直接面对引起紧张的刺激时,为了消除刺激源而做出的反应。例如,路遇歹徒或与其搏斗或逃避。间接反应指借助某些物质,暂时减轻与压力体验有关的苦恼。例如借酒消愁,找"替罪羊"。

一般而言,轻度的压力会促发或增强一些正向的行为反应,如寻求他人支持,学习处理压力的技巧。但压力过大、过久,会引发不良适应的行为反应,如谈话结巴、刻板动作、过度吃食、攻击行为、失眠头痛等。心理学研究发现:当猩猩被隔离监禁一段时间后,会出现重复地摇晃、吸吮手指或原地绕圈等刻板行为;把一只动物关在无法逃离的笼子中并给予电击,会引起动物不断吃东西的行为;当两只动物被电击时,电击开始或结束后不久,它们会打起架来。

（三）职业枯竭

职业枯竭(burnout)也叫职业倦怠,是指在长期的巨大工作压力下,个体所出现的一系列身心反应,它包括有生理枯竭和心理枯竭。

1. 生理枯竭

生理枯竭表现在长期高负荷压力下,人的身体状态由亚健康状态到疾病状态到过劳死现象。压力与疾病关系的研究结果显示,1900 年,死亡率最高的疾病是传染性疾病,如流行性感冒与肺炎、各种类型的结核病;2000 年死亡率位于前两位的是癌症和心血管系统的疾病。压力会导致一些人英年早逝,如 2014 年 4 月 23 日,银监会非银部主任李建华心梗发作去世,年仅 49 岁。2005 年 8 月 18 日,著名小品演员高秀敏心脏病突发去世,享年 46 岁。2008 年 7 月 22 日,同仁堂董事长张生瑜突发心脏病猝死,年仅 37 岁。2009 年 8 月 26 日浙江卫视当红新闻主播梁薇在出差上海期间心脏病突发病逝,年仅 28 岁。

生理耗竭所表现出的特征如下:长期的疲惫不堪感,免疫力下降,生病次数增多,睡眠障碍,偏头痛,肠胃系统不适或溃疡,体重改变(逐渐消瘦或逐渐肥胖),精神崩溃,因某一疾病所导致的死亡等。

2. 心理枯竭

心理枯竭是指在持续的巨大压力下,个体无法应付外界和自身超出个人能量和资源的过度要求,所产生的生理、认知、情绪情感、行为等方面的身心耗竭状态,表现为如下特征。

认知枯竭:知觉失准,记忆下降,注意力差,思维迟钝;会导致工作出错,决策失误。

情绪耗竭:情绪烦躁、易怒、责备或迁怒于他人,甚至悲观沮丧、抑郁、感到无助与无望。

去人性化:以一种消极的、否定的、麻木不仁的态度和冷漠的情绪去对待自己的家人或同事。对他人不信任,多疑,充满批判性,冷嘲热讽、贬损他人。无同情心可言,将人视为无生命的物体看待。

价值衰落:对工作价值的否定,对自己工作胜任力的怀疑,甚至会出现对生命价值的否定。

攻击行为:因受挫而导致攻击行为。攻击他人或攻击自己,如自伤或自杀。

慢性压力是一种持续的压力,它会慢慢消耗掉人的心理能量,出现心理枯竭(见图 11-2)。

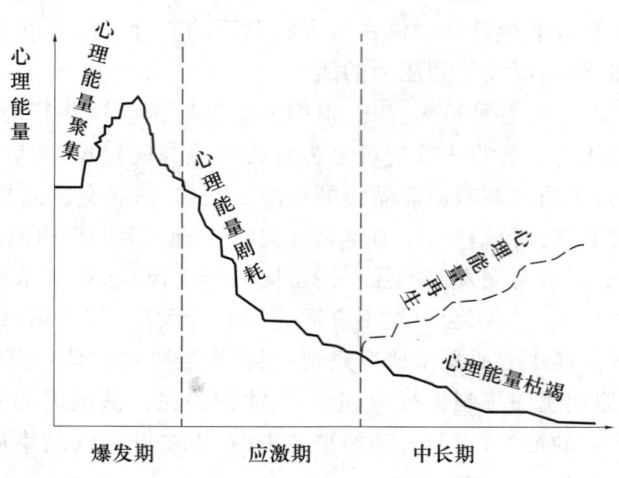

图 11-2　压力所导致的心理枯竭过程

三、压力的影响因素

压力是由刺激引起的。不良的刺激会引起压力,愉悦的刺激也会带来压力。生活中压力是自然的、不可避免的,但每个人感受到的压力是不同的。即使是同样的刺激,不同的人压力感也不同。为了生存、成长和发展,我们必须学会有效地处理压力,以减轻过度压力给我们身心所带来的伤害。

影响压力感强弱差异的主要因素可以分为内外因素。

(一)外部因素

一个人的压力来源与他所处的外部环境有直接关系。大环境包括国内外形势、社会环境,小环境主要指工作单位或学校及家庭。学业压力大、工作要求过度、社会角色不明、社会支持不足、沟通不良等都会使人产生压力感;家庭的压力常常来自于夫妻关系、子女教育、经济问题、家务劳动分配、邻里关系等。工作与家庭冲突也会成为压力因素。如果工作称心如意,家庭和睦美满,来自环境的压力小,则心情舒畅,身心健康。但是,因工作而无法顾及家庭,或者因为家庭负担过重而影响了工作,都会让人感受到巨大的心理压力。

(二)内部因素

1. 个人经验

当面对同一事件或情境时,个体经验会影响人们对压力的感受。对两组跳伞者的压力状况进行调查发现,有过100次跳伞经验的人不但恐惧感小,而且会自觉地控制情绪;而无经验的人在整个跳伞过程中恐惧感强,并且越接近起跳越害怕。同样的道理,一帆风顺的人一旦遇到打击就会惊慌失措,不知如何应付;而人生坎坷的人,同样的打击却不会引起重大伤害。可见,一个人经历或阅历复杂多能增强抵抗压力的能力。但是,也有不堪重负的个体,会因被压力消耗过度而变得脆弱。

2. 准备状态

对即将面临的压力事件是否有心理准备也会影响压力强度的感受。心理学家曾对两组接受手术的患者做实验。对其中一组在术前向他讲明了手术的过程及后果,使患者对手术有了准备,对手术带来的痛苦视为正常现象并坦然接受;另一组不做特别介绍,患者对手术一无所知,对术后的痛苦过分担忧,对手术是否成功持怀疑态度。结果手术后有准备组比无准备组止痛药用得少,而且平均提前三天出院。因此,有应付压力的准备也是减轻伤害的重要因素。

3. 生理状况

遗传因素、身体状况等都会影响到压力强弱感受。当一个人身体虚弱时,会难以承受巨大的压力,更容易被摧倒。例如,患有焦虑症、抑郁症等病症的患者,当在平静无强刺激的环境下,他们会平稳地生活;但是在巨大的压力刺激环境下,容易诱发他们的病症。

4. 认知评估

认知评估对增加压力感和缓解压力有重要作用。同样的压力情境使有些人苦不堪言,而另一些人则平静地对待,这与认知因素有关。当一个人面对压力时,在没有任何实际的压力反应之前会先辨认压力和评价压力。如果把压力的威胁性估计过大,对自己应对压力的能力估计过低,那么压力反应也必然大。态度决定一切。正如一位哲学家所说,"人类不是被问题本身所困扰,而是被他们对问题的看法所困扰"。对压力的认知评估可以分为两个阶段：初步评估阶段评定压力来源的严重性，二级评估阶段是评量处理压力的能力可能性。如果压力严重，又无可利用的应付压力的资源，必然产生一种持续性的紧张状态。

5. 性格差异

不同性格特征的人对压力的感受不同。乐观性格的人应对压力的态度更加积极，不易被挫折所击垮，而悲观性格的人则相反，态度被动且消极。完美主义者和 A 型性格都是高压力体验者。A 型性格特征的人具有工作狂的特点，是那些竞争意识强烈、工作努力奋斗、争强好胜、缺乏耐心、成就动机高、说话办事讲求效率、时间紧迫感强、成天忙忙碌碌的人，在面对压力时，性格中的不利因素就会显现出来，而且 A 型性格与冠心病有密切的关系。研究发现，A 型性格者患心脏病的人数是 B 型性格者的 2~3 倍。B 型性格的特征是个性随和，生活悠闲，对工作要求不高，对成败得失看得淡薄。

视窗

A 型 性 格

弗雷德曼和罗斯曼（Friedman and Rosenman，1974）两位学者在对心脏病患者的研究中发现了一种称之为 A 型性格（Type A personality）的行为方式。这是一种有冲劲、精力旺盛、竞争性强的性格，求胜心切，总想在最短时间内处理无数难以确定的事物。而这种长期处于压力下的紧张状态付出的代价是导致心脏病。

美国心脏医学会在 1981 年将 A 型性格列为是罹患心脏病的危险因素之一。下列是用以诊断 A 型性格的一份问卷，它包含 25 个问题，读者按各题所问事项用"是或否"填答。如果有半数以上题目你答"是"，希望你改变习惯，放慢一些生活的节奏。

1. 你说话时会刻意加重关键字的语气吗？
2. 你吃饭和走路时都很急促吗？
3. 你认为孩子自幼就该养成与人竞争的习惯吗？
4. 当别人慢条斯理做事时你会感到不耐烦吗？
5. 当别人向你解说事情时你会催他赶快说完吗？
6. 在路上挤车或餐馆排队时你会感到被激怒吗？
7. 聆听别人谈话时你会一直想你自己的问题吗？
8. 你会一边吃饭一边写笔记或一边开车一边刮胡子吗？
9. 你会在休假之前先赶完预定的一切工作吗？
10. 与别人闲谈时你总是提到自己关心的事吗？
11. 让你停下工作休息一会儿时你会觉得浪费了时间吗？
12. 你是否觉得全心投入工作而无暇欣赏周围的美景？
13. 你是否觉得宁可务实而不愿从事创新或改革的事？
14. 你是否尝试在时间限制内做出更多的事？
15. 与别人有约时你是否绝对遵守时间？
16. 表达意见时你是否握紧拳头以加强语气？
17. 你是否有信心再提升你的工作绩效？
18. 你是否觉得有些事等着你立刻去完成？

19. 你是否觉得对自己的工作效率一直不满意?
20. 你是否觉得与人竞争时非赢不可?
21. 你是否经常打断别人的话?
22. 看见别人迟到时你是否会生气?
23. 用餐时你是否一吃完就立刻离席?
24. 你是否经常有匆匆忙忙的感觉?
25. 你是否对自己近来的表现不满意?

(引自 Rathus & Nevid, 1989)

四、压力的应对策略

当压力对我们可能造成伤害时,人们会用一些方法与技巧去应对,以减低压力带来的消极影响。为了有效地处理压力,应该了解面对压力时解决问题的过程、策略及具体方法。

个体从面临压力到解决问题一般要经过三个不同的阶段:

第一阶段为冲击阶段,发生在压力来临之时。如果刺激过强过大,会使人感到眩晕、发懵、麻木、呆板、不知所措,常会出现"类休克状态"。比如,突然听到亲人过世,大多数人呆滞、惊慌,甚至歇斯底里,只有少数人能保持镇定和冷静。

第二阶段为安定阶段。此时,当事人在经历了震惊、冲击之后,努力想恢复心理上的平衡,设法控制焦虑和情绪紊乱,恢复受到损害的认知功能,运用心理防卫机制或争取亲友的帮助。

第三阶段为解决阶段。当事人将自己的注意力转向产生压力的刺激,冷静地分析压力产生的原因,或逃避或远离产生压力的情境事件,或提高自己应对能力,直接面对压力去解决问题。

一般而言,应对压力的策略是因人而异的。在不同的环境和条件下,人们会试图改变环境,解决问题;当无法改变环境时,人们会试图改变自己,处理困扰与减轻不适感,调节自己,消解不良反应。(见表 11-2)。

表 11-2 应对压力的策略

应对方向	具体方法
改变环境	
改变压力源或改变个人与压力源的关系。通过直接的行为反应或想方设法解决问题。	1. 攻击(破坏); 2. 逃避(使自己置身于威胁之外); 3. 寻找其他途径(商讨、交涉、妥协); 4. 预防未来压力(增加个人抗压力)。
改变自己	
通过使自己觉得较舒适的活动,调节情绪,但并未改变压力来源。	1. 以身体为主的活动(使用药物、放松等); 2. 以认知为主的活动(分散注意力、幻想等); 3. 歪曲现实的潜意识活动。

(Lazarus, 1975)

无论是直接面对压力源还是调节自我,都有许多方法可以采用。但这些方法有的效果是暂时的,有的效果是长远的;有的方法有助于成长,也有的方法会造成其他不良影响。

(一) 不良的应对方法

压力应对策略因人而异,但是如果压力应对方式选择不当,并不能真正解决引发压力的问题,不能消除压力根源,甚至会对人们产生不良的影响。

1. 药物依赖

有些人会通过服用一些镇静剂、镇痛剂来起到暂时减轻压力反应的作用,但这种办法不能解决产生压力的根源。长期服用容易形成对药物的依赖,失去个人尊严,甚至引发其他疾病。压力过大会引发失眠,长期失眠会使人长期服用安眠药;压力也会引发植物性神经系统紊乱的偏头疼,导致有人长期服用止痛药物。药物只能缓解压力引发的症状,但是治标不治本。

2. 酗酒抽烟

压力下会使人借酒浇愁。酒精是神经系统的刺激物,同时也是一种镇静剂,烟草是一种兴奋剂,也有一定镇静作用。抽烟喝闷酒虽然能够暂时起到抑制中枢神经系统的作用,缓解紧张状态,但经常使用,容易导致酒精中毒,香烟带来的副作用更是危害无穷。压力过大还会使人过度饮食,特别是压力情境下更容易吃垃圾食品。

3. 沉溺幻想

压力产生于现实,当无法改变现实时,会使一些人逃避现实,沉于不切实际的幻想之中,想入非非,获得暂时的自我安慰。长期处于幻想之中,会使人不愿再回到现实社会之中,远离他人,孤独自处,产生毒性思维,不能自拔。毒性思维会使人以负面态度看待一切,并进行毒性归因。持毒性思维的人会沉溺于压力事件中无法中断,把事情越想越坏,使人消沉。

4. 不良宣泄

遇到压力情境,人会产生不良情绪,如焦虑、暴躁等。宣泄不良情绪有利于缓解压力感,但是如果宣泄不考虑情境与对象,就成为不合理宣泄。承受压力的人自己宣泄掉的不良情绪,却使周围人产生了不良情绪。例如,领导因工作压力过大,向下属发脾气,自己心里痛快了,却给下属造成了压力,使下属情绪低落,焦虑不安。这样就形成了压力传染链。

5. 攻击行为

压力可以使人退缩,沉于幻想;压力也会使人进攻,形成伤害。挫折——攻击理论说明了当人受到挫折或遇到压力时,会引发人的攻击行为。有人会攻击别人,有人会攻击自己。

(二) 正确的应对方法

认识压力的作用及其可能导致的后果,对可能出现的过度压力有心理准备,并主动学习处理压力方法,可以有效地控制压力。常用方法如下。

1. 生物反馈方法

压力引起的心理紧张,也会导致肌肉紧张。通过放松肌肉的紧张度,反过来使心理紧张度得以缓解,方法有放松训练、体育锻炼、身体按摩等。例如,通过腹式深呼吸来放缓呼吸节律;加强体育锻炼,生活有规律,睡眠充足;劳逸结合,积极休息,培养业余兴趣爱好。

视窗

放 松 训 练

放松训练(relaxation training)是指身体和精神由紧张状态转向松弛状态的过程。放松主要是消除肌肉的紧张。在所有生理系统中,只有肌肉系统是我们可以直接控制的。当压力事件出现时,紧张不断积累,压力体验逐渐增强。此刻,持续几分钟的完全放松比一小时睡眠效果更好。放松有呼吸放松、想象放松、静坐放松、自律放松等方法。那么,是否需要放松?何时放松为好?除了压力测试外,可以从身体、精神方面了解自己。从身体方面了解可以观察饮食是否正常、营养是否充分、睡眠是否充足,有无适量运动等;从精神方面了解可以观察处事是否镇定、注意力是否能集中、是否心平气和。如果回答都是"是",说明比较放松;如果回答大部分"不是",那么需要借助放松来调整。

放松训练是一种自我调整方法,是通过机体主动放松来增强对自我控制的有效手段。一般是在安静的环境中按一定要求完成特定的动作程序,通过反复的练习,使人学会有意识地控制自身的心理生理活动,以达到降低机体唤醒水平,增强适应能力,调整因过度紧张而造成的生理心理功能失调,起到预防及治疗作用。

放松训练的方法有多种,下面介绍几个简单的方法,读者可以利用早上醒来或晚上临睡前的几分钟时间练习。

放松一:想象放松(imaginative relaxation training)
- 选一个安静的房间,平躺在床上或坐在沙发上。
- 闭上双眼,想象放松每部分紧张的肌肉。
- 想象一个自己熟悉的、令人高兴、具有快乐联想的景致,或是校园或是公园。
- 仔细看着它,寻找细致之处。如果是花园,找到花坛、树林的位置,看着它们的颜色和形状,尽量准确地观察它。
- 此时,敞开想象的翅膀,幻想自己来到一个海滩(或草原),躺在海边,周围风平浪静,波光熠熠,一望无际,使人心旷神怡,内心充满宁静、祥和。
- 随着景象越来越清晰,幻想自己越来越轻柔,飘飘悠悠离开躺着的地方,溶进环境之中。阳光、微风轻拂着自己。自己已成为景象的一部分,没有事要做,没有压力,只有宁静和轻松。
- 在这种状态下停留一会儿,然后想象自己慢慢地又躺回海边,景象渐渐离自己而去。再躺一会儿,周围是蓝天白云,碧涛沙滩。然后做好准备,睁开眼睛,回到现实。此时,头脑平静、全身轻松,非常舒服。

放松二:渐进放松法(progressive relaxation training)
- 选择一间安静的房间,躺在床上或坐在沙发上。
- 穿上宽松的衣服,调整姿态,使自己尽量舒服些。
- 使右脚和右脚腕肌肉紧张,扭动脚趾,感觉如何?收紧肌肉,再放松,反复做几次,记住紧张和放松时不同的感觉。
- 左脚和左脚腕重复同样的练习。
- 收紧小腿肌肉,先右后左,重复紧张和放松。

- 收紧大腿肌肉,先右后左。体会大腿紧张是怎样影响膝盖和膝关节的。
- 再移到臀部和腰部,注意紧张和松弛两种状态的不同感觉。
- 向上练习腹部、胸部、背部、肩膀的肌肉。
- 练习前臂与手,抬起放下,握拳放松,先右后左,反复练习。
- 最后到脖颈、面部、前额和头皮。

放松顺序也可以自上而下,每天花几分钟时间练习,坚持下去必有收获。

2. 建立社会支持系统

当遇到压力,自身能力无法抵御压力的冲击时,一个人最需要借助外力来帮助自己渡过难关。社会支持系统包括领导、同事、朋友、家人、专业机构等。特别是关键性人物(如上级领导)对压力承受者缓解压力具有重要作用。因此,平时要建立良好社会支持系统,扩展社会资源。

3. 认知调节方法

态度决定一切。对压力事件的态度决定了一个人压力感的强弱。一个人如何解读世界决定了他对压力的态度。一个积极面对人生的人,在压力情境中,仍然会保持自信豁达、知足常乐的精神面貌。特别是,当我们无法改变环境时,我们就改变自己。要学会认知变通,知道什么是不合理的认知观念,并改变它们(见表11-3)。

表11-3 对考试压力的认知调整

易产生压力的认知	调整后的认知
1. 考试成功是人生最重要的事	1. 考试不是人生最重要的事情
2. 考试失败说明自己无能	2. 失败是成功之母
3. 考不好丢面子	3. 不及格并不是绝路
4. 觉得对不起父母的期望	4. 读书是自己的事,只要尽力就可以
5. 别人成绩好我受不了	5. 同学成绩比我好,我为他们高兴

4. 应对策略的实施

排除压力的第一步是要解决问题。解决了问题才能真正消除压力感。在压力应对方式中,有以解决问题为中心的应对方式,也有以情绪应对和回避应对为主的应对方式。无论哪种方式都要用考虑到压力事件的性质、时间与结果,选择最恰当的方法。一般来说,当压力源刚出现时,将以问题解决为中心的应对策略作为一级应对;但是,并非所有的问题都能在现时解决,个体有时无法改变环境,那么我们就要改变自己,做好自我调节,这时要启动二级应对——情绪应对策略和回避策略;当自我调节也未能阻止压力的进程时,我们要借助社会支持系统或专业帮助来摆脱困境,这时启动的是三级应对策略(见图11-3)。

应对策略使用不当也会进一步导致压力的升级或应对失败。有人遇到压力最先启动的是情绪或回避策略,不断地抱怨、忧愁,或者逃避困难、使用阿Q精神胜利法等,放弃努力,接受失败,这不是一个强者的表现,只会使人最终成为一个失败者。

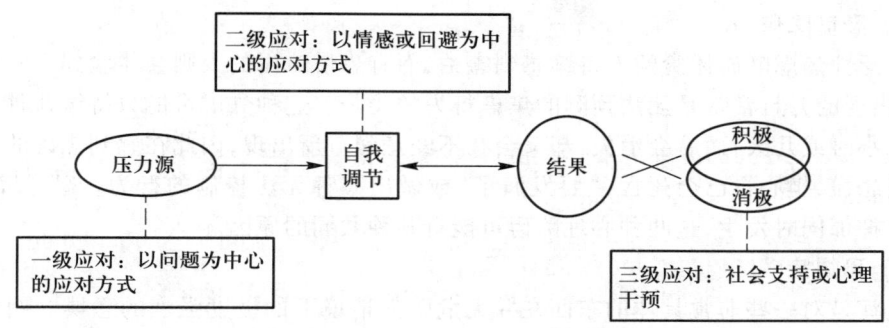

图 11-3　压力的三级应对方式

第三节　焦　虑

一个 7 岁的英国女孩儿弗兰·丹多,哥哥与她开玩笑,在她被子里放进了香蕉,黏黏的东西将弗兰吓坏了,由此她对香蕉产生了莫名的恐惧,之后一见到黄色的弯曲的水果,就会出现呼吸加剧、呕吐现象。

一、焦虑的概念

就像压力难以避免一样,焦虑也是我们生活的一部分。但是,对焦虑的评估可以是客观的,也可以是主观的,换句话说,有些生活事件有充分的理由让我们相信,自己正处于危险之中,这时的焦虑是一种正常反应,可以让我们的身体有所防备,提醒我们小心保护自己;可是如果我们对生活事件做出了不实际或不正确的评估,这时产生的焦虑就不是一种适应性的反应。无缘无故感到异常紧张,身心紧绷,就会给情绪造成困扰,严重时则导致焦虑障碍。

焦虑障碍就是指受不合乎现实或不合乎理性的害怕所困扰的状态,它所表现出的行为是多种多样的,但有一点是共同的——极度焦虑的体验。焦虑障碍的不寻常之处不在于个体所体验的焦虑,因为每个人都有这种体验。焦虑障碍不正常的原因在于某一事件所引起的焦虑程度过高。

二、焦虑的主要类型和产生原因

焦虑障碍包括 5 种类型。

(一) 广泛性焦虑障碍

有广泛性焦虑障碍体验的人持续感到害怕,但无法指出具体害怕什么。这种无来由的恐惧症状可以持续几个月或更长。在许多心理障碍中都存在着焦虑现象,但在广泛性焦虑障碍中伴随焦虑的并没有那种与现实接触不好或不当的思维等问题,焦虑是行为中突出的特点。

这种心理障碍除了具有快速的心率、呼吸短促、大量出汗、尿频和腹泻、没有胃口、晕眩、颤抖、失眠等恐惧的生理症状之外,极度焦虑的个体通常还有一些其他特点:极度紧张,不能放松,感到全身像被锁住一样,面部肌肉紧张,长叹;过度担心,忧虑抑郁,或对未来感到害怕;高度警觉敏感,不断巡视自己无法说出的环境中的危险。

（二）恐慌障碍

有广泛性焦虑障碍体验的人持续感到害怕,而有恐慌障碍的人则会体验到突然的、强烈的、不断出现的并且常常是无法预测的焦虑行为的袭击。这种焦虑可能只持续几秒钟,也可能持续几小时或几天,而后会消失,却又会在不经意间重新出现,因此在感到焦虑的袭击时,个体极度恐慌,担心自己会死亡,"要发疯了"或做出某种无法控制的行为。恐慌障碍常常与严重的抑郁同时发生,这两种心理障碍可能有某种共同的原因。

（三）恐惧症

恐惧症是对一些非常具体的东西在并无危险的情境下的极度强烈的恐惧。例如,对蜘蛛、不洁物或高处的恐惧。在有些人身上几种恐惧可能同时出现。虽然有恐惧症的个体有极度夸大的恐惧,但是他们对现实的其他方面通常并没有过度地歪曲。这类的恐惧反应似乎是无法解释并无法控制的。恐惧的范围可能会逐渐扩大。

恐惧症可以分为以下几种类型。

1. 广场恐惧症

广场恐惧症一词的意思是对露天空间的恐惧。广场恐惧症患者常常一离开某些"安全"的地方,通常是家,就会体验到恐惧。他们很难从事购物、乘坐公交车、参加会议等活动。在这些环境下,他们会出现呼吸急促、头晕等生理症状。多数恐惧症患者都有一个"安全的人",通常是他们的配偶,有"安全的人"的陪伴他们就可以安全地去(至少不会感到太难受)可能会引起恐惧反应的地方。

2. 社会恐惧症

对社会恐惧的个体通常在各种社会环境中表现出焦虑,如在他人的观察下工作,在公众场合下签名,与人交往,面对甚至只有一个或两个陌生的人讲话,出席大型聚会等。

3. 特殊恐惧症

对某种物体或某种情境的恐惧,如怕蛇、怕狗、害怕开车、害怕医院、害怕死亡,都是特殊恐惧症常见的症状。最常引起心理医生注意的恐惧症是广场恐惧症。患有广场恐惧症的人80%都是女性。特殊恐惧症通常在某种应激事件或一段时间的应激之后发生,发病年纪大多在20岁左右。多数患有广场恐惧症的人也表现出社会恐惧症的症状,并害怕自己会失去控制、发疯,使自己和他人感到难堪、死亡、晕厥。

生物因素可能在某些恐惧症中起着一定作用。例如,广场恐惧症患者可能比其他人有更高的唤起水平,需要更多的时间适应刺激。有些研究者发现,对健康并无伤害的心脏左房室瓣的异常会引起心悸和胸痛,可能也是恐慌的原因,从而导致恐惧和躲避行为。由于治疗抑郁的某些药物对于预防由于所害怕的情境所引起的恐慌发作也有效用,因此可以推测一些神经递质在恐惧症和抑郁症中起的作用是一样的。

患有恐惧症的人在许多方面都要扭曲自己的生活,以避免使自己处于所害怕的情境中。有些人把自己整年地关在家中。对飞行的极端恐惧是一种常见的恐惧症,有些人即使由于拒绝飞行会给自己带来极大不便也不愿飞行。

（四）强迫症

有强迫症的人常常没有理由地重复一些思想和行动。这样的人可能会无法停止去想某一个词,也可能会有不断洗手的要求。有强迫症的人被他们自己的思想和行为所控制。他们强烈地感到要一遍又一遍地做出某种行为或某一系列行为,以至于影响到他们的正常社会功能。强迫性的思想和行为可以是各种各样的。

有强迫症的人如果不做出自己的一套仪式性的行为就会感到非常焦虑。有时这些仪式只是一些小的动作,如敲敲桌子或总是先穿右脚的鞋。有时这些仪式则需要很多注意力,例如有些人要把所有要做的事情都写下来以免自己忘记。当过于复杂的仪式或思想开始妨碍日常生活时就成为需要治疗的严重问题了。强迫性的思想和仪式被恐惧所掩蔽,使得这些思想和仪式伴随着焦虑,因此个体将尽量避免引起强迫性思想和仪式的情境。例如,有洗手仪式的人会尽量避免脏东西。有强迫症的人对自己的症状通常不喜欢暴露,而且尽管有症状也能够正常工作。

(五)创伤后应激症

创伤后应激症最常见的表现是对创伤事件的重复体验。创伤事件指给个体的生活带来极大痛苦和伤害的事件,如目睹亲人或朋友的死亡、被强奸、受到战争或灾害的伤害等。当事人在清醒时被痛苦和不断出现的回忆所困扰,在睡眠时则出现关于创伤事件的噩梦。对创伤事件的重复体验常常是不真实的,好像是在经历一个慢动作的梦。当这种情形发生时,个体体验到情感上的麻木。对创伤事件的过度注意,会导致对社会交往、密切关系和性方面的兴趣降低。痛苦的内疚感、抑郁、不安和急躁都很常见。在有些情况下还可能出现冲动行为,但一般是非暴力的行为(无理由的缺勤)、酗酒或吸毒行为,以及对危险的过度警觉。这种创伤后的反应通常在事件发生后的六个月内会逐渐减少。在有些情况下在事件发生后几天或几周之后的一段时间内有一个潜伏期,潜伏期之后是延迟的创伤后反应。

创伤后应激症的临床研究表明,有严重创伤体验的人可以通过向关心自己的人表达思想和情感获得帮助。

三、焦虑的处理策略

(一)认清焦虑状况

克服焦虑的第一步,要先认识焦虑症状以及会带来什么影响。当身体、思维和心理出现以下症状时,就知道自己正处于焦虑状态中。

(1)身体:心跳加速、呼吸短促、郁闷、食欲差、恶心、失眠、尿频、流汗等;

(2)思维:记忆力减退或混淆、易分心、思维难以集中、反复想同一件事情等;

(3)心理:易怒、不耐烦、紧张、害怕、坐立不安、恐惧、沮丧、警觉戒备等。

(二)克服焦虑的三个原则

1. 不回避

面对焦虑,回避的应对方式虽然可以缓和焦虑程度,但因为并没有真正解决问题,因而长此以往还是会付出代价,焦虑源并不会自动消失,反而会纠缠不休,不知道何时又会出现,所以还必须随时戒备,以至于无法完全放松。因此,回避虽然是一个诱人的方法,但决不是一个积极的方法。系统脱敏法可以逐渐提高人们对焦虑源的适应。

2. 正面迎战

既然逃避不是办法,那就想想我们是怎样学会游泳、怎样第一次登台在众人面前发表演讲,不就是咬紧牙关、深吸一口气,硬着头皮上吗?之后我们就会发现,做这些事并不像我们想象的那样难。有两个理由支持我们正面迎战以克服焦虑:第一,正面迎战可以让我们习惯于使我们的生活不好过的人、事、物;第二,正面迎战会改变我们对自己的认知,当看到自己主动迎战焦虑而不是一味回避的时候,一定会有不一样的感受。有这么一句话:"你想成为什么样,就装成什么样,最后你就会成为那样。"

3. 做记录

与焦虑作战时,做记录能起到特别的作用。记录下以下事项:(1)时间地点及当时情况;(2)对焦虑做 1 到 5 的等级评定,1 代表没什么焦虑,5 代表严重焦虑;(3)所使用的应对策略;(4)使用应对策略后的焦虑等级评定。记录下这些,可以帮助我们认清自己容易在什么时候、什么地方、什么事情上感到焦虑,还可以了解到什么应对措施是有效的,什么是无效的,以便随时调整技巧,最后自己的每一点进步都可以作为继续努力的鼓励。

(三)学会放松自己

焦虑会让我们觉得紧张、担忧和激动,如果能够放松自己,就会比较容易接受焦虑的存在。日常的有效放松方法有深呼吸,或者在引起焦虑的情况发生前做好准备。放松的方法即集中于注意自己的呼吸、心跳以及肌肉紧张、手心出汗等身体反应,这样以身体反应当作放松自己的提示有个好处,就是觉得自己随时都做好了克服焦虑的准备。

(四)运用想象减轻焦虑

想象可能出现的焦虑情境,放任自己体验焦虑,同时随时提醒自己,焦虑虽然让人不舒服却不会致命,慢慢地就可以与焦虑共存了。比如对即将到来的考试感到焦虑,便可以按如下顺序进行想象(一般是按焦虑由轻到重的顺序),将自己放入类似真实的情境中。

1. 考试的前一天晚上;
2. 走在去考场的路上;
3. 进入考场,坐在位置上;
4. 发下考卷,看到考题;
5. 开始答题;

……

这种想象类似于进行内部引爆,可以随时做好投身其中的准备,提高自信。

另外,创造性想象也可以缓解焦虑。例如,人们都会害怕蛇,哪怕是见到放在笼子里的蛇,也会浑身起鸡皮疙瘩。但是,当我们恐惧时,想象《白蛇传》里优雅的白娘子时,就会减轻对蛇的恐惧感。

(五)进行理性思考

看看自己面对焦虑情境时,有没有使用错误的思考模式,比如一竿子打翻一船人、夸大事态、不知变通、不合理的预期等,这些思考模式常常引发无谓的焦虑,试试换一种新的思考方式,例如,原本是想"这考试太难了,铁定完蛋!"结果焦虑得不行。若是换一种想法:"这考试的确很难,但我会尽力而为",结果就会乐观许多。由此我们可以认为:"任何事情都没有好坏之分,是人们的思想使它们有了好坏之分。"

(六)接受专业治疗

如果焦虑已经严重到干扰了正常的生活,可能就得求助于正规咨询机构的治疗。像行为治疗、认知治疗或者辅助药物治疗等都是治疗焦虑较为有效的办法。

第四节 挫 折

美国总统林肯的一生充满了挫折,他 21 岁生意失败,22 岁时州议员落选,24 岁时生意再败,26岁时爱侣去世,27岁时曾一度精神崩溃,36岁时众议员落选,45岁时参议员落选,47岁时提名副总统落选,49岁时参议员落选,52岁当选美国第十六任总统。

一、挫折的概念

挫折(frustration)是指个体在通向目标的过程中遇到难以克服的障碍或干扰,使目标不能达到,需要无法满足时,所产生的不愉快情绪反应。挫折既包括挫折情境又包括挫折感受,两者关系密切。挫折情境导致挫折感受。挫折感受是一种复杂的内心体验,包括烦恼、困惑、焦虑、愤怒等各种负面情绪交织在一起。

挫折也像压力一样无所不在,是每个人都会经历的一种失败后的心理体验。关键要看人们是否承受得住,人生不如意事十之八九,高考失利、恋爱失败、下岗待业等。心理学家们所研究的就是在挫折情境下分析个体产生的挫折感,以及如何提高人的挫折承受能力。

二、挫折的产生原因

导致挫折的原因有很多,一般可以分为外在因素与内在因素。

(一)外在因素

外在因素主要指环境方面的,包括自然条件和社会条件。外在因素常常是个人意志或能力所不能左右的,如个人无法预料的天灾人祸、恐怖事件、经济危机、社会动乱等。例如,马航失联飞机MH370的搜寻工作屡次受挫,世界多个国家联合进行海空搜索,搜寻区域未定,黑匣子脉冲停止,搜寻区域海底地势复杂等外在因素,都成为政府和家属心理受挫的直接原因。这里导致挫折的就是无法预料和控制的外部力量。

(二)内在因素

内在因素则主要指由于自身条件的限制阻碍了目标的实现,包括个人的生活条件、人格特点、心理状态、经济水平等。例如,一个有五音缺陷的年轻人希望实现歌手愿望,但是奋斗多年未果。这个愿望显然是由于其自身原因而很难实现,使他体验到挫折感;自我估计失准的人,常常因为设定不现实的目标,导致愿望难以实现,受到挫折打击。

挫折虽然带来的是不愉快的情绪体验,但挫折对人的影响并不都是负面的。挫折犹如一把双刃剑,可以为我们所用,也可以伤害我们。法国大文豪巴尔扎克根据自己丰富的人生体验,形象地把挫折比作一块石头。石头本身是中性的,无所谓好坏。但对于不同的人就会产生不同的影响。对于强者它可以成为垫脚石,让人站得更高;对于弱者它可以作为绊脚石,使人一蹶不振。经历挫折,可以使人从失败中吸取经验教训,磨炼意志,增加克服困难的勇气,提高解决问题、适应环境的能力。俗话说"吃一堑长一智""失败是成功之母"就是这个道理。相反,挫折承受能力差的人却可能因此产生心理上的痛苦,情绪不稳、行为失态,甚至导致生理、心理疾病。

三、挫折后的反应

人们受到挫折后会引起以下各种可能的反应。

(一)在认知层面上,逃离现实

个人遭受挫折后,可能会在非现实情境中寻求补偿,进而陷入一种想象状态,使人沉溺于"白日梦"中,即暂时离开现实,沉浸在自己假设的成功想象中来获得心理满足。这是一种对待挫折的非现实的方法。这种幻想方法对挫折后的失落可以起到缓冲作用,但它终究代替不了现实,还是不能使问题得到彻底解决。一旦回到现实,又会恢复失落与挫败感。

(二) 在情感层面上,冷漠麻木

有的人在长期遭受挫折,又对改变现状感到无助无望时,可能会表现出冷漠、麻木。这种冷漠中包含着愤怒,是愤怒暂时受到压抑,而以间接方式表示的反抗。他们对周围人会缺少同情心,把挫折后的怨恨情绪迁移到别人身上。

(三) 在行为层面上,报复攻击

社会学习心理学家多拉德和米勒于1939年出版了《挫折与攻击》一书,他们运用了大量实验证据,来说明挫折与攻击的关系。他们认为"攻击必然是挫折的结果",也就是说,如果一个人表现出了攻击行为,就可以推论这个人受到了挫折。在现实生活中可以找到不少这样的例子,例如,男人在单位受气后回家责打妻儿;因为被社会所抛弃而产生报复社会的心理,杀害无辜者,走上暴力犯罪之路等。

(四) 在心理防御上,寻求自保

个体处在挫折与冲突的情境中时,经常会自觉不自觉地运用一些方法来减轻内心的不安,以恢复情绪的平衡与稳定。弗洛伊德把这些方法统称为心理防御机制(mental defense mechanism),弗洛伊德认为,它是指个体在潜意识中为减弱、回避或克服现实冲突带来的挫折、焦虑、紧张等而采取的一种暂时的自我保护性手段。常见的防御机制有压抑、抑制、否认、转移、退行、投射、补偿、合理化、反向、文饰等。

心理防御机制在现实生活中是一种相当普遍的心理现象。当人面对挫折时,心理平衡往往遭到破坏。在多数情况下,人会感到困扰、不适应,体验到痛苦的折磨。出于人的自我保护本能,会自发地唤起心理防御机制起作用,以达到缓冲心理挫折、减轻焦虑情绪的作用,并且可为人寻找战胜挫折的办法提供时机。在这个意义上说,心理防御机制的运用是积极的,但如果使用不当或过分使用,会影响个人对环境的适应,起到消极效果。

常见的心理防御机制可分为建设性防御、替代性防御、掩饰性防御、逃避性防御、攻击性防御五大类,具体表现为10种方式。

(1) 否认。这是拒绝接受挫折的现实以达到保护自我作用的防御。如一些吸烟者认为"吸烟有害健康"没有科学根据,依然我行我素。有些患者刚听到自己罹患癌症的消息时,会出现否认或怀疑医院是否弄错了检查结果。

(2) 幻想。这是通过想象中的成就去补偿受到挫折后需要没有得到满足的防卫。如一位内向、缺乏魅力的男青年恋爱受挫后,想象自己是一个英俊的小伙,成为很多少女心中的偶像,陶醉在幻想的世界中获得心理满足。

(3) 压抑。这是把挫折经历和体验压抑到潜意识中,不去回忆、主动遗忘的防御。如一个女孩儿因看到了凶杀案而产生了失忆,这种失忆的根源就是过分压抑的结果。过度的不良刺激会不断地刺激人的心灵,为了保护自我免受无法终止的恶性刺激,人们会不知不觉地将其压抑在潜意识中。

(4) 投射。这是把自己的不当、失误转嫁到别人身上,或把自己不能接受的欲望归结为他人的防御。如一位有受贿行为的人不断地接受他人的礼物钱财,他明知受贿行为是违法的行为,但是却总在想"别人也会有受贿行为",这样他每次受贿就变得心安理得,以获得内心安慰。

（5）反向。这是将自己不能接受的欲望和行为以截然相反的行为表现出来的防御。如明明内心自卑感很重，觉得事事不如别人，但却总表现出自高自大，傲慢不羁的特征。

（6）转移。这是将不满足的情绪发泄到危险较小的其他对象身上的防御。如一位职员受了上级的批评或指责后，把怒气发泄到同事或亲人身上，对他人发火、扔东西，甚至谩骂等。

（7）退行。这是表现出与年龄、身份不相符的幼稚行为的防御，心理状态像退回到儿童水平。如一位与别人争吵的妇女，因为理亏而撒泼，大声哭泣，坐在地上不起，言行举止像个孩子一样。

（8）文饰。这是采用合理的理由来解释所遭受的挫折，以减轻心理痛苦的防御。如考试不及格则说考题太难，超出大纲要求；求爱不成则说对方本来就没有什么值得爱的地方。

（9）补偿。这是通过新的满足来弥补原有欲望达不到满足的防御。如学习成绩平平，但体育成绩突出的学生，因有其他特长，而使自己能够接受学习成绩欠佳的状况。

（10）升华。这是把不被社会所接受的行为或欲望转化为建设性的活动，将低层次的需要和行为上升到高层次的需要和行为的防御。如歌德失恋后出现了自杀的想法，后来听说一位朋友因失恋而自杀，突然醒悟，自知自杀是不为社会所接受的行为，于是他将自己与朋友失恋的经历编写成小说《少年维特之烦恼》。歌德将失恋的痛苦转化为写书的动力，这种行为即升华。

心理防御机制作用具有双重性。积极的心理防御机制有助于适应挫折，化解困境；消极的心理防御机制只能起到暂时平衡心理的作用，并不能解决问题，甚至还会埋下心理失调甚至心理失常的种子。心理健康的人能在积极意义上使用心理防御机制，而心理不健康的人总是依赖于心理防御机制自我麻木，其结果使其适应能力日趋削弱，人格和心理发展受到严重影响。可以说，某些心理不健康的人是消极的心理防御机制使用过度的结果。因此，心理防御机制需要我们准确地认识和把握，适时适度地运用，以发挥它的积极作用，学会更有效地应对挫折。

四、挫折的应对策略

既然挫折是不可避免的，那么就有必要学会如何面对挫折，如何应对挫折，提高挫折承受力。

（一）认知应对策略

1. 正确认识挫折

要提高承受挫折的能力，首先要正确认识挫折，建立一个正确的挫折观。在现实生活中，考试不理想、人际关系困难、生活不适应等挫折几乎每个人都曾遇到过。有的人总认为生活中的挫折、困境、失败都是消极、可怕的，不可挽回的，受挫后往往悲观、抑郁、沮丧，甚至丧失了生活的勇气。

事实上，挫折并不都是坏事，处理得好可以成为自强不息、奋起拼搏、争取成功的动力和精神催化剂。生活中许多优秀人物就是在挫折磨炼中成熟，在困境中崛起。相反，过于一帆风顺的生活反而会使人习于安逸、丧失斗志，在挑战到来时措手不及。因此可以说，挫折也是一种机会。只要能坦然面对挫折，树立战胜挫折的勇气和信心，就可以适应任何变化中的环境。

2. 改变不合理观念

心理学研究表明,引起强烈挫折感的与其说是挫折、冲突,不如说是受挫者对所受挫折的看法,以及所采取的态度。常见的不合理观念有以下几种。

(1) 此事不该发生。有些人把生活中的不顺利、学习、交往中的挫折、失败看作是不应该发生的。他们认为,生活应该是愉快的、丰富的,人际关系应该是和谐的、互助的。一旦生活中出现诸如人际冲突,成绩滑坡,好友负心,评不上优秀等事件,就认为它不应该发生,而变得烦躁易怒、束手无策、痛苦不堪、失去信心。

(2) 以偏概全。有些人常常以片面的思维方式看待事物,简单地以个别事件来断言全部生活,一叶障目。例如,有人对自己不友好,就得出结论说自己人缘不好或缺乏交往能力;一次考试不尽如人意,就认为自己彻底失败,不是读书的材料;一次失恋就认为自己对异性没有吸引力等,从而导致自责自怨、自卑自弃的心理而焦虑、抑郁。以偏概全不仅表现在对自己的认识上,也表现在对他人、对社会的认识中。例如,因一事有错而对他人全盘否定;因社会有缺陷,存在阴暗面,就看不到光明,而彻底丧失信心。

(3) 无限夸大后果。有些人遇到的是一些小挫折,却把后果想象得非常糟糕、可怕。夸大后果的结果是使人越来越消沉,情绪越来越恶劣,最后难以自拔。例如,一门功课考试不及格,就认为自己能力不行,学不下去,毕不了业,找不到工作,人生没前途,生命没价值。这实际上是一种自己吓唬自己,给自己施加压力的做法。

只有改变不良的认知方式、纠正错误的观念,才能实事求是地评价挫折带来的后果,从困难中看到希望。

(二) 情绪调节策略

挫折会引发消极情绪,如沮丧、悲观、痛苦、愤怒、怨恨等。转移注意力、合理宣泄不良情绪、自我安慰等都是情绪调节的有效方法。

(三) 行为应对策略

为了提高挫折承受力,就应该主动地、自觉地将自己置身于充满矛盾的、复杂的社会环境中去磨炼,向生活学习,而不是逃避社会。同时,必须提高自身的思想修养、道德修养、知识素养、培养"慎独"精神,养成冷静思考的习惯,经常自我分析、自我反省、自我激励。从心理发展的角度看,积极主动的适应,勇敢顽强的拼搏,反复不懈的磨炼,会使心理更趋成熟,增强承受挫折、化解冲突的能力,促进心理朝着健康、向上的方向发展。

(四) 人格塑造策略

挫折承受力与人格特征有关。以下几种人格类型的人常常更容易引起挫折感。

(1) 性情急躁的人。他们情绪变化大、易动怒、火爆脾气一点就着,常常因为一点儿芝麻绿豆的事而引起挫折感。

(2) 心胸狭窄的人。他们气量小、好猜疑,喜欢斤斤计较,容易体验消极的情感。

(3) 意志薄弱的人。他们做事缺乏耐力和持久性,患得患失、害怕困难,只看眼前利益,经不起打击和挫折。

(4) 自我偏颇的人。他们缺乏自知之明,或者自高自大、目空一切;或者自卑自贱,畏首畏尾。

为了提高挫折承受能力,每个人都应主动地培养自己良好的人格品质,改变那些不适应发展的不良的人格品质。重点应培养自信乐观、自强不息、宽容豁达、开拓创新等品质。自信才能乐观,乐观才能自信,两者相辅相成。当遇到挫折、困境时,如果相信自己一定能战胜,那就会积极去改变现实,克服困难,战胜挫折,这是自信的作用。乐观者在面临挫折困境时,不会被眼前的困难吓倒,而是能够透过表面的不利看到蕴藏在背后的希望,相信明天是美好的,从而信心十足地去战胜困难。

抗逆力是一种让人从失败和挫折中重新站立起来的人格品质。抗逆力能够在逆境中激励人奋进,使人心理复原与超越自我的一种推动力,它是一切成功者的共同特征。通向成功的道路不是平坦的,挫折、逆境常常会出现,只有面向未来,积极进取、坚强不屈、顽强拼搏,才能到达光辉的顶点。而那些一遇挫折就偃旗息鼓者,只能半途而废,永远不可能成功。

因此,提高承受挫折的能力应从培养良好的人格品质入手,从细微小事中严格要求自己,努力在实践中锻炼,使自己的心理得到充分、有效的发展,心理健康达到高水平的状态。

思 考 题

1. 心理健康的概念是什么?什么样的人才称得上心理健康?
2. 引发压力的原因有哪些?压力会带来什么样的身心反应?
3. 想想自己是怎样应对生活中的压力的,试一试放松训练,并记录效果。
4. 焦虑包括哪几种类型?分别说明。
5. 结合自己生活中的例子,说明如何克服焦虑。
6. 什么是挫折?挫折后的反应有哪些?如何应对挫折?
7. 举例说明什么是心理防御机制。

第十二章　毕生发展

什么是发展？人的一生是不断发展变化着的，个体从出生到死亡，经历着无穷无尽的变化，从无知无觉、需要别人来照料自己的一切，逐渐发展到能够自己认识周围的世界、独立判断是非曲直，再渐渐地发展到自己养活自己、培育后代，最后渐渐地认知反应的能力下降、又需要别人来照顾。在这个过程中，人类个体经历了有序的变化，并且变化中呈现出了阶段性的特征。这种有序的变化就是发展。本章将介绍人类个体发展全程的一些基本问题，心理学如何对个体的发展过程进行研究，个体发展过程中的不同阶段，以及各阶段的主要特征。我们首先阐述发展的基本理论和研究方法，然后分别介绍个体的认知发展和社会性发展。

第一节　个体发展的基本理论

一、心理发展的实质

人的发展是指人类身心的生长和变化。人的一生无时无刻不在经历着发展和变化，但是，各个时期发展变化的速度却是不同的，有时会像惊涛骇浪一样奔腾汹涌，有时则会像涓涓溪流静静地流淌。心理发展是人的发展的重要组成部分，尽管心理现象有时非常微妙，复杂多变又不易直接观察。传统的心理学观点认为，心理发展主要包含三个方面：其一是动物种系进化过程中心理的发展；其二是指民族心理的发展，即人类历史发展过程中心理的发展；其三是指个体的心理发展，即个体从出生到衰老过程中的心理发展。

发展心理学也分为广义的和狭义的两个方面，广义包含上述三个含义，研究上述三个方面心理的发展过程和规律；狭义则主要指个体发展心理学，研究个体从出生到衰老过程中的心理发展和变化规律。一般来说，心理的发展是由低级到高级，由简单到复杂的过程。从这个观点来看，个体从出生到青年初期这一阶段，是心理发展变化最为明显的时期，因此，这一阶段常常被作为研究个体心理发展的最重要的阶段。传统的心理发展观点认为，从婴幼儿期到青年初期是个体的形成阶段，成年期是稳定阶段，老年期是衰老和死亡的阶段。然而，实际上，心理的发展并不随着生理的成熟而告终结，心理的发展是从个体出生到成年，再到老年的持续过程。尽管在18世纪，就有人提出了这个观点，但直到20世纪70年代，心理毕生发展的观点才被人们普遍接受并重视。毕生发展的观点主要是：(1)人生的发展，除了身体在生物意义上的发育、成熟以外，是一个伴随人的一生的过程，其行为的变化过程贯穿于从胎儿期到死亡的全部一生，行为变化过程反映了个人的不同行为表现增强和减退的情况。例如，人进入老年以后，言语能力往往继续加强，而身体的灵活性却减退了。但是，对那些在不断学习和提高的人来说，当言语和操作结合起来时，在其一生仍然呈普遍增强的趋势。

(2) 发展具有多维性和多向性,发展的方向也因为发展内容的种类不同而有所不同。(3) 发展由获得和丧失组成,是一个有序变化的过程,并非仅仅意味着增长。(4) 心理发展存在着很大的个体差异和可塑性,不同的人有不同的形式。(5) 心理发展受多种因素影响,个体的发展是年龄阶段、历史阶段和非规范事件等多种影响共同作用的结果。图 12-1 表示了传统的发展观与新的毕生发展观的差别。

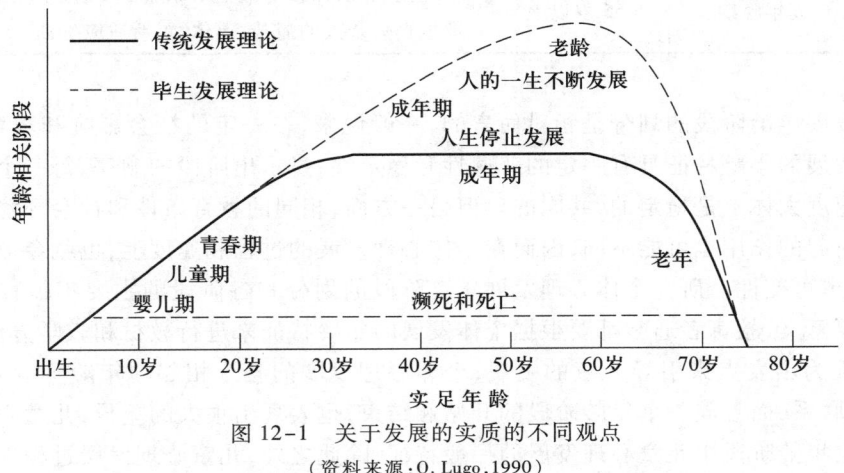

图 12-1　关于发展的实质的不同观点

(资料来源:O. Lugo,1990)

二、心理发展年龄阶段的划分

发展心理学家认为,划分个体心理发展的年龄阶段,应该考虑两个问题。第一,个体心理发展每一个时期重要的、特殊的矛盾和质的特点,是划分心理年龄阶段的主要依据;第二,在划分心理年龄阶段时,既应该看到重点,又应该看到全面。由此,心理发展年龄阶段的划分标准可以规定为,在一定的社会和教育条件下,个体心理发展的各个不同时期内的特殊矛盾或质的特点,而其主要表现在个体不同时期的主导活动、智力水平和个性特征,以及生理发展和言语发展上,因此,目前一般的划分如表 12-1 所示,青少年期之前又统称为儿童期。

表 12-1　毕生发展的阶段及其主要任务和特征

序号	名称	年龄段	主导活动和基本特征
1	产前期	受孕—出生	生理的发展
2	乳儿期	出生—1 岁	生理的发展、适应环境、习得简单的反射
3	婴儿期	1—3 岁	动作技巧、言语的发展,社会性、身体的发展
4	学前期	3—6 岁	自我意识、性别认同感的发展,力量增加、创造力发展
5	学龄期	6—12 岁	运动技能发展,具体思维、书面语言发展,同伴关系、自我概念和自尊的发展
6	青少年期	12—18 岁	生理的高速发展、生殖成熟、抽象思维、人格的发展,建立两性关系
7	成年早期	18—45 岁	职业与家庭关系的发展,认知能力处于高峰之后逐渐下降,扮演父母的角色和社会职业角色

续表

序号	名称	年龄段	主导活动和基本特征
8	成年中期	45—65 岁	生理机能出现衰退、活力下降,认知技能复杂化,善于解决实际问题,学习能力下降,重新评价自我
9	成年晚期	65 岁以上	生理机能、认知技能衰退、反应力减退,享受家庭生活,承担丧失亲人的痛苦,退休、重新适应生活

心理发展年龄阶段的划分是相对而言的,一般说来,在一定的社会影响和教育条件下,个体心理发展的年龄特征具有一定的普遍性和稳定性,显示出阶段的顺序,每一个阶段的变化过程和速度大体上是稳定的、共同的。但另一方面,相同的教育条件和社会环境在不同的儿童身上所起的作用也可能不同,因而在个体心理发展的过程和速度上,也就会形成一定的差距,表现出可变性。研究个体心理发展年龄阶段的划分和各阶段的主要年龄特征在教育上具有重要意义,教育者通常都要根据个体发展的年龄特征来进行教材和教学方法的安排,以年龄特征为出发点来引导儿童的发展;个体心理发展的各个相邻的年龄阶段,既互相区别,又互相联系,而且同一个年龄阶段的开始和结束,也表现出很大的差异,儿童心理年龄特征是在一定年龄阶段中儿童心理发展的一般特征,除此之外,儿童心理发展过程中还具有个别特征,也就是个别差异。

有些研究者根据动物心理实验提出了"关键年龄"或"关键期"的概念,认为个体在早期发展过程中,某一反应或一组反应在某一特定时期或阶段中最容易获得,最容易形成,如果错过了这个时期或阶段,就不容易再出现这样的"好时机"。这个关键的"好时机"就是关键年龄或关键期。例如,有人认为儿童在二至三岁时是学习口头言语的关键时期,四至五岁时是开始学习书面言语的关键年龄,错过这些时期,再从事同样的学习,效果就会差一些。由于关键年龄或关键期的问题,目前还正在研究探索过程中,所以我们应该采取谨慎的态度,深入地探索儿童究竟在多大时开始从事哪种学习活动最为有效,比如应该几岁开始学习外语,几岁开始进行正规化的书面语言的学习等,同时,我们也不能简单地认为儿童错过了某一年龄阶段就不能进行有效的学习了,而且抓住关键年龄及时进行早期教育,也仍然要考虑到个体心理发展的内外因相互作用的规律等问题,决不能过分地夸大关键年龄或关键期的现象。

视窗

动物的印刻

奥地利生物学家劳伦兹(K. Z. Lorenz)曾发现,小鸭子在出生后不久所遇到的某一种刺激或对象(母鸡、人或电动玩具),会印入它的感觉之中,使它对这种最先印入的刺激产生偏好和追随反应。当它们以后再遇到这个刺激或和这个刺激类似的对象或刺激时,就会引起它的偏好或追随。但是,如果小鸭子在孵出蛋壳后时间较久才接触到外界的活动对象,它们就不会出现上述的偏好或追随行为。这一现象被劳伦兹等称为"印刻"(imprinting)。劳伦兹在进行这项实验时,让刚刚破壳而出的小鸭子先看不到母鸭子,而首先看到劳伦兹自己,于是,有趣的事情发生了。劳伦兹在小鸭子前面走着,身后跟随着几只小鸭子。小鸭子将劳伦兹当成了自己的母亲。进一步的研究发现,小鸡、小鸟等辨认自己母亲和同类,都是通过这一过程实现的,而且,这一现象在其他哺乳动物身上也有所发现。一般说来,小鸡、小鸭的"母亲印刻"的关键期发生在出生后的 10~16 个小时,而小狗的"母亲印刻"关键期发生在出生后的 3~7 周。研究还发现,动物在关键期内,不仅可以对自己的妈妈发生"母亲印刻",而且如果自己的妈妈在小动物出生后不久就离开的话,它们也可以对其他动物发生"母亲印刻"。这就是为什么小鸭子追随劳伦兹的原因。

三、影响心理发展的主要因素

关于个体心理发展的影响因素,历来就有针锋相对的两种观点,一种强调内在的先天因素对个体心理发展的影响,例如传统的结构主义就非常强调遗传在个体发展过程中的决定作用;另一种则认为,后天的环境因素对个体发展起着决定性影响作用。

事实上,影响个体心理发展的因素既有内在的,也有外在的,既有先天的,也有后天的。我们既要承认遗传素质在个体心理发展中的重要作用,承认它是个体心理发展的前提条件,但也不能盲目夸大它的决定作用,而忽视后天的环境影响和教育的作用。比如,一个生来就是色盲的孩子,就不可能辨别颜色,成为画家的可能性就较小;一个无脑儿也不可能学习人类的语言,进而产生思维能力。同样,一个生物系统生来就健全的孩子,但是从小没有与人类社会的正常接触和交往,就不可能学会人类的基本社会技能,也不可能学会说话,甚至不可能形成正常的人类心理。

视窗

印度狼孩的故事

1920 年 10 月,在印度米德那波尔地区的一个狼洞里,有两个"狼孩"被发现了。人们发现这两个狼孩虽然长得与人一样,但行为举止却完全和狼一样,她们白天睡觉,夜晚活动,常常像狼那样嚎叫,她们用四肢爬着走路,用手直接抓食物送到嘴边吃。人们把这两个狼孩救出来之后,首先对她们进行了身体检查,发现她们身体虽然营养不良,但生物系统是正常的。于是研究者就在人类的正常社会环境里训练她们,教她们识字、学习人类的基本行为方式和生活技能。然而,其中一个狼孩不幸死亡,另一个在四年之后(七八岁),才开始讲一点点话,智力水平也才相当于一个普通的婴儿的智力水平。

可见,个体先天的遗传素质仅仅为其提供了心理发展的可能性,只有在后天的环境和教育的影响下,个体才能够使先天的素质得以正常发展。先天因素与后天因素,遗传因素与环境因素在相辅相成地发生作用。

关于不同血缘关系亲属间的智力的相关关系的研究发现,同卵双生子之间的相关系数最高,其次是父母与子女之间、兄弟姐妹之间的相关,再其次是祖孙之间、叔侄之间、亲戚之间的相关。无血缘关系的个体之间的相关系数最低。另一项研究发现,从小在一起长大的个体之间,具有较高相关的智商,共同抚养的同卵双生子比分开抚养的同卵双生子之间的智商相关系数要更高,而共同抚养的同卵双生子间的智商相关系数也要比共同抚养的异卵双生子间的智商相关系数要高。这些研究结果都说明,遗传素质和环境、教育条件在个体心理发展过程中有巨大影响作用。

四、发展心理学的主要研究方法

由于研究对象和研究内容以及研究目的的特殊性,发展心理学家经常采用一些有别于普通心理学的方法进行研究。发展心理学的研究方法主要有横断研究法、纵向研究法和群体序列研究法。以下分别做简要说明。

(一)横断研究法

横断研究(cross-sectional research)是在同一时间里研究不同年龄组被试的心理发展水平,并对其进行比较。每一个年龄组的被试被称作一个"群体"(group)。例如,在研究青少年学校适应行为时,我们就可以在同一时间内选取不同地区、不同类型学校的初中一年级学生、初中二年级学生、初中三年级学生和高中一年级学生作为被试,对其的学校行为、学校态度、人际关系状况等进行测查和比较。其研究设计的图解如图12-2。这种方法的优点是可以同时研究较大的样本,可以在较短的时间里收集较大量的数据资料,避免过多耗资,省时省力,因而很受欢迎,很多发展心理学家都喜欢这种研究方法。但是横断研究也存在一些缺陷,例如缺乏系统连续性,不同群体的被试有自己的成长经历,所以,当我们通过横断研究发现中年人比年轻人对待困难任务的态度更坚韧时,就不能简单地认为是中年人都比年轻人更能够吃苦,而是要考虑中年人成长于一个更为艰苦的时代,从小养成了吃苦耐劳的习惯,而年轻人的成长时代更为幸福。

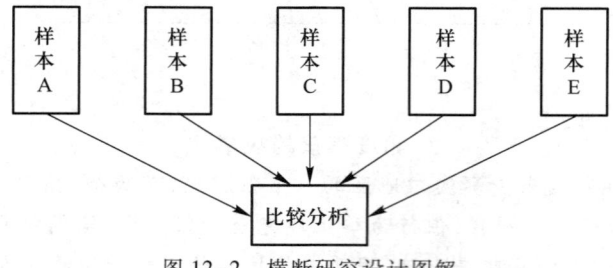

图 12-2 横断研究设计图解

(二)纵向研究法

纵向研究(longitudinal research),也叫跟踪研究,指在比较长的一段时间里,对所选取的被试进行追踪研究,有系统地定期观察、记录其心理发展,目的是考察某些心理现象发生发展的质的变化规律。例如,研究者采用纵向研究法研究青少年的学校适应行为,就要选取初中一年级的学生进行测查,然后对其进行定期的跟踪观察,研究者可以每隔半年对其观察一次或两次,一直跟踪到被试上了高中以后。其研究设计的图解如图12-3。纵向研究的优点是显而易见的,它要求在所研究的发展时期里反复观察和测量同一组个体,所以,能够较为系统地、详细地了解个体的心理发展的连续过程和量变、质变规律,有利于揭示个体心理发生发展与时间因素的对应关系。但纵向研究的缺点也很明显:第一,由于纵向研究的时间较长,被试可能会因为各种原因有所流失,影响研究结果的可信性和意义;第二,在纵向研究中,需要对被试反复进行测查,这可能会影响到被试的正常发展,影响到被试的情绪和态度,因而也会影响到研究结果的可靠性;第三,纵向研究的时间长,有时还会经历社会的变迁,因而环境变化所引起的变量会不断增多,给研究带来困难;第四,纵向研究通常耗资较多,需要极大的投入。

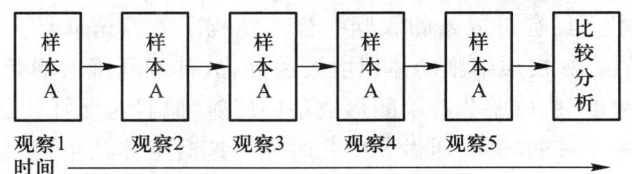

图 12-3 纵向研究设计图解

(三) 群体序列研究法

群体序列研究(cohort-sequential research)既克服了纵向研究的缺陷,又保持了横断研究的长处,因而其科学性和实用性都很强,目前在发展心理学领域的研究中越来越受到重视和广泛应用。这种方法的具体做法是,首先在同一时间选定不同的被试群体进行研究,然后对各个被试群体进行纵向的跟踪研究。其研究设计的图解如图 12-4。例如,我们要对青少年的学校适应行为采用群体序列研究法进行研究,就要首先在初中一年级到高中一年级的被试中选择不同年龄的群体,对其学校适应行为进行测查,发现某些规律,然后,再对不同年龄的青少年群体进行 3~4 年的跟踪研究,考察不同年龄的青少年在各自的成长过程中其学校适应行为的变化规律。

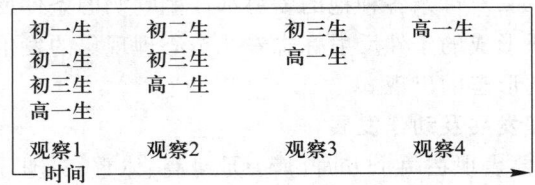

图 12-4 群体序列研究设计图解

从图 12-4 中可以看出,群体序列研究设计既可以在短期内了解各年龄阶段青少年个体学校适应行为特点的总体状况,又可以从纵向发展的角度认识青少年学校适应行为随年龄或年级增长而出现的变化和发展规律,还可以探讨社会环境、历史因素对其的影响。我国发展心理学家现在已经广泛采用这种方法和设计,他们习惯于将其称作"聚合交叉研究法"。

第二节 儿童期的身心发展

一、儿童期的生理发展

(一) 胚胎的形成、发育,生命的诞生

人的生命都是从一个细胞——"受精卵(zygote)"——开始的。受精卵由母亲的一个卵子和父亲的一个精子组合而成,从受精卵形成到新生儿出生,大约持续 9 个月,它构成了人类发展的第一个阶段,这个阶段又分为三个子阶段,分别被称为胚种阶段(从卵子受精到 14 天)、胚胎阶段(从受精后第 2 周到第 8 周)、胎儿阶段(从受精后第 8 周或第 9 周到出生前)。个体的性别,以及很多特性都是由受精卵所决定的,一个新的生命同时继承了母亲和

父亲的一些特征,这就是个体获得的遗传基础。个体在胎儿时期,神经系统就在不断发展着,最先发展出的是神经系统的低级部位,以后大脑两半球也发展起来。到了六七个月时,胎儿的大脑已经基本上具有与成人的大脑一样的结构了。但这只是大脑形态上的初步发展,脑细胞的内部结构,如皮质细胞的体积增大和分化,神经纤维的增长以及髓鞘化,等等,还没有达到成熟的程度,所以胎儿并不能形成条件反射,他们的反射只是无条件反射。

胎儿出生后约一个月的时间,叫做新生儿时期。这时个体从生理上的寄居生活转变为独立生活,开始与外界环境发生直接的关系,所以,他必须独立地调节自己的机体,以适应客观现实,这就为心理的发生提供了直接的要求和基础。新生儿出生后的几天,大部分的时间处于睡眠状态,大约在两周末的时候,由于大脑皮质和分析器一定程度的成熟,新生儿开始有可能在外界刺激的影响下,在无条件反射的基础上形成条件反射。新生儿最初的条件反射是由母亲喂奶的姿势引起的,由皮肤感受器接受刺激而产生了食物性的条件反射。这种条件反射形成之后,每当母亲把孩子抱在怀里的时候,他就反射性地积极地去寻找母乳,于是母亲高兴地说:小宝贝知道要吃奶了。在这种反复强化下,个体的条件反射就得到了巩固。

新生儿最初所形成的条件反射具有以下几个特点:

(1)形成速度很慢。例如,母亲怀抱孩子的姿势可能需要很多次才能够使孩子形成吃奶的条件反射。

(2)形成以后,很不稳定。所形成的条件反射如果不继续练习,就容易消失。

(3)不易分化。例如,对母亲各种抱的姿势都产生吃奶的条件反射。

尽管如此,新生儿所形成的条件反射标志着儿童心理现象的发生,标志着作为个体的人的心理、意识的最原始的形态的出现。

(二)儿童期的生理发展及动作发展

儿童期生理发展主要表现在两个方面,其一是身高、体重、头围、胸围、牙齿、骨骼等外在方面,其二是内在的大脑发展。

足月男婴出生时体重是3.3~3.4 kg,女婴为3.2~3.3 kg。身高为50 cm左右,男婴比女婴略高一些。在正常喂养的情况下,到了第5个月的时候,婴儿的体重就增加了一倍,12个月时就增加了两倍,以后增长的速度减慢,30个月时达到出生时的体重的4倍。身高在第一年里增长大约25 cm,第二年里增长10 cm左右。

相对于婴儿期的身高体重变化来说,幼儿期的变化要稍微缓慢一些。正常的幼儿在6岁时的身高能达到117 cm左右,体重能达到21 kg左右。伴随身体的生长变化,幼儿身体比例也发生了很大变化。到6岁时,幼儿的身体比例已很接近成人的身体比例了。

婴幼儿的头围和胸围也在快速发展着,其不同年龄的发育正常值见表12-2。

表12-2 婴幼儿头围与胸围发育的正常值

项目	年龄(月)		0	3	6	9	12	18	24	36
头围(cm)		男	34.3	41.0	43.9	45.1	46.3	47.3	48.2	49.1
		女	33.7	40.0	42.8	44.2	45.6	46.2	47.1	48.1
胸围(cm)		男	32.8	41.3	43.8	45.0	46.1	47.6	49.2	50.8
		女	32.6	40.3	42.7	43.9	45.0	46.6	48.2	49.8

婴儿的乳牙通常在出生后 6~9 个月开始生长。12 个月腕骨已经发育出头状骨和钩状骨，36 个月时长出三角骨。大概在 13 岁时才能完成全部的腕骨骨化过程。

人脑在胚胎期就已经形成雏形，胚胎在 6~7 个月时，已经具备基本结构，而且开始出现皮质表面的沟回，到了 9 个月时，大脑已经拥有大量的神经元了，出生时的大脑其大小是成人的四分之一左右。之后，皮质继续增长，在 6 个月时，大脑会达到成人大脑体积的一半，两岁时，为成人的四分之三，4 岁孩子的大脑就已经非常接近成人的了。伴随着大脑体积的增长，大脑皮质突触的增长速度也很快，4 岁左右的儿童，其大脑皮质各区的突触密度已经达到顶峰，约为成人的 150%，而且在整个儿童期内，突触的密度都保持在高于成人的水平上，到了青春期，突触的数目才开始减少，青少年大脑皮质的突触密度逐渐接近于成人的水平。婴幼儿期突触的迅速增加，为神经回路的构建提供了条件，与突触密度变化相应，神经元和神经纤维在个体出生后也会迅速被一层蜡质的髓磷脂所覆盖，使之髓鞘化，髓鞘化的作用就是绝缘，可以使神经传导更快、更有效。

尽管婴幼儿的大脑在出生前就已经有所发展，而且从某种意义上说，其遗传素质就已经决定了它的某些神经系统的基本动力定型，但是，后天的环境对大脑的发展仍然有重要影响。很多动物和人类婴儿研究结果表明，个体早期经验的剥夺会导致中枢神经系统发展停滞甚至萎缩，并构成永久性伤害，早期营养不良也会使大脑细胞发育不正常。另外，对婴儿脑损伤的案例进行的研究发现，在婴儿早期大脑具有良好的修复性，婴儿可以通过某种类似的学习过程使损伤的大脑得到一定程度的修复。例如，5 岁以前大脑任何一侧的损伤都不会导致永久性的语言功能丧失，因为语言中枢可以很快地移向另一半球，以克服语言障碍。

婴幼儿动作的发展是其各种活动发展的直接前提，也是认知发展的重要基础，动作的发展与个体的空间认知、概念形成、社会交往、去自我中心化等密切相关，动作发展是心理发展的外在表现。

胎儿时期的胎动和最初的反射是个体最早出现的动作，出生后，新生儿期的动作就更为丰富了，它们能够形成 40 多种反射，还可以形成简单的条件反射。新生儿对迎面而来的物体有明显的躲避行为，比如缩头、后仰、眨眼等。但是婴儿对这些动作还谈不上意识控制，4 个月左右，由大脑皮质控制的随意动作才出现，在 3 岁前，儿童已经能够有意识地控制身体的特定部位，还可以完成一些简单的精细动作了。婴幼儿的动作发展具有严密细致的内在规律，它遵循一定的原则，也有一定的常模。表 12-3 显示了我国北方地区婴幼儿动作发展的年龄常模。

表 12-3　从出生到 6 岁儿童智能与动作发展的年龄常模
（以 70% 儿童通过为标准）

顺序	大运动		精细动作	
	项目	年龄（月）	项目	年龄（月）
1	俯卧举头	1.5	跟至中线	1.0
2	俯卧、头抬 45°	2.1	跟 180°	2.2
3	俯卧、头抬 90°	2.9	抓住拨浪鼓	2.7
4	拉坐、头不滞后	3.5	两手握在一起	3.2

续表

顺序	大运动		精细动作	
	项目	年龄（月）	项目	年龄（月）
5	腿可以支撑一点重量	3.7	伸手够东西	5.6
6	翻身	4.5	坐着拿两块积木	5.8
7	不用支撑坐着	6.4	摆弄小丸并拿到手	6.3
8	扶东西站	7.0	拇—食指抓握	7.9
9	拉物体站起	8.6	拇—食指抓捏	10.5
10	能自己坐下	8.7	搭两层塔	13.9
11	扶家具可以走	9.4	自发地乱画	14.6
12	能站瞬息	9.9	搭四层塔	17.8
13	独立站立	11.5	搭八层塔	23.5
14	走得好	13.7	模仿画直线	26.9
15	走,能向后退	15.7	模仿搭桥	28.9
16	会上台阶	17.5	模仿画"○"形	35.4
17	踢球	18.6	模仿画"+"形	38.7
18	双足并跳	23.9	画人画了三处	46.2
19	独脚站5秒钟	33.3	模仿画"□"形	46.4
20	独脚跳	40.2	画人画了六处	50.4
21	抓住蹦跳的球	46.3		
22	脚跟对脚尖地向前走	47.0		

儿童动作的发展遵循三个原则：① 由上到下。儿童首先发展与头部有关的动作，其次是躯干动作，最后是脚和下肢的动作。② 由内到外。儿童先发展头部和躯干的动作，然后再发展双臂和双腿的动作，最后才发展手的较精细的动作。③ 由简单的、无意识的动作到复杂的、意识控制的动作。儿童开始发展的动作是简单的大动作，意识参与的成分比较少，以后在这基础上才发展起由意识控制的精细的复杂的动作。儿童的动作尽管遵循着共同的发展顺序，但是个体之间的差异却是非常大的，具体到不同的人，发展速度是不同的。儿童动作的发展既受神经系统的成熟程度的支配，同时也受到环境和教育等因素对个体经验的影响。

二、儿童期的认知与语言发展

认知是指人对客观世界的认识，它包括感知觉、记忆、注意、思维等心理过程。感知觉是最基本的认知过程，是高级认知活动的基础，儿童对客观世界的认知是从感知觉开始的，然后学会了语言，在这基础上逐渐发展了高级的认知过程。

（一）婴幼儿的感知觉发展

婴幼儿最主要的感知觉是触觉、听觉和视觉。在胎儿期，这些感知觉就已经形成并有所发展了。

触觉发展得最早,婴儿在早期通过口腔触觉和手的触觉来探索外部世界,5~12周的婴儿已经能够通过口腔触觉建立条件反射。他们往往对自己吸吮过的表面凹凸的奶嘴注视更长的时间,说明他们已经发展了视—触觉协调的能力。有了视—触协调能力,婴儿就能够有意识地开展大量的动作和活动,例如通过手眼协调来完成够物动作,甚至可以抓住运动着的物体,于是,个体探索外部世界的活动就开始了。

儿童期视觉的发展主要表现在视觉调节、视觉辐合、视觉分辨和颜色知觉。新生儿的眼睛比较小,视网膜结构还不完整,视神经也没有发育完全,因而视觉范围很狭窄,但是在出生后2~10周,视觉范围就会增加到两倍以上。婴儿的视觉在6个月到1周岁,将会发展到成人的水平(Cohn,DeLoache & Strauss,1979)。3个月大的婴儿就已经完成了双眼辐合,视线可以从一个物体转移到另一个物体。新生儿表现出对人脸和细栅条图案的偏好,说明他们已经有了视觉分辨能力,随着年龄的增长,儿童的视觉分辨能力也逐步完善,在4~6岁时趋于稳定。在出生后的几个月里,婴儿便能够以相当成熟的方式来知觉色彩,4个月大的婴儿能够区别红、绿、蓝、黄等颜色,而且显示出了对蓝、红的偏好(Kessen,1976,Bornstein & Teller,1987)。

婴幼儿的听觉也有很大的发展,新生儿就可以把头转向声音源(Haith,1986)。出生3天的婴儿已经能够分辨新的语音和他们曾听过的语音,而且还能够将视觉体验与声音结合起来,在4~7个月时,他们能够对说话声音与面部表情运动相统一的刺激注视更长的时间,而对说话声音与面部表情不一致的刺激会表现不安(Walk,1981)。

视窗

"视觉悬崖"

沃克和吉布森(Walk & Gibson,1961)曾进行了一项研究婴儿深度视觉的实验——"视觉悬崖"(视崖,visual cliff,如图12-5所示)实验,后来被称为发展心理学的经典实验之一。

视觉悬崖:即使有母亲在另一边召唤,婴儿却怎么也不愿意爬过这个"视觉悬崖"

图12-5 视觉悬崖

(资料来源:Walk & Gibson,1960)

研究者制作了平坦的棋盘式的图案,用不同的图案构造以造成"视觉悬崖"的错觉,并在图案的上方覆盖玻璃板。将2~3个月大的婴儿腹部向下放在"视觉悬崖"的一边,发现婴儿的心跳速度会减慢,这说明他们体验到了物体深度;当把6个月大的婴儿放在玻璃板上,让其母亲在另一边招呼婴儿时,发现婴儿会毫不犹豫地爬过没有深度错觉的一边,但却不愿意爬过看起来具有悬崖特点的一边,纵使母亲在对面怎么叫也一样。这似乎说明婴儿已经具备了深度知觉,但这种深度知觉是与生俱来的,还是在出生后几个月里学来的,目前还没有定论。

学龄阶段儿童的发展和变化有三大方面:(1)男孩和女孩的外貌和行为开始接近年轻的男子和女子;(2)心理和身体的能力得到增强,行为决策更独立;(3)自信和自我意识提高,能自由地接触同伴和成人。这三方面的发展都与学龄儿童的大脑结构的发展及大脑机能的发展有关。基本上,学龄初期的孩子看起来还像个孩子,而学龄阶段末期的孩子看起来已经像个小大人了。学龄儿童在身高体重方面的个体差异非常大,同龄儿童的身高相差15 cm左右,体重相差5 kg左右,也都是很平常的事,属于正常范围之内。

学龄儿童运动技能有四个特点:(1)弹性。与幼儿相比,学龄儿童的运动技能更有韧性和弹性,他们在玩游戏时能很好地保护自己不受伤。(2)平衡性。学龄儿童动作的平衡性得到了很大改善,他们能轻而易举地从事很多田径运动,快速奔跑,在追逐中突然改变方向,玩滚轴溜冰等。(3)灵敏性。学龄儿童的运动也已经相当灵敏了,他们能熟练地玩绳子编结游戏,玩单脚跳飞机(又称跳房子)游戏,在踢球时,脚的动作也相当敏捷。(4)力量性。学龄儿童比年幼时在投掷、踢球、推东西等方面都能做得更好,能投得更高,踢得更远,推得更有力。除了这四个特点外,学龄儿童的运动技能还表现出一定的性别差异,在粗大运动技能方面,男孩的表现好于女孩,在精细运动技能方面,女孩的表现要好于男孩。

(二)婴幼儿的语言发展

语言是人类进行沟通和联系的工具,也是个体发展其他高级认知活动的基础,当个体明白了代表事物的字眼的含义时,他就能够用一种符号来代替他身边的种种事物,传达他的思想、情感、需要,了解他人的思想、情感和需要,从而对自己的生活进行有效的控制。

人类个体在获得语言的过程中具有跨文化的一致性,尽管不同的语言之间有很大的差异。儿童掌握母语的过程和几个主要的阶段,在不同的文化背景下是相似的。表12-4是儿童口语习得的年龄和不同阶段的特征。

表12-4 儿童口语习得的阶段与阶段特征

口语习得的年龄特征	口语习得各阶段的特征
刚出生	能够分辨语音刺激与其他声音刺激
9~12个月	说出第一个指示词
18~24个月	出现双词话语
3~4岁	出现完全符合语法的完整的句子
7岁前	获得完全符合语法的口头语言

儿童通常在进入正规学校以后,开始学习书面语言。书面语言的学习进一步扩展了他们的词汇量,特别是使他们掌握了抽象性高的、在口语中使用较少的词汇,书面语言的学习

还帮助儿童掌握了更为复杂的语法结构,学习阅读理解和写作,使他们的语言能力得到进一步的提高。

关于个体的语言是如何获得的,由于不同的研究者强调了不同的因素,于是形成了不同的语言获得的理论。学习理论(learning theory)强调环境因素和后天的学习经验,认为儿童通过对成人语言的模仿从而获得了语言,比如在受到更多关注和强化的家庭里长大的儿童就比生活在语言贫乏的家庭中的儿童更能说,语言发展得更好。所以学习理论者强调父母或养育者应该多对孩子说话,对孩子的发声主动地给予积极的强化,以促使儿童语言能力的提高。与此相反的是另一学派——先天论的观点,主张人类具有与生俱来的语言能力。比如乔姆斯基(N. Chomsky,1972)认为,人脑先天就具有一种能够对语言进行加工的装置,叫做"语言获得装置"(Language Acquisition Device,LAD),LAD使儿童能够分析他们所听到的语言声音,并且抽取其中的语法规则,把它们转化成他们内在的语法体系,这样就可以创造出儿童从来没有听到的、自己的新的句子。儿童语言的获得就是这样完成的。那么儿童的语言到底是如何获得的呢?是来自父母那里的遗传素质,还是个体的成熟以及环境的影响呢?答案似乎是二者的综合,也许孩子生来就具有学得语言的能力,但是这种学习是需要环境刺激引发的,儿童与环境中的他人互动是影响儿童获得语言的重要因素。

(三)皮亚杰的认知发展理论

瑞士心理系家皮亚杰对儿童的认知发展过程进行了深入的研究,他创造性地提出了儿童认知发展的四个阶段的理论,描述了从婴儿期到青春期的认知发展顺序。

1. 感知运动阶段(sensorimotor stage)

皮亚杰认为人的任何知识都来源于动作,动作是感知的源泉和思维的基础。0~2岁的儿童的认知水平正处于感知运动的阶段,儿童通过感觉和动作来认识周围的一切,他们逐渐能够把自己与物体分开,意识到自己的活动对环境的影响,形成"客体永久性"(object permanence)的概念,即儿童学会了当自己看不见某个人或某个物体时,物体还仍然存在的概念。

2. 前运算阶段(pre-operational stage)

2~7岁的儿童处于该阶段,这时儿童开始学习并能够运用符号来对事物进行表征,发展出了某些代表性的系统,比如用特定的字眼来代表人、地点或事件。但这一阶段儿童的思维是不成熟的,其典型的特点就是自我中心性或不"守恒"性(conservation)。

3. 具体运算阶段(concrete stage)

这一阶段儿童的年龄处于7~12岁,这时儿童逐渐掌握了守恒的概念,可以开始进行一些运用符号的逻辑思考活动,可以形成一系列的行动心理表象。比如,8岁左右的儿童去过几次小朋友的家,就能够画出具体的路线图来,而五六岁的儿童则无法做到。另外,具体运算阶段的儿童"自我中心"的程度也在下降,他们开始克服"片面性"而注意到事物的各个方面,发展了了解他人观点的能力,因此提高了与他人沟通的能力。

4. 形式运算阶段(formal operational stage)

在儿童十一二岁以后,就进入形式运算阶段,这是思维发展趋于成熟的阶段。该阶段的典型特征是抽象思维得到了发展和完善。这时的青少年不再将思维局限于具体的事物上,而是运用抽象的概念,提出合理的可行的假设并进行验证,他们知道事物发展的多种可能性,所以,思维开始具有更大的弹性和复杂性。

皮亚杰的认知发展阶段理论得到了发展心理学家的普遍认可,对研究儿童的心理发展产生了巨大的影响。但是也有不少心理学家对他的理论提出了批评,其中一个重要的问题就是,皮亚杰低估了儿童的认知能力。比如,皮亚杰认为前运算阶段的儿童是"自我中心"的,在他们的思维中,典型地含有"自我中心"的特点,就是不能设想与自己位置不同的人的认知观点和认知内容。但是其他研究者指出,皮亚杰用于得出此结论的实验情境是儿童不熟悉的,问题的难度也不适合于儿童。因此,他们采用了一些变通的方法来对儿童的"自我中心"思维进行研究,发现儿童的思维并不是像皮亚杰所说的那样"自我中心"。

三、儿童期的人格与社会性发展

社会性发展(social development)主要指个体在与他人交往的社会生活中,逐渐形成适合于自己生活的社会情境的人格,掌握社会认可的行为方式的过程。儿童期的社会性发展主要集中在依恋关系的形成与类型、性别社会化和道德判断的发展方面。

(一)婴幼儿的社会性发展

依恋行为是通过个体与个体的互动关系建立起来的,交往的双方通过相互给予安全、温暖、情感支持而使得双方产生了相互的亲密感的关系。人类的依恋行为始于婴儿期,主要表现于婴儿与其抚养者之间的亲密的情感联系,在这些抚育者出现时,婴儿就会感到安全和温暖,他们会喜欢紧紧地依偎在抚育者的怀里,并追随抚育者。一般情况下,婴儿的依恋对象多为母亲,可见,母亲在儿童的社会性发展过程中扮演着重要的角色。依恋行为并不是人类所特有的,很多实验发现,幼小的动物也会表现出依恋行为,例如我们前面提到的哈罗的恒河猴研究中,小猴子依恋于柔软的绒布妈妈的现象,以及劳伦兹的小鸭印刻实验中的小动物的追随行为,等等,都属于依恋行为。研究发现,人类和动物的这些早期非习得性的依恋行为具有明显的适应性价值。心理学家的早期研究认为,依恋行为产生的主要原因是由于它是食物的主要来源,能够满足婴儿或小动物的基本需要。但是,后来的大量研究进一步指出,婴儿或小动物并不仅仅是为了满足获得食物才产生依恋行为的,比如,小鸡、小鸭能够自己觅食,但却仍然追随母亲,小猴子显然也表现出了一种比获得食物更重要的"依恋"。因此,研究者现在普遍认为,依恋行为的实质是一种社会性的需要,它的形成是通过双方的相互强化完成的。

个体在社会化过程中,还必须习得性别模式,进行性别社会化。婴幼儿也不断地受到其社会文化对自己性别行为的区别对待,比如女孩子常常被穿上花衣服,得到更多的洋娃娃玩具,而且经常会比男孩子受到娇惯,而男孩子则常常得到汽车、枪、炮等玩具,而且常常被父母鼓励勇敢、独立。父母或社会经常在无意间就给予了女孩子更多的依赖,而给予了男孩子更多的自信和上进。性别社会化在儿童成长过程中对于心理的健康发展有着重要的作用,家庭中父母的态度以及抚养方式、学校中教师和同伴的影响是个体性别社会化结果的主要因素。一般说,不同文化的性别角色标准存在很大的差异,同一种文化背景下的性别角色标准也在不断地变化之中。

(二)学龄期的社会性发展

道德认知是对客观存在的道德关系及如何处理这种关系的原则和规范的认知。道德认知的发展既包括道德思维能力或形式结构的发展,如道德判断与道德推理,同时也包括道德观念或态度的形成与发展,如道德印象的形成、道德概念和道德观的形成、道德信念的产生等。毫无疑问,道德认知本身不是道德品质的全部,但是,就道德品质的发展和培育而言,它却构成了道德行为的必要前提,对道德行为起着重要的引导和调节作用,是个体社会性发展的重要内容。

皮亚杰曾用观察法、对偶故事法、两难故事法,以及儿童对惩罚的看法来研究儿童的道德判断以及儿童对规则的认知规律。他发现,儿童对已有的道德定向的认知表现出四个特点:

(1) 从认识单纯的规则到了解真正意义的准则;
(2) 从单方面的尊重到多方面的尊重;
(3) 从约束的道德品质到合作的道德品质;
(4) 从他律到自律。

皮亚杰在其《儿童的道德判断》一书中,把儿童的道德品质发展划分为四个阶段。

第一阶段:自我中心阶段(2~5岁)。

该阶段的儿童不顾规定,按照自己的想象去执行规则。即规则对于他来说,还不具有约束力。在这个阶段,儿童还不能将主体与客体相分离,还不能将自己与外界环境区别开来,他们与成人或同伴之间还没有形成合作关系,他们把外在环境看作是自我的延伸。

第二阶段:权威阶段(6~7、8岁)。

在这个阶段,儿童表现出对外在权威绝对尊敬和顺从的愿望,即他律的道德感在一些情感反应和作为道德判断所特有的某些显著的结构中表现出来,其特点有两个:一是绝对遵从父母、权威者或年龄较大的人。儿童认为服从权威就是"好",相反,不听话就是"坏"。二是对规则本身的尊敬和顺从,即把人们规定的准则看成是固定的,不可改变的。皮亚杰将这一结构称为道德的实在论。

第三阶段:可逆性阶段(8~10岁)。

这一阶段的突出特点是儿童的思维进入了具体运算阶段,也就是具有了守恒性和可逆性特点。他们认识到了基于遵从的新的道德关系,从而导致了一定程度的自律。这一阶段的儿童已不把准则看成是一成不变的东西,而把它看作是同伴间共同约定的。即儿童已经开始认识到,只要所有的人都同意,规则是可以改变的。这时儿童在有规则的游戏中,把这些规则视作同年龄伙伴进行游戏和比赛时,取得协议的结果。大家通过民主方式获得一致性的意见,就可以修改这些规则。可见,这一阶段的儿童游戏已经富有社会性色彩了,儿童已经意识到了同伴之间的相互关系,意识到了他们应该相互尊重共同约定的准则。准则对于儿童来说,已经具有了一种保证相互行动,相互取予的可逆特征。

第四阶段:公正阶段(10~12岁)。

公正观念和正义感是继可逆性阶段之后而发展起来的。它是互敬和互惠的一个重要产物。这种公正感一般是从抛弃父母的意见的过程中获得的(例如当父母不自觉地具有不公正的行为时)。儿童从这个过程中,使得自己与父母的关系从权威性和遵从过渡到了平等性。在这一阶段,儿童的道德观念倾向于主持公正、平等,而这种公正和平等是符合儿童自身的特殊情况的,公正感成为情感领域中的核心规范。皮亚杰认为,从可逆性关系转变到公正关系的主要因素是利他主义因素。

继皮亚杰之后,许多心理学家从不同角度或侧面,在不同国家或地区重复、修正了他的研究,进一步丰富和发展了他的道德发展理论。其中影响较大的是美国哈佛大学教授柯尔伯格(Lawrence Kohlberg)关于儿童道德判断发展阶段的研究。

自 20 世纪 50 年代末期,柯尔伯格对皮亚杰的理论框架进行了深入的研究和系统的扩充。他一方面对皮亚杰的理论给予高度的评价,充分肯定了皮亚杰的下列基本观点:儿童的认知发展是其道德发展的必要条件;道德发展作为一个连续的发展过程,由于认知结构的变化而表现出明显的阶段性,等等。但另一方面,他也指出了皮亚杰研究方法中存在的某些局限性:皮亚杰研究所采用的成对故事中造成较坏后果的儿童往往不是故意的,而造成较轻后果的儿童往往是有意的;利用对偶故事法不能很好地揭示儿童道德推理的过程;皮亚杰研究儿童道德发展的内容维度较窄,有些对偶故事只研究道德判断的一个方面。鉴于上述考虑,柯尔伯格决定采用"开放式"的手段来揭示儿童道德发展水平,同时保留皮亚杰成对故事中的冲突性特征。他选择古代哲学家经常采用的"假设两难情境",编制"道德两难故事"作为引发儿童道德判断的工具。

柯尔伯格使用的一系列两难推理故事中,最典型的是"海因兹偷药"的故事:

欧洲有个妇人患了癌症,生命垂危。医生认为只有一种药能救她,就是本城一个药剂师最近发明的镭。制造这种药要花很多钱,药剂师索价还要高过成本十倍。他花了 200 元制造镭,而这点药他竟索价 2000 元。病妇的丈夫海因兹到处向熟人借钱,一共才借得 1000 元,只够药费的一半。海因兹不得已,只好告诉药剂师,他的妻子快要死了,请求药剂师便宜一点卖给他,或者允许他赊欠。但药剂师说:"不成!我发明此药就是为了赚钱。"海因兹走投无路竟撬开商店的门,为妻子偷来了药。

讲完这个故事,主试就向被试提出了一系列的问题:这个丈夫应该这样做吗?为什么应该?为什么不应该?法官该不该判他的刑?为什么?等等。

儿童对柯尔伯格所编制的两难故事中的问题既可作肯定回答,又可作否定回答。柯尔伯格真正关心的不是儿童作出哪一种回答,而是儿童证明其回答时提出的理由。因为在柯尔伯格看来,儿童提出的理由(即儿童的推理思路)是根据其内部逻辑结构而来的,所以根据儿童提出的理由就能确定出儿童的道德判断水平。

柯尔伯格采用纵向法,连续测量记录 72 个 10~26 岁男孩的道德判断,达 10 年之久。此后又将研究结果推广到世界各国去验证。最后于 1969 年提出了他的关于儿童道德判断发展分为 3 个水平 6 个阶段的理论。表 12-5 是柯尔伯格关于儿童道德判断各个阶段的界定及其特点。

表 12-5 柯尔伯格关于儿童道德判断各个阶段的界定及其特点

水平 1　前习俗水平:(主要着眼于自身的具体结果)

　　阶段 1　服从与惩罚定向

这种定向是为了逃避惩罚而服从于权威或有权力的人,通常是父母。一个行动是否道德是依据它对身体的后果来确定的。

　　阶段 2　朴素的快乐主义和工具定向

这一阶段儿童的道德判断服从于获得奖赏。尽管也有一些分享,但却是有图谋、为自己服务的,而不是真正意义上的公正、慷慨、同情或怜悯。它很像一种交易:"你让我玩四轮车,我就把自行车借给你。""如果让我看晚上的电影,我现在就做作业。"

续表

| 水平 2 | 习俗水平：习俗的规则与服从性道德（主要满足社会期望） |

阶段 3　好孩子道德

在这一阶段，能获得赞扬和维持与他人良好关系的行为就是好的。尽管儿童仍以他人的反应为基础来判断是非，现在他们更关心他人的表扬与批评而不是他人的身体力量。注意遵从朋友或家庭的标准来维持好的名声。开始接受来自他人的社会调节，并依据个人违犯规则时的意向来判断其行为的好坏。

阶段 4　权威与维持社会秩序的道德

这一阶段个体盲目地接受社会习俗和规则，并且认为只要接受了这些社会规则他们就可以免受指责。他们不再只遵从其他个体的标准而是遵从社会秩序。遵从一系列严格规则的行为就被判断为好的。大多数个体都不能超越习俗道德水平。

| 水平 3 | 后习俗水平：自我接受的道德原则（主要履行自己选择的道德准则） |

阶段 5　契约、个人权利和民主承认的法律的道德

这一阶段出现了以前阶段所没有的道德信念的可变性。道德的基础是为了维护社会秩序的一致意见。因为它是一种社会契约，当社会中的人们经过理智的讨论找到符合群体中更多成员利益的替代物时，它也是可以修正的。

阶段 6　个体内在良心的道德

这一阶段个体为了避免自责而不是他人的批评，既遵从社会标准也遵从内化的理想。决策的依据是抽象的原则如公正、同情、平等。这种道德是以尊重他人为基础的。达到这一发展水平的人将具有高度个体化的道德信念，它有时是与大多数人所接受的社会秩序相冲突的。（如美国越战期间支持非暴力、积极参加反战示威的学生比不积极的学生有更多的人达到了道德的后习俗水平。）

资料来源：Colby et al., A longitudinal study of moral judgement. Monographs of the Society for Research, Child Development, 1983, 48(1-2), No.200

柯尔伯格认为儿童道德判断的发展要依次经过这几个阶段，不能超越，只能循序渐进。但在 20 世纪 60 年代末到 70 年代初，柯尔伯格所做的许多实验研究发现，该阶段理论与儿童道德判断的实际情况不完全相符，如只有少数成人（甚至大学生）达到阶段 5，达到阶段 6 的更是少见，在儿童道德判断中存在着某些回归现象，等等。因此，在 20 世纪 70 年代末 80 年代初柯尔伯格对其理论进行了修正，增加了一些"过渡阶段"，如阶段 1 和阶段 2 之间存在过渡阶段 1/2，阶段 2 和阶段 3 之间存在过渡阶段 2/3，等等。但从整体上看，他的基本阶段模型没有变化。

第三节　青少年心理的发展

一、青少年的身体发展

青少年时期（adolescence）是介于儿童期和成年期之间的过渡时期，一般认为十二三岁到十八九岁处于这个时期。由于个体从十一二岁起，进入身体发展的加速时期，身体的各个方面都开始迅速发育，并在十八九岁时达到成熟，因而青少年期也被称为青春期。心理发展的速度要落后于身体的发展，但个体在这个阶段中，智力、个性及其他心理品质也都得到了进一步的发展，表现出更加丰富和稳定的特征。

(一) 身体外形和体内机能的发展

青少年时期的个体在身体外形方面有很大变化,主要表现于身高、体重和第二性征方面。

1. 身高和体重

青少年时期是第二次生长高峰,第一次生长高峰在 1 岁左右。据统计,个体在青春发育之前平均每年增高 3~5 cm,而在青春发育期,每年至少要增高 6~8 cm,甚至达到 10~11 cm。与身高的迅速增长一致,体重的增长速度也很快,在 12~14 岁时,大约平均每年增长 5 kg,十四五岁以后,体重增长的速度迅速下降。不管是身高的增长,还是体重的增长,性别差异和个体之间的差异都很大,通常男孩子进入身高生长加速期的平均年龄是 13 岁左右,14 岁达到高峰,体重生长速度最快的时期是 13~15 岁,14 岁是高峰;而女孩子的这一时期一般要先于男孩子近两年,她们的身高、体重增长达到高峰的年龄是在 12 岁左右。

2. 第二性征

第二性征是性发育的外在表现,也是青少年时期的个体身体外形变化的重要标志。第二性征包括生理变化(如女孩胸部的发育,男孩喉结的变化)、声音的变化、皮肤的变化,以及阴毛、鬓须、腋毛等的变化。

男孩子进入青春期以后,喉结开始变得突出、嗓音低沉、体格高大、肌肉发达、唇部长出了胡须、全身出现多而密的汗毛、还长出了腋毛、阴毛等。在女孩子身上,第二性征的表现主要是嗓音开始变得细润、胸部隆起了乳房、骨盆宽大、皮下脂肪增多、臀部变大、体态变得丰满,出现了腋毛和阴毛等。第二性征的出现,使得青春期的男女性在外形上的差异日益明显。

青少年时期的个体体内的各种机能都在迅速地增长并逐渐达到成熟。表现在心、肺机能的发育、肌肉力量的增强和大脑的发育等方面。青春期开始后,个体的心脏重量较出生时增长 12~14 倍,心率、脉搏也开始减慢,更加接近于成人。个体在 12 岁左右,其肺重量约为出生时的 10 倍,肺活量也比青春期之前增加了 1 倍多。当然,男女性在心血管系统的发育和肺活量的变化方面都有很大差异。青少年时期的体重增加也表明了其肌肉、脂肪和骨骼的发展变化,男孩子肌肉会变得更发达,而女孩子的皮下脂肪则会增多。这一时期个体的大脑重量和容积的变化不显著,但脑电波则变得更为复杂,接近于成人。

(二) 性的发育与成熟

随着个体身体各个系统的发育,青少年的生殖系统也在发育并逐渐在这一阶段达到成熟。首先是性器官的发育,比如男性的睾丸、精囊、附睾、前列腺和阴茎;女性的卵巢、子宫和阴道,在青少年时期都得到了迅速的发展。其次,由于个体下丘脑的促性腺的活动,使得促性腺激素含量的增多,因而促进了性腺的发育,女性因为性腺的发育成熟而出现月经,男性则因为性腺的发育成熟而发生遗精。性器官和性腺的发育导致了个体性机能的发展,个体通常在青春期产生性机能,并在这一时期逐渐达到成熟。

二、青少年的心理发展

青少年的心理发展依赖于其身体各方面的发展,由于身体发展的快速和突然,给他们心理发展也带来了突飞猛进的变化。青少年心理发展主要表现在智力发展和个性发展方面。

（一）青少年智力的发展

青少年时期的认知发展已经进入了形式运算阶段，个体已经不再依赖于具体事物来进行运算和思考，而是能够抽象思维，根据概念提出各种假设，进行逻辑推理，验证假设，得出各种可能的结果。这种思维特点表明青少年的认知水平已经达到了相当高的高度，使得他们能够分析各种复杂的哲学和政治学的文章，以及不同的社会现象，提出变革社会的思想。在反复思考的过程中，青少年个体逐渐建构了自己的认知观点。

埃尔金德（Elkind，1970）所做的关于个体形成概念的实验充分揭示了具体运算阶段的儿童与形式运算阶段的青少年在建立假设和验证假设的过程中的思维差异。实验材料是72张有轮子的和无轮子的一般工具的图片，以及有轮子的和无轮子的交通工具的图片，主试在实验中每次给被试呈现两张图片，要求被试从中选一张，如果他选了带轮子的图片，就告诉他说选对了，否则就选错了。这样一直进行下去，直到被试能够说出决定选择对错的线索是"轮子"，而不是其他特征时，就算完成了任务。显然，具体运算阶段的儿童在看完所有的图片后，只有一少部分能够发现解决问题的关键；而青少年被试则全部都能够正确解决问题，并且多数人仅仅看了10张左右的图片后就发现了答案。可见，形式运算阶段的青少年在不断地检验假设，迅速地放弃错误假设，及时地建立新假设，但是具体运算阶段的儿童则倾向于固守最初形成的某些假设，即使这些假设是错误的。所以说，青少年的智力水平已经远远高于儿童期了，具有更高程度的建立假设和检验假设的能力，是他们思维中抽象逻辑性特点的重要表现。

（二）青少年时期社会性的发展

青少年社会性的发展通过自我意识、情绪和人际关系等方面的发展体现出来。

1. 自我意识的发展

自我意识指个体对其自身的意识，包括三个层次：对自己机体及其状态的意识；对自己肢体活动状态的意识；对自己思维、情感、意志等心理活动的意识。个体自我意识的发展是从个体能够区分"我"与"非我"开始的，这时个体意识到自己的动作与动作对象的区别，以后逐渐明白自己名字的意思，代词"我"的意思，获得社会自我，也就是从他人那里了解自我，再以后才逐步进入主观化自我的阶段，产生自我评价、自我观念、自尊、自我调节和自我控制。

青春期阶段的个体处于生长发育的突增时期，不仅身高、体重等身体形态出现了"第二次生长发育高峰"，而且各种生理功能也日趋完善。随着青少年身体的迅速发育成长，以及生活、学习环境的改变，他们的内心世界也发生了巨大变化，最突出的表现就是了解自己的意识越来越强烈，进入主观化自我阶段。他们常常在问："我到底是一个什么样的人""别人喜欢我，还是讨厌我""怎样才能让别人喜欢我？"关于"我"的问题开始反复萦绕在他们心中。了解自我、认识自我的愿望变得越来越强烈。心理学家埃里克森（Erikson，1968）指出，青少年时期人格发展的主要课题就是解决自我同一性与自我同一性混乱的冲突，从而成长为独特的成年人，在社会生活中扮演重要的角色。为了达到这个目的，青少年会把能力、需求、欲望等加以组织，以适应社会的要求。伴随着自我意识的增长，青少年个体的情绪体验和状态、人际关系的特点以及个性特征等也都发生了巨大的变化。

2. 情绪表现的矛盾性特点

由于青少年心理能力的发展和生活经验的丰富，其情绪的表现形式也不再单一，但又不能够像成人的情绪那样稳定,因而表现出了两面性。

典型的特点是强烈、狂暴与温和、细腻共存;情绪的可变性与固执性共存;内向性与表现性共存。青少年的情绪表现有时非常强烈或狂暴,同样的刺激,在他们身上就会引起剧烈的情绪反应,所以,人们常常用"急风暴雨"来形容青少年时期的情绪特点,但是青少年的情绪有时也会表现得非常的温和与细腻。青少年的情绪虽然在表现形式上强度很大,但体验的深度却不与此成正比,他们的一种情绪常常被另一种情绪所取代。同时,由于他们对事物的认识还不全面,还存在着偏执性的特点,所以,情绪的表现上也具有固执的特点。随着青少年各方面的逐渐成熟,他们的情绪表现也逐渐克服了童年时期的单纯和率真,他们已经能够在一定程度上将自己的内心体验隐藏起来,在合适的情境下用带有表演特点的形式表现出来。青少年的这些情绪表现特点完全是由于青少年身体和心理的发展所导致的,由于他们身体内部机能的发展和自我意识的发展,在他们的情绪体验中加入了许多主观因素,所以,表现出了这样的情绪特点。

3. 人际关系发展的新特点

青少年时期的人际关系发生了很大的变化,青少年个体在对待朋友、父母以及异性方面表现出了新的特点。

青少年个体由于心理上的不安与焦躁,他们迫切需要能够倾听自己诉说内心烦恼、与自己交流情感并为自己保守秘密的对象,因此,他们对友谊非常看重。研究发现,青少年时期对友谊的重视程度在人的一生中是最突出的,拥有朋友的青少年一般都有较高的自尊心和自我效能感,在学校表现也较好,而在友谊方面有较多冲突的青少年往往在其他方面的表现也较差。

青少年与父母之间常常会有一段时间不能和睦相处,在功课、家务、交友和外出时间等多方面表现出冲突,父母常常感觉到孩子在情感、行为、观点等多方面都与自己开始脱离。这主要是因青少年个体对成人社会的反叛意识所导致的。青少年觉得自己已经长大成人,于是就有了想与父母分开而独立生活的愿望和需要,但是,从经济上、从自己的各方面能力上,又不能完全做到独立,还必须依赖与父母,所以,他们的内心深处就产生了一种持续的压力与紧张。而父母那边,也是一方面希望孩子独立,另一方面则又希望孩子对自己继续依赖。在这种矛盾的影响下,青少年与自己的父母就常常有了冲突,甚至在观念上有了对立,还会产生代沟。解决亲子之间冲突的最好方法是双方多进行思想交流与情感沟通,父母应该主动关心孩子的心理感受,了解他们的需要,而孩子也应该体谅父母,多关心父母,双方以诚相待,尽量地缩小距离。

青少年时期人际交往的另一个特点是开始意识到了性别问题,开始对异性产生兴趣。但在初期,青少年异性则往往采取一种疏远的方式来表达相互之间的关注,他们或者在异性面前故意表现得漠不关心,在言行中对异性表示轻视,甚至还会以一种不友好的方式对对方进行攻击。而在青少年后期,男女之间逐渐能够融洽相处,而且,在他们彼此的心目当中还会有了所喜爱的异性朋友。然而,青少年时期的异性感情一般都比较隐蔽,好像他们心中的一个秘密,随着时间的推移,随着他们各方面的进一步成熟,随着价值观的变化和调整,这种情感会渐渐地淡化或消失。

第四节 成年期的心理发展

成年期指从20岁左右开始到最后衰老死亡这一漫长的时期。这一时期最典型的特点是个体的自我意识得到了充分的发展,自我同一性得到确立,人生观和价值观趋于稳定,情绪也趋于稳定,人际交往趋向成熟。另外,随着个体经济地位的独立,个体的诸多心理感受和生活状态也发生着重要的变化,恋爱、婚姻以及养育子女已经成为成年人的重要任务。从65岁左右到死亡这一时期属于成年晚期。

一、成年初期的发展

(一) 求职与升学

个体从十八九岁到40岁左右通常被称为成年初期。这时候他们开始面临求职和升学问题。选择什么样的专业、职业成了这时候的个体的一个最重要的问题,因为它关系到个体未来的生活道路。但是,个体的职业选择和升学选择,并不完全取决于个体自己的意愿,它受到个体主客观大量因素的制约,比如个体过去的经验、家人的意见、个人的兴趣、个性特点、能力高低或倾向,以及用人单位的需求、条件等。所以,成年初期的个体一定要对自己采取审慎的态度,仔细对自己的各方面特点进行评估和衡量,详细分析主客观条件,借鉴前辈的经验和教训,最后做出自己的抉择。

(二) 婚恋与生育

成年初期的另外一个重要生活任务就是发展亲密的人际关系,寻找生活的伴侣,建立家庭,养育子女。

当个体有了比较稳定的职业以后,当个体的身体发育达到成熟以后,他们就会产生组建家庭和亲密关系的需要,所以婚恋关系就是在这一时期发展起来的。埃里克森认为,成年初期的主要发展性矛盾就是亲密关系与孤独之间的矛盾,当个体顺利解决了这一矛盾,他们就能够正常地向前发展,否则就会产生心理障碍,成为冷漠的、不能正常表达自己情绪的人。

建立家庭以后,年轻的夫妻所面临的任务当然是生育子女。为人父母既能体验到育儿的快乐与满足,也能体验到做父母的艰辛与付出。这一切,对成年初期的个体来说,是一项艰巨的任务,因为这时大多数的年轻人刚刚参加工作,经济状况不一定很稳定,心理发展的水平也不一定达到了完全成熟,家庭与工作之间的冲突、亲情与事业之间的矛盾常常出现。所以这时,对于年轻人来说,是一个重要的生活的转折,充满了困难和压力,使他们从单身生活转变为家庭生活,开始学着承担家庭和社会的责任。

社会的变迁和多种价值的冲突也给年轻人的社会生活方式带来了影响,比如,现在就有许多年轻的夫妇结婚后不要孩子,成为"克丁族",他们满足于婚后快乐的"两人世界"。

二、成年中期的发展

40~60岁这一段时期通常被认为是成年中期。成年中期相对于人生发展的其他各阶段来说,变化并不明显,但是中年人自己一般却会明显地感觉到自己各个方面所发生的变化,比如,力量、协调性、体能、动作等逐渐下降或变慢,记忆力减退,反应变慢,眼花、耳聋等现象也开始出现。最明显的生理变化是身体发胖和女性的停经,进入更年期阶段。成年人的生理变化给家庭生活和社会生活都带来了影响,由此也对其心理产生了影响。

(一) 生理的变化及其适应

人到中年,感知觉开始发生明显的变化,先是听觉开始衰退,尤其是对于频率较高的声音,中年人往往听起来很费力;接着是视觉的减弱,许多中年人需要借助于老花眼镜才能够清楚地阅读;再后来,味觉、嗅觉等都有不同程度的衰退现象。除了感知觉的衰退,记忆能力、思维能力、解决问题的能力也随着年龄的增高在减弱,因此人们一般都倾向于认为,中年以后的智力也在下降。其实,对于成年人的智力问题,不能简单地做出"随着年龄的增长而下降"的结论。近年来的研究发现,人的智力从总体上说,的确随着年龄的增长而衰退,但这通常是指流体智力,也就是那些以神经生理为基础,随着神经系统的成熟而提高的智力,比如知觉速度、机械记忆等;而与之相对应的是晶体智力,也就是指那些通过掌握社会文化经验而获得的智力,比如言语理解、常识等,这种智力非但不随着年龄的增长而减退,反而会增高。

中年人有了这么多的生理方面的变化,再加上他们的工作压力、家庭生活的压力(中年人通常是上有老,下有小,他们既要担负抚养子女的任务,又要承担赡养老人的义务)、自己的健康问题(中年人由于生理方面的变化和工作压力的原因,常常忽略了自己的健康检查),就必须面临一个社会适应的问题。中年人应该正确地认识自己身心的变化,清楚地意识到自己的社会处境和地位,主动地、积极地适应生活的要求,调节自己的情绪状态和生活规律,经常进行健康检查,食用一些适合于自己的特殊的食物,并增强体育锻炼,以便更好地完成社会赋予自己的职责,同时也使自己健康美满地生活。

(二) 中年危机

中年期也是一个从成年到老年的过渡时期,也面临着各种各样的转折和冲突。来自于自身生理变化方面、家庭生活变化方面和事业变化方面的压力构成了中年危机。

中年人最不能接受的可能最先是自己仪容方面的变化,面部的皱纹、臃肿的体态等。但是中年人必须承认自己的身体已经不像年轻时那么健壮,功能也衰退了,他们还必须接受生殖能力在逐渐减退和消失的事实。这些生理方面的变化是所有的中年人都不喜欢的,但又是必须接受的,所以,他们一定要采取正确的态度来对待、适应、解决这个危机。

在人进入中年以后,家庭生活方面也会发生一些变化,最明显的是家里没有小孩子了。孩子们长大了,走出了家门,留下了孤独的父母,家里一下子变成了一个"空巢"。这时,那些过去把主要精力都投入到孩子身上的父母,一下子可能很难适应,他们也许会感到自己无用了,面对空空落落的家,他们也许会感到非常失落,生活好像变得单调无味。这种家庭生活方面的变化构成了中年危机的第二个方面。

中年危机的第三个方面是事业方面的变化。中年时期也是个人成熟和事业收获的阶段,通常个人都取得了一定的成功,获得了一定的社会地位,拥有了一定的权力。但是研究发现,个体的工作满意度却随着年龄的增加而降低,这主要是因为,个体在年轻时的许多幻想在人到中年时已经基本上破灭了,人们这时会普遍认为自己已经定型,未来不会再有更大的发展前途了,于是就会对前程产生一种悲凉的感觉,而不是像年轻人那样,对什么都充满了信心。

三、成年晚期的发展

老年期指 60 岁以后到死亡这一阶段,这是人生中经历的最后阶段。这一阶段的基本特征就是衰老,其变化的明显性高于成年初期和中期,由老年人的衰老导致的认知活动、情绪情感、个性心理特点等的重要变化主要表现在以下几个方面。

(一)感知觉的进一步退化

老年人的视力开始出现严重的问题,光感觉、颜色知觉、深度知觉等都出现了问题,多数人会患眼疾病,有的还会导致失明。听觉能力也进一步下降,一般老年人都会出现耳聋的现象,所以,与老年人说话,常常要用大声。味觉、嗅觉也在衰退,特别是嗅觉,在 80 岁以后下降得非常迅速。

(二)身体机能和智力方面的变化特点

老年人常常感到力不从心,他们的耐力、负重能力等急剧下降;在认知能力和智力方面也有很大变化,老年人识记速度减慢,再认和回忆的能力都显著下降,有些研究资料显示,人的记忆能力在 40 岁以后有一个明显的衰退阶段,然后维持在相对稳定的水平上,到了 70 岁以后,又会出现一次较明显的衰退阶段,总的来说,老年人的记忆能力是随着年龄的增加而减退的。老年人处理信息的时间也变长了,反应和行动都变得缓慢,比如,一项关于成年人概念形成的实验研究指出,形成概念需要的时间和出现的错误数都随年龄的增加而增加;关于解决问题的实验研究表明,老年人由于受到记忆力下降的限制,所以,提出解决问题的策略的能力也有所降低,表现出解决问题的效能减退。

可见,人到了老年期,概念学习、解决问题的能力等思维能力在随着年龄的增长而减退,但是,思维的成分和性质是十分复杂的,由于老年人的知识经验比较丰富,在思维的其他特点如思维的广阔性、深刻性等方面,却又表现得比年轻人或儿童更强。所以,我们决不能仅仅根据某些方面的实验材料就武断地认为老年人的思维能力或智力衰退了。即使是表现为思维能力衰退,也有可能是认知结构的变化,或者是操作能力的变化而导致的,对于这个问题,目前心理学界还不能得出肯定的结论。生活现实和另外一些研究表明,老年人的思维和智力活动方面存在着明显的个体差异,有的老年人思维显著衰退,而有的老年人却仍能表现出较高的水平。事实上,一个人的思维水平和智力的发展水平除了受到其生理方面因素的限制以外,与其生活方式和生活态度也具有很大的关系。老年人只要不把自己封闭起来,经常关心、思考、研究某些问题,坚持参加力所能及的有益于身心健康的活动,便能保持较高的思维水平和智力水平。然而,如果老年人根本不关心自己的身心变化,不主动地克服身体各方面变化所带来的不良影响,再加上某些人格和遗传方面的原因,就有可能使思维和智力活动大大地受到限制,使其思维和智力水平迅速下降,有的老年人甚至还会患上老年痴呆症。

(三)情绪情感的变化特点

老年人由于生理上的变化,社会交往和社会角色地位的改变以及心理机能的变化,在情绪情感方面也出现了一些问题,无论在情绪情感的两极性,还是体验的强度、持久性和深刻性方面,都有自己的特点。

老年人比较容易产生消极的情绪情感体验,他们常常会感到身体明显不如以前,由于身体机能的下降,抵抗力的下降,很容易受到疾病的困扰,而且疾病通常也会持续较长的时间;由于工作环境和职务的变化,使他们参加集体活动的时间减少了;子女都在忙着自己的工作和小家庭,顾不上花大量的时间陪伴在他们身边;另外,老年人还必须面临丧偶的痛苦。所有这些都使得老年人很容易产生冷落感、孤独感、疑虑感、忧郁感、不满感和老朽感。天津市社会科学院的一项研究结果表明,老年人有很多担心的问题,在860位被调查的老年人中,最担心自己健康的有378人,占43.95%;最担心物价上涨、经济入不敷出的有299人,占34.77%;担心患病后照顾问题的占11.63%;另外,还有不少老年人担心自己被社会遗忘,等等。可见,老年人的消极情绪是比较多的,是主导情绪。

但是,老年人的情绪情感体验比较深刻。一项对42个城市4483名被试进行的关于改革与发展的社会心理系列调查中,有一题要求调查对象对"你认为什么是最重要的基本道德"进行选择,结果,选择"热爱祖国"的百分比如下:18~30岁占27.9%,31~45岁占38.3%,46~60岁占45.5%,60岁以上占52.1%。可见,老年人把"热爱祖国"看作是最重要的道德的人数比例是各年龄阶段中最高的。此外,老年人也很重视美感,他们主要看重的是美的内容,更看重那些对社会、对人类有益的事物或行为,他们用自己的理智去审美,追求内在而深沉的心灵美。

老年人情绪情感体验的另外一个特点是持续的时间较长。老年人的情绪情感一旦被激发,就需要花费很长的时间才能够恢复平静。无论是心境、热情还是激情、应激都是如此。同时,由于老年人形成了比较稳定的价值观以及较强的自我控制能力,所以,他们的情绪情感一般不会轻易因为一点点环境的变化而起伏变化。

(四)人格特征的变化特点

大量的心理学研究结果表明,个体进入老年后,人格特征发生了一系列的变化。日本心理学家指出,老年人的人格特征变化有以下十个特点:自我中心性,内向性,保守性,容易乱猜疑,嫉妒心强,办事刻板、灵活性、应变性差,适应力下降,不耐烦、爱发牢骚,好管闲事,依赖性强等。德国的一项研究指出,65~75岁的老年人,其刻板性没有明显的变化,但从75岁左右开始,老年人的刻板性明显增强。我国心理学家的一些研究发现,中国的老年人普遍感觉自己变得比年轻时更急躁和多疑,但也有一些老年人认为自己不像年轻时那么爱发火了。

尽管老年人的人格特征出现了一些变化,但我们决不能忽略老年人人格特征中持续稳定的一面。美国的一项纵向研究曾对40~80岁的个体进行长达10年的跟踪,结果发现,老年人的人格特征既有变化的一面,也有稳定的一面。他们的人格结构和所属的类型都基本上是保持稳定的,但随着年龄的增长,他们对待周围环境的态度和方式,则表现出由主动向被动、由朝向外部世界转而朝向内部世界的变化趋势。由此可以看出,在老年人人格特征的变化中,年龄并不是决定因素,智力、教育、社会地位、文化背景、健康状况以及环境中的各种变化所造成的不同个体或群体之间的差异等都会对人格特征产生重要影响。

(五)面对死亡

每个人都必须面对死亡,但对于年轻人来说,死亡还是太遥远的事情,所以他们在说起死亡的话题时,常常带有调侃的意味。而这样的话题对中年人和老年人则不同,死亡对于他们来说,是需要直面的问题,而且,大量的研究发现,中年人比老年人更惧怕死亡,老年人在经历了周围的亲人、朋友的死亡后,他们已经能够调整自己对待死亡的态度和情绪,对死亡有了一定的思想准备,他们回顾自己的一生,对自己的生活感到满意,于是他们会比较勇敢地、坦然地对待死亡问题。一些患有疾病的老年人,也可能由于疾病所带来的痛苦而减少了生活的乐趣,也会较坦然地接受死亡的事实。

思 考 题

1. 什么是毕生发展? 毕生发展心理学主要研究哪些问题?
2. 发展心理学主要有哪些研究方法,它们各自的特点是什么?
3. 影响心理发展的因素有哪些? 各有什么影响?
4. 如何理解皮亚杰关于儿童认知发展的阶段理论?
5. 儿童的社会性发展包括哪些内容? 科尔伯格如何论述的儿童的道德判断发展过程?
6. 青少年时期心理发展的主要特点和内容是什么?
7. 成年人心理发展的主要特点和内容是什么?
8. 回顾个人发展的历程,分析影响自己心理发展的主要因素。
9. 利用毕生发展的观点,讨论如何科学合理地对自己的一生进行规划。

参考文献

[1] M.艾森克.心理学——一条整合的途径[M].闫巩固,译.上海:华东师范大学出版社,2000.

[2] 郭静晃,等.心理学[M].台湾:扬智文化事业股份有限公司,1994.

[3] 金盛华.社会心理学[M].北京:高等教育出版社,2005.

[4] 孟昭兰.普通心理学[M].北京:北京大学出版社,1994.

[5] 孟昭兰.人类情绪[M].上海:上海人民出版社,1989.

[6] 彭聃龄.普通心理学[M].北京:北京师范大学出版社,2004.

[7] H.肯纳利.战胜焦虑[M].施承孙,等,译.北京:中国轻工业出版社,2000.

[8] 汤明,等.心理素质·超人一等[M].北京:中国纺织出版社,1999.

[9] 叶奕乾.心理学[M].上海:华东师范大学出版社,2005.

[10] 叶奕乾,等.普通心理学[M].上海:华东师范大学出版社,1997.

[11] 易法建,等:心理医生[M].重庆:重庆大学出版社,1996.

[12] 许燕.实用心理学[M].北京:中央广播电视大学出版社,2006.

[13] 张春兴.现代心理学[M].上海:上海人民出版社,1994.

[14] 张厚粲.大学心理学[M].北京:北京师范大学出版社,2001.

[15] 斯托曼.情绪心理学[M].张燕云,译.沈阳:辽宁人民出版社,1986.

[16] 许燕:人格心理学[M].北京:北京师范大学出版社,2009.

[17] 丹尼斯·库恩.心理学导论:思想与行为的认识之路[M].郑钢,等,译.北京:中国轻工业出版社,2004.

[18] 理查德·格里格,菲利普·津巴多.心理学与生活[M].王垒,王甦,等,译.北京:人民邮电出版社,2003.

[19] 菲利普·津巴多,罗伯特·约翰逊,安·韦伯.津巴多普通心理学[M].王佳艺,译.北京:中国人民大学出版社,2008.

[20] Robert S. Feldman. Essentials of understanding psychology.[M].6th ed. New York:McGraw-Hill.

[21] E·Hilgard,等. 西尔格德心理学[M].洪光远,译. 插图14版. 北京:世界图书出版公司北京公司,2012.

[22] J.W. Kalat. 心理学导论.[M].张厚粲,郑为廉,等,译. 8版. 长沙:湖南教育出版社,2010.

[23] E. E. Smith,S·Nolen-Hoeksema,B. K. Fredrickson,& G. K. Loftus. Atkinson & Hilgard's introduction to psychology[M].14th ed. Belmont, CA:Thomson,2003.

[24] S. J. Karau & K. D. Williams. Social loafing:A meta-analytic review and theoretical integration[J]. Journal of Personality and Social Psychology, 1993,65:681~706.

[25] Gleitman. Psychology[M]. 4th ed. New York:W. W. Norton & Co. ,Inc. ,1995.

[26] John W. Santrock. Psychology[M]. 4th ed. Madison,WI: Brown & Benchmook, Inc, 1995.

后　记

经全国高等教育自学考试指导委员会同意，由教育类专业委员会负责高等教育自学考试教育类教材的审定工作。

《心理学》由北京师范大学心理学院张厚粲教授担任主编，许燕教授、寇彧教授担任副主编。本教材由华南师范大学何艳茹教授参加审稿并提出改进意见。

编审人员付出了辛勤劳动，在此一并表示感谢。

全国高等教育自学考试指导委员会
教育类专业委员会
2015 年 2 月